DESVENDANDO A BÍBLIA

DESVENDANDO A BÍBLIA

Como compreender o livro mais importante e falado de todos os tempos

Kristin Swenson

MATRIX

Título original em inglês:
Bible Babel

Publicado sob licença de HarperCollins Publishers

Direitos em língua portuguesa para o Brasil:
Editora Urbana Ltda.
www.matrixeditora.com.br

Capa:
Marcela Meggiolaro

Diagramação:
Fernanda Kalckmann

Tradução:
Fernando Effori de Mello

Revisão:
Lucrécia Freitas
Fernanda Kalckmann

Dados Internacionais de Catalogação na Publicação (CIP)
SINDICATO NACIONAL DOS EDITORES DE LIVROS, RJ

Swenson, Kristin M.
Desvendando a Bíblia : como compreender o livro mais importante e falado de todos os tempos / Kristin Swenson ; tradução Fernando Effori de Mello. - São Paulo : Urbana, 2010.

Apêndice
Inclui bibliografia

1. Bíblia - Introduções. 2. Bíblia - Uso. I. Título.

10-5085. CDD: 220.61
CDU: 27-27

A meus pais, L. Cecile e Richard E. Swenson,
com admiração, gratidão e amor.

AGRADECIMENTOS

A ajuda aparece de muitas maneiras. Às vezes é um auxílio declarado; às vezes é um empurrão na direção certa. Em outros momentos, ela vem em forma de apoio, exigindo de seu doador flexibilidade e resistência. Em meu processo de escrever *Desvendando a Bíblia*, muitas pessoas ofereceram gentilmente todo tipo de ajuda, que não hesitei em aceitar. Minha gratidão é pouco diante do que recebi.

Meus pais, Cec e Dick Swenson, são pessoas realmente incríveis. O que posso dizer? Dei sorte. Além do apoio incansável e da genuína satisfação por meu trabalho, eles são um modelo de amor pelo aprendizado, de curiosidade perene e de um compromisso autêntico com a Bíblia. Brad Graffh sempre me incentivou; ele foi um ouvido solidário, meu campeão, pronto a comemorar cada etapa superada. Nós nos conhecemos aos 6 anos, na escola dominical, e não me lembro de Brad ter faltado um dia sequer. Agradeço, também, o amor e apoio duradouros de minhas irmãs e suas famílias.

O tema deste projeto suscita reações fortes e imediatas. Alguns supõem que um livro sobre a Bíblia deva ser um esforço para convertê-los; outros imaginam que ele tentará derrubar sua fé. Assim, vi-me à beira de agarrar pessoas pelas lapelas e dizer: "Calma! Não é o que você pensa!". Minha agente, Chris Park, "captou" *Desvendando a Bíblia* desde o início. Sou-lhe incrivelmente grata por sua confiança no projeto e sua forte defesa em meu nome. Ela é durona, gentil e me faz rir. Meu editor, Rob Crawford, tem sido absolutamente maravilhoso. Calmo, consciencioso e deliciosamente otimista, considerou com muito cuidado todos os aspectos, e ajudou a calibrar o tom, aproximando-o tanto quanto humanamente possível do correto. Sou extremamente grata por ter podido contar com seus olhos e ouvidos afiados neste livro, e por ele ser uma pessoa tão boa de trabalhar. Jamais imaginei que pudesse ser tão divertido.

Há vários amigos que merecem meus sinceros agradecimentos. Alguns verões atrás, em conversa com Donna Freitas, em um bistrô ao ar livre no Brooklyn, cogitei escrever um livro como este. Donna me deu o impulso (na verdade, um entusiasmado empurrão), e lá fui eu iniciar o percurso. Desde minha pós-graduação, Kirsi Stjerna me incentivou, e, para este projeto, ofereceu importantes *insights* sobre Martinho Lutero e a Reforma. Brooks Schramm leu uma versão preliminar do manuscrito todo e ofereceu valiosos comentários ao longo do caminho. Com uma forte defesa de nossa necessidade coletiva de melhorar a literatura bíblica, o livro de Stephen Prothero, *Religious literacy* (*Alfabetização religiosa*), preparou o caminho para *Desvendando a Bíblia*. Como vim a saber, ele é também um excelente ser humano, atencioso e generoso, perspicaz e engraçado.

Kathleen Gacek é a melhor amiga que alguém poderia ter, e é uma bênção ter conhecido, por meio dela, Joab Jackson, que partilha o nome (Joab = Job = Jó) com um dos homens mais intrigantes da Bíblia. Sexta-feira à noite, na varanda, com Denise Honeycutt e Pat Watkins, é um instantâneo de muitos momentos encantados pela conversa fácil e pelo conforto simples dos velhos amigos. Nunca duvidei de seu apoio, um verdadeiro presente. Agradeço, também, a vizinhos tão incentivadores quanto os Adams-Rileys, e a grandes amigos, prontos a me ajudar a espairecer, como Jim Burke e Emilie Raymond. O apoio de Susann Cokal pode ser medido pelas grandes fatias de seu bolo de chocolate que comi durante o trabalho neste livro, mas foi mais do que isso. John e Gigi of Trigo proporcionaram um ótimo lugar para trabalhar, e ótimos *croissants* na Cidade do Panamá, enquanto Gretchen Kainz me ajudou também a desanuviar e arejar as ideias. Agradeço a Kelly Justice pelo interesse constante neste projeto. Obrigada, também, a Gene LeCouteur.

Todos da James River Writers são maravilhosos, e realmente valorizo seu apoio. Agradeço a meus colegas, assistentes de ensino e alunos da Virginia Commonwealth University. De várias maneiras, a nossa família de membros do corpo docente de Estudos Religiosos me inspirou e apoiou. Também desejo agradecer à Escola de Estudos Mundiais e à Faculdade de Humanidades e Ciências da VCU por me licenciar do curso, para que eu pudesse ter mais tempo para escrever. Eric Jarrard ajudou-me com grande competência, dando a forma final do manuscrito.

Apesar de toda a ajuda que tive com este livro, quaisquer erros ou equívocos são de minha responsabilidade.

ÍNDICE

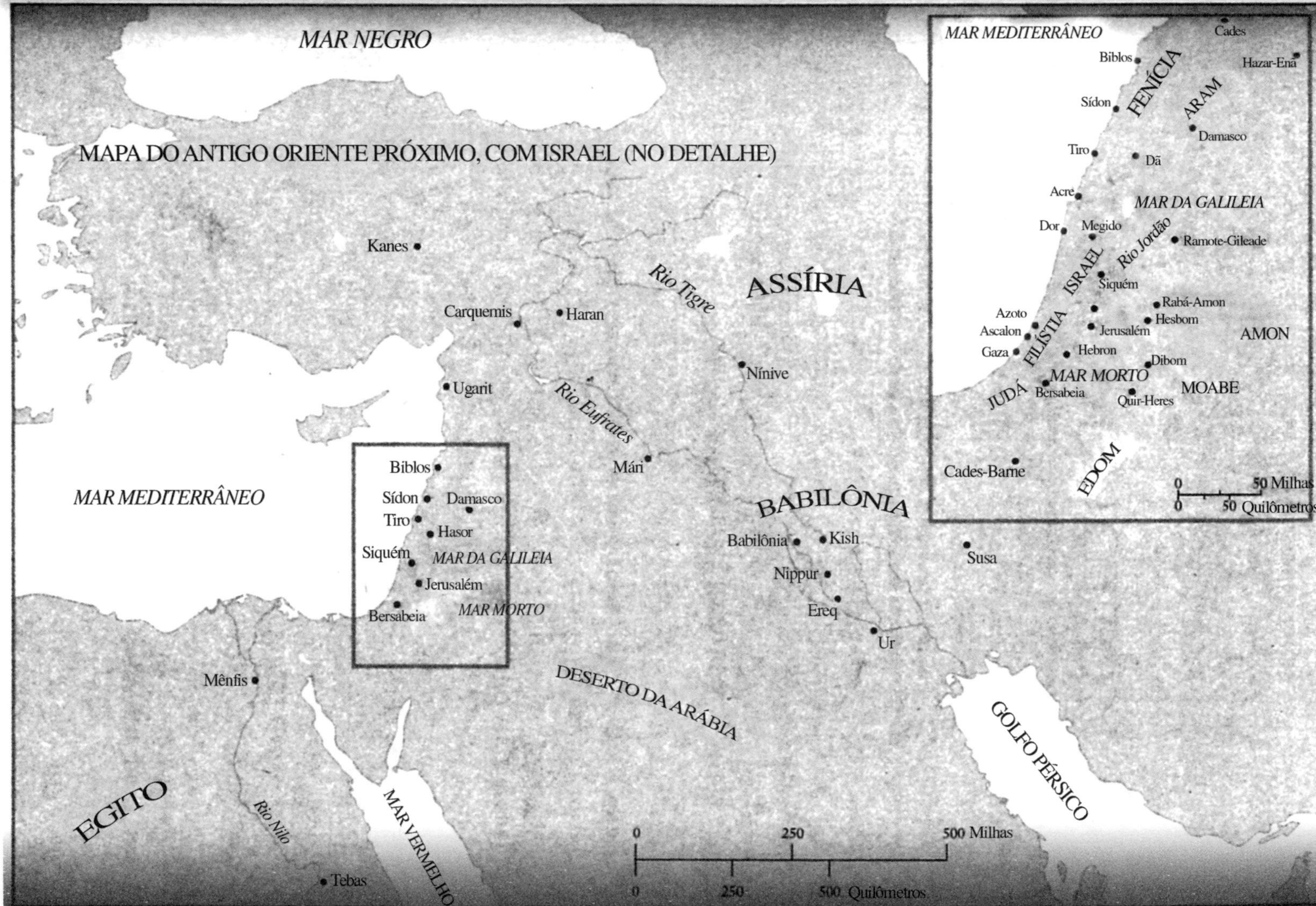
MAPA DO ANTIGO ORIENTE PRÓXIMO, COM ISRAEL (NO DETALHE)
MAR NEGRO
Kanes
Carquemis
Haran
Rio Tigre
ASSÍRIA
Ugarit
Nínive
Rio Eufrates
Mári
MAR MEDITERRÂNEO
Biblos
Sídon
Damasco
Tiro
Hasor
Siquém
MAR DA GALILEIA
Jerusalém
Bersabeia
MAR MORTO
BABILÔNIA
Babilônia
Kish
Nippur
Ereq
Ur
Susa
Mênfis
DESERTO DA ARÁBIA
GOLFO PÉRSICO
EGITO
Rio Nilo
Tebas
MAR VERMELHO
0
250
500 Milhas
0
250
500 Quilômetros
MAR MEDITERRÂNEO
Cades
Hazar-Enã
FENÍCIA
ARAM
Damasco
Dã
Acre
MAR DA GALILEIA
Dor
Megido
Rio Jordão
Ramote-Gileade
ISRAEL
Siquém
Azoto
Ascalon
Gaza
FILÍSTIA
Rabá-Amon
Hesbom
Jerusalém
AMON
Hebron
Dibom
MAR MORTO
JUDÁ
Bersabeia
Quir-Heres
MOABE
Cades-Barne
EDOM
0
50 Milhas
0
50 Quilômetros

INTRODUÇÃO

A Bíblia é o livro mais lido e o menos examinado que qualquer outro que já existiu.

— THOMAS PAINE

A leitura da Bíblia é em si uma educação.

— ALFRED LORD TENNYSON

Em um esforço para ajudar a reunir animais de estimação perdidos e seus donos, o Controle de Animais do Condado de Bay, em Panhandle, Flórida, ofereceu a colocação de um microchip em cães e gatos gratuitamente. Esse serviço público aparentemente inofensivo encontrou uma resistência surpreendente. "Alguns moradores [...] acham que pode haver uma cobra por trás dos microchips em geral."[1] A oposição não tinha nada a ver com répteis, animais perdidos, nem com o procedimento: ela surgiu a partir da Bíblia. "Eles veem isso como a marca do diabo [...] Já ouvi pessoas me dizerem isso", alertou Bridgett Miller, um dos técnicos que realizam o procedimento. Referências bíblicas são abundantes em nossa cultura, e muitas vezes com efeitos de longo alcance – da formação de crenças pessoais à conformação de políticas públicas. Infelizmente, poucas pessoas sabem o suficiente sobre a Bíblia para dizer como ou explicar o porquê.

Para seculares ou religiosos, igualmente, não há muitas oportunidades para aprender sobre a Bíblia. Como resultado, muitos pensam que a história de Adão e Eva em Gênesis equipara a serpente falante a Satanás; que o

[1] MORRISON, Jeremy, *Bay County Animal Control to Offer Free Microchips for Pets*. New Herald. 27 de dezembro de 2007. Disponível em: <http://www.newsherald.com/common/printer/view.php?db=newsherald&id =2115>.

fatídico fruto era especificamente uma maçã; e que, até hoje, os homens têm uma costela a menos que as mulheres. Nada disso é verdade – ao menos não como informa essa narrativa bíblica. Outros ficam chocados ao descobrir que a Bíblia[2] judaica constitui a maior parte da Bíblia cristã e antecede o Novo Testamento em séculos; que Paulo escreveu a maior parte do Novo Testamento (e Jesus não escreveu nenhuma); e que os pastores e os três Reis Magos não aparecem juntos em nenhum relato bíblico do nascimento de Jesus. O temor expresso pelos habitantes da Flórida é baseado em uma interpretação do livro do Apocalipse, do Novo Testamento. No entanto, citando o texto em questão, como disse um comentarista, "onde há uma disputa importante de tradução como essa, eu fico com o tradutor judeu, por ter mais familiaridade e cuidado com a linguagem"[3]. Mas o Novo Testamento não faz parte da Bíblia judaica, e sua língua é o grego (não o hebraico da Bíblia judaica). Os erros são muitos.

A maioria das pessoas sabe que a Bíblia tem sido extremamente influente no mundo ocidental durante milênios e continua a ser hoje, mas as oportunidades de aprender sobre ela são surpreendentemente poucas, acredite ou não. Muitas igrejas e sinagogas não têm tempo ou recursos para se dedicar a instruir sobre o contexto histórico da Bíblia ou os pontos mais delicados de suas características literárias, e as escolas públicas ficam compreensivelmente incapazes de tomar qualquer decisão com relação ao ensino da Bíblia. No entanto, a Bíblia é o alicerce religioso para a maioria dos norte-americanos, que a leem em busca de inspiração e instrução. E ela continua a surgir na política e na cultura popular. As pessoas ainda discutem se os Dez Mandamentos devem ou não ser afixados em tribunais. Em um debate no ano de 2007, candidatos democratas à presidência dos Estados Unidos foram convidados a destacar seus versículos bíblicos preferidos. Partes da Bíblia são citadas com frequência em seriados de tevê como *Os Simpsons*, *Lei e ordem* e *Lost*. Referências bíblicas permeiam a trilogia *Matrix*. O que a Bíblia disse ou não disse foi crucial para a trama e a popularidade do romance *O código Da Vinci* (que logo foi adaptado para o cinema). Além disso, a Bíblia é parte tão importante da música *country* norte-americana que é fácil confundir o *country* com o *rock cristão*. Indivíduos devotos contemplam o sentido e o significado das Escrituras para as suas vidas, baseando nelas os seus pensamentos e ações, acima de

---

[2] Neste livro, a palavra "Bíblia" é grafada com B maiúsculo.

[3] GOSLING, Tony. *Electronic ID, Microchipping, the Mark of the Beast-Some Possible Explanations*. Disponível em: <http://www.bilderberg/www.bilderberg.org/shengen. htm>. Acessado em: 20 de janeiro de 2008.

quaisquer outras referências. Outros querem entender como tais leitores religiosos fazem isso, e desejam ter uma discussão frutífera sobre questões de interesse mútuo. Algumas pessoas cresceram com a Bíblia, mas acham que sabem muito pouco sobre ela. Outros simplesmente querem entender como algo tal qual a Criação de Adão, na Capela Sistina, interpreta a história bíblica da criação.

Muitas pessoas têm curiosidade e vontade de aprender sobre a Bíblia, mas, por um lado, não querem ser doutrinadas, nem, por outro, ter suas crenças religiosas desrespeitadas ou preteridas. Este livro não toma uma posição religiosa nem busca converter os leitores a uma perspectiva de fé em particular. Tampouco zomba da crença ou despreza aqueles para quem a Bíblia é, bem, a Bíblia. Pelo contrário, oferece informações panorâmicas sobre a Bíblia – o que é, o que há nela e como entender o "biblioguês". Este livro destina-se a fornecer o tipo de informação que as pessoas querem, não importa quais sejam suas (não)crenças, para compreender e falar com sensatez sobre a Bíblia; a ajudar os leitores a entender e avaliar por si mesmos referências bíblicas; e a apreciar como as pessoas podem ficar tão irritadas com isso.

A Bíblia é um livro enganosamente difícil. Ele parece ser direto, mas é de fato muito complicado e, às vezes, parece ser francamente contraditório. Hoje em dia, as pessoas podem ser desculpadas por abordá-lo como qualquer outro livro (como ele parece ser) e, em seguida, imediatamente tropeçar em seus desconcertantes comandos, tanto para matar quanto para não matar; seu monoteísmo estridente e referências sérias a outros deuses; suas páginas de genealogias; suas declarações patriarcais para silenciar as mulheres na igreja; suas estranhas metáforas agrárias; e a multiplicidade de retratos de Jesus – fora a diversidade de traduções. Diante de tudo isso, é bom ter um guia ou, ao menos, algumas informações fundamentais sobre o desenvolvimento, o conteúdo e a história da Bíblia. Mas há tantos candidatos reclamando esse papel e defendendo uma interpretação sob o pretexto de "informação", que é difícil saber o que fazer.

Este livro começa com algumas informações básicas sobre a Bíblia como um todo, antes de chegar a detalhes como quem é quem, o que é o quê, e onde é onde, ou debates modernos nos quais a Bíblia é usada em ambos os lados. Embora este livro não suponha nenhum conhecimento prévio da Bíblia, alguns capítulos baseiam-se em outros, portanto é melhor lê-lo seguindo a ordem desde o início. Afinal, é mais fácil entender como uma pessoa pode argumentar que a Bíblia condena a homossexualidade, e outra argumentar que não (com ambas tendo fundados argumentos), por que Davi é o tal, por que as mulheres são postas de escanteio, por que Jerusalém é também Sião, e por que os católicos veneram a Virgem Maria, se você tiver aprendido algo sobre as diferentes Bíblias, se conhecer um pouco da história que há por dentro e por trás da Bíblia, e se você estiver familiarizado com o drama da tradução[4].

O Capítulo Um, "Afinal, o que é a Bíblia?", descreve o que é a Bíblia e traz um pouco sobre as diferentes formas como as pessoas a leem e como orientar-se dentro dela, incluindo seu jargão e sua organização. O Capítulo Dois, "Diferentes Bíblias e uma Bíblia oculta", descreve brevemente as diferentes Bíblias existentes, observa uma versão raramente considerada que influenciou todas elas e dá uma visão rápida do conteúdo da Bíblia, livro por livro. (Uma tabela, no final, compara as versões, em disposição lado a lado.) Os capítulos três, quatro e cinco tratam da história – a que há dentro, a que há por trás, e a da própria Bíblia, respectivamente. (Em outras palavras, o Capítulo Três, "Como está escrito: a história na Bíblia", relaciona o relato da Bíblia sobre a história; o Capítulo Quatro, "Contextos e cultura: a história por trás da Bíblia", ilustra o contexto histórico no qual determinados textos bíblicos surgiram; e o Capítulo Cinco, "Chegando ao Livro Santo: a história da Bíblia", discute a forma como a Bíblia tornou-se a Sagrada Escritura que é hoje. Linhas do tempo, na parte de trás do livro, ajudam a visualizar a ordem desses acontecimentos.) O Capítulo Seis, "Qual a melhor tradução?", traz informações fundamentais que tratam da tradução dos textos bíblicos na história e hoje. Não há Bíblia original que possamos consultar, e poucas pessoas além de especialistas acadêmicos e egressos de seminários conhecem aramaico e hebraico bíblico ou grego koiné. Assim, o Capítulo Seis dedica algum tempo para discutir questões de tradução – como os tradutores determinam de qual texto irão traduzir, algumas das traduções mais influentes de todos os tempos, e a variedade de traduções que existe hoje.

Os capítulos sete e oito, "Temos questões" e "Citações (e citações ruins)", enfocam algumas das formas como as pessoas usam textos bíblicos específicos hoje em dia. Quais são esses textos? Como eles aparecem na cultura contemporânea? E como eles destacam ou prejudicam uma posição ou argumento ideológico? No processo de descrever esses textos, incluindo os seus contextos históricos e literários, esses capítulos buscam

---

[4] Transliteração é diferente de tradução. A transliteração simplesmente expressa uma palavra estrangeira em caracteres familiares a nós. Por exemplo: גוים para *goyim*. A tradução expressa seu significado, nesse caso, "nações", "(outros) povos".

ajudar os leitores a compreender por si mesmos os usos modernos dos textos. Embora a questão dos papéis e das expectativas das mulheres encaixe-se bem no Capítulo Sete, esse tema é abordado no capítulo sobre as personagens femininas (Capítulo Dez, "As adoráveis (e as não tão adoráveis) mulheres").

Os demais capítulos – nove a treze, sobre as pessoas, lugares e coisas – dispensam grandes apresentações. Jesus recebe uma atenção dupla: tanto no capítulo sobre os homens (Capítulo Nove, "Homens: famosos e infames") quanto no capítulo sobre Deus (Capítulo Treze, "Nomes, seres e ações de Deus"). Satanás, por outro lado, recebe o tratamento mais completo apenas no capítulo sobre as coisas (Capítulo Onze, "Flora, fauna etc."). Não pretendi marcar uma posição teológica com essa organização; mas, pensando retrospectivamente, ela com certeza reflete a teologia cristã ortodoxa – Jesus como simultaneamente humano e divino, e a personificação do mal como totalmente indigna de adoração. Os itens associados a Satanás, como números significativos e criaturas identificadas com o mal, são discutidos no Capítulo Onze, assim como os anjos e os demônios. Uma vez que há tantas formas pelas quais Deus é identificado em toda a Bíblia, dedico um capítulo inteiro (o último, Capítulo Treze) a nomes, seres e ações de Deus.

O tamanho relativamente pequeno deste livro e o fato de ser apenas um único volume devem sinalizar aos leitores que ele não é, de forma alguma, exaustivo. As pessoas vêm usando, estudando e comentando a Bíblia desde antes, por assim dizer, de sua tinta secar. Desde antes do tempo em que a literatura bíblica nem sequer tinha sido reunida como tal, as pessoas já faziam alguns dos mesmos tipos de perguntas sobre ela que fazemos hoje, e usavam os textos bíblicos de várias maneiras. Este livro é, portanto, e necessariamente, apenas um pedacinho do banquete que é o estudo bíblico. Talvez ele venha a estimular o apetite do leitor por saber mais. (Uma breve seção, no final do livro, descreve algumas referências úteis.) Há certamente mais a aprender sobre a Bíblia (e cada dia ainda mais) do que uma pessoa poderia dominar em uma vida inteira. Mas este livro deve ser suficiente para fornecer um bom nível de conhecimento bíblico, para, assim, permitir que o leitor compreenda referências e usos da Bíblia – este que é o livro mais popular, polêmico e comentado de todos os tempos.

UM

AFINAL, O QUE É A BÍBLIA?

Familiar não é algo que ele nos faz lembrar.

— JANE HIRSHFIELD

Ano após ano, a Bíblia surge no topo das listas de *best-sellers*. As pesquisas mostram que é o livro preferido dos norte-americanos de todos os tipos, e é considerado sagrado por 84% da população total dos Estados Unidos[1]. Ele é encontrado em todas as formas imagináveis. Encadernações surradas, de couro e em relevo, com capas cor-de-rosa macias, em áudio, multimídia, ou nas bem tratadas mãos de Paris Hilton a caminho da prisão. As pessoas juram sobre esse livro nos tribunais. Famílias registram nascimentos, casamentos, divórcios e mortes em suas páginas. Soldados levam-no para a batalha e pacifistas o agitam em manifestações de protesto. A Bíblia é um documento singular de influência inestimável. Porém, apesar de todas as evidências em contrário, pode ser uma leitura de difícil entendimento e nunca apenas uma coisa a mais.

A Bíblia não caiu do céu com o seu conteúdo já na mais compreensível das línguas. Nem foi gravada em tábuas de pedra durante uma tempestade e entregue a um Charlton Heston vestido de túnica. A Bíblia cresceu durante um longo período de tempo, e como tudo o que leva seu próprio e doce tempo para amadurecer, tem profundidade e riqueza, e algumas rugas, também.

---

[1] The Bible Is America's Favorite Book Followed by "Gone with the Wind". *The Harris Poll 38*. April 8, 2008. Disponível em: <http://www.harrisinteractive.com/harris_poll/index.asp.PID=892>. Acessado em: 25 de novembro de 2008. E Americans Identify What They Consider "Holy Books". *Barna Update*. July 7, 2008. Disponível em: <http://www.barna.org/FlexPage.aspx'Page= BarnaUpdaee&:Barna UpdateID=302>. Acessado em: 25 de novembro de 2008.

Na verdade, a palavra "Bíblia" significa algo como "pequena biblioteca". Nesse caso, não apenas a Bíblia toda é uma coletânea de livros, mas a maioria desses livros são, eles próprios, coletâneas – produtos de um longo desenvolvimento e de muitas mãos. Em outras palavras, a Bíblia e seus livros individuais se parecem mais com os acréscimos feitos à *Wikipédia*, a enciclopédia livre da internet, crescendo a partir de contribuições de várias pessoas de fé, do que com um conto de Hemingway, escrito em uma noitada animada por doses de *mojito*.

Além disso, esses livros bíblicos não funcionam todos da mesma forma. Assim como podemos ler uma letra de música de Neil Young diferentemente de como leríamos as instruções de instalação de um aparelho de som ou os argumentos dos adversários de Galileu, assim também a poesia devocional dos Salmos deve ser lida de forma diferente das instruções logísticas do livro Levítico para a consagração de um sacrifício, e ainda de forma diferente das cartas de incentivo a novas congregações, escritas pelos primeiros missionários cristãos.

A forma atual da Bíblia – páginas encadernadas entre duas capas, como os outros livros – mascara sua espetacular complexidade e sua radical diferença de qualquer outra coisa que você poderia encontrar para comprar. Apesar de parte do que se tornou bíblico ter sido escrita por um único autor e concebida para consumo geral, muito do que está na Bíblia se desenvolveu antes mesmo da existência dos livros – aliás, antes mesmo que a maioria das pessoas sequer soubesse ler. Na maioria dos casos, esses textos pré-bíblicos eram documentos díspares (muitos refletindo antigas tradições orais), coproduzidos, editados e trocados entre os poucos da elite que sabiam ler e escrever. Hoje em dia, no entanto, pode-se pegar uma Bíblia e lê-la como qualquer livro moderno, de capa a capa. Porém, fazer isso é, na melhor das hipóteses, problemático, porque um leitor atento rapidamente descobre que a "voz" da Bíblia é, na verdade, um coro (por vezes, dissonante).

Pense em quantas vezes você ouviu alguém dizer: "Bem, a Bíblia diz...", e, em seguida, outra pessoa retrucar: "Mas a Bíblia também diz...", e logo ir expondo o argumento oposto. Por exemplo, a Bíblia condena e ordena o assassinato, o divórcio, o ritual religioso, e a colocação da família em primeiro lugar. A menos que você compreenda a situação social de onde esses textos vêm, e algo sobre as peculiaridades da antiga literatura do Oriente Próximo, pode parecer que a Bíblia diz tudo e nada. Sem saber alguma coisa sobre o desenvolvimento da Bíblia, o leitor ficaria compreensivelmente confuso tentando descobrir exatamente quantos animais deveriam estar na Arca de Noé, com base na ordem de Deus para pegar, primeiro, um par, e, depois, sete pares de animais puros e um par de impuros – para não falar no tamanho que tal barco deveria ter, mesmo para quem assistiu a *Todo-Poderoso*. A Bíblia está ao nosso redor, mas nos é tão estranha quanto qualquer ET.

SÓ ESTAVA SEGUINDO A BÍBLIA...

A. J. Jacobs, articulista da revista *New Yorker*, viveu "biblicamente" durante um ano e escreveu um *best-seller* inteligente e divertido relatando seu esforço. Não que não seja uma leitura divertida, mas o projeto tinha alguns problemas reais. Por um lado, algumas das "leis" bíblicas que ele seguiu, como muitas outras antigas "leis" do Oriente Próximo, nunca foram destinadas a uma aplicação tão literal. Elas podem ter sido concebidas e funcionado de um modo mais instrutivo do que como absolutamente aplicáveis. Não é um fato atemporal e universal que adolescentes maldizem seus pais em algum momento da tribulação que é "crescer"? No entanto, se os jovens que se rebelaram contra seus pais tivessem que ser mortos como "ordenado" pela Bíblia[2], a raça humana teria problemas para sobreviver a uma única geração.

Sem algumas informações básicas, é claro que as pessoas leem a Bíblia da maneira como estão habituadas a ler: supondo uma única origem (pelo menos para cada livro bíblico), por exemplo, ou que a Bíblia conta as coisas do começo ao fim em ordem direta e cronológica. Em outras palavras, elas leem um pouco de forma "literal"; mas a Bíblia não se presta facilmente a essa leitura. Questões de tradução à parte, a própria biografia da Bíblia – ela se desenvolveu durante um longo período de tempo e reflete acréscimos de várias épocas, lugares e perspectivas – praticamente garante que ela diz muitas coisas (por vezes, diversas e, mesmo, contraditórias). E não tenta conciliar essas vozes, procedendo, ao contrário, como se seu significado fosse transparente. Somos deixados à perplexidade com a ambiguidade e a relação de textos aparentemente contraditórios.

Além disso, a maioria das pessoas lê a Bíblia de traduções, e o ato de traduzir, necessariamente, requer interpretação. Por exemplo, as primeiras palavras da Bíblia permitem, pelo menos, três traduções igualmente boas: "No princípio, criou Deus os céus e a terra", "Quando Deus começou a criar", ou "No princípio quando Deus criou". Para traduzir de forma

---

[2] Dt 11:18-21.

sensata, porém, devemos escolher uma. Além disso, não existe pontuação nem o uso de maiúsculas no hebraico, assim, nós mesmos temos de acrescentá-las, para que o texto faça sentido em outras línguas. E, como todos sabem, a pontuação, por si só, pode fazer muita diferença.

Como o próximo capítulo explica em detalhes, "a Bíblia" significa coisas diferentes para pessoas diferentes, inclusive para aqueles que acreditam nela. Pense na sublime e comovente *O Messias*, de Händel, cantada em inúmeras igrejas e centros comunitários em vários lugares na época de Natal. O coro canta triunfante: "Pois a nós uma Criança nasceu, a nós um filho foi dado, e o governo estará sobre Seus ombros; e Ele será chamado de Maravilhoso, Conselheiro, Deus Poderoso, Pai Eterno, Príncipe da Paz". Essa letra realmente vem da Bíblia, mas, dependendo da Bíblia que você usar, a poesia pode ou não referir-se a Jesus. (Além disso, dependendo de qual Bíblia você lê, "uma virgem conceberá" pode não aparecer em parte alguma, a história de Ester pode ou não incluir Deus, e pode haver ou não quatro cavaleiros do apocalipse.)

Essa parte de *O Messias*, de Händel, vem de uma seção que judeus e cristãos compartilham, no livro de Isaías, do Antigo Testamento. Uma vez que as Bíblias cristãs incluem também um Novo Testamento, que reflete ideias sobre Jesus das quais os judeus não partilham, cristãos e judeus às vezes leem passagens do Antigo Testamento de modo diferente. Centenas de anos antes de Jesus nascer, a poesia de Isaías deu esperança a uma nação no exílio, esperança na graça de Deus – Deus proveria um líder para estabelecer a justiça e a paz no mundo. Depois, os cristãos interpretaram que o líder era o seu Cristo, Jesus, e aplicaram a poesia a ele. Esta e outras passagens sobre o messias no Antigo Testamento são fundamentais para o cristianismo, porque os primeiros seguidores de Jesus (que também eram judeus) interpretaram a identidade e o significado de Jesus à luz de suas escrituras hebraicas.

Em outras palavras, essa passagem não se referia a Jesus em sua forma literária original. No entanto, uma vez que esses textos do Antigo Testamento também são lidos através de uma lente cristã de fé, informada, em parte, pelos textos do Novo Testamento, os cristãos estão em sólidas bases teológicas quando afirmam que ela se referia, de fato, originalmente a Jesus. Afinal, embora a passagem anteceda um Jesus histórico em quase meio milênio, os cristãos creem (baseados, em parte, no evangelho do Novo Testamento da declaração de João) que Jesus estava presente com Deus no início da criação. De acordo com tal pensamento baseado na Bíblia, Jesus veio a cumprir essas escrituras.

No entanto, se uma pessoa não acredita que Jesus era divino, então pode recorrer ao contexto histórico e literário do texto para afirmar com confiança que a passagem não tem nada a ver com Jesus. A tradução judaica desse mesmo texto diz: "Ele tem sido chamado de 'O Deus Poderoso planeja graça; O Pai Eterno, um governante pacífico'"[3]. Três traduções refletem diferentes perspectivas e, nesse caso, o original hebraico sustenta tanto a tradução judaica quanto a cristã que Händel usou. Cada uma delas é válida e acurada; apenas diferente, a partir de diferentes perspectivas.

As pessoas recorrem à Bíblia de formas diferentes e para uma variedade de razões, tanto seculares quanto religiosas. Já vimos um exemplo de como a perspectiva da fé de uma pessoa informa sua leitura e interpretação. Uma vez que a Bíblia é tanto uma coletânea ímpar de literatura antiga quanto, conforme muitos acreditam, a palavra de Deus, aprender sobre ela – seu desenvolvimento, por exemplo – levanta inevitavelmente questões de fé. Como pode a Bíblia vir de pessoas historicamente baseadas, reais, que viveram e morreram há muito tempo, refletindo suas ideias, preocupações e até mesmo opiniões parciais particulares, e ainda vir de Deus? Como pode ser a Palavra de Deus e, no entanto, sujeita às vicissitudes da história e a falhas humanas?

Muitos fiéis que aprenderam sobre as origens e o desenvolvimento da Bíblia localizam "autoria" de Deus da Bíblia no processo de seu desenvolvimento, inspirando as mãos humanas que fizeram dela o que ela é hoje[4]. Alguns identificam a própria Palavra de Deus como um assunto dinâmico definido em parte (e com a intenção de Deus) pela relação em constante mudança que os leitores e as comunidades têm com o texto. Muitas pessoas para quem a Bíblia é sagrada aplicam a ela ferramentas modernas de investigação e estudo acadêmico e acham que o que elas aprendem ao longo do caminho realmente enriquece a sua fé. Os fiéis que aceitam os modelos e resultados do conhecimento bíblico moderno nem sempre leem a Bíblia "literalmente". Para eles, porém, isso não torna a Bíblia menos verdadeira, e alegam que, ao contrário, eles descobrem as verdades mais profundas e as implicações espiritualmente mais gratificantes do que a simples leitura permite.

Entendendo que a Bíblia foi composta durante um longo período por muitas pessoas diferentes, e tudo isso há muito tempo, podemos avaliar

---

[3] Tradução da Tanakh da *Jewish Publication Society.*

[4] Essa ideia é representada na própria Bíblia (cristã) – em um dos livros mais recentes, escrito muito depois de as palavras dos profetas das quais ela fala haverem se tornado escrituras sagradas (1 Pedro 1: 20-21).

mais facilmente como, hoje em dia, pessoas diferentes extraem diferentes significados dela. Muito do que está na Bíblia não foi escrito com o objetivo de se tornar bíblico. A maior parte de seu conteúdo foi considerada como autorizada e como escritura sagrada apenas muito tempo depois que os textos foram primeiramente desenvolvidos e usados. Esses fatos tornam a interpretação hoje, tanto a secular quanto a religiosa, uma atividade rica em camadas.

A ORGANIZAÇÃO E O JARGÃO DA BÍBLIA

Antes de uma Bíblia reconhecível para nós hoje, existiam pedaços de literatura oralmente preservados, escritos em papiro vegetal ou pele de animais ou gravados em pedra. Imagens de Moisés segurando os Dez Mandamentos geralmente o descrevem com uma pesada tábua de pedra em cada braço. O fato de os mandamentos serem "escritos em pedra" reflete um antigo método de escrever descrito na história de Deus dando os mandamentos aos israelitas por intermédio de Moisés[5]. Os trechos individuais de tradição e literatura antiga passaram a ser reunidos sob a forma de rolos de folhas de pergaminho escritas. Ao longo do tempo, os textos foram gravados em folhas distintas, empilhadas e encadernadas entre duas capas como os livros de hoje, no que chamamos de códex.

Ao pegar uma Bíblia, hoje, você rapidamente percebe que ela está dividida em grandes seções. Elas são chamadas de "livros". Gênesis é um livro, Isaías é um livro, Salmos é um livro, João é um livro, 1 Coríntios é um livro. Cada livro está dividido em capítulos, que são numerados; e cada capítulo se subdivide em versículos, que também são numerados. Dentro de cada livro, tal como aparecem hoje, os textos, não importa o que sejam – narrativas, regulamentos, poemas, cartas – são organizados numericamente em capítulos e versículos. Os números grandes indicam os capítulos. Dentro dos capítulos, pequenos números designam os versículos. Não há um número mínimo ou máximo de capítulos que um livro pode ter, ou de versículos que um capítulo pode ter. O livro de Abdias, do Antigo Testamento, e o livro Filemon, do Novo Testamento, têm apenas um capítulo cada. O Salmo 117 é o capítulo mais curto da Bíblia (cada salmo do livro dos Salmos é um capítulo em si). E não há número máximo ou

---

[5] Ex 31:18, Dt 9:9-11 (veja também Ex 24:12, 32:15-16, 34:1). Nessa história em particular, diz-se que o dedo de Deus marcou as pedras que Moisés segurava. Em Ex 24:4 e 34:28 e Dt 31:9, é Moisés quem escreve.

mínimo de palavras que um versículo pode ter. João 11:35, "Jesus chorou", é o menor versículo das Bíblias cristãs.

Quando o moderador de debates Tim Russert pediu aos candidatos democratas à presidência dos Estados Unidos, em 2008, que citassem seu versículo bíblico preferido, Dodd, Obama e Richardson citaram passagens que consistiam em vários versículos – a parábola do Bom Samaritano e o Sermão da Montanha. Biden fez uma referência inusitada e ameaçadora aos fariseus. Gravel disse: "A coisa mais importante na vida é o amor", querendo, provavelmente (em uma paráfrase bastante frouxa), referir-se ao versículo que conclui: "A maior delas é o amor". Kucinich lançou mão da oração não bíblica "Senhor, fazei de mim um instrumento da vossa paz", de São Francisco. Apenas Hillary Clinton e Edwards realmente citaram um versículo. Clinton citou "Faça aos outros o que gostaria que fizessem a você"; Edwards disse: "O que você fizer ao menor destes, fará a mim"[6].

Para citar um texto em particular, identificamos o livro, seguido do número do capítulo, seguido de dois-pontos (ou uma vírgula – este livro usa dois-pontos), seguidos do(s) versículo(s). Os nomes dos livros são abreviados. Em uma tabela, ao final do livro, incluímos uma lista de abreviaturas convencionais, as quais este livro usa. No filme *Todo-Poderoso*, em que Steve Carell vive um relutante Noé dos tempos modernos, os números 6:14 aparecem com frequência. Por exemplo, quando o despertador de Evan Baxter (o personagem de Carell) toca, a câmera mostra o relógio marcando 6:14. Uma luz auspiciosamente queimada no mostrador do relógio mascara o "-eral Electric", mostrando "Gn 6:14".

Durante todo o início do filme *Magnólia*, os números 8 e 2 aparecem em todos os lugares. Eles se referem ao livro do Êxodo, capítulo 8, versículo 2 (Ex 8:2), em que se lê: "Se você se recusar a deixar que [eles] partam, golpearei todo o seu território com rãs"[7]. O contexto é o confronto de Moisés com o faraó egípcio, no qual Deus – através de Moisés – ameaça o faraó, a menos

[6] Para a transcrição de todo o debate do partido democrata dos Estados Unidos de 26 de setembro de 2008, consulte <http:// www.msnbc.msn.com/id/21327206/page/19/.

[7] Ao escrever sobre a Bíblia, as pessoas às vezes subdividem os versículos com letras minúsculas. Por exemplo, o quarto versículo em Gênesis capítulo 2 tem duas partes que podem ser identificadas como em Gn 2:04 e Gn 2:04b. Quando nos referimos a um texto composto de mais de um versículo, a convenção é usar um traço entre as referências ao início e no final. Por exemplo, Gn 1:1-2:4 refere-se à passagem que se inicia em Gênesis capítulo 1 versículo 1 e termina em Gênesis capítulo 2, versículo [4] Quando nos referimos a dois ou mais versículos não consecutivos, há algumas possibilidades. Se os versículos estão no mesmo capítulo, os números são separados por uma vírgula (por exemplo, Gn 1:1, 4 refere-se ao primeiro e ao quarto versículos de Gênesis capítulo 1). Se os versículos estão em capítulos diferentes, um sinal de ponto e vírgula os distingue. Por exemplo, Gn 1:2; 3:4 refere-se a Gênesis, capítulo 1, versículo 2 e Gn capítulo 3, versículo 4; Gn 1:1; Ex 5:6 refere-se a Gênesis, capítulo 1, versículo 1 e Êxodo capítulo 5, versículo 6.

que os escravos hebreus sejam liberados. Em um ponto de virada, perto do fim de *Magnólia*, quando os personagens alienados e feridos começam a se conectar e se curar, o céu despeja uma chuva de rãs enormes. Um livro popular do autor cristão Max Lucado tem o título *3:16: The numbers of hope*. O título refere-se a um dos textos mais populares do Novo Testamento, João 3:16: "Porque Deus amou o mundo de tal maneira que deu seu único filho para que todo aquele que nele crê não pereça, mas tenha a vida eterna".

Você talvez já tenha ouvido a expressão "capítulo e versículo" usada com palavras como "citação", tal qual uma forma de indicar que alguém conhece algo em detalhes. Por exemplo, *Capítulo e versículo sobre o vegetarianismo* é o título de um artigo publicado no jornal norte-americano *Boston Globe* (em 3 de janeiro de 2007) sobre um homem que acumulou um impressionante acervo de livros sobre vegetarianismo. O artigo não tem nada a ver com a Bíblia. A expressão vem da prática de demonstrar o domínio que alguém possui em matéria de textos bíblicos, pela capacidade de citar o capítulo e o versículo de um texto. Em *As aventuras de Tom Sawyer*, de Mark Twain, o jovem Tom é instruído a "ficar versado" em estudo da Bíblia quando vai à casa de sua tia Polly. Hoje, costuma-se citar capítulo e versículo para provar o fundamento de uma ideia em particular, ou para mostrar a familiaridade de uma pessoa com a Bíblia.

No entanto, algumas pessoas que sabem citar capítulo e versículo podem não saber que esse sistema de organização não é original dos textos. Embora os livros da Bíblia realmente tenham precursores em volumes (na verdade, rolos) independentes, sua organização em capítulo-versículo veio muito mais tarde. Foi apenas quando bibliotecários da Universidade de Paris padronizaram uma Bíblia em latim no século XIII que Stephen Langton (1150-1228) criou os capítulos que aparecem como grandes números em nossas Bíblias de hoje. Séculos depois, em 1500, Robert Estienne subdividiu os capítulos em versículos, designados pelos pequenos números que aparecem em cada frase ou algo equivalente, em toda a Bíblia. O propósito do sistema numérico de capítulo-versículo foi ajudar as pessoas a encontrar o caminho a um determinado texto bíblico.

Esse sistema numérico de capítulo-versículo, desenvolvido muito depois dos textos bíblicos que ele organizou, é produto da interpretação. Ou seja, como acréscimos editoriais, essas divisões e subdivisões sugerem certa maneira de ler os textos bíblicos que pode permitir outras formas de leitura. Por exemplo, Gênesis, o primeiro livro em todas as Bíblias, começa com uma história sobre a criação do universo em sete dias, mas a maioria dos estudiosos concorda, com base em seu estilo literário, que a conclusão da narrativa não aparece até o meio do quarto versículo do capítulo 2. Não obstante, os editores que forneceram o sistema capítulo-versículo pareciam pensar que "e houve noite, e houve manhã, o sexto dia" (1:31) dava um final melhor do que "estas são as gerações dos céus e da terra quando foram criados" (2:4a), em seguida à descrição do sétimo dia[8].

Muitas Bíblias também incluem títulos e subtítulos em todo o texto. Por exemplo, na Nova Versão Internacional, "Abraão Salva Ló" introduz Gn 14:1-24, e "O Sol Detém" introduz Josué 10:1-15. Para os leitores, esses títulos podem parecer tão bíblicos quanto o resto, mas não são. Esses auxílios à leitura são produto de editores modernos que pretendem orientar os leitores com o resumo de histórias, ou então explicando o que vem a seguir no texto. Os títulos e frases podem ser realmente úteis, mas não devem ser tomados como parte da Bíblia (exceto como acréscimos editoriais modernos que são).

Algumas Bíblias são identificadas como Bíblias "de estudo," ou como "anotadas".

Essas Bíblias contêm ainda mais auxílio editorial moderno sob a forma de referências cruzadas e notas marginais. Muitas delas também incluem ensaios que oferecem informações básicas sobre o contexto histórico e características literárias e notas sobre marcos dos estudos bíblicos. Recomendo que todos tenham ao menos uma Bíblia de estudo à mão. Se o conhecimento por trás delas for sólido, elas podem ser uma ajuda preciosa. Por exemplo, a *Bíblia anotada de Oxford*, com os Livros Apócrifos, explica como o discurso de Deus após o grande Dilúvio reviu seu comando anterior do vegetarianismo[9]. As notas marginais podem simplesmente dizer aos leitores que um texto não é claro na versão mais antiga que temos, observando coisas como "Significado de Heb incerto" ou "O grego está no plural". Ou podem ter informações básicas detalhadas sobre uma determinada palavra ou ideia.

---

[8] Além disso, o atual sistema de capítulo-versículo reflete uma perspectiva cristã de organização bíblica que difere do sistema judaico de dividir o texto em seções para uso em cultos e estudos. Os judeus adotaram o sistema cristão como padrão durante a Idade Média espanhola (provavelmente não sem relação com as pressões da Inquisição), mas algumas diferenças menores permanecem. Por exemplo, o sobrescrito de um salmo – dizendo quais instrumentos utilizar ou a quem o salmo é atribuído – constitui seu próprio versículo nas bíblias judaicas, mas é apenas uma parte do primeiro versículo em bíblias cristãs. Na versificação do restante dos salmos há, consequentemente, uma diferença de um entre as bíblias judaica e cristã. O versículo "para nós nasceu uma criança", que Händel cita, é Isaías 9:5 nas escrituras judaicas, e Isaías 9:6 nas Bíblias cristãs.

[9] COOGAN, Michael D. (Ed.) *The New Oxford Annotated Bible with the Apocryphal/ Deuterocanonical Books*. 3d ed. Oxford: Oxford University Press, 2001. p. 22.

As referências cruzadas são citações de textos bíblicos que têm alguma relação real com o texto em questão. Por exemplo, uma Bíblia com essa ajuda editorial orienta os leitores de Mt 24:31 a olhar para Is 27:13, para que possam ver como a previsão de Mateus de que o Filho do Homem enviará seus anjos com o soar das trombetas e reunirá seus eleitos (Mt 24:31) reinterpreta a profecia de Isaías, de que um dia, com um toque de trombeta, Deus reuniria o povo de Israel de seu exílio (Is 27:13).

DOIS

DIFERENTES BÍBLIAS E UMA BÍBLIA OCULTA

Tenho um livro aqui que está abarrotado de respostas!

— FLANDERS (apresentando a Bíblia a Homer, que acaba de fazer uma pergunta sobre Deus), em *Os Simpsons*

A Bíblia é uma coletânea de livros que milhões de pessoas tomam como religiosamente autorizada, mas, ao falar da Bíblia, elas nem sempre estão falando da mesma coisa. Quando, no filme *A sétima profecia*, a gestante Abby Quinn (interpretada por Demi Moore) e o adolescente judeu Avi (Manny Jacobs) tentam desesperadamente descobrir como evitar o fim do mundo, Abby transforma-se em Avi para ajudar na identificação do quinto, sexto e sétimo sinais. Anteriormente, Avi provara seu conhecimento bíblico ao traduzir um enigmático texto hebraico do profeta Joel, do Antigo Testamento. No entanto, os sinais posteriores são enumerados no Apocalipse, livro do Novo Testamento. "Você devia saber isso!", Abby exclama. Mas Avi retruca: "Esse não é o meu livro; é o Novo Testamento".

A maior diferença encontra-se entre as Bíblias judaica e cristã – porém nem todas as Bíblias cristãs são iguais, tampouco. Mesmo que Joel Osteen e o Papa acreditem em Jesus, eles não têm Bíblias idênticas. No entanto, todas essas escrituras sagradas têm mais em comum do que em desacordo. As Bíblias cristãs incluem todos os mesmos textos que as Bíblias judaicas (a Bíblia judaica inteira faz parte da Bíblia cristã); e as Bíblias católicas, embora sejam mais longas, incluem os mesmos textos que as Bíblias protestantes. Este capítulo mostra como a Bíblia judaica e duas variedades de Bíblias cristãs diferem e revela a Bíblia oculta que influenciou todas elas.

DE QUEM É A BÍBLIA?

A Bíblia mais antiga é a Bíblia judaica, e é dela que dependem as Bíblias cristãs. Mas a Bíblia judaica não estava finalizada como tal até que os cristãos aparecessem. Assim, a maior parte do que constituiria essa Bíblia já possuía um longo histórico de uso como escritura autorizada pelas comunidades judaicas. As escrituras pré-Bíblia – que tanto os judeus tradicionais quanto os judeus seguidores de Jesus usavam naquela época – eram traduções de antigos manuscritos em hebraico para uma língua comum, o grego. Essa versão grega é uma espécie de Bíblia oculta, pois sua existência, pressupostos, linguagem e estrutura estão por trás de muitas diferenças existentes nas Bíblias de hoje.

Há uma lenda fantástica que surgiu de um relato atribuído a certo Aristéas, contando como essa tradução tomou forma: Ptolomeu II (também conhecido como Filadelfo, "de amor fraternal"), que governava o Egito (285-246 AEC[*]), um território que incluía Judá, encomendou uma cópia dos cinco primeiros livros bíblicos para sua biblioteca[1]. Ele trouxe setenta e dois tradutores judeus para Alexandria, agradando-os com banquetes. Eles, então, puseram mãos à obra. Reza a lenda que, depois de exatamente setenta e dois dias, todos os estudiosos haviam concluído individualmente traduções idênticas, e essa versão manteve-se inalterada desde então. (A história de Aristéas tem alguns erros internos e evidências de antigos manuscritos revelam que o projeto de tradução do hebraico para o grego se arrastou por séculos[2].) O resultado é chamado de Septuaginta, cuja abreviação é LXX (setenta), uma referência aos setenta e dois estudiosos e dias da lenda. Esse título também se aplica às traduções gregas do resto da Bíblia hebraica[3].

---

[*] N. do T.: Em vez de a.C./d.C. (antes de Cristo/depois de Cristo), a autora adota AEC/EC (Antes da Era Comum/Era Comum).

[1] Não sendo ainda uma "Bíblia" por si só, esses livros, no entanto, foram aceitos como escrituras de autoridade pelos judeus da época de Ptolomeu II.

[2] Além disso, Alexandria estava repleta de judeus cultos, por isso é provável que os estudiosos fossem judeus alexandrinos egípcios ali formados. Veja Leonard J. Greenspoon, *Between Alexandria and Antioch*, em COOGAN, Michael D. (Ed.) The Oxford History of the Biblical World. Oxford: Oxford University Press. 1998. p. 320.

[3] Havia, na verdade, várias e distintas versões e traduções gregas da Bíblia judaica que circulavam nos séculos que compreendem a virada da Era Comum, mas a maioria das pessoas usa o termo "Septuaginta" para referir-se a qualquer coletânea publicada em grego de antigos livros bíblicos judaicos, e deixa por isso mesmo.

Como a Bíblia como um todo ainda não havia sido concluída, a Septuaginta desenvolveu-se incluindo mais do que simplesmente traduções rigorosas das escrituras hebraicas. Ela parece ter incorporado variações de livros existentes, bem como novos livros inteiros. Os judeus tradicionais excluíram esses livros, na época muito modernos, e definiram seu cânone – sua "Bíblia" – no primeiro século EC como uma Bíblia especificamente hebraica composta da Torá, dos Profetas e dos Escritos.

A Bíblia judaica, por ser composta dessas três seções, às vezes é denominada pela sigla *Tanakh*, em que as letras T, N e Kh representam os nomes das seções: 'T' representa a Torá – os cinco primeiros livros; 'N' representa a palavra hebraica *Nevi'im*, que significa 'Profetas' – uma seção que inclui livros de história e livros cujos títulos são os nomes dos profetas individuais; e 'Kh' representa *Kethuvim*, que significa "Escritos"[4] – uma coletânea de vários livros, incluindo Salmos, Provérbios, Jó e Eclesiastes. A coletânea termina (e, com ela, toda a Bíblia judaica) com um apelo histórico para que os judeus retornem a Jerusalém. Tanto o Pessach (Páscoa judaica) quanto o Yom Kippur (Dia do Perdão), as mais importantes festividades anuais judaicas, terminam com "No ano que vem, em Jerusalém!", refletindo o toque de esperança que conclui o cânone judaico. A Bíblia judaica, *Tanakh* e a Bíblia hebraica são três termos que designam exatamente a mesma coisa. Às vezes, os judeus também se referem a toda a Bíblia hebraica como Torá.

O Antigo Testamento cristão inclui todo esse mesmo material, porém, organizado de forma diferente, para terminar com vistas ao salvador que chega. Em um esforço para evitar sugerir que esses livros sejam obsoletos ou ultrapassados, algumas pessoas optam por chamar o Antigo Testamento de Bíblia hebraica. No entanto, o Antigo Testamento não é rigorosamente idêntico à Tanakh/Bíblia hebraica[5]. Por um lado, os Antigos Testamentos da Igreja Católica e da Igreja Ortodoxa incluem livros e seções da versão grega que não estão na Bíblia hebraica. Por outro, mesmo o Antigo Testamento protestante, que se baseia na Bíblia hebraica, ordena seus livros de forma diferente da Bíblia judaica.

---

[4] Quanto ao h em Kh: resumidamente, ele tem a ver com uma convenção gramatical em hebraico que às vezes distingue entre o início e o término das palavras – K no início; kh no final, neste caso.

[5] A palavra "testamento" já contém em si uma afirmação teológica, uma vez que reflete um antigo uso do termo como sinônimo de "aliança". Como acordos que criam vínculos entre duas partes, as alianças são cruciais na Bíblia. Na Bíblia hebraica, Deus faz alianças com toda a terra após o Dilúvio, com Abraão e sua família, com os israelitas por intermédio de Moisés, e com Davi. Alguns profetas ansiavam por uma "nova aliança", que os cristãos consideram ser cumprida de maneira especial através de Jesus. O termo "Novo Testamento" sugere então que seus livros falam de um novo pacto entre Deus e o mundo, mediado pela vida, morte e ressurreição de Jesus.

Como os judeus seguidores de Jesus (protocristãos) também usavam Septuaginta, eles não tiveram apenas variações em razão de tradução e de acréscimos mencionados anteriormente, mas também uma ordem de conteúdo diferente. Os primeiros cristãos não buscaram desenvolver uma Bíblia alternativa (eles acreditavam que o mundo acabaria ainda no tempo de suas vidas), mas, com o passar do tempo, acumularam uma coletânea de textos autorizados e estimados que se somaram à versão grega de sua Bíblia. Quando, de fato, desenvolveram seu próprio cânone de textos sagrados, ele refletia a versão grega das escrituras hebraicas com suas variações, acréscimos e ordem diferente (Antigo Testamento), além de novos textos que refletiam suas crenças sobre Jesus como um Messias divino (Novo Testamento). De um modo geral, essa é a Bíblia dos cristãos católicos e ortodoxos[6].

Jerônimo, o homem que traduziu a Bíblia cristã para o latim (entre os anos 385 e 405), chamou os livros extras da Septuaginta – aqueles não incluídos na Bíblia hebraica – de "apócrifos". Não foi ele quem cunhou o termo, que significa algo como "coisas ocultas", e pensava-se que esses livros incluíssem ideias e ensinamentos ocultos ou secretos. Jerônimo queria distingui-los dos livros originais da Bíblia; assim, optou por separar os livros que não possuíam originais em hebraico e colocou-os no final do Antigo Testamento. No entanto, eles foram se incorporando, e vieram a ser oficialmente reconhecidos pela Igreja Católica como parte integrante da Bíblia: uma parte secundária ("deuterocanônica"), mas, ainda assim, uma parte.

A BÍBLIA CRISTÃ: TOMADA 2

Séculos depois, quando os cristãos protestantes distinguiram-se dos cristãos católicos, eles apelaram para a Bíblia hebraica para definir seu Antigo Testamento. No processo, eles excluíram os acréscimos à Septuaginta, mas mantiveram sua ordem. Em vez de seguir a disposição da Bíblia hebraica – Torá, Profetas, Escritos –, o Antigo Testamento protestante reflete a ordem da Septuaginta nas seções: Torá, Livros Históricos, Poesia e Sabedoria, e Profetas.

---

[6] Em outras palavras, durante o processo canônico da Bíblia cristã, o Antigo Testamento, baseando-se nas versões gregas (que eram traduções e algo mais) dos livros hebraicos, cresceu até se tornar mais longo do que a Bíblia judaica em hebraico. O resultado: as Igrejas ocidentais (latina, depois, católica) e Igrejas orientais (grega, depois, ortodoxas) incluem livros e partes de livros que não aparecem na Bíblia hebraica. Veja a nota 45 do Capítulo Doze, para um pouco mais de informação sobre a história dessas Igrejas.

Por conseguinte, tal como na Bíblia hebraica, a história cristã protestante de Ester não faz qualquer referência a Deus. As Bíblias católica e ortodoxa, por outro lado, incluem os acréscimos gregos com muitas referências a Deus, o que torna a história mais religiosa. (E o filme *Uma noite com o rei*, de 2006, inclui acréscimos desconhecidos em qualquer Bíblia[7].)

Tenho especificado "cristão protestante" para distinguir essa das outras formas de cristianismo. Assim como o cristianismo surgiu do judaísmo como uma espécie de movimento de reforma, o cristianismo protestante surgiu do cristianismo católico como um movimento de reforma. Ao contrário da relação judeus-cristãos, no entanto, os protestantes não pertencem a uma religião diferente da católica. Uma coisa que o pai da reforma alemã, Martinho Lutero, procurou fazer foi restabelecer a leitura e o uso da Bíblia por pessoas comuns. Na verdade, ele queria ter certeza de que a base principal da orientação religiosa das pessoas seria a Bíblia, e não a Igreja ou suas tradições. *Sola scriptura* (*Somente pelas escrituras*) era seu princípio.

Tal qual nossa observação de como "a Bíblia" significa coisas diferentes para fiéis diferentes, Lutero distinguia a Bíblia da Igreja da Bíblia Original. A Bíblia da Igreja Católica era a tradução de Jerônimo para o latim (com algumas modificações), chamada de Vulgata. O que perturbava Martinho Lutero era o fato de que não só o latim era uma língua morta, já nessa época (ironicamente, o latim não era mais o *vulgare*, a língua comum), mas também que a Vulgata era, ela mesma, uma tradução, no mínimo um passo a mais na distância do original. Assim, Lutero retornou ao hebraico no Antigo Testamento e ao grego no Novo Testamento e traduziu diretamente para a língua das pessoas comuns, concluindo uma Bíblia completa em alemão em 1534[8].

Em oposição a Lutero, a Igreja reintroduziu em sua Bíblia textos da Septuaginta que não aparecem na Bíblia hebraica. Consequentemente, os Antigos Testamentos católicos e ortodoxos incluem tudo o que os outros têm, além de acréscimos, e vários outros livros também. Esses livros extras são chamados de Apócrifos por cristãos protestantes, que não os consideram

---

[7] Por exemplo, o filme inclui acontecimentos anteriores à história, joias e interesses amorosos que não se encontram em nenhuma versão bíblica da história. Veja o *trailer* em <http://www.8x.com/onenight/video_trailer.htm >. Acessado em: 16 de outubro de 2008.

[8] Entretanto, a facilidade de Lutero com o hebraico não era particularmente boa, por isso ele dependia muito da ajuda dos outros. Infelizmente, seu relacionamento com judeus e rabinos cultos, que poderiam fornecer-lhe forte apoio acadêmico, foi complicada por seu antissemitismo. (Em um escrito particularmente odioso, "Sobre os judeus e suas mentiras", ele adverte os cristãos sobre as "venenosas atividades" dessas "pessoas miseráveis, cegas e sem sentido".)

parte do cânon bíblico. Católicos e ortodoxos aceitam esses livros como "deuterocanônicos", cujo significado é "segundo cânone" – não exatamente com a mesma autoridade que o resto, mas, mesmo assim, inspirados.

Esses livros extras estão cheios de histórias coloridas e ideias que provocam o pensamento. Sem eles, não teríamos os Macabeus (atualmente, nome de uma popular cerveja israelense) nem o arcanjo Rafael (que, consequentemente, aparece em algumas tradições do judaísmo, cristianismo e islamismo, e é identificado com o naipe de espadas do tarô). Não teríamos nenhuma das centenas de pinturas sobre Susana, uma mulher linda que mantém sua virtude e inocência, apesar das maquinações malignas de lascivos *voyeurs* determinados a fazer sexo com ela, ou de Judite decapitando Holofernes, temas prediletos dos artistas italianos durante a Renascença (quanto mais sugestivamente erótica e sangrenta a cena, melhor). Judite, uma mulher também forte e virtuosa, aproveitou a oportunidade de decapitar um inimigo do povo judeu levando-o para a cama[9]. Esses temas foram especialmente populares durante o período em que os artistas eram recrutados pela Igreja para combater a reforma iniciada por Lutero, pintando cenas "bíblicas" dos livros que os protestantes rejeitavam.

UMA BREVE RESENHA DOS LIVROS BÍBLICOS: BÍBLIA HEBRAICA – ANTIGO TESTAMENTO

Os primeiros cinco livros, chamados Torá, são também chamados de Pentateuco ou os Cinco Livros de Moisés, porque a tradição os atribui a Moisés. São eles: Gênesis, Êxodo, Levítico, Números e Deuteronômio. Eles seguem a cronologia aproximada de um enredo que começa com a

[9] A violência apresentada com rica beleza não é exclusiva do nosso tempo (considere: Cormack McCarthy, Quentin Tarantino, *O poderoso chefão*, Frank Miller, rock 'n' roll), e o sexo nunca sai de moda. Na *Decapitação*, de Caravaggio, a viúva e heroína judia Judite, uma jovem de camisa branca, busca distanciar-se do prostrado Holofernes, enquanto agarra-lhe os cabelos com uma das mãos e corta-lhe o pescoço com a outra. Sangue espalha-se como fitas vermelhas pelos lençóis exuberantes, e, ao fundo, uma velha observa (presumivelmente a empregada de Judite, Abra). Na primeira pintura de Artemisia Gentileschi sobre esse tema, as mulheres são contemporâneas, com suntuosas mangas arregaçadas enquanto elas seguram o ensanguentado Holofernes. Em uma versão posterior, considerada por seu proprietário como horrível demais para ser vista regularmente, Gentileschi dá aos poderosos braços de Judite joias e uma espada mais larga e longa. Na versão de Jan Massys, de 1343, Judite está sentada ereta, orgulhosa e nua da cintura para cima, mirando diretamente o espectador com um olhar triunfante. A cabeça de Holofernes pende de seu punho, como uma bolsa de mulher. A história de Susana deu aos artistas ampla oportunidade de pintar uma mulher nua. O tema geralmente inclui vários velhos bem vestidos olhando-a lascivamente. Susana é também uma ópera moderna cuja história apócrifa é ambientada no Tennessee de meados do século XX. Ela é encenada quase tão frequentemente quanto a popularíssima peça norte-americana *Porgy and Bess*.

criação do Universo, incluindo a criação de um povo ligado a seu Deus por uma promessa de fidelidade, terminando com um momento limite, quando essas pessoas estão em posição de tomar a terra que entendem ter sido prometida a elas por Deus. Depois, os livros incluem histórias sobre as sucessivas gerações, de Adão e Eva a Moisés, e detalhes sobre os termos do acordo entre esse Deus e esse povo.

A parte seguinte, o *Nevi'im* (N) ou "Profetas", inclui os livros de Josué, Juízes, Samuel (dividido em duas partes, 1 e 2) e Reis (também dividido em duas partes). Ele também inclui os livros cujos títulos são os nomes dos profetas: Isaías, Jeremias e Ezequiel (os Três Grandes, às vezes chamados de "profetas maiores"), além dos "doze profetas menores" ("menores" porque seus livros são pequenos em tamanho, não porque sejam menos importantes): Oseias, Joel, Amós, Abdias, Jonas, Miqueias, Naum, Habacuque, Sofonias, Ageu, Zacarias e Malaquias. Coletivamente, eles são algumas vezes chamados de "o livro dos doze", pois todos cabiam em um único rolo.

De Josué a Reis, trata-se basicamente de uma narrativa histórica que conta a história do povo tornando-se "Israel". Começa com sua entrada na terra de Canaã, o desenvolvimento de uma nação chamada Israel, a divisão dessa nação em duas, a destruição de uma e, depois, da outra. Termina com referências à vida do povo derrotado no exílio babilônico. Os livros cujos títulos são os nomes dos profetas são predominantemente poesia relacionada à mensagem de Deus a Israel, mediada por profetas individuais durante o período dos dois reinos, e por meio da dissolução de ambos.

A terceira e última parte, o *Kethuvim* (Kh) ou "Escritos", inclui todo o resto – a poesia, histórias, conselhos e narrativas históricas dos livros díspares restantes. Esses livros são: Salmos, Provérbios, Jó, Cântico dos Cânticos, Rute, Lamentações, Eclesiastes, Ester, Daniel, Esdras, Neemias e Crônicas (1 e 2). De maneira geral, eles não seguem um enredo histórico e cronológico, se bem que, de Ester a Crônicas, são refletidas as circunstâncias históricas do período persa. O fim das Crônicas, que finaliza a totalidade da Bíblia Hebraica, é uma declaração para que os judeus retornem a Jerusalém.

Como mencionado anteriormente, o Antigo Testamento cristão segue uma ordem diferente daquela da Bíblia hebraica, embora inclua todos os mesmos livros. Ele começa da mesma forma, com a mesma ordem da Torá ou Pentateuco, mas coloca Rute entre Juízes e Samuel, por causa do ambiente da história de Rute. E situa Crônicas, Esdras, Neemias e Ester depois de Reis, porque compartilham um foco histórico e formam um sentido cronológico aproximado. O restante dos livros da seção 'Escritos' do *Tanakh* aparece a seguir no Antigo Testamento cristão, mas de forma ligeiramente diferente. No final encontram-se os livros cujos títulos são os nomes dos profetas, porque vários deles podem ser interpretados como referências à vinda de Jesus, e, portanto, dirigem expectativas ao Novo Testamento. Daniel está entre o agrupamento cristão de profetas por duas razões: o livro foi definido (embora não escrito) em um período profético, durante o exílio babilônico; e Daniel é retratado distinguindo o futuro.

Católicos e cristãos ortodoxos incluem os livros apócrifos em todo o Antigo Testamento. Uma das várias formas como esses livros deuterocanônicos são organizados torna-se evidente na *Bíblia Católica de Estudo*[10]. Logo após os livros históricos de Crônicas, Esdras e Neemias, encontram-se os livros deuterocanônicos de Tobias, Judite, acréscimos a Ester e Macabeus 1 e 2. Os livros da Sabedoria e Eclesiástico encontram-se acomodados entre outros livros chamados 'de sabedoria' (após Eclesiastes e Cântico dos Cânticos), e o Baruque deuterocanônico está situado após Jeremias e Lamentações, uma vez que Baruque é o nome do secretário de Jeremias. Tal como Ester, a versão ortodoxa do livro de Daniel tem acréscimos não encontrados nas Bíblias original hebraica e cristã protestante. Os três acréscimos a Daniel chamam-se Susana, A Oração de Azarias e o Cântico dos Três Jovens, e Bel e o Dragão. Para complicar ainda mais, as Bíblias ortodoxas gregas incluem alguns livros deuterocanônicos a mais do que Bíblias católicas: Esdras 1 e 2, a Oração de Manassés, o Salmo 151, e Macabeus 3.

Não há ordem certa ou errada para os livros do Antigo Testamento/ Bíblia hebraica. Eles apenas são organizados conforme critérios diferentes, todos bastante sensatos. A diferença mais marcante entre a Bíblia judaica e (todas) as Bíblias cristãs, porém, é o Novo Testamento. Simplificando: o Novo Testamento não faz parte da Bíblia dos judeus, e é a parte mais importante para a maioria dos cristãos. Considerando que as Bíblias judaicas começam e terminam com a Bíblia hebraica (embora haja outros textos de grande importância religiosa para os judeus – o Talmude, por exemplo), as Bíblias cristãs incluem vários livros a mais. Eles datam de um período após os livros da Bíblia hebraica terem sido escritos e estão dispostos em seguida a eles. Esses livros adicionais compõem o Novo Testamento, que estabelece as informações e os ingredientes da teologia que faz do cristão um cristão.

---

[10] SENIOR, Donald, COLLINS, John J. (Eds.) *Catholic Study Bible: The New American Bible, Including the Revised New Testament and Psalm, Translated from the Original Languages with Critical Use of All the Ancient Sources*, 2. ed. New York: Oxford University Press, 2006.

UMA BREVE RESENHA: NOVO TESTAMENTO

O Novo Testamento é padronizado para todos os cristãos. Ele fala sobre Jesus e o significado de Jesus, pelas pessoas e para as pessoas que acreditam/acreditaram ser ele único como a encarnação de Deus e o Messias que traz a salvação eterna. Com base em evidências da ordem dos livros na Igreja primitiva, parece que eles eram geralmente dispostos em quatro grupos: os Evangelhos; Atos e Epístolas Gerais (ou católicas); as Epístolas Paulinas; e o Apocalipse[11]. Dentro de cada grupo, havia uma variação considerável. Os grupos se mantiveram, mas a sua ordem modificou-se um pouco até a época em que os livros foram fixados em sua forma atual.

Os evangelhos começam o Novo Testamento e professam ser "boas novas", do grego *evangelion*. Em outras palavras, eles foram escritos por pessoas que acreditavam em Jesus. Cada evangelho narra sua própria versão da biografia de Jesus, professando não ser essencialmente um relato desapaixonado de acontecimentos reais, mas sim proclamando o que acreditava ser uma boa notícia sobre Jesus, e tentando convencer os outros sobre isso.

Há quatro desses livros, e seus autores são chamados de os quatro evangelistas. Os títulos dos livros são os nomes dos evangelistas: Mateus, Marcos, Lucas e João. Alguns incluem o nascimento de Jesus; todos incluem sua morte; e todos incluem alguma referência à sua ressurreição. A maior parte de cada um é dedicada ao que Jesus fez e disse durante, aproximadamente, os três últimos anos de sua vida adulta. Mateus, Marcos e Lucas compartilham muitas semelhanças, e, por isso, são chamados de "sinópticos" (literalmente, "ver junto"). O fato de termos quatro evangelhos revela que a comunidade cristã primitiva, responsável pelo Novo Testamento como o conhecemos, não pensava haver apenas uma maneira de lembrar Jesus ou pensar sobre ele. O fato de os quatro aparecerem juntos no documento de autoridade suprema para os cristãos pareceria sugerir que nenhum deles tem a verdade final e absoluta. Pelo contrário, de alguma forma, tomadas em conjunto, afirmações concorrentes e até mesmo contraditórias aproximam-se mais dessa verdade.

Embora os evangelhos iniciem o Novo Testamento, eles não são sua

---

[11] Essas quatro partes refletem de modo aproximado a organização em quatro partes do Antigo Testamento cristão.

literatura mais antiga. Sua parte mais antiga são as epístolas de Paulo. Paulo, um judeu que nunca conheceu Jesus, afirmou ter tido uma experiência de conversão na estrada para Damasco, onde, com uma luz ofuscante, Jesus ressuscitado falou a ele (que, então, chamava-se Saulo) e perguntou por que o perseguia[12]. Paulo tornou-se um ardoroso missionário e desenvolveu Igrejas cristãs em todo o Mediterrâneo Oriental. Ele manteve contato com elas através de epístolas, algumas das quais foram reunidas, selecionadas e divulgadas, e vieram a ser tomadas como textos de autoridade pelos primeiros cristãos. Embora tenhamos apenas uma parte do que Paulo escreveu, essas cartas compõem a maioria do Novo Testamento. Elas eram provavelmente lidas em voz alta e difundidas como diatribes, explicações e incentivos imediatamente relevantes para a comunidade em particular a que ele se dirigia; e eram, mais genericamente, representativas das ideias que se tornariam a base do cristianismo. A maioria dos estudiosos concorda que o mais antigo livro do Novo Testamento é uma das epístolas de Paulo aos Tessalonicenses (Tessalonicenses 1), escrita por volta de 50 EC. O evangelho mais antigo, Marcos, foi composto vinte anos depois, por volta de 70 EC, uma geração completa (quarenta anos) após a morte de Jesus.

A maioria das epístolas que aparecem como livros do Novo Testamento é associada a Paulo, embora, dentre elas, algumas podem ser – e outras definitivamente são – de outras pessoas. As antigas tradições de autoria eram muito diferentes das nossas atuais. Naquela época, as pessoas afirmavam menos a autoria do que a autoridade de seus textos. Era melhor escrever em nome de alguém famoso e ter uma audiência do que reclamar para si a autoria e deixar seu trabalho ser ignorado e desperdiçado[13].

As epístolas que a maioria dos estudiosos concorda terem sido escritas por Paulo são, pela ordem provável de composição: Tessalonicenses 1, Gálatas, Filipenses, Filemon, Coríntios 1 e 2, e Romanos. Colossenses e Tessalonicenses 2 são difíceis de determinar – alguns estudiosos pensam que são paulinas (do próprio Paulo), enquanto outros estão certos de serem de discípulos de Paulo, que as escreveram com o espírito de Paulo, por assim dizer. Efésios continua a ser debatida por alguns, embora a grande

---

[12] Atos 9:1-19a.

[13] Por exemplo, embora a tradição diga que o autor do Evangelho de João foi o apóstolo João, a maioria dos estudiosos pensa que um discípulo registrou os ensinamentos de João, e que esse registro tornou-se o evangelho atribuído a João. Da mesma forma, as epístolas de João devem provavelmente ser entendidas como escritos de pessoas da tradição joanina, apesar da antiga atribuição cristã de 1 João ao apóstolo. É difícil dizer ao certo. O autor do Apocalipse de João menciona os doze apóstolos separadamente de si mesmo e no passado, sugerindo ainda outro exemplo de escrita em outro nome.

maioria dos biblistas a considere "deuteropaulina" (escrita não por Paulo, mas como Paulo). Os livros de Timóteo (1 e 2) e Tito, que concernem a tempos bem posteriores à morte de Paulo, provavelmente não provêm de Paulo, e o mesmo pode ser dito das sete epístolas chamadas de epístolas católicas ("católica," aqui, significa "universal") – Tiago, Pedro 1 e 2, João 1, 2 e 3, e Judas.

Hebreus não é uma Epístola de Paulo, ou de qualquer outra pessoa. Hebreus usa uma interpretação alegórica da Bíblia hebraica, juntamente com a filosofia grega, para defender a imagem de Jesus como Sumo Sacerdote e Messias real. É uma obra sofisticada de um cristão anônimo que conclui seu discurso dualista com um eloquente sermão sobre a fé.

O Novo Testamento termina com um livro que tem recebido enorme atenção ao longo dos anos, à medida que as pessoas tentam prever o fim do mundo. E, recentemente, ganhou ainda mais atenção devido à popularidade dos filmes da série *Deixados para trás*, e de vários outros filmes, incluindo *A sétima profecia* e *A profecia*. Chama-se Apocalipse, ou Apocalipse de São João. (O título grego do manuscrito mais antigo disponível é *apokalypsis ioannou*.) Surpreendente e bizarro, ele se encaixa em um tipo de literatura chamada de apocalíptica. O Antigo Testamento também contém alguma literatura apocalíptica – em alguns livros dos profetas e de forma completa no livro de Daniel. Repleta de simbolismo e declarações alarmantes sobre o fim dos tempos, a literatura apocalíptica presta-se bem à interpretação e reinterpretação em todos os tempos e lugares. Além disso, é divertida de ler – fantástica e emocionante.

TRÊS

COMO ESTÁ ESCRITO: A HISTÓRIA NA BÍBLIA

Diga toda a verdade, mas diga-a obliquamente.

— EMILY DICKINSON

A menos que saibamos algo sobre o mundo no qual a Bíblia surge, e sobre seu processo bastante antiquado e contraintuitivo de desenvolvimento, a Bíblia pode parecer repleta de absurdos e contradições. Como ilustração de aparente absurdo: há uma história singular no Gênesis sobre deuses acasalando com mulheres humanas[1]. No entanto, em vez de descrever um determinado ponto da história semi-humana ou humana, a passagem provavelmente baseia-se em uma antiga história, incluída, em parte, para dizer que Deus não permitia que seres humanos se tornassem divinos.

Para ilustrar uma aparente contradição, a Bíblia condena o divórcio e também o ordena. Grande parte da Bíblia reflete uma cultura patriarcal em que o bem-estar de uma mulher era completamente dependente de seu relacionamento com um homem. Divorciar-se de uma mulher era, portanto, torná-la destituída. Os profetas, incluindo Malaquias, eram especialmente preocupados com a justiça social, interpretando-a como parte crucial do cumprimento da vontade de Deus. Proibir o divórcio, no caso de Mal 2:10-16, era, assim, um ato de justiça social em favor das mulheres. Em contrapartida, Esdras 10:1-44 ordena que as pessoas se divorciem. Na situação de Esdras, um tênue período pós-exílico, houve uma questão real

[1] Gn 6:1-4.

sobre se o povo de Israel sobreviveria. Eles estavam em risco de perder sua identidade como povo de Deus, porque haviam casado com mulheres de outros lugares e culturas. Em um ato de piedade (e grande tristeza), então, divorciaram-se de suas esposas estrangeiras.

Três tipos de história são relevantes para a compreensão da Bíblia: a história no texto (a narração de acontecimentos – o foco deste capítulo), a história por trás da Bíblia (as circunstâncias em que os textos bíblicos foram escritos e as quais eles refletem – foco do Capítulo Quatro) e a história da Bíblia (como a Bíblia tal qual a conhecemos passou a existir – foco do Capítulo Cinco). Essas histórias se sobrepõem (assim, cada capítulo incluirá algumas informações relevantes aos outros também), mas elas não são as mesmas. A Bíblia não pretende ser um desinteressado relato de acontecimentos, como esperamos dos jornalistas ou outros cronistas modernos da história. Ela é um livro de fé, escrito, copiado e editado por pessoas de fé, que interpretaram todas as suas experiências através da fé. Às vezes, a Bíblia narra coisas que podem muito bem ter ocorrido exatamente como relatado; às vezes não. Mas sempre reflete tradições de fé.

A FORNALHA DA BABILÔNIA

Em 587 AEC, Israel experimentou um evento cataclísmico que ainda hoje reverbera. Vindo do nordeste, um grande exército desceu e, com um violento assalto, destruiu a nação, arrasou o templo e levou seu povo cativo. Embora essa destruição e esse aprisionamento violentos não sejam raros na história humana, o que aconteceu em seguida mudaria o mundo para sempre. Como poeira que semeia uma pesada nuvem para soltar a chuva, a destruição babilônica de Judá e do templo de Jerusalém e o exílio subsequente da população provocaram uma onda na atividade dos escribas, afetando profundamente o conteúdo e a forma do que acabaria por se tornar a Bíblia. Nas décadas que se seguiram à derrota de Judá, seus intelectuais exilados codificaram, editaram e acrescentaram às histórias canções, leis e listas que definiam a identidade desse povo em particular e defendiam seu Deus.

Pois um povo que se entendia como escolhido para uma relação especial com Deus, que interpretava o rei como vice-regente de Deus na Terra, e que acreditava que Deus havia escolhido o templo de Jerusalém como Sua casa terrena, a destruição pela Babilônia colocava tudo em questão. Deus é real ou apenas uma brincadeira? E, se real, é nosso Deus fraco demais para resistir ao deus babilônico? Para onde foi Deus quando o templo foi destruído? Deus é justo e correto?

Os invasores babilônios escolheram, entre os derrotados, as melhores e mais brilhantes pessoas, e levaram-nas consigo para a Babilônia, para fertilizar o já próspero e sofisticado centro do império. Nas décadas que se seguiram, alguns desses inteligentes e industriosos israelitas e seus filhos simplesmente tornaram-se babilônios. Eles talvez tenham respondido às questões teológicas em favor de Marduk, o deus dos babilônios. Talvez tenham descartado completamente a ideia de Deus. Outros, porém, recusaram-se a assimilar a cultura da Babilônia. Eles se viam não como babilônios, mas como exilados. Definiam-se contra seus captores, e mantiveram sua tradição e seu Deus. Grande parte da Bíblia hebraica desenvolveu-se para responder a essas questões em favor de Deus, mesmo que isso significasse acusar e repreender a si próprios.

Há uma história famosa no livro bíblico de Daniel, em que Daniel e seus três amigos judeus foram salvos de forma dramática e divina da fornalha babilônica, na qual haviam sido lançados por terem se recusado a curvar-se diante da estátua de ouro do rei[2]. Embora possamos discutir sobre a historicidade das aventuras de Daniel, é seguro dizer que a própria Babilônia foi uma espécie de forno onde a religião e os textos fundadores do judaísmo foram forjados[3]. Ainda assim, a maioria dos estudiosos concorda que os escribas que vivenciaram os acontecimentos devastadores da destruição e do exílio babilônicos não compuseram toda a Bíblia (embora tenham, de fato, escrito parte dela). O que realmente fizeram foi recolher, editar e acrescentar texto ao que se tornaria a primeira coletânea – os primeiros cinco livros, também conhecido como o Pentateuco ou Torá. Eles também salvaram e editaram alguns dos textos que se encontram preservados entre as seções Profetas e Escritos do Antigo Testamento ou Bíblia hebraica.

Quando a provação da Babilônia se atenuou e cedeu diante do novo poder, a Pérsia, o desenvolvimento literário se intensificou.

---

[2] Dn 3:8-30.

[3] Consequentemente, este livro não se refere ao povo de Deus da Bíblia hebraica como "judeus" até o período do exílio, quando o judaísmo provavelmente começou a tomar forma como religião. Ao contrário, eles são "hebreus" antes de virem a ser identificados com a nação política e geográfica de Israel, e "israelitas" depois disso. (Os cidadãos do Estado moderno de Israel são chamados de "israelenses".) Algumas pessoas argumentam que somente a partir do período rabínico dos primeiros séculos (EC), quando o judaísmo adotou os textos e tradições que o definem especificamente hoje, o termo "judeu" é adequado.

Ao que parece, as autoridades persas incentivavam, ou mesmo exigiam, que os grupos conquistados codificassem suas normas e tradições, pois esses governantes preferiam sancionar legislações nativas a impor a sua própria. No que dizia respeito aos persas, a lei da terra servia para eles (e era, diplomaticamente, mais fácil de ser mantida)[4].

A HISTÓRIA BÍBLICA DOS ACONTECIMENTOS

O que se segue, nesta seção, é um resumo do que a Bíblia diz que ocorreu. Como mencionado anteriormente, o relato da Bíblia é a história sagrada, na qual Deus é uma personagem no drama do povo. Esse relato não deve ser confundido com qualquer tipo de história secular que tentamos ensinar a nossos filhos nas aulas de educação cívica das escolas públicas acerca do que exatamente aconteceu, exatamente quando e onde. Na "história" da Bíblia, a relação de Deus com as pessoas está em tudo, sob, sobre e por trás de tudo, tornando-a assumidamente inverificável. Ou seja, trazer Deus para a equação necessariamente retira as histórias do reino do relato histórico desinteressado, tornando-as, em vez disso, interpretações de acontecimentos baseadas na fé.

Além do mais, a Bíblia não dá sua versão da história de uma forma linear. Assim, o resumo a seguir arrisca-se a implicar que a Bíblia vai da criação à destruição e nova criação, em uma grande e única narrativa. O fato é que seu relato dá voltas e reviravoltas, retorna, salta adiante e, às vezes, para e se acomoda por páginas e páginas, para expandir-se sobre um momento ou ideia específica. No entanto, é útil ter alguma noção do arco narrativo bíblico (por exemplo, para entender por que "um novo rei no Egito que não conhecia José" pode causar um frio no estômago, ou os motivos do profeta Oseias para casar-se com uma prostituta, ou por que Amós afirma que o sacrifício é inútil e Ageu considera-o indispensável, ou as visões de Daniel sobre a ascensão e queda de impérios, ou por que Jesus deve ser situado na linhagem de Davi). Assim, aqui está, em

---

[4] Karel Van der Toorn, estudioso da Bíblia, chega a dizer: "Sem os persas, não teria havido Pentateuco". Ele também alega que a ideia da Torá como lei deve-se também aos persas, porque eles chamavam a Torá de "dat", que significa "lei", em vez de "instrução, assessoria", como a palavra hebraica "torah" é mais bem traduzida. Veja TOORN, Karel Van der., *Scribal Culture and the Making of the Hebrew Bible*. Cambridge, Mass.: Harvard University Press, 2007. p. 251. Veja também HOGLUND, Kenneth G. *Achaemenid Imperial Administration in Syiria-Palestine and the Missions of Ezra and Nehemiah*. SBL Dissertation Series 125. Atlanta, Ga.: Scholars, 1992. p. 207-240.

poucas palavras, o relato que a Bíblia faz da história, do começo da Bíblia hebraica até o Novo Testamento.

Nem todos os livros são relevantes a este rápido passeio pela narrativa bíblica dos acontecimentos. Na Bíblia hebraica, os estudiosos observam três diferentes narrativas históricas. Uma delas é o Pentateuco, cuja forma final é, provavelmente, obra de editores escribas sacerdotais. A segunda é composta pelos livros imediatamente seguintes ao Pentateuco (Josué, Juízes, Samuel e Reis), chamados de "história deuteronomista", uma vez que sua ideologia central reflete o livro Deuteronômio. A terceira historiografia, "Obra do cronista", está nos livros Crônicas, Esdras e Neemias. Esta é basicamente uma nova versão da história, de Adão ao edito de retorno de Ciro II, sob uma perspectiva que faz de Davi e de sua monarquia o momento central e mais brilhante.

O relato histórico do Novo Testamento retoma os fatos alguns séculos depois dos últimos acontecimentos contados no Antigo Testamento, com o povo de volta a Israel, durante um novo período com seus próprios problemas (os romanos). Essa história concentra-se em um judeu em particular, que se chama Jesus – especificamente, como ele veio a ser compreendido por seus seguidores e os efeitos que ele subsequentemente teve no desenvolvimento de um novo povo. Essa Bíblia mais longa termina com a destruição cósmica do mundo e sua recriação em Deus. Sua trajetória histórica é narrada nos evangelhos, Atos e Apocalipse.

Uma breve advertência: nem todos os livros bíblicos que narram história fazem-no de forma igual. Por exemplo, o Gênesis abrange uma grande parte da história do Pentateuco. Além disso, o Novo Testamento, em contraste com o Antigo, conta muito pouco de história, refletindo o fato de ter sido composto ao longo de um período muito mais curto (cerca de 100 anos, em comparação com os possíveis 1.500 anos de desenvolvimento do Antigo Testamento). Consequentemente, a seção a seguir sobre os relatos históricos do Novo Testamento é muito mais curta do que a relativa ao Antigo Testamento.

A HISTÓRIA DOS ACONTECIMENTOS CONTADA PELO ANTIGO TESTAMENTO

O Gênesis começa com a criação do Universo e depois se concentra em um lugar em particular, o Éden, e no primeiro casal humano, Adão e Eva. Depois de sua desobediência, o casal viveu a leste do Éden, onde um filho, Caim, assassinou seu irmão e teve um filho. À medida que os humanos se multiplicavam, multiplicava-se também sua violência e arrogância, até que, com o coração partido, Deus arrependeu-se de ter criado as pessoas. Assim, Deus determinou-se a destruir o mundo com um grande dilúvio. Mas ele encarregou a única pessoa virtuosa, Noé, e sua família, de construir um barco, uma arca, na qual Noé e pares representantes das criaturas sobreviveriam à catástrofe que viria. Eles o fizeram – construíram a arca, embarcaram os animais e sobreviveram – e Deus prometeu nunca mais destruir a Terra por dilúvio.

As histórias, até esse ponto da narrativa, são de âmbito universal e não distinguem nenhum povo dos outros. Isso muda no capítulo 12, em que conhecemos Abraão e sua esposa Sara. Deus fez um acordo com Abraão, e o resto do Gênesis concentra-se nessa família em particular, especialmente escolhida por Deus, seguindo-a por três gerações (de Abraão, Isaac e Jacó). O livro termina com uma história de muitos capítulos (capítulos 37-50), concentrada em um dos filhos de Jacó, José. Ao final do Gênesis, a família está seguramente estabelecida no Egito, onde José havia chegado a tal posição de poder que estava abaixo apenas do rei.

O livro do Êxodo começa com uma descrição de como a família de Abraão cresceu – um sinal da bênção de Deus. Em seguida, o narrador diz que "um novo rei [faraó] que não conhecia José ergueu-se sobre o Egito". Uma vez que José era para o povo a garantia de uma vida boa no Egito, a ignorância desse faraó não era um bom sinal. Dito e feito: ameaçado pelo grande número de hebreus, o faraó os escravizou. Entra Moisés.

O que acontece a seguir, quando Moisés é encarregado por Deus de libertar o povo por Ele escolhido, apelando para que o faraó "deixe meu povo partir", dá margem a todo tipo de desdobramentos emocionantes, não apenas ao clássico filmado por Cecil B. DeMille, *Os Dez Mandamentos*. É a história de uma pessoa imperfeita, sem sorte, cheia de dúvidas e vivendo entre duas culturas, de um povo cruelmente oprimido e que é dramaticamente libertado por poderes maiores, porém, ainda inconstante e incompreensivo. Há mágicos; estranhos acontecimentos em um ambiente fantástico; conflitos humanos e a resolução; o vilão tendo o que merece; morte; e vida nova. Essa história tem ressoado através dos tempos, não apenas entre os judeus, mas para muitas pessoas sujeitas a injusta opressão. É a pedra angular da teologia da libertação, uma perspectiva que declara a solidariedade de Deus (mesmo sendo uma solidariedade violenta) para com os oprimidos. Não é difícil ver por que os escravos da América do Sul se identificam com essa história, chamando um de seus mais incríveis libertadores – uma mulher chamada Harriet Tubman – de Moisés.

Finalmente, depois de uma sucessão de dez pragas brutais, a última das quais (a morte dos primogênitos) é comemorada na festividade anual judaica do Pessach (Páscoa judaica), o faraó diz aos hebreus para partirem. Sob a liderança de Moisés, eles partiram, e logo foram perseguidos (novamente) pelo caprichoso faraó. Deus permitiu-lhes atravessar um mar que inundou o exército do faraó, e eles finalmente estão livres.

Livres para ser servos de Deus. A próxima parada foi o Monte Sinai (também chamado de *Horebe*), onde Deus deu instruções detalhadas ao povo por meio de Moisés. Essas instruções incluem os Dez Mandamentos – além de centenas de outros a respeito de como ser, tanto em relação a Deus, como às outras pessoas e ao mundo. O forjamento, no Sinai, desse acordo entre Deus e os protoisraelitas de língua hebraica ocupa a segunda parte do livro do Êxodo e todo o Levítico.

Finalmente, em Números, o povo partiu novamente, ficando a vagar por um total (desde a partida do Egito) de quarenta anos no deserto. O Deuteronômio ocorre na outra extremidade do deserto, onde as pessoas estão prestes a entrar na terra que entendiam ter sido prometida a elas por Deus, a começar com Abraão – a Terra Prometida. Todo o livro do Deuteronômio consiste nos sermões finais de Moisés ao povo, reiterando o acordo de ser fiel a seu único Deus, com ênfase especial na ideia de que, se em vez disso, adorassem outros deuses e deusas, as coisas não iriam bem, e Deus haveria de arrancar-lhes a terra.

Tendo concordado novamente com esses termos, as pessoas adentraram a terra, onde, sob a liderança de Josué, foram capacitadas por Deus a derrotar os residentes cananeus, tomar o território e estabelecer as tribos no que podemos, a essa altura dos acontecimentos, chamar de Israel. Eles viveram durante algum tempo como grupos tribais semi-independentes, unidos ocasionalmente por "juízes", que serviam como líderes militares e religiosos[5].

No início do livro de Samuel, confrontados com uma ameaça maior do que todas as anteriores (os filisteus), o povo clamava por um rei totalmente unificador. Saul tornou-se o primeiro, mas é com o rei Davi que o povo (composto pelas doze tribos descendentes dos doze filhos de Jacó, neto de Abraão) torna-se verdadeiramente unido, uma autêntica nação de Israel, com sua capital em Jerusalém. No filme *O Rei Davi*, Richard Gere

---

[5] O livro de Juízes começa de forma surpreendente, com o pressuposto de que os problemáticos cananeus ainda estavam na terra. Isso está em absoluto desacordo com o livro de Josué, que contava como os israelitas tiveram um sucesso estrondoso em seu genocídio. Mas não importa. Os livros revelam diferentes fontes literárias, épocas diferentes e objetivos diferentes.

marcou o momento em que o recipiente religiosamente (e politicamente) significativo da aliança, a Arca, era trazido para a capital, dançando vestido com uma espécie de minissaia. Essa exibição descontraída irritou a esposa de Davi, Mical, que ele havia adquirido do pai dela, Saul, por 100 prepúcios filisteus. Richard Gere bem poderia ser perdoado por mostrar um pouco as pernas, uma vez que era um belo par de pernas; e, de qualquer forma, esse momento de chegada da Arca a Jerusalém é também um momento significativo da narrativa bíblica. Ali, o filho e sucessor de Davi (com uma mulher diferente, conquistada através de adultério e assassinato – voltaremos a esse ponto mais adiante), Salomão, construiu o grande templo, como local central onde Deus promete estar especialmente presente para e com o povo.

Após a morte de Salomão, a situação decaiu. Por um lado, as dez tribos do norte separaram-se da união, formando uma nação à parte, confusamente chamada de Israel. (Sim, "Israel" é o nome tanto da nação inteira das doze tribos quanto do reino do norte, de dez tribos. É também o outro nome do patriarca Jacó, que conhecemos em Gênesis, e é usado para o povo em geral, seja ou não das nações.) O reino do sul, que conserva a capital de Jerusalém com seu templo e uma monarquia descendente de Davi, é chamado de Judá.

Segundo a história, o povo do reino do norte deixou Deus zangado ao criar locais de culto que rivalizavam com o templo de Jerusalém, e ao adorar, ocasionalmente, outros deuses e deusas. Cansado disso, Deus permitiu que o reino do norte fosse destruído pelos assírios. O reino sulista de Judá prosseguiu por algum tempo, com alguns reis muito bons ("bons" porque conduziam o povo pelo caminho da virtude, reconhecendo o culto singular de Deus), até que suas ofensas, sob reis especialmente maus, extrapolaram a graça benevolente de Deus, e Deus permitiu que os babilônios os destruíssem e os levassem cativos de volta à Babilônia.

Quando Ciro, rei da Pérsia, conquistou a Babilônia, permitiu que o povo exilado regressasse a Jerusalém. Os livros de Esdras e Neemias relatam histórias sobre o retorno dos exilados e seus esforços para reconstruir a comunidade, o templo e as muralhas da cidade de Jerusalém. Esdras é retratado trazendo a Torá de volta ao povo e instruindo-o como se as pessoas tivessem esquecido seus princípios. A reconstrução do templo de Jerusalém e dos muros da cidade é retratada como sendo cheia de dificuldades devido à pobreza reinante entre os que retornaram e a conflitos com pessoas que, nunca levadas ao exílio, viviam ali ou nas imediações.

A HISTÓRIA DOS ACONTECIMENTOS CONTADA PELO NOVO TESTAMENTO

O Novo Testamento conta a história de modo a ser relevante para a compreensão das implicações do nascimento, vida, morte e ressurreição de Jesus para os fiéis. O seu escopo é, portanto, muito menor, tanto geográfica quanto temporalmente. Em razão de grande parte do Novo Testamento ser sobre a vida de Jesus, juntamente com o fato de eu discutir os detalhes do personagem e do significado de Jesus em capítulos posteriores, esta seção em particular é muito breve, em comparação com a história dos acontecimentos contada pelo Antigo Testamento.

Os quatro livros dos Evangelhos, que começam o Novo Testamento, falam sobre a pessoa, Jesus. Eles narram de forma diferente seu nascimento, pulam quase toda a sua infância e adolescência, e se concentram nos três anos de sua pregação, ensinamentos e curas na região da Galileia. Eles descrevem sua execução em Jerusalém, na época do Pessach judaico, por crucificação romana, e dizem que ele voltou à vida.

A narrativa continua após a morte de Jesus, detalhando, no livro dos Atos, o trabalho missionário de seus seguidores, concentrando-se especialmente em Paulo. Esse livro de história (Atos) e a história incidentalmente relatada nos livros e epístolas do Novo Testamento falam sobre o desenvolvimento da Igreja, com relação tanto a suas raízes bíblicas judaicas quanto ao Império Romano maior. O último livro, o Apocalipse, é a exceção. O seu escopo é universal, até mesmo cósmico. Embora sua linguagem transcenda a história, ele narra os acontecimentos que incluem a violenta segunda vinda de Jesus e o que levou a isso, além do fim do mundo como nós o conhecemos.

QUATRO

CONTEXTOS E CULTURA: A HISTÓRIA POR TRÁS DA BÍBLIA

Poderia ser uma boa ideia se, de vez em quando, os vários países do mundo trocassem livros de história, só para ver o que outros povos estão fazendo com o mesmo conjunto de fatos.

— BILL VAUGHAN

Como a Bíblia cresceu durante um longo período de tempo, qualquer linha do tempo de acontecimentos históricos correlatos certamente será tão longa quanto o solstício de verão no norte da Noruega. Além disso, especialmente no caso dos contextos mais antigos, muitas vezes é difícil atribuir datas a acontecimentos particulares. No entanto, através da arqueologia, de outros escritos contemporâneos à literatura bíblica (mesmo que tratem de coisas diferentes) e de anotações dentro da própria Bíblia, é possível termos certeza quanto à identificação de um conjunto de momentos históricos importantes que se reflete nos textos bíblicos. Saber sobre a história por trás da Bíblia ajuda-nos a entender como e por que a Bíblia diz o que diz e a entender também como as pessoas utilizam esses textos hoje.

O problema é que, embora a Bíblia fale como se o mundo inteiro estivesse igualmente fascinado pelos acontecimentos que ela narra, às vezes temos algumas preciosas evidências não bíblicas, literárias ou não, para corroborar esses acontecimentos. Além disso, em vez de simplesmente relatar, a Bíblia interpreta os acontecimentos à luz de tradições particulares e da fé. Contadas por pessoas que creem, as narrativas bíblicas enfatizam o papel de Deus na história humana e as implicações na relação de Deus com as pessoas. A Bíblia não é, portanto, um puro registro de fatos observáveis. Ela raramente se preocupa com detalhes concretos, como uma explicação científica das origens ou da logística do deslocamento de 600 mil homens, suas famílias e animais através da Península do Sinai. Às vezes, as evidências realmente contradizem o relato bíblico.

Por exemplo, Josué é lembrado no livro bíblico de mesmo nome por conduzir os antigos israelitas a uma vitória decisiva sobre a cidade de Jericó[1]. De acordo com a instrução de Deus para que sete sacerdotes soassem sete trombetas enquanto andavam com os guerreiros em torno da cidade por seis dias, todos deveriam gritar no sétimo dia, e as muralhas viriam abaixo. E assim foi – com os sacerdotes, os guerreiros, o povo e as muralhas –, de acordo com a Bíblia. Mas os registros arqueológicos indicam que, na época de Josué, Jericó era uma pequena aldeia não fortificada. Não havia muralhas[2]. Mesmo em relação aos períodos bíblicos mais recentes, sobre os quais temos bastante informação extrabíblica, as demais fontes não atentam para as coisas nas quais a Bíblia se concentra. O próprio Jesus, a figura central do Novo Testamento, ganha escassa menção (discutivelmente, nenhuma) nos registros romanos da época[3].

Embora eu incentive os leitores interessados a conhecer em detalhes o que não há espaço para discutir aqui, uma palavra de advertência: há muitos livros modernos que afirmam descrever a base histórica dos textos bíblicos, mas simplesmente apresentam em outra embalagem os relatos bíblicos dos acontecimentos[4]. Infelizmente, muitos fiéis vêm trabalhando a partir da

---

[1] Js 5:13-6:27.

[2] Veja, por exemplo, os relatórios arqueológicos de Kathleen M. Kenyon, *Excavations at Jericho*, 5 vols. (London: British School of Archaeology in Jerusalem, 1960-1983). Kenyon fez o trabalho mais inovador sobre Jericó. Ela também escreveu um panorama mais geral, *Ideology in the Holy Land*, 4th ed. London: E. Benn, 1979. Veja também FINKELSTEIN, Israel; MAZAR, Arnihai; SCHMIDT, Brian B. *The Quest for the Historical Israel: Debating Archaelogy and the History of Early Israel*. Atlanta. Ga.: Society of Biblical Literature, 2007.

[3] Josefo (37-100 EC), historiador judeu que trabalhava para os romanos, menciona Jesus duas vezes. Ele se refere uma vez a Jesus simplesmente como o irmão de Tiago, em uma passagem que a maioria das pessoas aceita como autêntica (*Antiquities of the Jews*, 20.9.1). Sua outra referência a Jesus fornece mais detalhes. Josefo chama Jesus de "homem sábio, se é que se deve realmente chamá-lo homem", por exemplo, e diz que ele era "o messias", foi crucificado e no terceiro dia apareceu novamente a seus seguidores. No entanto, essa passagem, chamada de Testimonium Flavianum (*Antiquities of the Jews*, 18.3.3), é de origem controversa. A maioria dos estudiosos pensa que os seguidores de Jesus acrescentaram-na à obra existente de Josefo.

[4] Há muitas fontes excelentes para investigar o contexto histórico de um determinado personagem ou acontecimento com muito mais detalhes do que caberia neste pequenino capítulo. Alguns clássicos e

suposição de que questionar o que a Bíblia relata da história é questionar a integridade de Deus, e, assim, não poupam esforços (comprometendo a credibilidade e, às vezes, os princípios da física) para forçar a Bíblia a se encaixar nas modernas expectativas sobre relatos históricos. Porém, no fim, vem a Bíblia e, alegremente, derruba com um sopro esse castelo de cartas.

INÍCIOS

Os primeiros onze capítulos do Gênesis são chamados de a "história primeva", porque falam sobre os tempos antes que houvesse pessoas, e, em seguida, sobre momentos em que as pessoas teriam vivido por centenas e centenas de anos (sendo que o ser que viveu por mais tempo foi Matusalém, chegando aos 969 anos). Essas histórias incluem semi-humanos e animais falantes e dizem respeito ao mundo inteiro. As coisas mudam após o Dilúvio, quando a narrativa começa a focar uma família (Abraão) em particular e uma localidade geográfica específica.

Por muito tempo, os estudiosos situaram Abraão em torno de 1850 AEC, embora não tenhamos, fora da Bíblia, nenhum registro dele ou de sua família[5]. Não obstante, com base em evidências arqueológicas sobre a vida e a época das pessoas da antiga Canaã, e em registros literários vindos de lugares como Mari, na Mesopotâmia, Ugarit, na Síria moderna, e Egito, a maioria dos estudiosos concorda que, se Abraão e Sara realmente viveram,

---

também alguns dos mais recentes e amplos tratamentos incluem: CROSS, Frank Moore. *Canaanite Myth and Hebrew Epic: Essays in the History of the Religion of Israel.* Cambridge, Mass.: Harvard University Press, 1973; MAZAR, Amihai. *Archaeology of the Land of the Bible 10,000-586 BCE.* New York: Doubleday, 1990; GRABBE, Lester L. (Ed.) *Can a "History of Israel" Be Written?* Sheffield: Sheffield Academic, 1997; COOGAN, Michael D., (Ed.) *The Oxford History of the Biblical World.* Oxford: Oxford University Press, 1998; LIVERANI, Mario. *Israel's History and the History of Israel*, transl. Chiara Peri e Philip R. Davies. London: Equinox, 2006; e MILLER, J. Maxwell; HAYES, John H. *A History of Ancient Israel and Judah.* Louisville, Ky.: Westminster John Knox, 2006.

[5] Na verdade, nós não temos nenhuma prova não bíblica definitiva de personagens incluindo os patriarcas bíblicos, José, Moisés, Josué, Sansão, Salomão, nem de acontecimentos importantes, como o Dilúvio, o Êxodo e a conquista de cidades como narrado na Bíblia, até Omri, um rei do reino do norte, por volta de 880-870 AEC. Ironicamente, esse primeiro personagem bíblico a ganhar atenção não bíblica recebe apenas alguns versículos da Bíblia (1 Reis 16:16-28). O rei Mesa, de Moabe, é a primeira menção de Omri, nas linhas 4-8 de sua estela inscrita: PRITCHARD, James B. (Ed.) *Ancient Near Eastern Texts Relating to the Old Testament.* 3d ed. with suppl. Princeton, NJ.: Princeton University Press, 1969. p. 320, 321; HALLO, William W.; K. YOUNGER, Lawson, (Eds.) *Context of Scripture.* Leiden: Brill, 1997-2002. p. 2.23. Os registros assírios continuaram a se referir ao reino do norte de Israel como "o terreno da casa de Omri" muito depois da morte de Omri. Por exemplo, veja Pritchard, *Ancient Near Eastern Texts Relating to the Old Testament*, 280-281, 28-1-285; Hallo e Younger, *Context of Scripture*, 2.113E-H. É possível que a estela de Mesa também se referisse originalmente à "casa de Davi", mas a pedra está lascada onde o "D" precisaria estar. Embora a estela de Tel Dan pareça referir-se à "casa de Davi", ela data de cerca de 800 AEC (veja mais neste capítulo).

provavelmente foi durante um período em que as cidades ressurgiram na Palestina, a cultura materna de Israel em Canaã tomou forma, o Egito sofreu uma revitalização similar e o alfabeto no qual se baseia o nosso nasceu.

Embora a Bíblia seja normalmente o ponto de partida para tentar determinar um contexto histórico para o Êxodo do Egito, a narrativa não faz menção a um único faraó pelo nome, e não inclui muito em termos de referências concretas ao Egito. Assim como as narrativas ancestrais, a história bíblica da libertação e saída dos israelitas do Egito provavelmente tem algum fundo histórico, mas a forma que temos hoje representa uma longa tradição de desenvolvimento, combinando fontes díspares e contadas, em princípio, com fins teológicos.

Dito isso, se um êxodo do Egito como o descrito na Bíblia ocorreu, pode ter sido por volta de 1250 AEC. Essa data baseia-se parcialmente nos enormes projetos de construção de Ramsés II, que governava o Egito na época, e contava com um grande número de trabalhadores. Ramsés é também o nome de um lugar na narrativa bíblica. Além disso, durante o período em torno de 1400-1200 AEC, há evidências de migrações em massa nas regiões do Egito e Canaã; e cartas da cidade cananeia de Amarna revelam frustração por parte das autoridades egípcias por sua incapacidade de governar os briguentos povos apiru em Canaã. "Apiru" tem um som semelhante a "hebreu", mas é difícil determinar sua relação com os protoisraelitas dos textos bíblicos[6]. No entanto, há evidências consideráveis de que as pessoas da região de Canaã rumaram para dentro (e para fora) do Egito ao longo dos séculos, depois de fugir de tempos difíceis em casa, de ser levados como escravos, ou simplesmente de procurar uma vida melhor.

Datar o Êxodo em 1250 AEC deve-se, em grande parte, ao fato de esse ponto situar-se aproximadamente quarenta anos (período convencional da errância bíblica no deserto, equivalente a uma geração) antes de 1200 AEC. Além disso, por volta de 1200 AEC, temos a mais antiga referência conhecida sobre "Israel" fora da Bíblia. A referência, "Israel jaz devastado, sua semente não mais existe", faz parte da longa declaração de vitória do faraó egípcio Merneptá, inscrita em um pilar avulso chamado estela[7]. Ele

[6] Alguns estudiosos datam o Êxodo antes, supondo que a história bíblica do Êxodo esteja relacionada à expulsão histórica de um povo não-egípcio chamado de hicsos, que governou o Egito aproximadamente entre 1650 e 1550 AEC. Reconhecidamente, este é o único momento histórico verificável que compartilha características importantes com essa narrativa bíblica. Mas ele desarranja o restante da cronologia do antigo Israel, e não se encaixa no que é mais lógico em relação aos séculos seguintes, também com base em registros arqueológicos.

[7] Pritchard, *Ancient Near Eastern Texts Relating to the Old Testament*, 376-378; Hallo e Younger, *Context of Scripture*, 2.6.

expressa “Israel” com um sinal de designação deste como um povo, não uma nação, e não sabemos exatamente o que ou quem compôs Israel na mente de Merneptá. No entanto, a datação da estela e sua referência ao povo de Israel são definitivos e constituem uma valiosa evidência para reconstruir a história por trás da Bíblia.

Conforme a narrativa bíblica, e com base em algumas evidências sociológicas, antropológicas e arqueológicas gerais, parece que, aproximadamente entre 1200 AEC e 1000 AEC, os hebreus em território da Palestina-Canaã-Israel operavam em grupos tribais que podem ter se relacionado uns com os outros. Esses grupos talvez unissem forças, ocasionalmente, para combater um inimigo em comum; mas, na maioria das vezes, operavam de forma independente. Um poema no livro bíblico Juízes (capítulo 5) pode muito bem ter esse pano de fundo histórico. O registro arqueológico mostra que assentamentos começaram a florescer no coração do antigo Israel nessa época.

REINOS

Devido a uma combinação de pressões de seus inimigos e interesses econômicos, e sob o guarda-chuva de crenças religiosas compartilhadas (que utilizavam uma linguagem comum, como “povo” ou “parentes” de Deus), as tribos formaram uma confederação que se tornou uma nação modesta, com liderança centralizada. Evidências arqueológicas de assentamentos, fortalezas e cerâmicas, indicando uma cultura comum, encaixam-se no panorama bíblico de uma nação que atingiu o seu auge sob os reis Davi e Salomão. A maioria das pessoas situa Davi e o estabelecimento de uma monarquia unificada por volta do ano 1000 AEC. Davi recebe muito mais destaque na Bíblia do que qualquer outra figura, à exceção de Deus ou Jesus; no entanto, até poucas décadas atrás, não tínhamos qualquer referência a ele ou a seu reino fora dos textos bíblicos. (Ainda não temos nenhuma referência não bíblica a Salomão.) Então, em 1993-1994, arqueólogos descobriram uma inscrição em um local chamado Tel Dan, que data de cerca de 800 AEC, e parece mencionar a “casa de Davi” (expressão idiomática referente ao povo ou nação que Davi fundou).

A inscrição de Tel Dan fala sobre negócios entre duas nações: Israel e Judá. Estudiosos datam a cisão de um Israel unido nesses dois reinos, em parte, com base em referências não bíblicas, como a estela de Tel Dan, que pressupõe Israel e Judá como dois reinos separados. Temos também uma referência do Egito, a mais antiga fonte extrabíblica definitiva a concordar com uma narrativa bíblica de um acontecimento, nesse caso, relacionado ao faraó Sisaque (Shoshenq I). Juntamente com a narrativa bíblica, o relato egípcio permite datar, com alguma confiança, a divisão dos reinos em torno de 922 AEC[8].

Após essa divisão, o reino do norte (Israel) ganhou seu próprio sistema econômico nacional, independente do reino do sul (Judá). A capital de Israel passou a ser Samaria, enquanto a de Judá continuou sendo Jerusalém. Algumas das coisas que lemos na Bíblia são específicas de um ou de outro reino. Por exemplo, quando o profeta Amós, do Antigo Testamento, vociferava contra Israel, ele o fazia contra o gordo e feliz reino do norte. Como Amós era realmente de Judá, teve uma recepção nada amigável, e, sem muita cerimônia, foi convidado a levar sua língua ácida de volta para casa. Oseias era um nativo do reino do norte que também profetizava a vinda próxima do julgamento de Deus sobre Israel. Ele argumentou que a determinação de Israel em adorar outros deuses e deusas, quebrando assim seu pacto de fidelidade a Deus, justificava a destruição nacional. Oseias manifestou sua posição casando-se com uma prostituta para exemplificar o "casamento" de Deus com uma nação promiscuamente ligada a outras divindades.

Não sabemos sobre esses profetas especificamente como figuras reais e históricas, fora da Bíblia. Sabemos, no entanto, que o reino do norte (Israel) gozou da prosperidade de uma região fértil, sob uma sucessão de reis. Durante esse período, Israel e Judá são mencionados em vários textos de outras nações – homenagem duvidosa, pois tal atenção invariavelmente levava a intromissões e, em algum momento, à conquista. De fato, as palavras dos profetas sobre a destruição iminente acabaram se cumprindo, e o reino do norte foi derrotado pelos assírios, uma nação baseada na região norte da Mesopotâmia, a leste de Israel. Salmaneser V derrotou-os (722 AEC), mas foi seu sucessor, Sargão II, quem desferiu o golpe de misericórdia (721 AEC). A política de construção do império dos assírios incluía deslocar e misturar grupos de população nos territórios, provavelmente porque é mais difícil unir-se e rebelar-se caso seus vizinhos falem línguas diferentes e caso a maioria não seja natural do local onde mora. Como resultado, as tribos do reino do norte foram espalhadas por todo o vasto Império Assírio. Elas vieram a ser chamadas de "as dez tribos perdidas".

---

[8] Veja 1 Reis 14:25, 2 Cr 12:1-9. Esse faraó é o primeiro nomeado nos textos bíblicos.

Há uma tradição das "dez tribos perdidas" que continua a gerar todo tipo de especulação. Após o ataque de 11 de setembro de 2001, os norte-americanos ficaram conhecendo o povo *pashtun*, do Afeganistão e do Paquistão. Eles são um dos muitos grupos que se dizem descendentes do antigo Israel. E, assim como eles, pessoas na China, Japão, Grã-Bretanha, Rússia e Zimbábue, entre outros[9]. *O Livro de Mórmon* associa os nativos norte-americanos às dez tribos perdidas, e muitos judeus etíopes têm se dirigido recentemente (de volta) a Israel, em parte pela associação à antiga tribo israelita de Dan. Para onde quer que os assírios tenham deportado e espalhado pessoas de Israel, desses lugares também foram importadas pessoas a Israel, onde elas foram assentadas.

Enquanto isso, o rei de Judá, Ezequias, mantinha a cabeça baixa, pagava impostos à Assíria, concentrava-se em reformas religiosas e em patrocinar a literatura local[10], buscando manter-se longe de encrencas. O reino do sul escapou de uma conquista assíria, mas não foi poupado de ataques. Em um notável sentimento "Bíblia-*versus*-assírios", tanto a Bíblia quanto os Anais de Senaqueribe (assírios) – além de uma inscrição nas paredes do palácio assírio – fornecem a descrição detalhada de um cerco assírio a Jerusalém em 701 AEC[11]. As versões bíblica e assíria variam um pouco, de modo previsível. Na Bíblia, um anjo de Deus recebe o crédito por matar o exército inimigo na manhã anterior à ocasião em que ele planejava atacar, e Senaqueribe bateu em retirada, voltando para casa. Lord Byron, poeta do século XIX, britânico, mulherengo e de pés tortos, celebrou o lado bíblico da história em um tetrâmetro datílico (poema com ritmo de cavalo a galope), que começa assim: "Os assírios vieram como lobos sobre um rebanho". No relato assírio, não há menção alguma a baixas causadas por um anjo vingador, mas há bastante descrição da destruição de cidades vizinhas pelos assírios. Em vez de rastejar de volta para casa, os anais assírios contam como Senaqueribe tomou muito dinheiro e muitos bens do rei de Judá, Ezequias. Os relatos parecem concordar que Jerusalém não foi destruída.

---

[9] A PBS transmitiu um programa fascinante sobre o tema, *The Lost Tribes of Israel,* em 2000. O site da emissora torna o material facilmente acessível em: <http://www.pbs.org/wgbh/nova/israel/.

[10] Ezequias é nomeado como o patrocinador de coletâneas de ditos canonizados no livro de Provérbios (25:1) e, provavelmente, apoiou os esforços de refugiados do reino do norte para preservar histórias populares, incluindo aquelas sobre Elias, e instruções religiosas tais como as do Deuteronômio.

[11] 2 Rs 18:13-19:37; Is 36:1-37:38; 2 Cr 32:1-23. Senaqueribe afirma ter "trancado [Ezequias] em Jerusalém ... como um pássaro numa gaiola". Veja Pritchard, *Ancient Near Eastern Texts Relating to the Old Testament*, 287-288; HALLO e YOUNGER, *Context of Scripture*, 2.119B.

Até onde sabemos, Judá continuou a funcionar como uma nação semiautônoma sob uma sucessão de reis, ocasionalmente pagando tributos aos poderosos do dia – Egito, Assíria, Babilônia – para manter um ou outro a distância. (A Assíria sucumbiu à Babilônia, no final do século VII AEC. Sua capital, Nínive, caiu em 612 AEC.) Judá desfrutou de um breve período de rejuvenescimento e florescimento sob o bom rei Josias (cujo reino situa-se entre 640 AEC e 609 AEC), que está associado, na Bíblia, à descoberta (621 AEC) do "livro da lei" e às reformas baseadas nele; esse livro é identificado por estudiosos modernos como uma espécie de Deuteronômio[12]. Mas, em vez de desfrutar de uma longa vida de homem justo, Josias foi morto em uma chocante derrota para os egípcios.

Depois disso, Judá retomou o seu *status* de vassalo, primeiro do Egito e, depois, da Babilônia. Então, cansado de empregar recursos para apaziguar cachorros grandes, e sentindo que a Babilônia poderia estar se enfraquecendo, o irascível rei Jeoiaquim, da Judeia, rebelou-se, com resultados devastadores. A Babilônia atacou com tudo. Subjugada pelo poderio babilônio, Jerusalém rendeu-se a Nabucodonosor II. Podemos datar esse acontecimento com segurança – 15 e 16 de março de 597 AEC – porque, além do testemunho bíblico, os babilônios deixaram claras anotações a respeito em seus duradouros registros[13]. Os vencedores removeram judaítas proeminentes, incluindo o rei e também o sacerdote-profeta Ezequiel, para a Babilônia (atual Iraque).

EXÍLIO

Com a aprovação dos babilônios, Judá continuou a operar com algum grau de independência, até que, em 587 AEC, incentivado pelo Egito, Judá se rebelou novamente. Péssima escolha. A resposta babilônica, sob o comando de Nabucodonosor II, foi rápida e decisiva, e o apoio egípcio foi morno. Os babilônios arrasaram o templo de Jerusalém, destruíram grande parte de seu entorno, mataram muitas pessoas, incluindo os filhos do rei Sedecias, antes de cegar o próprio rei; além disso, levaram mais um grupo da elite judaíta para o exílio na Babilônia.

Esse é provavelmente o acontecimento mais importante da história da Bíblia, não porque seu relato ocupe tanto espaço – realmente, não ocupa[14] –,

---

[12] 2 Rs 22:8.

[13] PRITCHARD, *Ancient Near Eastern Texts Relating to the Old Testament*, 301-307; HALLO e YOUNGER, *Context of Scripture*, 1.137.

[14] A queda final com a destruição de Jerusalém e seu templo é narrada em 2 Rs 24:20-25:21 e 2 Cr 36:11-20.

mas porque afetou profundamente o ritmo e a forma do desenvolvimento da Bíblia. Essa catástrofe informa muitas das ideias da Bíblia sobre Deus, sobre a identidade de comunidade e sobre a responsabilidade humana. E isso estimulou, nesse povo especificamente, esforços no sentido de registrar de forma definitiva e duradoura, de modo a transmitir a seus filhos, e aos filhos dos filhos, quem, como e por que "nós" somos. Sem uma nação, um rei e um lugar central de culto, os israelitas tornaram-se um povo do livro (especialmente o Pentateuco, que provavelmente adquiriu sua forma durante o exílio na Babilônia). Parece que, durante esse tempo de exílio, a religião do judaísmo começou a tomar forma.

LIBERDADE E RESTAURAÇÃO

Foi, contudo, no período subsequente, o período persa, que o judaísmo floresceu, e os primeiros livros da Bíblia foram compilados e tiveram reconhecida sua autoridade de escritura. Esse período começou, para as testemunhas bíblicas, em 539 AEC. Após um período de cerca de uma geração, desde que a Babilônia derrotou Judá, os babilônios renderam-se a um novo líder mundial, Ciro II, apropriadamente chamado de "O Grande". Esse líder – um brilhante estrategista, religiosamente tolerante e culturalmente esclarecido – estabeleceu a sede de seu império (que se tornou o maior de todos até então) na Pérsia, na região da Mesopotâmia, atual Irã. Em um cilindro de argila, de tamanho semelhante ao de uma garrafa térmica, ele escreveu (ou encarregou um escriba de fazê-lo) o que veio a denominar-se a "primeira declaração de direitos humanos"[15]. Ela anunciava sua renúncia ao terror, seus esforços de paz, a libertação dos escravos, bem como o direito das pessoas a cultuar o que bem entendessem. Uma réplica encontra-se hoje no edifício das Nações Unidas, em Nova York. Ciro permitiu que os exilados, incluindo os judeus, retornassem a seus lugares de origem e reconstruíssem seus locais de culto.

Utilizando dados baseados na narrativa bíblica, a maioria dos estudiosos concorda que, com a recomendação dos profetas pós-exílicos Ageu e Zacarias, o (segundo) templo foi concluído por volta de 515 AEC. Mais uma vez com base principalmente no testemunho bíblico, a maioria acha que Esdras e Neemias regressaram da Babilônia a Jerusalém em meados do século V AEC. A Torá (Pentateuco) foi provavelmente concluída

---

[15] Pritchard, *Ancient Near Eastern Texts Relating to the Old Testament*, 315-316; Hallo Younger, *Context of Scripture*, 2.124 .

no final desse século. As condições da restauração, no entanto, foram bem mais difíceis do que os repatriados poderiam desejar, ou mesmo esperar. Mesmo com o incentivo de Ciro para a reconstrução do templo em Jerusalém, Ageu e Zacarias (de formas bem diferentes) imploraram, disciplinaram e incentivaram seu público da Judeia a persistir na tarefa, apesar das adversidades e dificuldades econômicas. Esdras e Neemias também enfrentaram a oposição do povo "da terra"[16], possivelmente composto, em parte, de pessoas que nunca haviam sido levadas para o exílio, e dos povos vizinhos, ameaçados pela restauração de Jerusalém[17].

Embora ainda tenhamos pouco material não bíblico corroborando esses detalhes[18], e os próprios textos não façam o menor esforço para esconder sua parcialidade ideológica e seu ponto de vista, as condições do contexto histórico mais amplo são claras para nós: Ciro foi sucedido por uma série de líderes persas de competência variada, até que Alexandre da Macedônia tomou o mundo de assalto, antes de sua morte em 323 AEC. A duradoura influência do Império Grego de Alexandre sobre a Bíblia é indiscutível. Durante esse período, a helenização (a introdução da língua e cultura gregas nas culturas existentes) tornou-se a norma. Tomemos a Septuaginta, por exemplo. Como essa foi a tradução das escrituras hebraicas que os autores do Novo Testamento utilizaram, o Novo Testamento lê o Antigo Testamento com olhos gregos. Entre os judeus, a questão de quanto exatamente eles deveriam assimilar foi uma fonte de discórdia, e algumas das vozes bíblicas mais fortes argumentaram contra isso[19], preferindo manter uma identidade distinta, por mais intensa que fosse a pressão para que eles se adequassem.

Por vezes, essa pressão foi dolorosamente forte, até mesmo insuportável. O livro de Daniel, ambientado no exílio babilônico, foi, na verdade, escrito por volta de 165 AEC, depois que um dos sucessores de Alexandre (Antíoco IV) forçou os judeus a se comportar e adorar à maneira dos gregos. Antíoco IV chegou a assumir o templo de Jerusalém, profanando o local mais sagrado do judaísmo. O resultado histórico foi uma revolta em grande escala instigada por uma família da Judeia, os hasmoneus, apelidados de macabeus – por causa de seu genial líder militar Judas "O Martelo"

---

[16] Esd 4: 1-4.

[17] Ne 2:19-20; 4:1-23.

[18] Sambalate, um dos líderes da oposição contra Neemias, é mencionado como governador de Samaria em um texto egípcio do mesmo período. Veja COWLEY, A. E. *Aramaic Papyri of the Fifth Century B.C.* Oxford: Oxford University Press, 1923. p. 30:29.

[19] Discutivelmente, todo o livro de Daniel relaciona-se com essa matéria (apesar de ser ambientado na Babilônia, sua autoria deriva de um contexto grego).

(Macabeus). Eles obtiveram notável sucesso. Em 164 AEC, recuperaram o controle do templo de Jerusalém, e ritualmente o purificaram; os judeus comemoram esse acontecimento anualmente, no feriado do Hanukkah, em que castiçais menorá são acesos e piões dreidel são girados. Pode parecer irônico, mas os livros que recordam esse momento de glória nacional judaica, Macabeus 1 e 2, são apócrifos: eles se tornaram parte de algumas Bíblias cristãs, mas não da Bíblia judaica. De qualquer forma, os macabeus trouxeram independência nacional aos judeus da Palestina e passaram a governar Judá por meio de uma sucessão de reis hasmoneanos, de 142 a 63 AEC.

Nem todos os judeus ficaram contentes com tudo isso; as pessoas divergiam sobre uma série de pontos críticos, incluindo a aparência que um rei deveria ter, quem poderia ser um bom sacerdote e quão gregos os judeus deveriam ser. Durante esse período, as variedades de judeus sobre as quais o historiador Josefo escreveu – os fariseus, os saduceus, os essênios e os zelotes – tornaram-se realmente reconhecidas[20]. Fraturas na comunidade, a respeito de religião e política, levaram alguns a apelar para a ajuda da nova potência mundial. Com o maior prazer em resolver esse conflito civil, Roma, sob a liderança militar de Pompeu, simplesmente acabou com a independência judaica em 63 AEC.

SOB O DOMÍNIO ROMANO

Depois disso, as coisas ficaram muito confusas na Judeia, com insubordinações consideráveis entre as lideranças políticas e religiosas, até 37 AEC, quando Herodes I, o Grande, foi nomeado pelos romanos para ser rei em Jerusalém. Herodes governou a província da Judeia como um rei subordinado a Roma por trinta e três anos. Durante esse tempo, ele manteve relações estreitas e amigáveis com a capital do império, restaurou o templo de Jerusalém, dando-lhe uma estrutura quase tão grandiosa quanto a das memórias do templo de Salomão, e enlouqueceu um pouco. A insegurança (eufemismo) de Herodes levou-o a executar sua própria família e lhe rendeu uma reputação e tanto. Essa reputação caracterizou-o na Bíblia com o papel do rei paranoico que, ameaçado pelo nascimento de um bebê judeu ordenou que todos os bebês em Belém e arredores com menos de dois anos de idade fossem mortos[21]. (Uma reputação semelhante rendeu

---

[20] Veja especialmente JOSEFO, *Antiquities of the Jews*, 18,11-25; *The Wars of the Jews*, 2.119-166.

[21] Mt 2: 1-15.

a seu filho e sucessor, Herodes Antipas, um guarda-roupa extravagante e uma coreografia de dançarina maníaca no filme *Jesus Cristo Superstar*.)

O difícil equilíbrio entre manter algum controle sobre uma população notoriamente problemática, e, ao mesmo tempo, satisfazer um sistema imperial tão organizado seria bastante para enlouquecer qualquer um. Ao contrário da maioria dos outros povos do Império Romano, os judeus agarravam-se obstinadamente a suas tradições exclusivistas, algumas das quais criavam um pesadelo logístico para as forças de segurança do Império Romano. O Pessach, por exemplo, era uma festa judaica que exigia que toda pessoa capaz de viajar fosse a Jerusalém. O aumento súbito da população, aliado à emoção da celebração religiosa no coração da Judeia, devia deixar os romanos nervosos. De fato, durante esses tempos instáveis, um carismático judeu que curava e ensinava, chamado Jesus, da cidade de Nazaré na Galileia, provocou suspeitas de ser algum tipo de agitador e foi executado.

Os seguidores de Jesus continuaram a esperar seu retorno imediato. A violência e a agitação social alimentaram expectativas apocalípticas, expressas de forma mais colorida pelo encarcerado autor do Apocalipse[22]. O imperador Nero acusou os cristãos de iniciarem o incêndio de Roma em 64 EC e os perseguiu à altura. Em 70 EC, em resposta a uma revolta judaica contra Roma, Tito e sua Décima Legião queimaram até o chão o templo de Jerusalém (sua restauração e reconstrução foram concluídas apenas recentemente). Apesar das declarações estridentes de muitas pessoas, a Terra não foi destruída em uma grande batalha cósmica entre as forças divinas do bem e do mal, com ou sem Jesus. Em vez disso, os judeus e os cristãos tiveram de encontrar uma forma de sobreviver no (e ao) Império Romano e às eras subsequentes. E sobreviveram.

[22] O Apocalipse compreende as visões que esse João teve durante sua prisão na Ilha de Patmos, provavelmente durante o reinado de Domiciano (81-96 EC).

CINCO

CHEGANDO AO LIVRO SANTO: A HISTÓRIA DA BÍBLIA

Apenas isto é negado a Deus: o poder de desfazer o passado.

— AGATON

O antigo dramaturgo grego Agaton observou a impossibilidade de rebobinar a história. Incapaz de apagar o passado, pode Deus, no entanto, *reescrevê-lo*? Entender como a Bíblia surgiu requer que suspendamos quase tudo o que sabemos sobre autoria e ramo editorial de hoje. A Bíblia é fantasticamente única, mas se encontra em estantes modernas, silenciosa quanto a sua extravagante dessemelhança, e com sua modesta lombada integrando-se educadamente às demais – um livro entre outros livros. Mas ela não é como os outros livros. Para considerarmos como os textos antigos desenvolveram-se até formar a Bíblia como ela aparece hoje, aqui estão alguns pontos cruciais para observarmos, ou simplesmente recordarmos, das discussões anteriores:

1. A Bíblia é composta de textos de várias épocas e lugares. Uma estimativa conservadora da Bíblia hebraica é que ela inclui material de um período de mais de mil anos, sendo que o mais antigo data de cerca de 1200 AEC (veja anteriormente o trecho relacionado a Juízes – capítulo 5) e o mais recente de cerca de 165 EC (o livro de Daniel). Geograficamente, suas fontes são mesopotâmicas (por exemplo, a história do Dilúvio), cananeias (veja adiante o Capítulo Treze, "Nomes, seres e ações de Deus") e egípcias (Pv 22-24 é quase

idêntico à Instrução de Amenemope de 1100 AEC), abrangendo todo o Crescente Fértil do antigo Oriente Próximo. O Novo Testamento é mais limitado, mas não tão limitado quanto os poucos anos e um só autor que a maioria dos livros produzidos hoje envolve. Os textos dos acontecimentos do Novo Testamento tratam de acontecimentos no Mediterrâneo Oriental e datam de aproximadamente 50 EC (primeiras epístolas de Paulo) a aproximadamente 150 EC (Judas e Pedro 2).

2. A Bíblia inclui diferentes tipos de literatura. Ela inclui mitos de origem, poesia devocional, textos jurídicos, biografias, aforismos fortes e concisos, tratados filosóficos e cartas a indivíduos e grupos. Contém cânticos e narrativas de instrução, anedotas cômicas e sermões severos. E nenhum deles foi escrito para se tornar bíblico em si mesmo. Pelo contrário, o conteúdo assumiu autoridade ao longo do tempo dentro das comunidades de fé, que só mais tarde o compilaram na Bíblia que temos hoje[1].

3. Durante o período de desenvolvimento da Bíblia hebraica, a maioria das pessoas não sabia ler nem escrever. Esses textos, então, eram produto de uma pequena elite que escrevia para o seu pequeno grupo de colegas acadêmicos, ou em estilo "oral" (um estilo que se prestava à recitação oral) que as massas pudessem utilizar. Nos tempos do Novo Testamento, a alfabetização era mais comum. Assim, da mesma forma como a oralidade moldou muito do Antigo Testamento, a alfabetização moldou muito do Novo Testamento.

4. Autoria, durante o período do desenvolvimento bíblico, raramente significava a empreitada criativa de um indivíduo, cujas palavras, uma vez escritas, permaneciam imutáveis. Quase toda a literatura da Bíblia é atribuída a uma pessoa ou outra que não chegou a escrevê-la. A maior parte da Bíblia (especialmente da Bíblia hebraica) é produto das poucas pessoas, geralmente anônimas, que

---

[1] Ou seja, não que os textos não tivessem autoridade, ou que não houvesse, ao menos, um sentimento de serem autorizados até se tornarem parte da Bíblia canônica, mas eles não haviam sido compostos para fazer parte de uma coletânea fechada ou de uma escritura sagrada. Por exemplo, há inúmeras referências às mensagens dos textos como "palavra de Deus". Os profetas hebreus afirmavam estar comunicando exatamente isso a suas audiências, Paulo professa ter expressado "a palavra de Deus" aos Tessalonicences (1 Tessalonicenses 2:13), e o autor do Evangelho de João afirma que o que está escrito destina-se a convencer as pessoas a acreditar em Jesus como filho de Deus (João 20:31). Mas nenhum desses textos foi composto com o objetivo de se tornar parte de um cânone fechado de escritura.

podiam aprender a ler e escrever – escribas, ensinados no templo. Eles trabalhavam, ao menos em parte, com as tradições existentes e com textos (por exemplo, narrativas orais e poesia, anais e registros reais, os oráculos preservados e transmitidos pelos discípulos de um profeta), copiando e editando conforme as circunstâncias requeriam e sua teologia ditava.

5. A literatura que viria a ser reunida como "Bíblia" circulava em partes independentes, muitas das quais tomaram a forma de rolos de pergaminho, em vez dos códices encadernados em páginas, que são para nós os livros de hoje. Um resultado é que a sua organização e sua ordem não eram fixas.

O capítulo anterior começou observando a influência do exílio babilônico sobre o desenvolvimento da Bíblia. Adicione-se a isso a subsequente libertação dos exilados pelo imperador persa, bem como seu incentivo para que os repatriados codificassem um conjunto de tradições e leis, e está dada a largada para a formação da Bíblia. De fato, a maioria dos estudiosos acredita que os cinco primeiros livros da Bíblia tomaram forma realmente durante o exílio, e tornaram-se verdadeiramente autorizados entre a comunidade judaica durante o período persa.

A HIPÓTESE DOCUMENTAL

A ideia de que Moisés escreveu os primeiros cinco livros da Bíblia tem suas raízes em tradições antigas. Nos livros mais recentes da Bíblia hebraica, Esdras, Neemias, Crônicas e Daniel, bem como em textos do Novo Testamento, encontramos trechos falando da "Torá de Moisés" sobre como as instruções de Deus aos israelitas foram mediadas pelo patriarca[2]. Alguns tradicionalistas continuam a defender que um Moisés histórico escreveu todo o Pentateuco – com base em textos fundamentais de Êxodo, Números e Deuteronômio, nos quais Deus ordena que Moisés escreva o que Ele dita[3].

No entanto, mesmo uma leitura casual desses livros indica uma composição em camadas, e, durante séculos, houve pessoas que notaram problemas na tradicional crença na autoria de Moisés, apesar do perigo – para suas reputações e para elas próprias – que tal afirmação pudesse suscitar. O

[2] Por exemplo, Esdras 7:6 Ne 8:1; 2 Cr 23:18; Dn 09:11, Lc 24:44, 1 Cor 9:9.

[3] Por exemplo, Ex 17:14; 24:4; 33:2 Nm 33:9; Dt 31:9.

rabino Ibn Ezra (c. 1090-1164) fez delicadamente uma observação, segundo a qual anacronismos no Pentateuco sugerem que ao menos alguns textos não parecem ter sido escritos por Moisés[4]. No século XVII, o filósofo Thomas Hobbes, o erudito católico Richard Simon e o filósofo judeu Baruque (Benedito, em hebraico) Espinosa foram mais francos ao questionar se Moisés poderia ter escrito todo o Pentateuco. Os princípios do Iluminismo, com sua defesa da razão, lançaram uma nova era nos estudos bíblicos, conferindo mais credibilidade a tais investigações.

Uma abordagem que vem de longa data sobre a compreensão do desenvolvimento do Pentateuco é a chamada "hipótese documental". Cerca de 150 anos atrás, um estudioso alemão, Julius Wellhausen, articulou uma ideia que vinha sendo gestada durante algum tempo. Ele postulou quatro diferentes fontes literárias (de diferentes épocas e lugares) que se entrelaçaram ao longo do tempo para produzir o que hoje chamamos os primeiros cinco livros da Bíblia. Embora os detalhes da hipótese documental continuem a ser debatidos, suas ideias gerais têm resistido ao teste do tempo. A observação de diferentes nomes de Deus e de uma constelação de vocabulário, perspectivas e estilos literários que acompanham esses nomes deu a essa hipótese o seu início.

Por exemplo, o primeiro capítulo do Gênesis usa o nome Elohim e retrata Deus como sendo magnificamente "outro". Ele relaciona uma história de criação universal em repetição poética e progressão ordenada durante seis dias, realizada com facilidade pelo discurso de Deus. Nele, os seres humanos foram criados simultaneamente "macho e fêmea" à imagem de Deus, e é dito que o projeto todo é "muito bom"[5]. Por outro lado, o capítulo 2 do Gênesis usa o nome divino Yahweh Elohim e retrata um Deus terreno que caminha e usa as mãos para modelar e criar uma determinada região e suas criaturas. Nessa história, Deus criou da terra um único ser humano. Então, julgando que essa solidão "não é boa", dividiu o ser humano original em "homem" e "mulher"[6]. Assim, temos efetivamente, nos primeiros capítulos do Gênesis, duas imagens muito diferentes de Deus e duas narrativas muito diferentes sobre a criação de

[4] Por exemplo, em seu comentário sobre a Torá, Ibn Ezra observou um problema com Gn 12:6, "naquela época, os cananeus estavam na terra", que parece sugerir que ele foi escrito muito depois de Moisés, depois de as tribos se estabelecerem e os cananeus não estarem mais na terra. Em um esforço para não desafiar as leituras tradicionais, Ibn Ezra propôs duas possibilidades: que ele se referia a um período muito anterior (antes que os cananeus sequer estivessem na terra), ou "há um grande mistério e o sábio ficará em silêncio".

[5] Gn 1:27, 31.

[6] Gn 2:18, 20-23.

seres humanos, em dois estilos literários muito diferentes, combinados em uma narrativa ainda maior. Essa combinação convida os leitores a conectar as histórias, rendendo ainda outras interpretações além da que cada texto carrega sozinho.

As fontes literárias que compõem o Pentateuco não aparecem em blocos organizados e convenientes, mas se entrelaçam, sobrepondo-se umas às outras em alguns lugares e causando contradições e desconexões em outros.

Olhe de perto a história do Dilúvio, em Gênesis 6:5 – 8:19. Quantos animais entraram na Arca de Noé – dois de cada espécie (6:19, 7:15), ou sete pares de cada animal puro e um par de cada animal impuro (7:2-3)? Como veio o Dilúvio – de cima, pela chuva (7:4), ou por um aumento das águas das profundezas, ou ambos (7:11)? E quanto tempo ele durou – quarenta dias (7:17, 8:6), ou 150 dias (7:24)? Como no caso dos capítulos 1 e 2, considerando-se as histórias em sua forma final, tal como aparecem hoje na Bíblia, os leitores podem concluir que uma fonte acrescenta algo a outra, ou elabora sobre detalhes de outra, produzindo uma história ainda mais rica. Os textos convidam a uma leitura assim, em camadas.

Provavelmente nenhuma das quatro fontes literárias hipotéticas foi composta por uma só pessoa; antes, as quatro representam as tradições orais e escritas de várias partes, provavelmente não juntas em uma sessão, mas ao longo do tempo. Ou seja, cada uma das fontes foi construída sobre outras fontes, e reflete um processo de transmissão que permite edição e alteração o tempo todo. E a forma final reflete uma combinação intencional de textos recebidos.

De acordo com a hipótese documental, a mais antiga (mas não a primeira) fonte literária do Pentateuco prefere usar o nome divino Yahweh. Por essa razão, é chamada de javista e abreviada pela letra 'J' (porque os alemães escrevem Yahweh com 'J'). Ela reflete principalmente os interesses do reino do sul, e pode datar do século X AEC. Essa é a fonte responsável pela história da criação de Adão e Eva que começa em Gênesis, no capítulo 2.

A fonte literária temporalmente seguinte prefere o nome divino Elohim, e por isso é chamada de eloísta e é abreviada pela letra 'E'. Essa fonte reflete especialmente os interesses do reino do norte, e pode datar do século IX AEC. Juntas, J e E contam histórias que podem ter sido colhidas antes mesmo que outros começassem a escrevê-las e expandi-las, editando-as e redigindo-as ao longo do caminho. Esse grupo editorial provavelmente adaptou J e E ou JE um pouco, ao mesmo tempo em que acrescentava seu próprio material.

De modo contrário ao que escrevi anteriormente, há também uma terceira vertente literária que aparece em bloco, de acordo com essa hipótese. O trabalho da deuteronomista (D) relaciona-se especificamente com o livro Deuteronômio. Mas esse livro também reflete, provavelmente, no mínimo, três fases literárias (a pré-exílica nortista; século VII AEC, no reino do sul; e pós-exílica).

Por último, de acordo com a hipótese, o grupo que editou J, E e D trabalhou durante o período do exílio para codificar fundamentos de fé e identidade. Eles são chamados de escritores sacerdotais (P*), porque acrescentaram material especialmente voltado ao funcionamento das instituições religiosas, refletindo as ideias dessas instituições. Os escritores sacerdotais recolheram, organizaram e editaram o material que vemos fixado no Pentateuco. Eles estruturaram a obra, adicionando novo material conforme a necessidade.

Por exemplo, determinados a tratar das questões que o exílio colocava, acredita-se que os escritores sacerdotais, como grupo ou escola, tenham composto a história da criação de sete dias que aparece no capítulo 1 do Gênesis. Com isso, eles demonstravam que Deus não foi morto ou derrotado pelo deus babilônico, mas que é o criador de todo o Universo. Não apenas isso, mas também descrevem um Deus que não tem imagem passível de ser manipulada ou ferida, mas é o criador, através de seu falar elegante, da existência de um mundo ordenado, o qual Ele declara que é bom. Esse Deus, diz a história, não é vinculado por nação ou templo, mas já existia muito antes de Israel e da religião israelita, e é de proporções cósmicas. A conclusão – e o *grand finale* – não é a criação dos seres humanos (simultaneamente masculino e feminino, à imagem de Deus), mas a criação do Sabá, um dia tido pelos escritores sacerdotais como sendo sagrado e, também, como um agente de manutenção da ordem de tempo.

De acordo com a hipótese documental, a história de Adão e Eva, que começa no capítulo 2, remonta, na verdade, a uma época anterior à história do capítulo 1. Isso pode ser confuso porque os leitores modernos estão familiarizados com livros compostos como uma só peça. Para complicar ainda mais as coisas, o conteúdo das histórias do Pentateuco segue uma ordem cronológica, o que é enganoso, porque o começo não foi escrito primeiro, e tampouco o fim foi escrito por último.

Finalmente, a hipótese documental é apenas isso – uma hipótese. Não temos, em um cofre em algum lugar, quatro documentos individuais

---

* N. do T.: P do inglês *Priestly* – sacerdotal.

díspares, assinados pelos escritores javistas, eloístas, deuteronomistas e sacerdotais, que possamos comparar com o Pentateuco. A imagem de quatro documentos distintos, cortados e colados juntos, provavelmente não seja, tampouco, de todo exata, uma vez que houve um processo de transmissão e edição que tornava as tradições bastante fluidas ao longo do tempo – embora não para sempre.

DATAÇÃO DO TANAKH

O exílio babilônico levou os escribas não só a coletar e codificar as tradições orais e literárias, mas também a refazê-las à luz dos desafios teológicos colocados pela espetacular destruição da nação. Quando o rei persa Ciro II conquistou a Babilônia e permitiu que os exilados voltassem para casa, essas tradições passaram por novo desenvolvimento.

Por volta de 450 AEC, as autoridades persas parecem ter instruído um douto sacerdote e escriba de nome Esdras a ajudar seu povo natal em Judá a articular o núcleo de suas crenças e a estabelecer a lei da Terra[7]. Esse é o período que a maioria dos estudiosos atribui à finalização do Pentateuco, quando os "cinco livros de Moisés" tornaram-se fixos e ganharam autoridade.

A finalização da segunda seção, os livros dos profetas (incluindo os livros históricos de Josué, Juízes, Samuel e Reis), provavelmente ocorreu por volta de 200 AEC, quando o projeto de tradução das escrituras hebraicas para o grego já estava em andamento. Por volta de 100 AEC, a Septuaginta já era a versão do povo de língua grega das escrituras hebraicas. Consequentemente, essa foi a Bíblia familiar à seita judaica dos seguidores de Jesus, que viria a se tornar a Igreja Cristã Primitiva, e sua versão serviu de base para o Novo Testamento[8]. Em parte devido à crescente popularidade da Septuaginta entre os cristãos, que continuavam a se distanciar e se distinguir, os judeus tradicionais abandonaram essa versão grega da Bíblia hebraica e renovaram seu compromisso com uma versão em hebraico.

Após a destruição do templo de Jerusalém pelos romanos em 70 EC, os judeus concluíram sua Bíblia (em hebraico), ordenando seus livros de

---

[7] Esd 7:1-28. Veja também HOGLUND, Kenneth G., *Achaemenid Imperial Administration in Syria-Palestine and the Missions of Ezra and Nehemiah*. SBL Dissertation Series 125. Atlanta, Ga.: Scholars, 1992. p. 207-240.

[8] Os escritores do evangelho lembram-se de Jesus referindo-se a suas escrituras judaicas como a "lei e os profetas". (Por exemplo, veja Mt 5:17; 7:12. Lc 24:44 acrescenta os salmos). É assim que Atos refere-se a eles (13:15; 24:14).

forma predominantemente cronológica, e definindo o chamado de Ciro para voltar a Jerusalém e reconstruir o templo como a palavra final. "Escritos", terceira seção e cânone completo da Bíblia Hebraica, foi fixado em torno de 130 EC[9], mas somente livros que preenchiam os requisitos de ter sido escritos por pessoas importantes antes de cerca de 450 AEC é que foram incluídos. Após esse período, nada do que fosse considerado posterior a Esdras e Neemias foi admitido como Bíblia no cânone hebraico. (Livros bíblicos que, na verdade, haviam sido escritos depois foram admitidos sob proteção de obras anteriores de pessoas importantes – por exemplo, Daniel é ambientado no período babilônico, mesmo tendo sido escrito no século II AEC; o Eclesiastes é atribuído a Salomão, embora pareça vir do período helenístico seguinte à conquista de Alexandre.) Os livros incluídos haviam ganhado importantes posição e reputação, e suas tradições de autoria e de antiguidade tornavam-nos elegíveis.

O CÂNONE CRISTÃO

O desenvolvimento do cânone cristão é outra história. Embora sua trajetória histórica seja muito menor do que a da Bíblia hebraica (abrangendo um par de séculos, em vez de mil anos), seu desenvolvimento histórico tem recebido muita atenção recentemente, em parte graças a histórias emocionantes de intrigas e poder, tais como *O código Da Vinci*. De fato, entender como a Bíblia cristã tomou forma não é tão simples como anexar à Bíblia hebraica existente uma ampla coletânea de livros sobre Jesus. Por um lado, a Bíblia hebraica que a maioria dos seguidores de Jesus utilizava não estava em hebraico, e tampouco era Bíblia. Eles trabalhavam com traduções gregas de manuscritos em hebraico que ainda não haviam alcançado o *status* de um cânone absolutamente fechado.

Além disso, os primeiros seguidores de Jesus não tinham todos a mesma ideia sobre quem era Jesus, o que ele disse e fez e as implicações

---

[9] Por muitos anos, os estudiosos pensaram que uma reunião específica de intelectuais judeus, chamada de Concílio de Jâmnia e reunida por volta de 90 EC, fixou o cânon. Investigações recentes sugerem que tal momento definitivo pode nunca ter ocorrido (e, mesmo, tal concílio pode nem sequer ter existido), mas que o fechamento do cânon aconteceu de modo um pouco mais gradual. Veja VELTRI, Giuseppe. Zur traditionsgeschichtlichen Entwicklung des Bewusstseins van einem Kanon: Die Yavneh-Frage. *Journal of Study of Judaism 21*. 1990, 21O-226; AUNE David E., *On the Origins of the "Council of Javneh". Journal of Biblical Literature* 110. 1991, 491-493; LEWIS Jack P., Jamnia after Forty Years. *Hebrew Union College Annual 70-71*. 1999-2000, 233-259; LEWIS, Jack P. Council of Jamnia (n.p.). In FREEDMAN, David Noel. (Ed.) *Anchor Bible Dictionary on CD-ROM*. Logos 2.1. New York: Doubleday, 1992, 1997.

de sua vida. Jesus, ele próprio, não escreveu nada – pelo menos, nada que tenhamos. Em vez disso, seus seguidores e as pessoas que estavam convencidas de sua natureza extraordinária escreveram em sua voz, e sobre ele. No primeiro par de séculos, muitas pessoas que se identificavam como cristãs escreveram textos que seriam, para nós, atualmente, irreconhecíveis como cristãos.

Quais os livros que melhor representaram a vida, os ensinamentos e as implicações de Jesus, e o que significava ser um verdadeiro cristão foram questões intensamente debatidas.

Tal como acontece com a Bíblia hebraica, os textos classificados tinham de ser antigos (quanto mais próximo de Jesus, melhor) e atribuídos a apóstolos de Jesus ou seus associados próximos. Além disso, como com a Bíblia hebraica, o processo gradual de ampla aceitação e utilização de um texto, por um lado, ou seu abandono e envolvimento em atrito, por outro (em vez da ação definitiva de um único grupo reunido que decide), responde pelo que entrava na Bíblia e o que não entrava. Outros critérios de inclusão eram que os textos precisavam ter ampla aplicação ou relevância, não se limitar a apenas um determinado indivíduo ou a uma congregação, e que estivessem em conformidade com as crenças aceitas. Somente a partir de 367 EC temos a primeira menção a um cânone cristão definitivo[10]. Isto é, 250 anos após o último dos livros do Novo Testamento ter sido escrito.

Muitos evangelhos foram escritos e postos em circulação pelos seguidores de Jesus, nos séculos após sua morte, tanto antes quanto depois de o Novo Testamento estar firmemente estabelecido. Apenas quatro estão incluídos na Bíblia. Dos outros, alguns, como o Evangelho de Tomé e o Evangelho de Pedro, provavelmente contêm material muito antigo (possivelmente do tempo de Jesus), mesmo que sua forma final tenha sido posterior. O Evangelho de Tomé, que consiste inteiramente de ditos de Jesus, pode preservar algumas coisas que Jesus realmente disse, e pode ser ou não anterior a dizeres semelhantes que aparecem nos evangelhos canônicos. Estudiosos acham que ele data do final do primeiro século, ou início do século II EC. O Evangelho de Pedro, a partir de meados do século I, concentra a sua atenção na narrativa da paixão, no sepulcro vazio e na ressurreição. Ele pode ter realmente servido como fonte para os evangelhos canônicos.

Entre os muitos outros evangelhos além dos quatro que entraram no

---

[10] A lista vem de Atanásio, um bispo muito respeitado e influente de Alexandria, no Egito, que também denunciava violentamente o uso de outros livros como autorizados para o cristianismo.

Novo Testamento, vários foram produzidos bem tarde – nos séculos III e IV (e alguns até depois disso). Por essa razão apenas, eles não teriam sido elegíveis para inclusão. Alguns também refletem uma escola particularmente popular do pensamento cristão primitivo, chamada de gnosticismo (porque seus seguidores afirmam ter conhecimentos secretos ou especiais – o nome vem do grego *gnosis*, conhecimento), a qual foi depois considerada herética (isto é, que promove falsa doutrina). O Evangelho de Judas é um desses textos gnósticos. Descoberto no final do século XX, no Egito, parece vir do século IV EC, mas provavelmente é uma cópia de um texto originalmente do século II EC. Ele descreve, em diálogos entre Jesus e Judas, um retrato mais compreensivo do discípulo infame do que os evangelhos canônicos[11]. O Evangelho de Maria, gnóstico do século III, trata de Maria Madalena e a retrata como uma líder entre os discípulos, enquanto o Evangelho da Natividade de Maria, do século VIII ou IX, fala sobre Maria, mãe de Jesus. Esses e outros evangelhos não canônicos fornecem um vislumbre das diversas faces da fé cristã e da variedade de formas com que Jesus e seu círculo íntimo foram lembrados, à luz de diferentes teologias.

À medida que os seguidores de Jesus admitiam que seu retorno pudesse demorar um pouco, e à medida que se uniam formando uma comunidade, eles se voltaram para tradições literárias em busca de culto, orientação e identidade. As epístolas de Paulo foram provavelmente os primeiros textos do Novo Testamento a ser tratados como autoridade. Elas foram escritas para congregações específicas, então nenhuma delas foi originalmente dirigida a toda a comunidade cristã primitiva; porém, com a grande reputação de Paulo, os livros rapidamente ganharam distinção como textos de autoridade. O autor de Pedro 2, escrito provavelmente por volta de 150 EC, refere-se a elas como escritura[12]. Os primeiros teólogos e defensores da Igreja (incluindo Inácio e Policarpo, Clemente de Alexandria, Tertuliano e Irineu, no século II) também mencionam as epístolas de Paulo como literatura normativa cristã.

Mateus e Lucas têm vários textos populares em comum. Devido a isso, e a uma série de outros indicadores de estilo, os eruditos bíblicos supõem há muito tempo que Mateus e Lucas recorreram a uma fonte comum, além

---

[11] Veja o Capítulo 9 para mais detalhes.

[12] 2 Pd 3:15-16. Temos pouca evidência sugerindo que Simão Pedro escreveu 2 Pedro. É mais apropriado dizer que, com essa atribuição (e da inclusão explícita de Paulo), seu autor apenas enfatizou a linhagem apostólica da Igreja.

do Evangelho de Marcos, ao desenvolver seus relatos de Jesus. Não temos uma cópia dessa outra fonte, e, no jargão acadêmico, ela é simplesmente chamada de Q, abreviatura de *Quelle*, que significa "fonte" em alemão (foram acadêmicos alemães que a propuseram). A teoria é que Q era composta principalmente de ditos de Jesus. Mateus e Lucas absorveram de Q, absorveram de seu precursor Marcos, acrescentaram alguns elementos exclusivos próprios, e – *voilà!* – os evangelhos sinópticos canônicos. Na verdade, eles provavelmente passaram por várias permutações antes de chegar às formas que temos hoje.

Uma vez que a autoridade máxima entre os primeiros cristãos não era um corpo de textos, mas sim a pessoa de Jesus, os evangelhos com as suas informações biográficas eram muito populares. Provavelmente construídos em parte sobre tradições orais, os evangelhos escritos não foram uniformemente considerados escrituras com autoridade até por volta de 180 EC, quando Irineu promoveu os quatro evangelhos canônicos em conjunto[13]. Ao que parece, então, no século II EC, coletâneas de epístolas de Paulo eram amplamente aceitas, os quatro evangelhos foram ganhando *status*, Pedro 1 e João 1 eram bem conhecidos (embora independessem de qualquer coletânea) e uma série de outros textos desfrutou de forte reputação entre as comunidades cristãs. As chamadas epístolas católicas não foram amplamente adotadas até os anos 300 EC, e, ao que parece, Atos e Apocalipse, cada um dos quais já popular e difundido entre as primeiras comunidades cristãs, no entanto, também tiveram de esperar até o século IV para atingir *status* canônico.

---

[13] 1 Tm 5:18b (provavelmente do segundo século CE) cita como "escritura" as palavras de Jesus preservadas no Evangelho de Lucas (Lc 10:7, apesar de não identificar explicitamente os ditos com o Evangelho de Lucas).

SEIS

QUAL A MELHOR TRADUÇÃO?

A tradução é que abre a janela, para deixar entrar a luz.

— MILES SMITH (prefácio à primeira edição da Versão do rei James)

Com essa fala, Miles Smith expressa otimismo com o ramo da tradução: ela é que ilumina para que os leitores possam entender o significado e apreciar a arte e a beleza de um texto. A menos que você saiba ler em hebraico antigo, aramaico e grego koiné, você dependerá de traduções para ler textos bíblicos[1], mas a tradução é um assunto complicado. Não há sistema perfeito, nem método infalível para seguir. Todas as traduções envolvem interpretação em algum nível, e nenhuma tradução pode pretender ser uma autoridade válida em todos os tempos, uma vez que nossa língua está sempre mudando.

Umberto Eco escreveu: "A tradução é a arte do fracasso", o que soa, inicialmente, como uma rejeição da opinião de Smith; mas não necessariamente. À luz da impossibilidade de se produzir uma tradução eternamente perfeita de qualquer documento, o trabalho de traduzir, entretanto, é uma arte. É uma tarefa criativa que exige de seus praticantes habilidade nascida do treinamento e prática, grande atenção ao assunto, e uma espécie de compromisso pessoal, mesmo simpatia, com o tema. O

[1] Além de diversos capítulos de Daniel (Dn 2:4b-7:28), há muito pouco aramaico na Bíblia, por isso seguirei a convenção, falando do hebraico e do grego como as línguas originais da Bíblia.

resultado, se bem feito, ilumina – permite que a luz entre. Exatamente o que e como se vê, porém, cabe ao leitor.

Traduzir a Bíblia é especialmente desafiador por várias razões além da dificuldade das suas línguas originais. Uma delas é que, sendo a Bíblia um texto sagrado, as pessoas muitas vezes sentem um apego pré-consciente e emocional à versão mais familiar. Qualquer coisa diferente parece sacrílega, e às vezes é considerada francamente errada, mesmo que esteja tecnicamente correta. Além disso, as línguas originais da Bíblia saíram do uso comum há eras. Em vários casos, não temos como saber o que uma palavra ou construção gramatical significa, exceto por meio de um contexto de uso singular na Bíblia; assim, mesmo que você tenha adquirido facilidade nas línguas antigas, os limites ao seu conhecimento ainda existem. Além disso, o hebraico bíblico mais antigo não tinha vogais, tornando algumas palavras naturalmente abertas a várias leituras. Por último, e o mais importante: mesmo que se saiba ler línguas bíblicas, não há uma única Bíblia original a partir da qual trabalhar. Aliás, não temos nenhum manuscrito original de qualquer livro individual da Bíblia. E quanto aos manuscritos mais antigos que temos, nem todos concordam ou sequer fazem sentido sempre.

TRADUÇÕES ANTIGAS E REVOLUCIONÁRIAS

Mesmo antes de os textos se tornarem bíblicos, muitos passaram por tradução, de acordo com a própria Bíblia. Uma história bíblica sugere que, em Jerusalém, por volta de 450 AEC, foi necessário que o grande mestre judeu Esdras recrutasse tradutores para tornar a Torá hebraica – que ele leu em voz alta – compreensível a sua audiência de língua aramaica[2]. O aramaico, uma língua parente do hebraico, era a língua oficial do Império Persa, por isso, quando Judá e seu povo foram submetidos à Pérsia, o aramaico tornou-se a língua comum[3]. As pessoas começaram a fazer traduções interpretativas em aramaico, chamadas de Targuns, por volta dessa época[4]. À medida que passavam as marés da história, passavam

[2] Ne 8:7-8. Essa é a situação mais provável para explicar a presença de pessoas selecionadas para ajudar os que se reuniram "para entender a Torá... Eles deram o sentido, para que o povo entendesse a leitura". Também é possível interpretar que esta passagem signifique que as pessoas selecionadas forneciam comentários, não a tradução da Torá hebraica. Tendo em conta tanto o contexto histórico e a descrição bíblica, porém, considero essa interpretação menos convincente.

[3] Ele continuou a ser a língua franca do Oriente Próximo e Oriente Médio ao longo da primeira parte da Era Comum.

[4] Dada a sua natureza típica de comentário, parece que os Targumim foram feitos para ser lidos juntamente com o hebraico, e não em substituição a esse.

também as traduções. Quando os gregos tomaram o controle, o grego tornou-se a língua oficial, embora a maioria das pessoas provavelmente continuasse a falar aramaico também. Estudiosos judeus reagiram à crescente ênfase na língua e literatura gregas na ocasião da tradução das escrituras para o grego. Como observado anteriormente no Capítulo Dois, uma lenda sobre a tradução da Septuaginta (LXX) é a base de seu nome. Os textos do Novo Testamento, escrito durante o período grego, estavam escritos em grego koiné comum da época.

Quando o Império Romano sucedeu os gregos, os textos bíblicos, incluindo aqueles que se tornariam o Novo Testamento, foram devidamente traduzidos para o latim. Quando uma religião bíblica, o cristianismo, tornou-se, pela primeira vez, a religião do Estado, sob o imperador Constantino (d. 337), não havia, porém, nenhum padrão para traduções latinas. A proliferação de variações foi desconcertante, e, por isso, as autoridades da Igreja encarregaram o estudioso Jerônimo de definir um padrão. Ele trabalhou por longo tempo com as versões latinas e gregas existentes, antes de recorrer diretamente, no início do século V, aos manuscritos em hebraico antigo e grego koiné. Embora tenha demorado mais tempo do que durou sua vida para as pessoas abraçarem plenamente sua tradução, a "versão comum" de Jerônimo, a Vulgata, resiste como autoridade dentro da Igreja Católica Romana até hoje.

Após a invenção da imprensa (1440 EC) e os famosos esforços de Martinho Lutero para romper o domínio da Igreja Católica sobre a interpretação das escrituras, o ramo de tradução da Bíblia em vários idiomas e versões de idiomas cresceu. O processo de impressão de Gutenberg libertou o processo de produção de Bíblias da necessidade de serem copiadas manualmente, uma a uma, trabalho anteriormente feito por monges, gerando mecanicamente múltiplas cópias idênticas. Foi uma evolução favorável, uma vez que a Reforma Protestante que Lutero iniciou na Alemanha naturalmente requeria Bíblias em línguas comuns que qualquer João ou Joana soubesse ler. A coincidência da invenção de Gutenberg, em 1455, do tipo móvel logo após Lutero assegurou que essa Bíblia alemã realmente chegasse às massas.

No entanto, apenas muito recentemente é que as Bíblias tornaram-se disponíveis na maioria das línguas do mundo. Compare: quando Gutenberg imprimiu a Vulgata em 1456, existiam Bíblias em 33 línguas, a maioria delas (22) europeias; em 1987, a Bíblia tinha sido traduzida (pelo menos em parte) em 1.884 línguas e dialetos[5]. Hoje, o site *World Bible Translation*

---

[5] GRETHER, Herbert G. *Versions, Modern Era* (n.p.) In FREEDMAN, David Noel. (Ed.) *Anchor Bible Dictionary on CD-ROM.* Logos 2.1. New York: Doubleday, 1992, 1997.

Center anuncia 50 mil Bíblias "fáceis de ler" em awadhi, vietnamita, birmanês, bengali, oriya e urdu, entre outras línguas[6].

POR ONDE COMEÇAR?

Muitas pessoas ficam surpresas em saber que não existe Bíblia original. A mais antiga Bíblia hebraica completa que temos data de 900 EC; e o mais antigo Novo Testamento completo, de 300 EC. Pode ser que a própria ideia de um original esteja errada. Seria preferível dizer que se contavam histórias, recontavam-se ditos, coisas eram escritas, e as expectativas e instruções eram aceitas como autoridade por uma série de razões. Elas eram recontadas e copiadas (copiadas, copiadas e copiadas), muitas e muitas vezes durante um certo período – em alguns casos, muitos séculos. Ao longo do caminho, as coisas eram respeitosamente alteradas, adaptadas a novas realidades históricas e experiências pessoais contraditórias. E sabemos que, às vezes, foram cometidos erros na transmissão, com correções ou notas explicativas acrescentadas depois[7]. Então, o tradutor traduz do quê?

A BÍBLIA HEBRAICA

No caso da Bíblia hebraica, o texto de autoridade tem sido tradicionalmente uma versão chamada de Texto Massorético (MT), do hebraico *masorah*, "transmissão". Ele foi desenvolvido, aproximadamente, entre 700 EC e 900 EC. Tal como aconteceu com Jerônimo e Lutero, a maioria das traduções modernas hoje baseia-se principalmente no MT. Dado que os mais antigos MTs completos que temos datam de uma época quase um milênio depois da conclusão da Bíblia hebraica, os estudiosos sentem consolo em saber quão escrupulosos foram os estudiosos judeus responsáveis pelo MT em sua abordagem do processo de transmissão. Eles foram meticulosos, chegando a contar as palavras e as letras das palavras para comparar com cada cópia, a fim de evitar erros.

---

[6] Disponível em: <http://www.wbtc.com >. Acessado em: 20 de junho de 2008.

[7] Exemplo de um provável erro de escriba no Texto Massorético (MT), à luz dos Manuscritos do Mar Morto (DSS), aparece em 1 Sm 10:27-11:01. A comparação sugere que falta uma passagem na história do MT de Saul e do conflito amonita. Além disso, o MT tem um 'r' onde provavelmente deveria haver um 'd' (as letras parecem quase idênticas em hebraico). A diferença é: "ele ficou em silêncio" (MT = 1 Sm 10:27), e "cerca de um mês depois" (DSS = 1 Sm 11:1).

Para ajudar na leitura e pronúncia, os massoretas acrescentaram vogais ao texto puramente consonantal que receberam. Inevitavelmente, é claro, acrescentar vogais reflete interpretação – algo que os tradutores têm de manter em mente ao decidir o que, exatamente, traduzir. Por exemplo, pense nas diferentes formas como você poderia entender *ds ds crtr* – "duas das criaturas," ou "Deus das criaturas", e assim por diante.

Sabemos agora que havia versões hebraicas anteriores ao que o MT representa. Sem divagar muito profundamente no bosque que é a crítica textual (a ciência de descobrir a leitura mais original), basta dizer que comparar versões antigas ajuda a determinar qual o melhor e mais acurado texto para se traduzir. Na estante de Flanders, personagem do seriado *Os Simpsons*, no episódio *Home sweet homediddly-dum-doodly*, estão algumas versões. Embora "A Bíblia à Prova de Pancada" e "Quem Gerou Quem" sejam claramente um produto da imaginação dos autores da série, o Pentateuco samaritano tem base histórica real. É uma versão quase tão valiosa como a Septuaginta e os Pergaminhos do Mar Morto para definir os melhores e mais precisos textos da Bíblia hebraica para serem traduzidos[8].

Em alguns casos, essas versões antigas também sinalizam que havia variedade antes de a Bíblia hebraica ser fixada em uma forma única e final. Algumas vezes elas atestam um texto hebraico anterior ao que é representado no MT. Por exemplo, em certos lugares, a Septuaginta parece refletir uma versão hebraica que não temos mais, uma versão que data de antes do MT. A versão da Septuaginta de Jeremias é um pouco menor do que a versão do MT[9]. Uma vez que os escribas estavam mais inclinados a acrescentar do que a apagar seções das Escrituras, e com base na natureza dos acréscimos, a maioria dos estudiosos conclui que a Septuaginta de Jeremias é baseada em um texto hebraico mais antigo que o MT. Para aumentar a intriga, ambas as versões são representadas entre uma coleção de textos descobertos perto do Mar Morto, no que hoje é Israel.

---

[8] O Pentateuco samaritano foi desenvolvido por uma seita judaica dissidente nos anos 300 AEC; seus membros apelaram para os cinco primeiros livros de sua Bíblia. Outras versões úteis para comparação incluem a Peshitta siríaca (tradução sem comentários produzida por judeus no norte da Síria e depois adotada pelos cristãos sírios, que acrescentaram traduções do Novo Testamento) e os Targumim aramaicos, que são, em grande medida, paráfrases, em vez de estrita tradução literal do hebraico para o público de língua aramaica do período persa (e pós-persa).

[9] Para uma explicação mais detalhada das evidências, veja TOV, Emanuel. The Literary History of the Book of Jeremiah in the Light of Its Textual History. in TIGAY, Jeffrey H. (Ed.) *Empirical Models for Biblical Criticism*. Philadelphia: University of Pennsylvania Press, 1985. p. 211-237; TOORN, Karel Van der, *Scribal Culture*. Cambridge. Mass.: Harvard University Press, 131-132, 199-203. Para alternativas, veja KOOIJ, Arie van der. Jeremiah 27:4-15: How Do MT and LXX Relate to Each Other? *Journal of Northwest Semitic Languages 20*. 1994: 59-78.

PERGAMINHOS DO MAR MORTO

A descoberta arqueológica mais importante para os estudos bíblicos são os Pergaminhos do Mar Morto, encontrados recentemente (1947-1956) em cavernas ao redor do Mar Morto, perto do sítio arqueológico de Qumran. Mais de duzentos pergaminhos vieram à luz após ficarem guardados nas cavernas, onde foram preservados, na paisagem áspera do deserto. Entre eles estão pelo menos um ou dois fragmentos e, ocasionalmente, um manuscrito quase completo de cada livro da Bíblia hebraica, exceto Ester. Um pergaminho inteiro de Isaías está representado. A maioria dos Pergaminhos do Mar Morto são textos da Torá (Deuteronômio, especialmente), mas há também muitas cópias de partes dos Salmos e Isaías – favoritos também entre Jesus e seus seguidores. Esses manuscritos tiveram um enorme impacto sobre os estudos bíblicos. Por um lado, eles são, de longe, os mais antigos (chegando a datar de 250 AEC, até o século II EC) de todas as versões disponíveis até sua descoberta, e a maioria está em hebraico. Além disso, eles confirmaram que o desenvolvimento da Bíblia é muito mais complicado do que um sistema linear de passagem de tradições e textos fixos.

Assim, os mais jovens textos bíblicos dos Pergaminhos do Mar Morto (que datam de cerca de 75-125 EC, descobertos em Massada e em cavernas onde os rebeldes do século I EC se escondiam) são muito semelhantes ao texto massorético. Isso sugere que, já naquela época, entre as variações existentes (tais como as da Septuaginta, Peshita e o Pentateuco samaritano), muito do que se tornaria o texto massorético já se tornara texto de autoridade. Os escribas judeus haviam estabelecido, pelo menos, algo parecido com uma Bíblia hebraica padronizada, a Bíblia que foi então transmitida, tomando muito cuidado com a exatidão, através dos séculos. De fato, o texto massorético atual é notavelmente semelhante a esses antigos pergaminhos.

Embora alguns dos Pergaminhos do Mar Morto datem do primeiro século EC e incluam um número, ou partes, de livros deuterocanônicos e alguns textos não bíblicos, bem como textos que se tornariam a Bíblia hebraica, eles não incluem textos do Novo Testamento, e não há referências a Jesus e seus discípulos. No entanto, a coletânea e suas circunstâncias (proveniente de uma comunidade judaica ascética separatista que fugiu de Jerusalém e esperava um envolvimento apocalíptico de Deus nos assuntos humanos) contribuem muito para nos ajudar a entender o cristianismo primitivo.

No caso do Novo Testamento, alguém poderia pensar que o estabelecimento de um hipotético original é mais fácil. Afinal, os livros do Novo Testamento são muito mais recentes do que os do Antigo Testamento, e foram escritos ao longo de um período muito mais curto (cerca de 100 anos, em comparação com os possíveis mil anos em que a Bíblia hebraica se desenvolveu). Mas essas vantagens também apresentam problemas. Como os textos do Novo Testamento são muito mais recentes, temos mais deles – milhares de manuscritos, citações de textos bíblicos nos escritos dos primeiros teólogos cristãos e lecionários, além de várias traduções antigas, incluindo algumas em latim, siríaco e copta, com centenas de milhares de leituras variantes.

Embora a maioria das diferenças seja menor, algumas podem ser chocantes para pessoas acostumadas a pensar na Bíblia como fixa desde o início e por todos os tempos. Por exemplo, uma das histórias mais conhecidas do evangelho, a história da mulher apanhada em adultério e apresentada a Jesus para julgamento, aparece apenas no Evangelho de João. No entanto, está ausente das primeiras versões que temos desse evangelho, como estão ausentes, pelo menos, os últimos doze versículos do Evangelho de Marcos[10]. Os próprios evangelhos, escritos em grego comum da época, representam traduções. Isto é, provavelmente, Jesus falava aramaico, caso em que os evangelhos necessariamente traduziram suas palavras para o grego.

Tentar descobrir a melhor e mais antiga versão é realmente desanimador. Felizmente, não é um esforço recente. Já no século II EC, pessoas como Orígenes tentavam determinar o mais autorizado texto do Novo Testamento, e este trabalho tem continuado até o presente. Como existem tantas variações do Novo Testamento, uma prática baseada no que os estudiosos chamam de escolha "eclética" entre as possibilidades existentes é o mais comum hoje em dia. A versão eclética mais amplamente aceita de um Novo Testamento em grego é a *Nestle-Aland*, que leva o nome de duas pessoas. Ela é atualizada regularmente – no momento em que este livro foi escrito, ela estava em sua 27ª edição.

---

[10] Por exemplo, o *Codex Vaticanus*, assim chamado porque está sob a guarda do Vaticano (embora tenha sido provavelmente escrito no Egito) e data do século IV EC, não inclui essa história. Inteiramente em grego, o *Codex Vaticanus* compete com o *Codex Sinaiticus* pelo o título de mais antiga Bíblia, incluindo o Antigo e o Novo Testamento que temos. Entretanto, o *Codex Sinaiticus* perdeu boa parte de seu texto. Embora seu título refira-se ao mosteiro de Santa Catarina no Sinai, nem todos os seus manuscritos existentes estão ali. Há partes na Alemanha, Rússia e Reino Unido, também. Uma versão digital do *Codex Sinaiticus* está disponível em: <http://www.codexsinaiticus.org/en/>.

Em suma, a maioria dos estudiosos usa o texto massorético da Bíblia hebraica para traduzir o Antigo Testamento, e a *Nestle-Aland* para traduzir o Novo Testamento, apelando para versões antigas e variantes para ajudar a compreender, ou mesmo sugerir alternativas para palavras ou passagens particularmente difíceis.

ESCOLHAS, ESCOLHAS, ESCOLHAS

Estabelecer uma versão especial ou um "texto fonte" hebraico ou grego "original" do qual traduzir é apenas a primeira das muitas escolhas que um tradutor faz. Por um lado, nenhuma língua tem uma correspondência perfeita, um-para-um, com qualquer outra língua. Muitas palavras se prestam a uma variedade de traduções, e a gramática e a sintaxe multiplicam as possibilidades. Isso fica evidente já a partir do primeiro capítulo da Bíblia. Por exemplo, a palavra hebraica *ruach* em Gn 1:2 pode significar "sopro", "espírito" ou "vento"; e *merachephet elohim weruach* pode ser traduzida como "e o espírito de Deus pairava" ou "enquanto um vento de Deus varria", entre outras possibilidades.

As coisas são complicadas pela falta de pontuação e uso de maiúsculas. Como estudo de caso, considere o seguinte, de Gênesis 1-3, relativo à criação dos seres humanos. A palavra hebraica *adam* é um termo geral comum, que pode significar tanto "ser humano" (sem gênero específico) ou "homem" (com gênero específico), e às vezes é traduzido como nome próprio: o nome de Adão. Como não há uso de maiúsculas em hebraico bíblico, os tradutores têm de descobrir, examinando caso a caso, se *adam* deve ou não ser entendido como um nome próprio ou substantivo geral, e usar (ou não) maiúscula de acordo com isso. Uma dica útil (mas não infalível) é verificar se a palavra aparece ou não com um marcador de substantivo definitivo. Tal como em inglês, dizer "O Adão" não faz muito sentido, a não ser que você esteja tentando distinguir entre dois 'Adões' – digamos, "o Adão que" roubou o coração de sua prima e aquele que atravessou a nova porta de correr de vidro, na festa de inauguração da casa de seu amigo. Rever o modo como *adam* aparece em Gênesis capítulos 1-2 ilustra os tipos de escolhas que os tradutores devem fazer quando confrontados com várias opções para uma única palavra.

A primeira história da Bíblia já diz que Deus criou *adam* no sexto dia da criação[11]. Este *adam* vem sem o artigo definido, sinalizando que deve

---

[11] Gn 1:26-27.

ser traduzido como nome próprio: o nome Adão. No entanto, a história conta imediatamente que esse *adam* vinha em duas variedades – macho e fêmea – criadas simultaneamente[12]. Quando a palavra *adam* aparece de novo, é com o artigo definido, de modo que a maioria das traduções usa o genérico "homem"[13]. Como a história joga com palavras, dizendo que Deus formou o *adam* a partir do *adamah*, que significa "solo" ou "terra", e como a palavra hebraica *adam* não tem necessariamente gênero específico, pode-se traduzi-la nesta história como "criatura da terra"[14] ou simplesmente "humano" (feito do húmus)[15].

É apenas no momento em que Deus determina-se a fazer um ajudante correspondente ao ser humano *adam*[16] que as palavras hebraicas com gênero específico para "homem" (*ish*) e "mulher" (*isha*) aparecem pela primeira vez. Ler essa história estritamente como uma extrapolação sobre os acontecimentos narrados no capítulo 1 poderia levar à conclusão de que Adão em Gn 1,26-27 ("Deus disse: 'Façamos *adam* à nossa imagem...'") era um ser humano hermafrodita ("assim Deus criou adam... macho e fêmea"), a quem Deus dividiu em um homem e uma mulher (*ish* e *isha*, no capítulo 2). Mas é duvidoso que os escritores e editores bíblicos pretendessem tal literalismo.

Os tradutores também têm de fazer escolhas quanto ao estilo. O que é mais fiel ao original? Será o mais literal, dentro dos limites da gramática e da sintaxe; o mais fiel ao som ou estrutura (ou ambos) do original; ou aquele que capta o sentido e evoca no leitor a sensação ou teor do original? Raramente um tradutor consegue lidar com mais de um desses estilos. John Dryden, 'rock star' das letras da Inglaterra do século XVII, estabeleceu três categorias em um prefácio à sua tradução das *Epístolas de Ovídio*. Elas ainda são úteis[17].

---

[12] O hebraico tem palavras diferentes para homem e macho, mulher e fêmea. Em Gn 1:27, utilizam-se as palavras específicas "macho" e "fêmea". As palavras específicas de gênero "homem" e "mulher" são utilizadas pela primeira vez em Gn 2:22.

[13] Gn 2:07.

[14] Esta é a posição do estudioso bíblico Phyllis Trible em *God and the Rhetoric of Human Sexuality*. Philadelphia, Pa.: Fortress, 1978.

[15] Em uma inteligente distorção, Adama é o nome do comandante da série *Galactica*. Seu objetivo é retornar com a frota de sobreviventes humanos para a Terra.

[16] A expressão hebraica traduzida aqui como "ajudante correspondente" não tem, necessariamente, a conotação de subserviência. Por exemplo, Deus é descrito como "ajudante" de seres humanos. Em muitas traduções, lê-se que Deus tomou uma costela do flanco de Adão. O hebraico não acrescenta "costela". Em seu lugar, diz apenas que Deus "tomou de seu flanco" (Gn 2:21).

[17] O prefácio também está disponível em várias coletâneas e antologias, incluindo em KER, W. P. (Ed.) *Essays of John Dryden*. Oxford: Clarendon, 1900. As citações provêm desta edição, p. 237.

A primeira, que ele chama de "metáfrase", corresponde ao que a maioria das pessoas entende atualmente como "literal". Segundo a descrição evocativa de Dryden, a metáfrase envolve "passar um autor, palavra por palavra e linha por linha, de uma língua para outra". Essa descrição encantadora é desmentida na rejeição final de Dryden a essa técnica. A segunda, ele chama de "paráfrase, ou a tradução com a latitude, em que o autor é mantido em conta pelo tradutor, de modo que nunca será perdido, mas suas palavras não são tão rigorosamente seguidas quanto seu sentido; sobre este, admite-se também que seja amplificado, mas não alterado". A paráfrase é a preferida de Dryden, embora ele enxergue também ocasiões para utilizar a terceira, "imitação, na qual o tradutor (se, a essa altura, já não perdeu esse nome) toma a liberdade não só de variar a partir das palavras e dos sentidos, mas de abandonar ambos conforme veja ocasião; e de tomar apenas algumas indicações gerais do original, para executar a divisão do terreno conforme lhe agrade".

No processo de tomada de decisões, um tradutor também precisa determinar quão acessível será a tradução. No caso da Bíblia, você, como tradutor, quer lembrar aos leitores quão pouco familiares as condições do texto original seriam a eles, tornando, assim, a tradução difícil – talvez um pouco estrangeira? Você escolheria palavras arcaicas de nossa língua, ou uma sintaxe complexa para transmitir um sentido da alteridade sagrada da Bíblia? Ou gostaria de fazer com que o texto soasse como se tivesse sido escrito imediatamente para seu público, para torná-lo tão familiar e disponível quanto fofocas sobre celebridades, canções pop, ou um blog de alguém de vinte e poucos anos? Depende do que um tradutor deseja realizar.

Em meu livro *Living through pain: psalms and the search for wholeness*, ofereci traduções de cada um dos seis salmos, que discuti em detalhes. Nesse caso, eu queria lembrar aos leitores que os salmos vêm de um tempo e lugar muito diferentes dos nossos, mas de pessoas que compartilham uma condição universal e atemporal de sofrimento. Assim, procurei tornar minhas traduções difíceis em lugares onde são peculiares ao contexto do salmista, mas imediatamente compreensíveis onde descrevem a condição do salmista. Neste livro, minha preocupação não era necessariamente falar a partir da fé para pessoas de fé, mas sim mostrar como essa antiga poesia religiosa capta diferentes aspectos da experiência da dor, e como isso pode ecoar diante das pessoas que experimentam a dor hoje.

Em contraste, tenho recentemente trabalhado em um projeto colaborativo para levar a Bíblia a uma nova geração de leitores. É um projeto cristão que se esforça, em parte, em falar com uma voz evangélica (chama-se, na verdade, *The voice*), convidando os leitores a abraçar textos bíblicos como parte de sua própria jornada de fé. O objetivo da *Ecclesia Bible Society* (patrocinadora do projeto) e de Thomas Nelson (seu editor) é usar a linguagem mais familiar e contemporânea, completa com paráfrase e usos modernos, para captar o sentido da Bíblia para os cristãos de hoje. Diferentes projetos, metas de tradução diferentes.

Seja qual for o caso, a tradução não é uma empreitada de vale-tudo. Os tradutores devem batalhar com o sentido, nuance, estilo e contexto do texto original, antes de partir para tipos de decisão citados anteriormente. Quando se trata da Bíblia, as consequências podem ser enormes. Por exemplo, Michelangelo esculpiu um musculoso e severo Moisés, com uma barba exuberante, cabelos cacheados e chifres – bem pequeninos, mas chifres. Jerônimo, o santo tradutor da Bíblia para o latim, optou por traduzir o hebraico *qrn* como "chifre" em vez de outra coisa, como "brilho"[18]. Assim, na Vulgata, o rosto de Moisés criou chifres em vez de ser radiante. Michelangelo representou fielmente a leitura de Jerônimo, que é um razoável esforço de lidar com um caso ímpar de *qrn*[19].

Para mais exemplos do Novo Testamento, há pelo menos três versões gregas "originais" de uma frase teologicamente forte em João 1: 18, e cada uma contém uma palavra que permite diversas traduções: *monogenes theos*, "somente Deus"; *ho monogenes theos*, "Deus único"; e *ho monogenes huio*, "o único Filho". Pequenas diferenças linguísticas, mas com enormes implicações teológicas. A Versão do rei James traduz *monogenes* como "unigênito", refletindo-se em várias ramificações das modernas traduções inglesas. Mas o significado mais preciso de monogenes é "o único de sua espécie", ou seja, "único", que é como a *New English Translation*, por exemplo, o coloca.

Resolver como traduzir *monogenes* não é tudo, no entanto. Também é preciso decidir o que o adjetivo modifica – (*theos*) "Deus" ou (*huios*) "Filho". Ao contrário de muitas traduções, a maioria dos estudiosos acredita que "Deus" é a melhor resposta, porque (*theos*) reflete-se nos manuscritos mais antigos e numerosos. Além disso, essa é a leitura mais difícil e desagradável; e quando confrontados com algumas opções diferentes, estudiosos de questões tão textuais argumentam que o mais

---

[18] Ex 34:29-30.

[19] Afinal, o efeito é descrito apenas nesta passagem; e Moisés falou com Deus "face a face", por isso não podemos comparar este estranho rosto resultante com mais ninguém. Entretanto, sua utilização nestes versículos é como um verbo contando o que aconteceu com a "pele do rosto de Moisés", então "chifres" provavelmente não é a melhor tradução.

difícil é provavelmente o mais antigo e autêntico, porque as pessoas tendiam (então como agora) a facilitar mais as coisas ao longo do tempo. Contudo, *huios* faz mais sentido neste contexto em particular, e é consistente com a teologia geral de João.

A BÍBLIA EM INGLÊS

Passar a Bíblia para o inglês não foi uma questão tranquila: pelo contrário, histórias de exílio e intriga, tortura, piedade e corrupção marcam seu relato[20]. Embora a Bíblia já tenha sido traduzida para 97% das línguas do mundo, a Bíblia em inglês foi a mais influente no curso da história da humanidade até hoje. Por quase um milênio após sua tradução, a Vulgata Latina predominou e, com ela, as autoridades da Igreja exerciam controle absoluto sobre seus súditos cristãos. Afinal, só o clero era capaz de entender a Bíblia. À medida que ele se tornava mais corrupto e opressivo, uma revolução na compreensão bíblica acabaria necessariamente por ocorrer.

Isso não começou com Marinho Lutero (o que seria um bom palpite, dado seu papel central na Reforma e sua paixão pela tradução da Bíblia), mas com um cristão inglês de nome John Wycliffe. No final do século XIV, Wycliffe liderou amigos seletos no desenvolvimento das primeiras versões em inglês, a fim de tomar o controle da interpretação bíblica da amplamente corrupta hierarquia eclesiástica, que era inseparável do Estado. As traduções de Wycliffe eram da Vulgata Latina. Chamado de "João Batista da Reforma", Wycliffe, como seu homônimo bíblico, foi objeto de retaliação por parte das autoridades, embora de maneira não tão horrível quanto um de seus próprios seguidores, que foi suspenso em uma forca sobre uma fogueira. Embora Wycliffe tenha morrido de causas naturais, não deveria haver lápide para ele. Seus restos mortais foram exumados do cemitério da Igreja, queimados em uma ponte, e depois deixados a flutuar rio abaixo.

No século XVI, William Tyndale empunhou a tocha de Wycliffe, embora tivesse de fugir para a Alemanha com ela, pois era suspeito de propagar o luteranismo. Ao contrário de Wycliffe (mas como Martinho Lutero), Tyndale trabalhou diretamente das línguas originais, e perseverou, apesar dos críticos amantes do latim, que negavam que o inglês pudesse ser um veículo respeitável para a palavra de Deus. Tyndale rebateu as críticas

---

[20] Para a minha análise do desenvolvimento das traduções inglesas da Bíblia na Inglaterra durante o século XVIII, devo muito a BOBRICK, Benson, *Wide as Waters: The Story of the English Bible and the Revolution It Inspired.* New York: Simon e Schuster, 2001; Penguin, 2002.

afirmando: "Eles dirão que [a Bíblia] não pode ser traduzida em nossa língua, que é tão rude. Não é tão rude quanto eles são falsos mentirosos!". E prossegue, afirmando como o grego e o hebraico funcionam melhor em inglês do que em latim em qualquer ponto de vista[21].

Tyndale não parecia particularmente empenhado em vencer os opositores, ou, ao menos, em conduzir-se de forma diplomática em seu esforço para tornar a Bíblia acessível a toda Inglaterra. Diante do clero ignorante, assumindo a defesa dos plebeus oprimidos, um exasperado Tyndale fez a um padre a famosa exclamação: "Eu desafio o papa e todas as suas leis... Afirmo que um menino que conduz o arado saberá mais das Escrituras do que vós!"[22]. Enquanto isso, o infame rei Henrique VIII e o reformador Martinho Lutero trocavam insultos. Para o jovem Henrique, que escreveu um livro antirreforma, *Em defesa dos Sete Sacramentos*, Lutero era "a verdadeira serpente expulsa do céu". Para Lutero, Henrique era um "porco do inferno".

Comprometido a levar a Bíblia às massas, Tyndale trabalhou em segredo e em fuga, até que um dia foi enganado, preso e enviado para a prisão na Inglaterra. Em 1536, foi julgado por heresia, estrangulado e queimado na fogueira. Tinha 42 anos. Embora jamais tenha terminado de traduzir toda a Bíblia, Tyndale, não obstante, continua sendo seu tradutor mais influente para o inglês. Muito de seu trabalho resiste até hoje e trouxe convenções do hebraico bíblico ao discurso inglês comum, incluindo "homem de força" (em vez de "homem forte), "um homem segundo seu próprio coração" e "menina dos meus olhos". Sem Tyndale, não teríamos a Versão do rei James – mas estou me adiantando.

Primeiro, o amor. E o amor muda tudo. Quando Henrique VIII caiu de amores por Ana Bolena e a engravidou, queria desesperadamente casar-se com ela. Mas se deparava com o incômodo detalhe de já ser casado. Ele apenas conseguiu divorciar-se de sua primeira esposa, Catarina de Aragão, por um criativo recurso aos textos bíblicos, um processo que efetivamente elevava a autoridade bíblica acima do papa (e divorciou a Igreja da Inglaterra de Roma)[23]. O rei Henrique ficou, então, ainda mais

---

[21] De uma citação de DANIELL, David (Ed.) *Tyndale's New Testament*. New Haven, Conn.: Yale University Press, 1989, xxii.

[22] Isso é contado no *Livro dos Mártires*, de John Foxe, capítulo 12. Uma versão de Foxe, editada por William Byron Forbush, está disponível on-line em <http://www.ccel.org/f/foxe/martyrs/fox112.htm>. Acessado em: 22 de junho de 2008.

[23] De fato, essa questão de Henrique desejar casar-se com Ana, mas não poder se divorciar de Catarina devido à recusa de dois papas, está no coração dos primórdios da Igreja Anglicana como denominação cristã poderosa distinta do catolicismo (chamado até então apenas de "a Igreja ").

inclinado a tornar a Bíblia acessível a seus compatriotas, conforme a Bíblia tornava-se – ao menos na Inglaterra – a autoridade suprema. Sua amada Ana e seus conselheiros de confiança concordaram, e Miles Coverdale foi escolhido para o trabalho.

Essa versão inglesa autorizada da Bíblia, também chamada de *Grande Bíblia*, foi publicada em 1539, apenas três anos após a morte de Tyndale. É produto de Miles Coverdale, cujas fontes incluíam a tradução inglesa de Tyndale, duas latinas e uma alemã. Um pouco antes – em 1537 – o trabalho de Tyndale recebeu a aprovação real em outra versão autorizada, sob a direção editorial de John Rogers, que usou o pseudônimo de Thomas Matthew. *A Bíblia de Matthews*, como veio a ser chamada, fez referência explícita a sua dívida para com Tyndale. Como as marés viram!

E viraram mesmo. Apesar de Henrique VIII ter sido sucedido por seu filho Eduardo VI, bastante protestante, Eduardo era uma criança frágil, que morreu com apenas quinze anos de idade. Em uma dramática reviravolta que provaria ser fatal para os reformadores protestantes, a filha de Henrique VIII, Mary (de Catarina de Aragão), uma vez declarada ilegítima e afastada pelas autoridades, tornou-se rainha. Mary era católica fervorosa, e rapidamente buscou livrar a Inglaterra da praga da Reforma. Suas medidas incluíam perseguir e matar protestantes, e, naturalmente, livrar-se das incômodas traduções inglesas da Bíblia. Suas táticas de terror fracassaram, uma vez que as pessoas haviam aprendido a amar suas Bíblias e ficaram horrorizadas com os excessos de assassinatos de Mary. Em apenas três anos e meio, antes que Mary finalmente morresse em 1558, cerca de quatrocentas pessoas haviam sido mortas – muitas por tortura, a maioria na fogueira. John Rogers (codinome Thomas Matthews) foi um dos primeiros a morrer.

Pode-se imaginar o suspiro de alívio coletivo quando Elizabeth, filha de Ana Bolena, sucedeu Mary. Embora Elizabeth houvesse sido criada como protestante, ainda tinha uma predileção pelo rito católico – um exemplo de seus vários corretivos a sectarismos sem sentido. Na verdade, Elizabeth desprezava o fanatismo religioso e excessos de qualquer espécie. Durante seu reinado como rainha, Elizabeth executou apenas quatro pessoas – para as 400 de Mary. A história tem julgado Elizabeth como prudente, sábia, prática e equilibrada em seus julgamentos – fossem políticos ou outros.

Durante seu governo foi desenvolvida a tradução inglesa de Genebra da Bíblia, com notas, as mais precisas até aquela época. Ironicamente, não foi tanto um produto do reinado de Elizabeth, quanto de Mary, antes dela. A repressão terrível de Mary aos protestantes havia expulsado muitos do país. Alguns encontraram uma nova comunidade de estudos e fé na Genebra de Calvino. Foi dessa comunidade que a Bíblia de Genebra cresceu e se tornou a versão mais comum em mãos dos falantes de inglês, incluindo aqueles que ficaram na Inglaterra (de Elizabeth). Shakespeare e os puritanos utilizaram essa Bíblia de Genebra e algumas de suas frases continuam favoritas: "Vaidade de vaidades", "Salomão, em toda a sua glória" e "uma nuvem de testemunhas".

As notas incluíam, porém, uma significativa retórica contra o catolicismo. Por exemplo, a Bíblia de Genebra explicava a besta no Apocalipse 11:7 como "o Papa que obtém seu poder do inferno e de lá vem". Os católicos responderam com uma tradução própria. A Bíblia Douay-Rheims, supostamente baseada inteiramente na Vulgata, utilizou claramente, no entanto, fontes hebraicas e gregas, assim como traduções existentes em inglês. Foi concluída no final do século XVI.

A VERSÃO DO REI JAMES

E isso nos traz, finalmente, à grande e sublime Versão do rei James – abreviada como *KJV*. Não é simples caso fortuito da história que o rei James seja o nome ligado à maior tradução da Bíblia em idioma Inglês. Por um lado, ele não era o mais óbvio sucessor ao trono, mas foi deliberadamente escolhido, para a surpresa de muitos. Em seu leito de morte, a rainha Elizabeth escolheu o filho de sua outrora rival, Mary, rainha da Escócia. Ele estava bem preparado, tendo servido como o rei James VI da Escócia por trinta e sete anos, antes de se tornar rei James I da Inglaterra, França e Irlanda, em 1603. James era extraordinariamente bem educado, amava aprender, e, ainda menino, chegou a fazer por si mesmo alguma tradução da Bíblia (do latim). Graças, em parte, a sua adorável esposa, Anne, ele sabia como dar uma festa (conta-se que suas comemorações em Hampton Court eram extraordinárias) – não que isso seja qualificação necessária para tradutores da Bíblia. Embora sua mãe fosse católica, James era protestante (presbiteriano) e procurou a unidade nas fileiras de fiéis da Inglaterra. Ele não estava particularmente interessado nos puritanos, mas não os descartava. Na verdade, foram os puritanos que solicitaram, em primeiro lugar, a nova tradução inglesa, com o que James concordou.

O projeto demonstrou os esforços de James pela unidade: foi um esforço de grupo, mas o grupo não era uma miscelânea qualquer. Seus cinquenta e quatro membros incluíam algumas das mentes mais brilhantes e os acadêmicos e teólogos mais cultos, além de sua parcela de tipos peculiares (entre eles, um homem de memória fotográfica, um pobre pai de treze filhos e um homem tão bonito e charmoso que algumas pessoas pareciam lamentar que fosse tão enamorado pelos livros). A organização, como a Santíssima Trindade, era tripartite, com duas comissões de cada uma das três instituições. Os nomes dessas instituições ainda evocam respeito por sua liderança em ensino e teologia – Westminster (a "Catedral da Coroa"), Universidade de Oxford (com o seu significativo apego aos rituais tradicionais) e Cambridge (a universidade mais moderna da época, conhecida por seus brilhantes dissidentes e rebeldes). Era um período emocionante, a época de Shakespeare, Sir Walter Raleigh, Cervantes, Galileu e Kepler. Guy Fawkes tentou explodir o Parlamento (1604), e a colônia de Virgínia foi fundada (1607).

O projeto de tradução do rei James atraiu os melhores estudiosos da época, refletindo a evolução dos conhecimentos sobre línguas e culturas bíblicas, mas o produto final não foi uma criação única, gerada espontaneamente. Ele teve uma genealogia. Retrospectivamente: a Bíblia do Bispo, na qual a KJV baseou-se mais imediatamente, foi uma revisão da Grande Bíblia (com ajuda de Genebra), que por sua vez devia às contribuições de Coverdale e Tyndale. E os tradutores consultaram conscientemente todas as fontes imagináveis, em seu esforço por uma versão clara e limpa, tão próxima de um original quanto eram capazes de decifrar. Em seu prefácio, "Os Tradutores aos Leitores", Miles Smith escreveu: "Nunca pensamos em fazer uma nova tradução, nem de uma má tradução, fazer uma boa; mas tornar uma boa tradução melhor ou fazer, de muitas boas, uma principal". Ele estava sendo modesto. A KJV não apenas reflete o trabalho dos melhores estudiosos disponíveis na época, mas também sustenta um tom que é, ao mesmo tempo, lírico e melódico – em uma palavra, lindo. O fato de uma comissão acadêmica poder chegar a um produto literário de tão singulares graça e majestade é o suficiente para fazer o incrédulo mais convicto proclamar que a KJV é a palavra de Deus.

Algumas passagens favoritas: quando Coverdale traduziu: "Quando as estrelas da manhã deram-me um louvor, e quando todos os anjos de Deus regozijaram-se", a KJV ganha asas: "Quando as estrelas da manhã cantaram juntas, e todos os filhos de Deus gritaram de alegria"[24]. Onde Tyndale diz: "Como foram os poderosos derrubados", a KJV determinou: "Como caíram os potentados"[25]. E no trecho em que a Bíblia do Bispo dizia: "Deus é meu pastor, portanto, eu nada posso perder", os tradutores da KJV

---

[24] Jó 38:7.
[25] 2 Sm 1:27.

nos deram: "O Senhor é meu pastor, nada me faltará"[26]. Encomendada pelo rei James em 1604, a Bíblia foi concluída em 1611. Ela logo se tornou a Bíblia dos protestantes de língua inglesa. E continua, séculos depois de sua introdução, a ter autoridade sem igual. Ainda hoje, mais alunos meus possuem a Versão do rei James do que qualquer outra tradução inglesa.

Mas nem James nem sua Bíblia eram perfeitos. As primeiras impressões da KJV sofreram sérios reveses, sendo os numerosos erros tipográficos os mais gritantes. A primeira edição realmente veio a ser chamada de Bíblia do "Ele", porque em um momento de confusão de gênero, em vez de "ela" em Rute em 3:15, lia-se "ele foi para a cidade." Outra edição deixou de incluir a pequena palavra "não" em um contexto particularmente infeliz, lendo-se: "Cometerás adultério". Essa edição veio a ser chamada de "Bíblia Perversa". Quanto a James, acabou criando ódio pelos puritanos e, por fim, também proibiu aos católicos todo tipo de trabalho respeitável (incluindo Medicina e Direito). Com o precedente de Henrique VIII e Elizabeth, James declarou sobre si mesmo (e sobre os reis em geral) que era designado por Deus para fazer sua vontade[27]. O resultado teve amplas repercussões, sendo a mais óbvia uma crise constitucional que durou até muito depois da vida de James.

Na verdade, seu filho e sucessor, Carlos I, irritou de tal forma uma parcela considerável da população da Inglaterra (informada, em parte, por sua leitura da Bíblia) que a guerra civil eclodiu. Charles perdeu a guerra e a cabeça, mas foi substituído por outra forma de opressão autoritária, sob a liderança civil de Oliver Cromwell, que se livrou completamente da monarquia. O governo republicano de Cromwell não durou muito. Após sua morte, a monarquia foi restaurada com o filho de Carlos, Carlos II. Ele foi sucedido por seu irmão James II, que frustrou as esperanças de que seria justo e equilibrado. James II elevou os católicos e reprimiu os outros, até que seu genro, Guilherme de Orange (Guilherme III), colocou-o em seu lugar – fora do trono. Guilherme III favoreceu os protestantes, mas esforçou-se em direção a um governo pelo povo. (Por exemplo, ele concordou em ser rei apenas se o Parlamento determinasse que assim deveria ser, de acordo com uma declaração de direitos.)

É claro que, a essa altura, as colônias norte-americanas já estavam bem encaminhadas, e o espírito de independência em governo e pensamento, que viria a caracterizar os Estados Unidos, também estava evidente na

---

[26] Sl 23:1.

[27] James estabeleceu este "direito divino dos reis", em *The True Law of Free Monarchies*, 1598.

tradução bíblica. Minhas origens norte-americanas levam-me a chamar a Bíblia que o rei James patrocinou de *Versão do rei James*. Na Inglaterra, ela foi chamada simplesmente de Versão Autorizada (AV). Resistiu com esses nomes (KJV nos Estados Unidos; e AV na Inglaterra) até o final do século XIX. Nessa época, o Inglês da KJV original havia se tornado bastante arcaico, e os estudos bíblicos passaram por uma revolução própria.

TRADUÇÕES INGLESAS MODERNAS

Para refletir as modernas convenções do inglês e as novas descobertas, desenvolveu-se, na Inglaterra, a versão revista. (Revelando suas raízes protestantes, a primeira parte revista foi o Novo Testamento; o Antigo Testamento veio a seguir e, em seguida, os Apócrifos.) Tal como aconteceu com sua parente KJV, esta também foi um esforço de grupo, que envolveu diferentes pontos de vista – sendo que o inglês e o norte-americano eram os mais, por assim dizer, díspares. Essa situação culminou em duas versões revistas – a Versão Inglesa Revista (VRE), que saiu em 1881 (Novo Testamento), 1884 (Antigo Testamento) e 1895 (Apócrifos); e uma Versão Americana Padronizada (ASV), que incorporou as contribuições norte-americanas (incluindo o uso de "Jeová" para "Senhor") e saiu em 1901. Mas tanto a VER quanto a ASV mantiveram um inglês elisabetano cada vez mais difícil.

Entretanto, os estudos bíblicos continuaram a florescer. E houve ainda outra revisão, a Versão Revista Padronizada (RSV), concluída em 1957. A RSV buscou refletir suas raízes na KJV, mas incorporou novas informações sobre a Bíblia, bem como novas convenções de literatura e fala inglesas. Talvez em uma espécie de reação, outra revisão da ASV foi desenvolvida na década de 1960. A tradução dessa Nova Bíblia Americana Padronizada (NASB) é muito mais literal e teologicamente conservadora do que a VSR. Por volta dessa época, as traduções em inglês explodiram. Apareceram 26 traduções entre 1952 e 1990, quando a *Nova* Versão Revista Padronizada (NRSV) chegou às livrarias.

Apesar de terem sido cristãos protestantes os que particularmente se interessaram em traduzir a Bíblia, dominando ainda hoje os esforços de tradução devido à sua ênfase na autoridade das Escrituras, o período de meados do século XX viu o desenvolvimento de importantes traduções judaicas e católicas. Em 1985, a *Jewish Publication Society* (JPS) lançou seu *Tanakh* como uma revisão da primeira Bíblia hebraica em língua inglesa

(1917). A JPS acrescentou à sua linha uma Bíblia de estudos (2004), que inclui excelentes artigos, ensaios e notas por estudiosos proeminentes.

A primeira tradução inglesa para católicos das línguas bíblicas originais, hebraico e grego (em vez da Vulgata Latina aprovada pela Igreja) foi a Edição Católica da RSV. Ela foi publicada pelo mesmo grupo que publicou a RSV protestante. A edição católica era essencialmente a RSV, porém, disposta de modo a incorporar os livros apócrifos ao Velho Testamento. No Novo Testamento, havia apenas sessenta e sete diferenças entre a Edição Católica e a RSV. A primeira tradução para o inglês *por* católicos para católicos, e das línguas bíblicas originais (com uma pequena ajuda de uma tradução francesa) foi a Bíblia de Jerusalém (1966), revista em 1985, como a Nova Bíblia de Jerusalém. Outra, a Nova Bíblia Americana, foi desenvolvida por norte-americanos em 1970.

Também produto dos anos 1960 e 1970, e com um amplo apelo que atravessava linhas sectárias, a Bíblia da Boa Nova ou Tradução da Boa Nova, também chamada de Versão Inglesa de Hoje (TEV), foi concebida para fácil leitura, além de ser dramática, também. Por exemplo, a passagem "a escuridão estava sobre a face das profundezas" (Gn 1:2) da KJV é expressa, na TEV, como "o oceano em fúria que tudo cobria estava envolto em total escuridão''. Boa Nova para o Homem Moderno (1966) é a versão do Novo Testamento da TEV.

A versão mais popular da Bíblia nos Estados Unidos atualmente é a Nova Versão Internacional (NIV), teologicamente conservadora e altamente legível em inglês comum. Ela representa o trabalho de mais de cem acadêmicos de diversas denominações protestantes. De acordo com o seu prefácio, "os tradutores estavam unidos em seu compromisso com a autoridade e a infalibilidade da Bíblia como Palavra de Deus na forma escrita". Em breve, 31.173 norte-americanos terão a chance de ver sua letra de próprio punho em uma edição exclusiva de trinta anos. Está viajando por todo o país um grande *trailer* azul, em cujas laterais lê-se BibleAcrossAmerica.com em vermelho e branco. Ao longo do caminho, dois casais estão lentamente coletando e montando, versículo a versículo, uma Bíblia NIV completamente escrita à mão. "Antes de Gutenberg (a primeira Bíblia produzida em uma prensa), todas eram escritas à mão", diz Steve Sammons, porta-voz da editora Zondervan. "Em nossa era digital, perdemos de vista o que significa ter um produto tangível que criamos com nossas mãos. Isso realmente fará da NIV a Bíblia da América."[28]

---

[28] GROSSMAN, Cathy Lynn. *USA Today*. September 9, 2005. Disponível em <http//www.usatoday.com/ news/religion/2008-09-29-bible-tour_N.htm >. Acessado em: 6 de dezembro de 2008.

Os avanços em tecnologia e estudos bíblicos nas últimas décadas não aperfeiçoaram em quase nada as possibilidades para traduções inglesas. Pelo contrário, as traduções têm se multiplicado. Existem mais de 140 versões disponíveis em inglês. Basta dizer que, além das mencionadas anteriormente (muitas das quais continuam a ser utilizadas e, ocasionalmente, revistas e atualizadas), outras poucas, especialmente inovadoras, afastam-se de maneira significativa das traduções anteriores, ou, simplesmente, surpreendem-me por seu caráter singular, incluindo as que se seguem.

A paráfrase de Eugene Peterson, *A mensagem*, vendeu milhões de cópias. Peterson, professor, pastor e escritor, incorporou em sua tradução descobertas em estudos bíblicos, ideias modernas e usos do inglês contemporâneo. Por exemplo, sua tradução do Gênesis 1:1-2 diz: "Primeiro foi isto: Deus criou os céus e a terra – tudo que você vê, tudo que você não vê. Terra era uma sopa de nada, um vazio sem fundo, um espesso negrume. O Espírito de Deus ficava a voar como um pássaro acima do abismo das águas". Isso reflete o fato de que o texto bíblico não descreve a criação do nada, que o verbo hebraico que descreve a atividade do Espírito Santo aparece, em outro lugar, associado a uma águia protegendo seus filhotes, e evoca imagens do início primordial no espaço profundo, em um estilo vivo e acessível.

Peterson não foi o primeiro a assumir uma paráfrase de tradução sozinho. Em 1971, Kenneth Taylor produziu uma paráfrase intitulada *A Bíblia Viva*, que se tornou imensamente conhecida e que é regularmente revista. Ela continua a ser "a mais lida versão popular inglesa publicada por um indivíduo"[29]. Antes de Taylor, o Novo Testamento em inglês moderno, de J. B. Phillips, foi publicado em 1958. Phillips trabalhou mais próximo do que Peterson ou Taylor aos princípios da tradução (em vez da paráfrase). Clarence Jordan (1969), que também fundou a *Habitat for Humanity*, traduziu, aos trancos e barrancos, o Novo Testamento, resultando no que se tornaria a série *Cotton patch gospel*. O objetivo de Jordan era uma interpretação de relevância imediata, e não uma tradução com precisão linguística. Por exemplo, a epístola de Paulo aos Romanos, do Novo Testamento, tornou-se, nas mãos de Jordan, "Carta aos Cristãos de Washington".

Atualmente, é possível encontrar uma versão da Bíblia sem *copyright*, em formato exclusivamente eletrônico – a *World English Bible* (WEB),

---

[29] FRERICHS, Ernest. *Versions – English (American Versions)*. (n.p.) In FREEDMAN, David Noel. (Ed.) *Anchor Bible Dictionary on CD-ROM*. Logos 2.1. New York: Doubleday, 1992, 1997.

cujo criador afirma não ter assumido a empreitada com base em credenciais acadêmicas em estudos bíblicos, mas, sim, porque "Deus me chamou para fazer, e aceitei de bom grado Seu chamado. Deus não iria me chamar para fazer algo sem me capacitar a fazê-lo"[30]. Pode-se ler uma dinâmica tradução na internet, *The Free Bible*, "a primeira tradução Wiki da Bíblia, então, qualquer pessoa é bem-vinda para ajudar a traduzi-la, e depois corrigi-la quanto a erros estilísticos e exegéticos"[31]. *The Original Bible* (também chamada de *Transparent English Bible*) coloca *posts* de parte de sua tradução em andamento on-line, mas se destina a publicar em formato de livro mais tradicional[32]. Ela está sendo desenvolvida por alguns dos atuais estudiosos da Bíblia, com comentários e notas de alto valor acadêmico. Bíblias em estilo *graphic novel* de todos os tipos têm se tornado extremamente populares. Existe a série em inglês *Comic Book Bible* para crianças, a *Lion Graphic Bible* (também para crianças) e a *Manga Bible* (para leitores jovens e adultos) de Siku, um artista britânico de histórias em quadrinhos cristãs.

Então, o que um leitor da Bíblia em qualquer língua deve fazer? Minha recomendação: um pouco de pesquisa e de autoanálise também. Todas as traduções começaram em algum lugar. Saiba quem é o responsável – é um indivíduo ou um grupo, e quais as suas credenciais? Descubra o que a tradução utiliza como fonte "original" de texto – é uma versão (ou versões) do hebraico e do grego, e, em caso afirmativo, qual ou quais? Ou é a Vulgata Latina, com traduções em línguas modernas, ou alguma combinação delas? E pergunte a si mesmo qual o seu objetivo, o que você quer. Você quer um guia devocional com um cunho teológico em particular; você quer um tratamento acadêmico, talvez um que inclua anotações, e que trabalhe o mais próximo possível de um "original"; quer a "visão" de um indivíduo sobre textos sagrados, ou você quer uma interpretação criativa que seja fácil de ler? Seja qual for o caso, eu recomendaria pegar uma série de traduções diferentes e compará-las. Ver onde e como elas diferem pode render *insights* notáveis sobre o desenvolvimento da Bíblia, a riqueza das suas línguas originais, e a variedade de perspectivas de fé que as pessoas trazem para o trabalho interpretativo que é a tradução.

---

[30] Disponível em: <http://www.ebible.org/bible/weblindex.htm >. Acessado em: 1 de novembro de 2008.

[31] Disponível em: <http://en.wikipedia.org/wiki/The_Free_Bible >. Acessado em: 20 de junho de 2008.

[32] Disponível em: <http://www.centuryone.org/obpindex.html >. Acessado em: 29 de junho de 2008.

SETE

TEMOS QUESTÕES

Ambos lemos a Bíblia noite e dia, mas tu lês preto onde eu leio branco.

— WILLIAM BLAKE

Na Virgínia, cerca de apenas 150 anos atrás, o pastor batista Thornton Stringfellow publicou *Visões das escrituras e estatísticas a favor da escravidão* (1856). Nessa obra, ele declarou: "[...] afirmo que Jesus Cristo não aboliu a escravidão por comando proibitivo; e, em segundo lugar, afirmo, ele não introduziu nenhum princípio moral novo que possa operar sua destruição por determinação do evangelho; e que o princípio invocado para esse propósito é um princípio fundamental da Lei Mosaica, na qual a escravidão foi instituída pelo próprio Jeová". Frederick Douglass, que ganhou reputação internacional como orador, serviu no governo dos Estados Unidos e tornou-se presidente de banco e editor, nasceu escravo. Em sua autobiografia (1845), ele lembra: "De todos os senhores de escravos que já conheci, os senhores religiosos são os piores. Sempre os considerei os piores, os mais vis, mais cruéis e covardes de todos".

Na mesma medida em que a Bíblia amparou argumentos a favor da escravidão (e em lugar algum ela condena a escravidão), também serviu para desfazer essa vil instituição. Além de inúmeras passagens bíblicas, em ambos os Testamentos, recomendando compaixão e cuidado para com outros, os abolicionistas apelaram a textos bíblicos específicos, como este, para apoiar sua causa: "Os escravos que fugirem de seus proprietários para vós não serão devolvidos. Eles viverão convosco e entre vós, ... onde quiserem; vós não os oprimireis"[1]. Em última análise, porém, os abolicionistas não enfatizavam a eficácia do apelo a textos bíblicos específicos no debate. Em vez disso, eles argumentavam que a escravidão em sua época não era justificável biblicamente, ao observarem as diferenças de definição e contexto entre a escravidão antiga e moderna e, sobretudo, ao mostrarem como o espírito da Bíblia, se não suas palavras, desafiava argumentos dos senhores de escravos. Ainda hoje, no centro das divergências sobre o que diz a Bíblia com relação a temas específicos, encontram-se, muitas vezes, apenas modos diferentes de ler a Bíblia. Para algumas pessoas de fé, apelar para a autoridade bíblica significa procurar e aplicar os preceitos gerais, tais como amar a Deus e zelar pelos outros, a questões específicas nas quais, em alguns casos, a palavra da Bíblia pode opor-se. Para outras, textos específicos prevalecem sobre tais ideias gerais.

Como adolescentes precoces, alguns textos bíblicos são especialmente propensos a artes e encrencas. Suas intenções são boas, mas, às vezes, acabam causando grandes estragos. Alguns são levemente inofensivos, outros são grandes encrenqueiros. Alguns causam problemas em grupo, reunidos por pessoas que acham que, combinados, eles justificam ou enfraquecem uma determinada questão. Já outras passagens são pontiagudas por si mesmas. Esses textos perturbados e perturbadores não se restringem a nenhum livro em particular, e a nenhum dos testamentos, aliás, mas surgem de forma aleatória por toda a parte. Com o tempo, alguns crescem e superam sua inclinação arteira, como os que foram (ab)usados para justificar a escravidão nos Estados Unidos. Outros parecem nunca crescer. Por exemplo, os pressupostos patriarcais das leis do Sinai e epístolas pastorais continuam a gerar desentendimentos sobre a igualdade de gênero moderna e os respectivos papéis de homens e mulheres.

Este capítulo concentra-se nos agrupamentos de passagens que aparecem hoje em dia, quando uma questão particularmente controversa é posta à mesa. As questões incluem a Bíblia e a ciência, sobretudo a respeito das origens do Universo e das pessoas; homossexualidade; aborto; pobreza e prosperidade; ambientalismo; e antissemitismo. Uma breve advertência: há muito mais do que pode ser (e é) dito aqui sobre cada um desses textos.

Já existem inúmeras páginas, *websites*, blogs e volumes sobre cada tópico. Se tivéssemos um registro de todas as discussões em mesas de cozinha e momentos tensos em coquetéis que cada uma dessas passagens gerou, não haveria servidor de gigabytes grande o suficiente para guardá-los.

---

[1] Dt 23:15-16.

Meu objetivo aqui é simplesmente ajudar o leitor a compreender o debate – notar como a Bíblia surge em relação a esses assuntos polêmicos, as razões, e o que é útil ou enganoso em tais usos de textos bíblicos.

Saber sobre as origens da Bíblia – sua história e desenvolvimento – já é um grande avanço para entender por que "a Bíblia diz" não é tudo que existe. Stringfellow provavelmente não sabia que, no antigo Oriente Próximo, a escravidão não era uma função de raça: qualquer um podia tornar-se escravo por derrota militar ou o infortúnio econômico. A Bíblia não diz que Deus estabeleceu a escravidão, mas simplesmente assume a sua existência como uma normalidade, assim como supõe que os homens têm mais direitos e privilégios do que as mulheres. Compreender esse contexto torna mais fácil ver por que os textos bíblicos estão voltados não para a abolição total da prática, mas para como lidar com questões específicas relativas à escravidão. Isso não justifica a escravidão em nosso tempo.

A Bíblia representa diversas perspectivas, de diferentes contextos históricos. Ela diz muitas coisas, algumas das quais parecem estar em flagrante oposição às outras. Para aumentar confusão, seus textos são antigos, e não temos uma Bíblia original. As cópias de cópias de cópias que, finalmente, constituem nossas Bíblias de hoje contêm referências, expressões idiomáticas e vocabulário que confundem até mesmo os mais cuidadosos e bem treinados estudiosos bíblicos. Quanto mais se aprende sobre a Bíblia, mais se avalia quão difícil é, finalmente, dizer que "a Bíblia diz". No entanto, ao mesmo tempo, tal aprendizado também traz a Bíblia à vida e ajuda a dar sentido a suas vozes díspares.

EVOLUÇÃO E CRIAÇÃO

"No princípio, criou Deus os céus e a terra" é a primeira frase do primeiro livro da primeira parte da Bíblia. E isso desencadeou uma explosão de debates sobre a relação da Bíblia com a ciência moderna, especialmente teorias sobre como a Terra e os seres vivos chegaram a ser como aparecem hoje. Os textos bíblicos especificamente em causa são os primeiros onze capítulos da Bíblia, com suas histórias da criação do Universo por Deus em sete dias, Adão e Eva e o Jardim do Éden, Caim e Abel, a torre de Babel e o grande Dilúvio. Em outras palavras, são histórias de começos, desobediência, catástrofe e de novos começos, e, em todas elas, Deus desempenha um papel crucial.

Em uma pesquisa divulgada em agosto de 2006, o *Pew Research Center* constatou que 42% dos norte-americanos acreditam que os seres humanos e outras formas de vida somente existiram nas formas em que aparecem hoje em dia, apesar do fato de que isso contradiz a teoria científica mais aceita das origens e diversidade da vida pela evolução através da seleção natural. E dos 51% que acreditam que a vida evoluiu, apenas 26% dos pesquisados concordam com os cientistas que as formas de vida da Terra evoluíram pela seleção natural. Segundo a pesquisa, a maioria dos cristãos evangélicos brancos (65%) considera a teoria científica da evolução em desacordo com a Bíblia, e escolhe ficar do lado de uma interpretação literal do Gênesis[2].

Em maio de 2007, o tão esperado Museu da Criação, uma obra de 27 milhões de dólares, em Petersburg, Kentucky, abriu para negócios – e para o que seus apoiadores chamavam de educação; e seus detratores, de lavagem cerebral. Depois de apenas cerca de seis meses, mais de 300 mil pessoas já visitaram o local[3]. Dinossauros rugindo no portão recebem os visitantes, que, então, percorrem uma série de atrações expostas que se propõem a contar a verdadeira história do Universo, da Terra e dos habitantes da Terra. Defendendo as imagens de um Universo tomando forma ao longo de sete dias; bonecos em tamanho natural de um atraente e esbelto "primeiro casal"; e crianças brincando perto de dinossauros, enquanto um porta-voz afirma: "Nenhum cientista hoje vivo estava presente quando a vida surgiu neste planeta [...] Temos, no entanto, o relato escrito do próprio Criador, que não mente nem pode mentir. Gênesis 1-2 fornece um depoimento testemunhal acurado do início de todas as coisas, de acordo com Deus"[4].

Os criacionistas afirmam que Gênesis, capítulos 1-11 (e tudo o que se segue), conta a história do Universo de uma forma que a ciência corrobora. Alguns cristãos com ph.D. em Geologia, Biologia, Química, Física e argumentam que o mundo tem apenas cerca de 6.000 anos (seus cálculos

---

[2] *Many Americans Uneasy with the Mix of Religion and Politics*, section Ill, Religion and Science. Disponível em: <http://pewforum.org/docs/index.php?DocID=153 >. Acessado em: 28 de janeiro de 2008.

[3] Creation Museum "Online Newsroom". Disponível em: <http://www.alrcnewskitchen.com/creationmuseum/index.htm >. Acessado em: 28 de janeiro 2008.

[4] MOORE, John N. *Creationism vs. Evolution and Attention to Word Meaning*, postado em 24 de janeiro de 2008, disponível em: <http://www.answeringenesis.org/articles/2008/01/24/attention-to-word-meaning >. Acessado em: 26 de janeiro de 2008. Muitos criacionistas da "terra jovem" (pessoas que acreditam que o universo tem apenas cerca de 6.000 anos de idade) usam esta linguagem para descrever histórias bíblicas da criação. Por exemplo, veja HO, Sean: *An Eyewitness Account*, July 4 2006. Disonível em: <http://seanho.com/church/an_eyewitness_account.html>. Acessado em: 3 de dezembro de 2008); e SNELLING, Andrew A. *Who Is Jesus Christ? A Challenge to Christians*, Institute for Creation Research, July 2007. Disponível em: <http://www.icr.org/articles/print/3338/ >. Acessado em: 4 de dezembro de 2008.

seguem a Bíblia); que o Grand Canyon foi criado pela descida das águas do Dilúvio, ao qual Noé sobreviveu; e que a extinção dos dinossauros deve-se a circunstâncias pós-diluvianas simplesmente desfavoráveis à continuidade desses répteis. Esses criacionistas observam que outros cálculos científicos sobre a idade da Terra e algumas das ideias de Darwin sobre a evolução têm sido alterados ou corrigidos, o que eles veem como uma indicação de que a ciência é defeituosa e de que a evolução é "apenas uma teoria".

Os críticos apontam, no entanto, que a ciência depende de um sistema de testes para a verificação de uma hipótese ou determinação de falsidade de suas alegações; quando Deus é um ingrediente, tais testes são impossíveis. Os biólogos evolucionistas, muitos dos quais são, eles próprios, religiosos, explicam que a natureza da ciência depende de um processo de avaliação e reavaliação, e salientam que uma teoria científica não é pouca coisa. Pelo contrário, uma teoria científica é um meio para explicar uma constelação de fatos. É a maior descrição possível (por exemplo, a gravidade é uma teoria), embora, por definição, possa comprovar-se estar errada, mas nunca comprovar-se estar correta.

De acordo com os criacionistas, as apostas são altas. Nas palavras de Ken Ham, presidente da Respostas em Gênesis (um grupo que, entre outras coisas, realiza seminários e desenvolve currículos de educadores) e cofundador do Museu da Criação, "A Bíblia é verdade ... a história da Bíblia é verdadeira, consequentemente, o cristianismo é verdadeiro"[5]. Para estes criacionistas, acreditar em Deus requer "confiar na palavra de Deus", que, segundo eles, equivale a ler a Bíblia literalmente. Para Ham e outros, questionar a leitura literal é pôr em questão a confiabilidade de Deus, e isso não é uma opção. Para eles, isso removeria os próprios alicerces do edifício da fé cristã, fazendo desmoronar a fé e qualquer esperança verdadeira para o mundo.

Ironicamente, a maioria dos estudiosos da Bíblia que discordam das alegações criacionistas acha que o primeiro capítulo do Gênesis nasceu sob circunstâncias similares e teologicamente desafiadoras – que a história da criação do Universo por Deus em sete dias, dos seres humanos à imagem de Deus e de tudo isso ser "bom" provavelmente teve seu início diante da ameaça da descrença[6]. Eles acham que os autores do Gênesis 1 estavam

---

[5] Entrevista com Ken Ham pela Christian Book Distributors (CBD). Disponível em: <http://www.christianbook.com/Christian/Books/cms_content? page = 736863&sp =1016&event=1016RNF>. Acessado em: 27 de janeiro de 2008.

[6] Veja as discussões nos capítulos Três e Cinco, em especial, sobre o papel da Babilônia no desenvolvimento da Bíblia.

determinados a dizer um tipo de verdade diferente e mais profundo do que as origens científicas – que o deus deles não era provinciano, vinculado a um tempo ou lugar, que os seres humanos de ambos os sexos têm dignidade e propósito, e que o mundo é bom, sensato e sagrado.

A questão crucial deste debate, e de muitos outros, é como ler a Bíblia. Embora as diferenças estilísticas e teológicas entre a história da criação em sete dias no Gênesis capítulo 1 e a história de Adão e Eva nos capítulos 2 e 3 contribuam para o ponto de vista acadêmico de que eles têm origens diferentes e serviam a propósitos diferentes, sua disposição lado a lado em uma narrativa total final convida os leitores a considerá-las em conjunto.

Consequentemente, algumas pessoas leem a segunda história como expansão da primeira, acreditam que Adão e Eva tenham sido os primeiros seres biologicamente humanos, e que os seres humanos são únicos entre os seres vivos, independentes e superiores a todos os outros. Os criacionistas negam que a evolução explique o surgimento dos seres humanos, argumentando, em vez disso, que Deus formou os primeiros seres humanos à Sua imagem, e a partir do solo, exatamente como está escrito nos capítulos 1-3 de Gênesis[7].

Esse não é, entretanto, o único modo de pessoas de fé lerem esses capítulos. Alguns religiosos que não consideram que essas histórias estejam em contradição com a teoria evolutiva leem-nas como narrativas sobre como os seres humanos deveriam ser (como cogovernantes de Deus e guardas de criação, por exemplo). Outros acreditam que, embora os capítulos ilustrem ideais de responsabilidade e da relação que devemos procurar atingir, contam também como os seres humanos sempre falham em seus encargos e funções, tornando a possibilidade da graça e misericórdia de Deus ainda mais significativa.

Outras pessoas, ainda, afirmam que, se os textos forem libertados da necessidade de se adequar às expectativas modernas da narrativa e da história, se eles não forem lidos "literalmente", então a história de Adão e Eva pode servir para dizer as verdades sobre as origens de forma mais metafórica – por exemplo, sobre um Deus profundamente interessado e intimamente envolvido no bem-estar da terra e no desenvolvimento do ser humano, não como uma espécie de *per se*, mas como seres

---

[7] Os defensores do "design inteligente" não são tão intimamente ligados a uma leitura literal da Bíblia, mas afirmam que o Universo está repleto de fenômenos tão complexos e sofisticados que só podem ser produto de um criador inteligente, não de evolução. Os defensores do design inteligente são frequentemente encontrados entre os criacionistas da "terra antiga", as pessoas que afirmam que o mundo tem muito mais do que 6.000 anos, mas que, no entanto, rejeitam a teoria da evolução através da seleção natural em favor de ação imediata de Deus criador.

pessoais e interpessoais. Muitos cristãos aceitam a teoria da evolução, compreendendo Deus como um agente de mudança, e a atividade criativa de Deus como um processo contínuo; eles acreditam que os humanos têm uma responsabilidade especial, mas são, em última instância, um entre os outros seres vivos que habitam um mundo em evolução.

No entanto, as discussões com relação à ciência e o papel da Bíblia continuam a se inflamar. O famoso julgamento de Scopes, ou "julgamento do macaco", em 1925, dramatizado no filme *O vento será tua herança*, de 1960, determinou que um professor de biologia do Tennessee havia infringido a lei ao ensinar a evolução em uma escola pública. Embora o jogo tenha virado, não se pode dizer que este caso encerrou a questão. No final de 2004, Dover, Pensilvânia, tornou-se o primeiro distrito escolar dos Estados Unidos a exigir que a criação inteligente fosse ensinada em paralelo à evolução, em aulas de ciências. (Esta decisão foi rertida posteriormente.) Em 2008, o Centro Nacional de Educação Científica dos Estados Unidos relatou que "pelo menos nove conselhos escolares em condados do norte da Flórida" estão decididos a não ensinar a evolução como fato, mas como "uma das diversas teorias"[8]. Todos esses casos têm sua gênese nas preocupações de que ensinar a evolução contradiz a Bíblia e enfraquece a confiabilidade de Deus. Os esforços para obstruir o aprendizado sobre a evolução continuarão enquanto tal aprendizado for visto como um desafio à integridade de Deus e do propósito de Deus para as pessoas[9].

HOMOSSEXUALIDADE

Nas vestes elegantes de ouro e carmesim, condizentes com seu alto escalão religioso, e com um colete à prova de balas refletindo a agitação acerca de sua nomeação, Gene Robinson fez história em 2003 como o primeiro padre não celibatário e assumidamente gay a ser eleito bispo em uma linha sucessória que remonta aos primeiros apóstolos de Jesus. Anos mais tarde, e ainda servindo como bispo da Igreja Episcopal de New

---

[8] *Antievolution Resolutions Spreading through Northern Florida*, postado em 24 de janeiro de 2008. Disponível em: <http://www.ncseweb.org/ >. Acessado em: 28 de janeiro de 2008.

[9] O documento *Ten Questions to Ask Your Biology Teacher about Evolution* é um dos muitos exemplos. Veja o conteúdo (e respostas) dos documentos e um artigo a respeito em Ten Questions, and Answers, about Evolution, *New York Times*, August 23, 2008. Disponível em: <http://www.nytimes.com/2008/08/24/us/WEB-tenquestions.htmI >. Acessado em: 4 de novembro de 2008. E também HARMON, Amy. A Teacher on the Front Line as Faith and Science Clash. *New York Times*, August 23, 2008. Disponível em: <http://www.nytimes.com/2008/08/24/ education/24evolution.html?ref=us>. Acessado em: 4 de novembro de 2008.

Hampshire, Robinson apresentou prece que deu partida à semana da posse de Obama. No dia da posse, entretanto, a prece foi entregue por Rick Warren, pastor evangélico e autor do *best-seller Uma vida com propósitos*, e que anteriormente associara o casamento gay ao incesto e à pedofilia (embora mais tarde tenha suavizado sua linguagem sobre o tema)[10]. A controvérsia segue inflamada, e é política.

De um lado estão as pessoas que rejeitam a homossexualidade como pecado, como James Dobson, cujo programa de rádio, revistas e *website*, todos com o nome de *Foco na família*, chegam a milhões; do outro lado estão pessoas como as do grupo *Lutherans Concerned/North America* (*Luteranos Interessados/América do Norte*), cujos membros começaram o "Reconciliando-se em Cristo", um movimento de congregações que recebem e aceitam pessoas de qualquer orientação sexual como igualmente aceitáveis a Deus. Muitos religiosos situam-se em algum ponto entre essas posições – desconfortáveis em igualar homossexualidade e heterossexualidade, mas confiantes de que todas as pessoas podem e devem, de alguma forma, fazer parte da comunidade de Deus.

Com toda a atenção que a homossexualidade recebe, pode-se pensar que a Bíblia está repleta de comentários sobre ela. No entanto, a Bíblia diz muito pouco sobre a homossexualidade. Não diz nada sobre lesbianismo, especificamente (com a discutível exceção Rm 1:26), e em nenhum ponto aborda a homossexualidade no contexto de amor e respeito mútuo entre parceiros homossexuais. Os textos relevantes, discutidos a seguir, são Gn 19:1-28; Lv 18:22 e 20:13, Rm 1:24-27; 1 Cor 6:9-10 e 1 Tim 1: 10. (Claro, nem todas as Bíblias possuem todos esses textos. A Bíblia judaica não inclui Romanos, 1 Coríntios e 1 Timóteo.)

É uma lista enxuta, e, embora isso torne o debate moderno mais difícil (uma vez que há tão pouco material a discutir), alguns argumentam que isso demonstra como as pessoas responsáveis pela Bíblia simplesmente não se importavam tanto com a questão quanto nós nos importamos. Na verdade, em termos apenas de contagem de palavras, não há muito mais na Bíblia sobre adultério, comer bem ou exercer a justiça. No entanto, mesmo após descontar os textos que são de relevância questionável para os debates modernos sobre a homossexualidade e a Bíblia, as passagens restantes parecem ser inequívocas na condenação do sexo gay.

---

[10] Veja a entrevista com Warren por Steve Waldman, da Beliefnet, e os posteriores esclarecimentos de Warren sobre seus comentários em <http://blog.beliefnet.com/stevenwaldman/2008/12/rick-warrens-controversial-com.html>, postado em 17 de dezembro de 2008. Acessado em: 23 de abril de 2009.

Consequentemente, alguns concluem que Deus desaprova, ou até despreza, a homossexualidade, e que os fiéis devem levar isso a sério ao decidir sobre como fazer a vontade de Deus. Ao mesmo tempo, muitos outros alcançam a conclusão oposta – de que Deus aceita e ama os homossexuais exatamente como são. Como podem ambos os lados estar lendo e argumentando a partir da Bíblia? Em um esforço para entender, começarei com os textos de uso questionável em debates modernos (Gênesis, Coríntios, e Timóteo) e, em seguida, discutirei os textos mais controversos (de Levítico a Romanos).

Gênesis 19:1-28 foca a perversidade de Sodoma. Qual era exatamente a natureza dessa maldade é o que está em questão aqui. Cidadãos de Sodoma tentaram forçar Ló a fazer sair os homens que ali o visitavam (e que os leitores sabem que são, na verdade, mensageiros de Deus)[11], de modo a permitir que os cidadãos pudessem "conhecê-los" sexualmente. Que o crime envolvesse homens fazendo sexo com homens leva alguns leitores a concluir que a história descreve o sexo gay como ruim[12]. Que o crime seja mais especificamente contado como uma tentativa de estupro dos visitantes por um bando leva outros leitores a concluir que a história condena a violência e a humilhação dessa tentativa de crime, bem como a grosseira rejeição aos códigos de hospitalidade do antigo Oriente Próximo, mas que não tem nada a ver com parcerias homossexuais amorosas.

Os textos em 1 Coríntios e 1 Timóteo também são de relevância discutível para o debate moderno, uma vez que podem ser não um julgamento do sexo gay consensual, mas sim uma condenação da pedofilia. Ambos os textos – 1 Coríntios 6:9-10, com sua lista de imprestáveis, aos quais será negado o reino de Deus (incluindo "gananciosos", "caluniadores" e "vigaristas", bem como aqueles envolvidos em sexo ilícito)[13], e 1 Timóteo 1:10, com a sua lista de maus comportamentos – são, por vezes, tomados como fortes críticas da homossexualidade. No entanto, o termo grego em questão, *arsenokoitai*, é difícil de traduzir.

Às vezes traduzido como "pervertidos," "sodomitas", "desviantes"

---

[11] A palavra hebraica bíblica aqui traduzida como "mensageiros" também pode ser traduzida como "anjos". Nos episódios anteriores (Gn 18:1-33), estas figuras são chamadas de "homens", em hebraico, embora tenham claramente uma associação especial com Deus. Seja qual for o caso, nesta história, os homens da cidade aparentemente percebem os visitantes como homens.

[12] Não é por acaso que o nome da cidade bíblica veio a ser associada ao sexo gay.

[13] Aliás, algumas pessoas leram o versículo imediatamente seguinte – em que Paulo diz que alguns membros de seu público costumavam ser culpados dos comportamentos referidos, mas "vós fostes lavados ... santificados ... justificados .... no Senhor Jesus Cristo e no Espírito de nosso Deus" – como apoio aos esforços para "recuperar" homossexuais dentro da comunidade de fé.

ou "homossexuais", ele é francamente obscuro para nós hoje. Embora a palavra possa, de fato, ter a ver com homossexualidade, um estudo de como ela aparece em outros textos gregos da mesma época sugere que pode referir-se especificamente à exploração de rapazes por homens mais velhos e poderosos econômica e socialmente. Ninguém sabe ao certo. Então, dependendo de como a palavra é traduzida, esses textos às vezes pesam, outras vezes não, nos debates de hoje[14].

Os três textos restantes sustentam os mais fortes argumentos contra a homossexualidade na Bíblia. Levítico 18:22 é traduzido geralmente da seguinte forma: "Não te deitarás com homem como se fosse mulher. É uma abominação"; e Lv 20:13 diz: "Se um homem se deitar com outro homem como com mulher, ambos fizeram coisa abominável. Eles certamente serão mortos; seu sangue cairá sobre eles". Esses pareceriam bastante claros em dizer que a homossexualidade é errada, completamente errada. Mas há mais coisas sobre eles que os leitores devem saber, a fim de compreender como algumas pessoas argumentam que mesmo esses textos são de uso questionável em debates modernos.

O texto hebraico que temos (tanto Lv 18:22 quanto 20:13), na verdade, não faz sentido gramatical claro. Ou seja, a frase em questão, normalmente traduzida como "como um [ou "como um homem"] se deita com uma mulher", é uma construção ímpar, que significa, literalmente, "os deitares de uma mulher". Sua peculiaridade exige interpretação dos tradutores, a fim de chegar a uma tradução que faça sentido[15]. Dito isso, podemos estar razoavelmente confiantes de que o texto julga repreensível algum tipo de interação sexual entre dois homens[16].

O Levítico faz parte da Torá – os primeiros cinco livros da Bíblia e núcleo do Antigo Testamento. Levítico está repleto de normas relativas

---

[14] Paulo pode ter inventado uma palavra nova aqui, combinando traduções gregas (Septuaginta) de duas palavras em hebraico que significam "homem" e "cama" que aparecem próximas em Lv 18:22 e 20:13. Veja NISSININEN, Martti. *Homoeroticism in the Biblical World: A Historical Perspective. Trans.* Kirsi Stjerna. Minneapolis, Minn: Fortress, 1998. p. 114. Para algumas discussões recentes sobre a palavra, veja SCROGGS, Robin. *The New Testament and Homosexuality: Contextual Background for Contemporary Debate.* Philadelphia, Pa.: Fortress, 1983. p. 107; MCNEILL, John. *The Church and the Homosexual.* 4th ed. Boston, Mass.: Beacon, 1993. p. 30; e MARTIN, Dale *Arseokoites and Malakos: Meanings and Consequences.* In BRAWLEY, Robert. (Ed.) *Biblical Ethics and Homosexuality: Listening to Scripture.* Louisville, Ky.: Westminster/John Knox, 1996. p. 117-136.

[15] Veja OLYAN, Saul. And with a Male You Shall Not Lie the Lying Down of a Woman,: On the Meaning and Significance of Leviticus 18:22 and 20: 13. *Journal of the History of Sexuality 5*, 1994, p. 179-206. Veja a p. 184, em particular.

[16] Veja também a equilibrada discussão de BERLINERBLAU, Jacques. *The Secular Bible: Why Nonbelievers Must Take Religion Seriously.* Cambridge: Cambridge University Press, 2005. p. 103-104.

ao comportamento adequado, incluindo a definição e as qualidades de um sacerdote, instruções para sacrifícios e outros rituais, e como observar os dias sagrados do calendário religioso. Ele se ocupa especialmente com a santidade – como Deus é santo, o povo também precisa ser santo, segundo a lógica. A santidade é um estado de distinção, separação, com tudo "de acordo com sua espécie". Misturas não são permitidas. E assim lemos, imprensadas entre os dois textos que nos interessam aqui, regulamentos tão singulares como "Não deixarás teus animais de raça com uma espécie diferente; não semearás teu campo com duas espécies de semente; tampouco usarás ornamentos feitos de dois materiais diferentes"[17].

Alguns argumentam que essa lógica da santidade através da integridade, na verdade, torna os textos de Levítico irrelevantes à discussão sobre a homossexualidade. Eles argumentam que a preocupação dos escritores sacerdotais "sobre a manutenção da distinção de 'espécies'" ordena que, assim como um homem não deve agir como uma mulher, seria errado uma pessoa homossexual comportar-se como se ele ou ela fossem héteros. Em outras palavras, afirmando que a orientação sexual é, em si, uma "espécie" – heterossexual, homossexual e bissexual – seria profano um homem gay comportar-se como um homem heterossexual. Isso, naturalmente, pressupõe que a homossexualidade e a bissexualidade sejam características inalteráveis de uma pessoa – que uma pessoa "nasce gay". No entanto, os autores antigos do Levítico não fornecem tal nuance, e ainda hoje muitas pessoas afirmam que a homossexualidade é puramente uma decisão de estilo de vida.

Algumas pessoas que desafiam a reputação anti-homossexualidade da Bíblia sugerem que o problema em questão no Levítico não era o sexo homossexual em si, mas sim o seu insulto ao Deus criador, com base em pressupostos patriarcais da época. Um homem que escolhe comportar-se como uma mulher despreza a superioridade dada por Deus aos homens. Um homem abandonar sua posição superior, para se comportar como uma mulher inferior, era como cuspir no olho de Deus. No entanto, outros sugerem que o problema era realmente a reprodução, uma vez que sexo com o mesmo sexo não pode gerar filhos[18]. A sociedade israelita antiga tinha, de fato, a reprodução em altíssima conta, até porque o provável público original do Levítico (no exílio babilônico e durante o reajuste pós-exílico) era bem

---

[17] Lv 19:19.

[18] Da mesma forma, em Gn 38:9-10, um texto que é usado para argumentar que a Bíblia condena a masturbação, Onan é morto por Deus, porque "derramou sua semente na terra".

menos numeroso que outros povos, cuja própria alteridade os tornava uma ameaça. Outros, ainda, dizem que, supondo que esses textos realmente condenem a homossexualidade, não é justo aplicar julgamentos legais selecionados da Torá, ignorando tantos outros (como guardar corretamente o sábado, não comer carne de porco e assim por diante).

O texto do Novo Testamento em Rm 1:24-27, criticando as pessoas que haviam se enganado em suas afeições, também parece inequivocamente antigay. Ele descreve pessoas que, tomadas pela luxúria, tornavam-se impuras com "paixões degradantes". "As mulheres trocavam relações naturais por relações contra a natureza, e, da mesma forma, os homens, abandonando relações naturais, eram consumidos na paixão um pelo outro." E continua, nos versículos seguintes, alertando para a desorganização social e a proliferação de crimes que se seguem a tal homossexualidade promíscua: "Porque eles [rejeitaram a Deus], estavam cheios de toda sorte de injustiça, perversidade, cupidez e maldade"[19].

Alguns argumentam, porém, que os leitores não devem julgar tão rápido. Por um lado, eles alertam que o conselho não afirma vir de Deus. Em vez disso, vem de Paulo, que não afirma falar por Deus aqui, mas vocifera seu entendimento do que ele considera ser o melhor. Nessa passagem em particular, Paulo critica como a entrega ao deleite sexual compromete a orientação espiritual e religiosa, bem como a ordem social – evidências de uma vida abandonada por Deus. Os críticos observam que, em outros lugares, Paulo considera os impulsos sexuais de qualquer tipo problemáticos para uma vida espiritual apropriada, aconselhando as pessoas a ignorar tais impulsos, para se concentrar na preparação para o iminente retorno de Jesus[20].

As pessoas que alertam contra concluir de Rm 1:24-27 que a Bíblia é antigay observam que Paulo não diz nada sobre relacionamentos mutuamente respeitosos, comprometidos e amorosos entre pessoas do mesmo sexo. E como os autores do Levítico, Paulo pressupôs que o que era "natural" era a heterossexualidade. Ambos os lados observam que a passagem é seguida da apaixonada denúncia de Paulo sobre pessoas que têm a presunção de julgar os outros. "Julgando a outrem, condenas a ti mesmo, visto que fazes o mesmo, tu que julgas."[21]

---

[19] Rm 1:28-29.

[20] 1 Cor 7:1-40. Nesta passagem, Paulo admite que o casamento, e o sexo dentro dele, podem servir como um impedimento importante contra a fornicação (versículos 2-6), mas que não é ideal (versículos 32-35).

[21] Rm 2:1.

Em 2007, o *Sundance Film Festival* indicou para seu cobiçado Grande Prêmio do Júri o documentário *For the Bible tells me so* (*Porque a Bíblia me disse*), retratando a vida de cinco famílias norte-americanas cristãs, cada uma das quais lutando com a homossexualidade. No filme, Dr. Laurence Keene, um ministro dos Discípulos de Cristo, admite: "Eu tenho uma quedinha pelos literalistas porque eu costumava ser um. No entanto, quando alguém me fala: 'Isto é o que a Bíblia diz', minha resposta a eles é: 'Não, isso é o que se *lê* na Bíblia'. É a luta para compreender contexto, linguagem e cultura e costumes que nos ajuda a compreender a leitura, ou o que ela está dizendo."[22]

Em contrapartida, o artigo com a posição oficial da Convenção Batista dos Estados do Sul sobre sexualidade declara simplesmente: "Afirmamos o plano de Deus para o casamento e a intimidade sexual – um homem e uma mulher, para toda a vida. A homossexualidade não é um 'estilo de vida alternativo válido'. A Bíblia condena-o como pecado. Não é, porém, pecado imperdoável. A mesma redenção disponível a todos os pecadores está disponível aos homossexuais. Eles também podem tornar-se novas criaturas em Cristo"[23].

Hoje em dia, as questões da homossexualidade estão ligadas às leis relacionadas ao casamento. Emendas para proibir o casamento gay são pastagem eleitoral comum. Elas estavam nas eleições de onze estados norte-americanos em 2004; e nas eleições do Arizona, Califórnia e Flórida, em 2008. Muitas pessoas apelam à Bíblia para argumentar que, quando se trata de casamento, a Bíblia é clara: a partir de Adão e Eva em diante, o casamento é entre um homem e uma mulher. Outros, observando que a Bíblia não menciona Adão e Eva como sendo casados, discordam[24]. Mais uma vez, cada grupo tem a Bíblia a seu lado.

A Bíblia de fato pressupõe que o casamento seja entre um homem e uma mulher. Ao mesmo tempo, os críticos da sua aplicação literal observam quão culturalmente diferente seu contexto era do nosso hoje. Esse contexto – altamente patriarcal, tribal e subpovoado – tem tudo a ver

---

[22] WALKER, Jeremy; and Associates. *For the Bible Tells Me So*. Notas de imprensa, 5. Disponível em: <http://www.forthebibletellsmeso.org/forthebible_pk.pdf>. Acessado em: 14 de fevereiro de 2008.

[23] Disponível em: <http://www.sbc.net/aboutus/pssexuality.asp>. Acessado em: 23 de abril de 2009.

[24] Os termos hebraicos às vezes traduzidos nesta história como "marido" e "mulher" são as palavras gerais "homem" e "mulher". Embora a explicação do narrador, "então, um homem deixa seu pai e sua mãe" (Gn 2:24), não é necessariamente um modelo bíblico de casamento (por exemplo, Rebeca deixa sua casa para unir-se à casa de Isaac), pode refletir as ideias sobre o casamento como uma união monogâmica entre um homem e uma mulher.

com o que a Bíblia considera aceitável ou não, e o casamento bíblico é indiscutivelmente diferente de nossas ideias de casamento. De acordo com alguns textos bíblicos, um homem pode casar-se com várias mulheres [25]; o casamento fora da fé não era aprovado[26]; ou era, no melhor dos casos, problemático[27]; um homem tinha de se casar com a viúva de seu irmão[28]; e escravas poderiam ser forçadas a servir como mães substitutas[29]. O casamento raramente é descrito na Bíblia como resultado do amor mútuo[30]. Paulo acrescenta que é melhor não se casar[31].

Para aqueles que sustentam que a Bíblia condena a homossexualidade, as explicações, como as mencionadas anteriormente, representam a autoilusão de pessoas dispostas a distorcer o sentido claro da Bíblia a uma finalidade moralmente questionável. Seus detratores afirmam que os anti-homossexuais são culpados de autoilusão – estão procurando absolutos a partir de textos que são, na verdade, nuançados ou simplesmente ambíguos. A Bíblia inclui textos que condenam o comportamento homossexual? Sim. Isso quer dizer que a Bíblia é antigay? Não necessariamente.

Se estava ciente disso ou não, a escolha de Obama tanto por Robinson quanto por Warren – assim como o rosto da fé no momento de sua posse – demonstrou a ambivalência que muitas pessoas de fé sérias e conscienciosas admitem sentir sobre como a Igreja deve tratar a questão da homossexualidade. O próprio Warren protestou que sua condenação do casamento gay, da forma como foi publicada, não foi exata[32]. Procurando ser justos e tratar os outros com compaixão e respeito, levando os textos bíblicos a sério, muitos religiosos continuam a lutar com este problema. Brian McLaren, uma voz proeminente do emergente movimento de igrejas

---

[25] Considere os famosos exemplos de Jacó, Davi e Salomão.

[26] Ne 13:23-27.

[27] 2 Cor 6:14.

[28] Por exemplo, veja Dt 25:5. Por outro lado, Lv 18:16 e 20:21 o proíbem.

[29] O caso da escrava de Sara, Agar, é um exemplo disso (Gn 16:1-2).

[30] Em um exemplo de um grande amor que leva ao casamento, lemos que Jacó amava tanto Raquel que serviu seu pai durante quatorze anos para casar-se legitimamente com ela (Gn 29:20). Infelizmente, sua irmã Lia nunca conseguia conquistar esse amor de Jacó, que era seu marido também (Gn 29:32). O amor ao cônjuge também é aplaudido. Por exemplo, o narrador explica que o amor de Isaac por Rebeca confortou-o após a morte de sua mãe (Gn 24:67); o autor do Eclesiastes orienta o público a "aproveitar a vida com a mulher que você ama" (Ec 9:09); e o autor de Efésios (a autoria de Paulo é debatida) orienta os maridos: "amai vossas mulheres como Cristo amou a Igreja" (Ef 5:25). Tito também incentiva "as mulheres a amarem seus maridos" (Tt 2:4).

[31] 1 Cor 7:8.

[32] Veja a entrevista de 6 de abril de 2009 com Warren por Larry King disponível em: <http://transcripts.cnn.com/TRANSCRIPTS/0904/06/1kl.01.html e <http://www.yourube.com/watch?v=bYIWSyMrhR >. Acessados em: 23 de abril de 2009.

não denominacionais, recomenda equanimidade e a necessidade de dedicar tempo – décadas, até – para descobrir como os fiéis devem lidar com essa questão. Entretanto, ele escreve: "Ser 'direito' não basta. Precisamos também ser sábios. E amorosos. E pacientes. Talvez nada menos do que isso deva 'parecer bom ao Espírito Santo e a nós'''[33].

Na verdade, chegar a conclusões sobre Deus a partir dos textos bíblicos é em si um ato de interpretação em fé. A maioria das pessoas de ambos os lados concorda que uma imagem bíblica poderosa e bem representada de Deus é que Deus ama o amor – o amor de Deus, é claro, mas também o amor entre as pessoas, amor ao próximo, amor que é generoso e bondoso. É difícil discutir com isso.

ABORTO

Por mais que a indignação baseada na Bíblia contra a homossexualidade seja desproporcional ao número de textos bíblicos relevantes, quando se trata de aborto, a desproporção é ainda maior. Nenhuma parte da Bíblia trata explicitamente da decisão de uma mulher de acabar com a gravidez, ou exige que ela leve a gravidez a termo. No entanto, o reverendo Ron Johnson Jr., da Igreja Living Stones, em Crown Point, Indiana, estava entre os pastores dispostos a arriscar perder o *status* de "isentas de impostos" de suas igrejas por dizer aos paroquianos para não votar em Barack Obama em 2008. Ele lhes disse que a posição pró-escolha do candidato democrata estava "em oposição direta à verdade de Deus como Ele a revelou nas Escrituras"[34]. A Bíblia é repleta de cuidados para com o incentivo à vida, e de exortações para proteger e celebrar a vida. O que exatamente isso deve significar para mulheres que enfrentam uma gravidez indesejada, hoje, é a causa de grande consternação.

Os textos bíblicos que as pessoas citam contra o aborto incluem aqueles que condenam matar – tal qual o aparentemente inequívoco "Não matarás", que é um dos Dez Mandamentos[35]. Na verdade, a palavra traduzida como "matar" nestes versículos é uma das várias palavras em hebraico que significam terminar

---

[33] *Brian McLaren on the Homosexual Question: Finding a Pastoral Response*, postado em 23 de janeiro de 2006. Disponível em: <http://blog.christianitytoday.com/outofur/archives/2006/01/brian_mcbren_o.html>. Acessado em: 23 de abril de 2009.

[34] SLEVIN, Peter. 33 Pastors Flout Tax Law with Political Sermons. *Washington Post*, September 29, 2008, A02. Disponível em: <http://www.washingtonpost.com/wp-dyn/contents/article/2008/09/28/AR2008092802365_pf.html>. Acessado em: 4 de novembro de 2008.

[35] Ex 20:13; Dt 5:17.

uma vida. A palavra parece ser usada mais frequentemente para descrever o tipo de morte que é premeditado, o que chamamos de "assassinato". (Outros tipos de morte, como pena de morte e morte na guerra, são considerados sem problemas.) Para muitos dos fiéis antiaborto, esse mandamento é declaração suficiente. Eles acreditam que o aborto seja um assassinato e, portanto, é expressamente proibido dentro dos Dez Mandamentos, e em outros lugares. Para eles, não é preciso dizer mais nada.

Tecnicamente mais específica ao aborto é a lei sobre a reparação, caso alguém, sem querer, leve uma mulher a abortar: "Se homens estiverem lutando, e ferirem uma mulher grávida de modo que haja um aborto, mas nenhum outro dano além desse, então o responsável será multado no que o marido da mulher exigir, pagando tanto quanto os juízes determinarem"[36]. Embora alguns afirmem que isso demonstra a antipatia da Bíblia para com o aborto, outros observam que, nesse caso, a saúde da mulher (especialmente no que afeta o marido) parece ser o foco principal. O feto abortado recebe pouca ou nenhuma atenção[37].

Como hoje a legislação sobre o aborto inclui linguagem sobre quando exatamente a vida começa, as pessoas que se opõem ao aborto observam textos que sugerem a pessoalidade de um feto, incluindo a resposta de Deus à relutância de Jeremias em ser profeta: "Antes que fosses formado no ventre materno, eu te conheci, e antes que nascesses, eu te santifiquei e determinei que serias profeta das nações"[38]. Do mesmo modo, o(a) poeta hebraico(a) do Salmo 139 assombra-se de admiração por ter sido formado(a) e conhecido(a) por Deus antes de seu próprio nascimento: "Tu formaste minhas entranhas e me cobriste no ventre de minha mãe. Eu te louvo, pois tu me fizeste tão diferente, maravilhosamente elaborado, eu o sei. Meus ossos não estavam escondidos de ti, quando eu era feito em segredo, tecido nos recessos da terra"[39]. No Evangelho de Lucas, no Novo Testamento, há uma história de João Batista saltando no ventre de Isabel, quando ela se encontrou com Maria, grávida de Jesus nessa época[40]. Muitos acreditam que esses textos ressaltam como uma alma imortal, capaz de uma vida após a morte, está presente desde o início, na concepção. Acabar com essa vida animada é crime de assassinato.

---

[36] Ex 21:22.

[37] Veja também Daniel Schiff, Abortion in Judaism (Cambridge: Cambridge University Press, 2002), 1-26; Jacques Berlinerblau. Thumpin' it (Louisville, Ky.: Westminster John Knox, 2008), 158, n.48.

[38] Jm 1: 5.

[39] Sl 139:13-15.

[40] Lc 1:41-42.

Aqueles que argumentam que a Bíblia não proíbe o aborto *afirmam* que a Bíblia não proíbe o aborto. Seus oponentes retrucam com a observação de que processos médicos como os nossos hoje não eram possíveis então; ao que os pró-escolha respondem que as mulheres de tempos remotos podem ter terminado a gravidez de forma não registrada nos textos bíblicos. No que diz respeito aos textos já citados, alguns argumentam que o aborto cai na categoria de "matar" biblicamente aceitável. Eles argumentam que "Não matarás" não se aplica ao aborto, assim como não se aplica à guerra ou à pena capital. Eles observam que a lei de reparação não apenas diz respeito a um aborto acidental, mas também demonstra um contexto social diferente do nosso, em que não só uma mulher e seus filhos eram, essencialmente, propriedade de seu marido, mas também o valor e a segurança de uma mulher dependiam muito de ela ter filhos. Quanto a textos que sugerem a pessoalidade do feto, os pró-escolha observam que esses textos vêm do mundo metafórico da linguagem e poesia bíblicas (e, portanto, não devem ser tomados como diretivas), nada dizem sobre o comprometimento de uma alma imortal, e não têm nada explicitamente a ver com aborto.

POBREZA E PROSPERIDADE

Se você fizer o que é certo aos olhos de Deus, adorar apenas o nosso Deus específico, e não flertar com outros deuses e deusas, as coisas vão bem para você – você desfrutará de prosperidade e vida longa na Terra. Essa é a mensagem do ponto crucial da Torá (o livro Deuteronômio). Ela não se limita ao Deuteronômio, mas surge com alguma frequência ao longo da Bíblia hebraica, e ecoa no Novo Testamento. Ela tem encontrado nova ressonância nos últimos anos, entre os defensores do chamado evangelho da prosperidade.

O reverendo Creflo Dollar prega-a com convicção. Considerando seu próprio Learjet, que agiliza o trajeto entre uma igreja em Atlanta, perto da mansão onde mora, e uma igreja em Manhattan, onde Dollar possui um apartamento U$ 2,4 milhões, parece estar funcionando[41]. A Escola Internacional de Prosperidade dos Modificadores do Mundo "destina-se a ensiná-lo a cumprir o destino que Deus lhe deu de ser uma bênção para os outros, sendo Seu centro de distribuição"[42]. O primeiro de cinco

[41] HARRIS, Dan; MARSH, Mary. Prosperity Gospel: Give and You Shall Receive? January 17, 2007. Disponível em: <http//abcnews.go.com/Nightline/Story?id=4149598&page=1>. Acessado em: 20 de fevereiro de 2008.

[42] Disponível em: <http://www.worldchangers.org/soponline/soplanding.html?site=CDM>. Acessado em: 20 de fevereiro de 2008.

pontos-chave que um aluno pode esperar aprender é "por que Deus quer que você seja rico"[43]. Dollar concorda, no entanto, com Joel Osteen, evangelista norte-americano de televisão e autor de *best-seller*, que a prosperidade não precisa limitar-se ao bem-estar financeiro[44]. Mas o dinheiro definitivamente faz parte. Osteen explica: "Acho que deveríamos ter uma mentalidade de que Deus quer que prosperemos em nossos relacionamentos, nossa saúde e nossas finanças. O desejo de Deus é que a gente se sobressaia. E vemos líderes empresariais que são cristãos bons e fortes dirigindo [grandes] empresas"[45]. Segundo uma pesquisa realizada pela revista *Time* e incluída em sua matéria de capa *Deus quer que você seja rico?*, 61% acreditam que Deus quer que sejamos prósperos, e 31% disseram acreditar que se você der dinheiro a Deus, Deus vai lhe dar mais dinheiro[46].

Os textos bíblicos mais frequentemente empregados para sustentar esse tipo de pensamento são os seguintes: a declaração de Moisés em Deuteronômio: "Lembra-te de Yahweh, teu Deus, porque ele te dá força para adquirires riqueza, para que ele possa confirmar sua aliança, que jurou a teus pais, como está fazendo hoje"[47], e Mal 3:10: "Traze todo dízimo para os armazéns para que haja mantimento em meu templo, e testa-me sobre isso: vê se eu não abro as janelas do céu e derramo-te bênçãos até o fim". No Evangelho de Marcos, no Novo Testamento, Jesus diz: "Então eu digo: aquilo por que tu orares, acredita que já o recebeste, e será teu"[48]. E no Evangelho de João, Jesus declara: "Eu vim para que todos tenham vida, e a tenham em abundância"[49] e "Se me pedires alguma coisa em meu nome, eu o farei"[50].

Os críticos do evangelho da prosperidade advertem que as interpretações requerem mais nuances do que a simples aplicação de certos textos bíblicos às circunstâncias modernas. Aqui está uma breve observação sobre cada um

---

[43] Disponível em: <http://www.worldchangers.org/soponline/soplanding.html?site=CDM>. Acessado em: 20 de fevereiro de 2008.

[44] Entrevista por Laura Sheahen, postada em dezembro de 2004. Disponível em: <http://www.beliefnet.com/story/157/story_15735_1.html>. Acessado em: 20 de fevereiro de 2008.

[45] Entrevista com William C. Symonds, da *BusinessWeek*, no dia 23 de maio de 2005. Disponível em: <http//www.businessweek.com/magazine/content/05_21/b3934014_mz001.htm>. Acessado em: 20 de fevereiro de 2008.

[46] VAN BIEMA, David; CHU, Jeff, Does God Want You to Be Rich?, postado em 10 de setembro de 2006. Disponível em: <http.//www.time.com/time/magazine/article/9 9171,1533448, 00.html>. Acessado em: 19 de fevereiro de 2008.

[47] Dt 8:18.

[48] Mc 11:24.

[49] Jo 10:10.

[50] Jo 14: 14.

deles: o estilo literário das declarações de Moisés em Deuteronômio fala diretamente ao leitor (note o uso de "hoje" e "tu"). Por isso, é fácil entender por que as pessoas o aplicariam como imediatamente relevante para elas hoje. No entanto, os críticos apontam que a mensagem de enriquecimento como iniciativa de Deus e cumprimento da aliança não deve ser separada do contexto histórico e literário do livro. A posição literária de Deuteronômio na Bíblia torna-o o conjunto de exortações de Moisés ao povo antes de entrar na "terra do leite e do mel", que esse povo entendia ser a terra prometida a ele por Deus. O livro ambienta esses dizeres no limiar de espaço e tempo entre a errância no deserto do Sinai e o estabelecimento em Canaã. No entanto, foi provavelmente composto e editado séculos depois e interpreta as perdas como sendo todas as boas coisas que o povo desperdiçou ao falhar com Deus. O Deuteronômio fornece justificação para a destruição de Israel como o feito de um Deus generoso, que avisou devidamente as pessoas: se elas não fizessem o que era certo, mas adorassem outros deuses e deusas, perderiam a segurança e a prosperidade da terra que Deus lhes havia dado.

Malaquias vem de uma época muito posterior, mas, mesmo assim, luta com uma tragédia semelhante. Após perder nação, templo, e após um período de exílio, algumas pessoas voltaram e reconstruíram Jerusalém. A situação era difícil – economicamente, elas tinham pouco, e, socialmente, houve discordância e inquietação entre a população. Foi durante essa época que Malaquias profetizou, incitando o povo a esperar e ter fé. Mesmo que parecesse que Deus os havia abandonado ou que os estava ignorando, Malaquias prometeu que Deus voltaria a fazer sua parte. Tanto Deuteronômio quanto Malaquias, então, visavam a agitar a fé entre pessoas que tinham sérias dúvidas sobre a bondade de Deus e sua capacidade de apoiá-las; pessoas que enfrentavam terríveis dificuldades econômicas. É fácil imaginar como leitores modernos que enfrentam incertezas e tensão financeira semelhantes podem sentir uma conexão especial com os textos, e lê-los como imediatamente aplicáveis a suas próprias vidas.

Opondo-se à noção de que o propósito de Deus é tornar seu povo financeiramente rico, algumas pessoas observam que Marcos 11:2 ("Tudo o que pedires em oração, acredita, e é teu") incorpora-se em declarações sobre a força da fé, não sobre aquisições materiais. Ele vem em seguida à explosão de raiva de Jesus no templo, ironicamente (para o evangelho da prosperidade) pela utilização do espaço de culto para questões de dinheiro. Eles também observam que João 10:10 ("Eu vim para que tenham vida, e a tenham em abundância") e 14:14 ("Se pedires qualquer coisa em meu nome, eu o farei") podem ser interpretados como sendo menos sobre bem-estar financeiro e muito mais sobre o poder que Jesus exerce como filho de Deus Pai, olhando por seus seguidores.

Contra o evangelho da prosperidade, muitas pessoas têm declarado que a Bíblia está cheia de avisos de que os assuntos de aquisição e consumo são espiritualmente perigosos e socialmente destrutivos. Elas argumentam que Jesus pôs-se ao lado dos desfavorecidos e pobres, que o próprio Jesus tinha pouco de que falar, e que suas promessas de abundância não devem ser tomadas como financeiras. Rick Warren acha o evangelho da prosperidade absurdo: em resumo, "conversa fiada; é a criação de um falso ídolo. Você não mede seu valor próprio por seu valor líquido. Eu posso lhe mostrar milhões de seguidores fiéis de Cristo que vivem na pobreza. Por que é que todos na igreja não estão milionários?"[51]. No Antigo Testamento, também, há muitos textos que desafiam expressamente a lógica do Deuteronômio, observando que, muitas vezes, as pessoas que fazem a coisa certa sofrem e, no entanto, "os maus prosperam"[52].

Opondo-se ao evangelho da prosperidade, as pessoas citam críticas bíblicas à riqueza e à injustiça social (sobretudo por profetas como Amós e Miqueias), e exortações de Jesus contra a procura da satisfação espiritual em bens materiais. O Jesus de Mateus ensina: "Não ajunteis para vós tesouros na terra, onde a traça e a ferrugem consomem e onde os ladrões penetram e roubam, mas ajuntai para vós tesouros no céu... Porque onde estiver o vosso tesouro, aí estará também vosso coração[53]. E Jesus instrui o jovem governante rico: "Se queres ser perfeito, vai, vende os teus bens, dá o dinheiro aos pobres; e terás um tesouro no céu"[54]. Jesus então explica a seus discípulos: "É mais fácil um camelo passar pelo buraco de uma agulha do que um rico entrar no reino de Deus"[55]. No Sermão da Planície, em Lucas, Jesus abençoa os pobres e declara: "Vosso é o reino dos céus"[56]. Em contraste com eles, diz ele "Ai de vós que sois ricos"[57]. Algumas pessoas contrárias ao evangelho da prosperidade declaram: "O dinheiro é a raiz de todo mal", o que não está realmente na Bíblia. Já "O amor ao dinheiro é a razão de toda espécie de mal"[58] está.

---

[51] VAN BIEMA, David; CHU, Jeff, Does God Want You to Be Rich?, postado em 10 de setembro de 2006. Disponível em: <http.//www.time.com/time/magazine/article/9 9171,1533448, 00.html>. Acessado em: 19 de fevereiro de 2008.

[52] Considere o livro de Jó, por exemplo, Sl 73:3-9, e Jr 5:27-28.

[53] Mt 6:19-21.

[54] Mt 19:1

[55] Mt 19:24.

[56] Lc 6:20.

[57] Lc 6:24.

[58] 1 Tm 6:10.

AMBIENTALISMO

Em nosso tempo e lugar, vemos como a atividade humana pode ter consequências ambientais devastadoras. O contexto bíblico era diferente. Naquela época, a população humana do planeta era muito menor, cerca de 300 milhões de pessoas no tempo de Jesus; 2.000 anos depois, passamos a marca dos 6 bilhões[59]. A produção era lenta e feita à mão, movida a pão, feijão e, ocasionalmente, alguma carne – mundos diferentes do maquinário industrial, tecnologia e velocidade que geram todas as mercadorias de hoje. O transporte de mercadorias, nos tempos bíblicos, significava transportá-las em burros ou camelos, na melhor das hipóteses, por distâncias medidas em dezenas, não dezenas de milhares de quilômetros. As preocupações ambientais no mundo bíblico definiam-se mais pela gestão de graves restrições e desafios naturais por pequenas comunidades locais do que pela preservação da biodiversidade e pela intenção de evitar mudanças climáticas. Não devemos, então, esperar encontrar na Bíblia uma ética ambiental do século XXI, nem devemos esperar regulamentos bíblicos sobre o uso de telefones celulares em automóveis. No entanto, há textos bíblicos que dizem respeito à relação entre os seres humanos e o mundo natural não humano, assim como há textos que visam a regular a interação humana e os comportamentos potencialmente prejudiciais.

Contra uma ética ambiental biblicamente fundamentada estão aqueles que não se perturbam com a degradação ambiental, pois "esse mundo não é a nossa casa", ou que declaram que Deus acertará tudo, então não precisamos fazer isso. Muitos citam o comando de Deus em Gn 1:28 aos seres humanos, "sede fecundos e multiplicai-vos, povoai a Terra e submetei-a; e dominai sobre os peixes do mar e sobre as aves do céu e sobre todos os seres vivos que se movem sobre a terra", como justificativa para a ilimitada reprodução humana e utilização de recursos[60].

Por outro lado, em favor de uma ética ambiental biblicamente fundamentada, as pessoas argumentam que, como a Terra e tudo o que há nela são descritos como criação de Deus, os seres humanos têm a obrigação de cuidar bem dela. Essas pessoas leem Gn 1:28 como um comando para

---

[59] US CENSUS BUREAU. Historical Estimates of World Population, July 16 2007. Disponível em: <http:// www.census.gov/ipc/www/worldhis.html>. Acessado em: 21 de fevereiro de 2008.

[60] Em 1967, o historiador da tecnologia Lynn White publicou um artigo seminal em *Science*, no qual ele culpa a Bíblia, especialmente Gn 1:28, por promover atitudes antropocêntricas com relação aos recursos da Terra que conduzirão inevitavelmente à degradação ambiental. Veja WHITE, Lynn. *The Historical Roots of Our Ecologic Crisis*, 155 (3767). March 10, 967, 1203-1207.

que os seres humanos exerçam seu poder de criatura-à-imagem-de-Deus para cuidar do planeta. Elas apontam também para a próxima história da criação, em que o primeiro ser humano – *adam*, em hebraico – é descrito como criada da *adamah* (a palavra hebraica para o solo), em um jogo de palavras que ressalta uma íntima relação dos humanos com a Terra. Nessa história, *adam* é encarregado por Deus "de cultivar e guardar" o jardim que Deus criou, e no qual o ser humano vive[61]. Os verbos em hebraico traduzidos como "cultivar" e "guardar" suportam uma ampla gama de significados que inclui o sentido de "servir com reverência" e "guardar o bem-estar"... do jardim, neste caso. Juntos, então, os textos de Gênesis podem ser interpretados como dizendo como os seres humanos devem exercer uma boa administração da criação de Deus.

Um texto menos conhecido, mas relevante, vem do profeta Oseias, que culpa a violência e as injustiças humanas pelo luto e adoecimento da Terra, animais selvagens, aves e peixes[62]. Outros textos, ainda, declaram que os seres humanos fariam bem em ouvir o mundo natural e seus habitantes não humanos, pois eles são testemunhos eloquentes da grandeza de Deus. "Pergunta aos animais, e eles ensinar-te-ão; aos pássaros, e eles dir-te-ão", diz Jó, enquanto o salmista escreve: "Os céus narram a glória de Deus"[63]. Jesus declara que até as pedras anunciariam sua [de Jesus] identidade, se as pessoas de fé fossem caladas[64].

Jim Ball, presidente e CEO da Rede Ambiental Evangélica, cita Cl 1:15-20, João 1:1-4 e Hebreus 1:2-3 como base de sua missão de "declarar o Primado de Cristo sobre toda a criação"[65]. Ele identifica cinquenta e oito passagens bíblicas que o levaram a concluir que o meio ambiente – ou a natureza – e os seres humanos estão indissociavelmente ligados como parte da criação de Deus, e que o cuidado adequado com a criação de Deus significa cuidar tanto do ambiente quanto das pessoas[66]. Bartolomeu I, o patriarca ecumênico de Constantinopla, atualmente o bispo mais elevado do cristianismo ortodoxo, ganhou o apelido de "Patriarca Verde". Ele reuniu os líderes religiosos das principais religiões de todo o planeta em pontos ambientais estratégicos ao redor do mundo, para falar sobre como melhor cuidar da Terra. Em uma conferência recente na Groenlândia, ele

---

[61] Gn 2:15.
[62] Os 4:1-3.
[63] Jó 12:7; Sl19:1.
[64] Lc 19:40.
[65] BALL, Jim. A Personal Greeting from the President and CEO. Disponível em: <http://www.creationcare.org/welcorne.php>. Acessado em: 24 de fevereiro de 2008.
[66] Ibid.

disse: "A preservação do meio ambiente, a promoção do desenvolvimento sustentável e uma especial atenção às alterações climáticas são questões de grande preocupação para toda a família humana"[67].

Nem todos os cristãos concordam, contudo, que os seres humanos devam se preocupar com o bem-estar da Terra e seus habitantes não humanos. O vice-presidente da Associação Nacional de Evangélicos, Richard Cizik, atraiu a ira de alguns outros líderes cristãos proeminentes (incluindo James Dobson, Weyrich Paul e Don Wildmon), que exigiram, em 2007, que Cizik fosse demitido por sua atitude de "cuidado com a criação"[68]. Em um sermão intitulado "O Mito do Aquecimento Global", o líder cristão evangélico Jerry Falwell instou "todos os crentes a se recusarem a ser enganados por esses adoradores do 'terrismo'"[69]. Embora determinado a levar o debate sobre o aquecimento global "a um nível superior [...] a uma perspectiva bíblica", Falwell citou apenas dois textos bíblicos (sem qualquer atenção a seus contextos literário e histórico). Ele citou o Salmo 24:1-2: "A terra é do SENHOR, bem como sua plenitude; o mundo e aqueles que nele habitam. Pois ele a fundou sobre os mares, e a firmou sobre os rios". E Gn 8:22: "Enquanto durar a terra, sementeiras e colheitas – frio e calor, verão e inverno, dia e noite – jamais cessarão"[70]. Apenas um ano depois, após sua morte, alunos da Falwell's Liberty University aderiram à campanha RecycleMania 2008, "com o objetivo de estabelecer um programa de reciclagem em todo o campus e levar adiante o conceito bíblico de boa administração da Terra"[71]. Muitos cristãos parecem conseguir conciliar a boa administração da Terra com o sentido de uma morada definitiva em outro lugar.

---

[67] WOODARD, Colin. In Greenland, an Interfaith Rally for Climate Change. *Christian Science Monitor.* September 12, 2007. Disponível em: <http://www.csmonitor.com/2007/0912/p06s01-woeu.html>. Acessado em: 24 de fevereiro de 2008.

[68] BANKS, Adelle M. Dobson and Others Seek Ouster of NAE Vice President, postado em 2 de março de 2007. Disponível em: <http://www.christianitytoday.com/ct/2007/marchweb-only/109-53.0.html ?Start=1>. Acessado em: 22 fevereiro de 2008. Para ter acesso a uma cópia da carta, veja em: <http//www.citizenlink.org/pdfs/NAELetterFinal.pdf>.

[69] Sermão proferido em 25 de fevereiro de 2007. Disponível em: <http//trbc.org/new/sermons.php?url=20070225 _11AM.html>. Acessado em: 22 de fevereiro de 2008.

[70] Ibid.

[71] MAXWELL, Tara. *Liberty Journal*, postado em 6 de fevereiro de 2008. Disponível em: <http//www.liberty.edu/libertyjournal/index.cfm?PID= 16046&artid=82>. Acessado em: 22 de fevereiro de 2008.

ANTISSEMITISMO[72]

Pode parecer absurdo que, embora a Bíblia seja primeiramente um produto judeu e a figura fundamental do cristianismo seja um judeu, a Bíblia tenha sido uma das armas mais mortíferas usadas contra eles. Tanto a Bíblia hebraica como o Novo Testamento contêm ideias gerais e textos específicos que têm embasado atitudes antissemitas nos últimos dois milênios.

A Bíblia hebraica desenvolveu-se durante um longo período de tempo e representa ideias do povo protojudaico de língua hebraica e dos primeiros séculos do judaísmo no Oriente Médio. Em um esforço para articular sua identidade e interpretar os acontecimentos históricos à luz de ideias particulares a respeito de Deus, esse povo fiel isentou mais a Deus do que a si mesmo. O resultado é uma coletânea de livros com muitas histórias sobre como o povo escolhido de Deus falhou com Ele e sofreu à altura. Se essas histórias forem lidas como informação desinteressada de eventos históricos (e se os israelitas forem equiparados aos judeus, como muitas vezes são), então os judeus acabam saindo com uma imagem muito ruim. Ironicamente, não só os textos são altamente tendenciosos, por sua própria admissão, mas também foram escritos, reunidos e editados pelos antepassados do próprio povo contra o qual são usados.

A mesma tendência existe com o Novo Testamento, escrito, reunido e concluído por pessoas de crença, não por historiadores desinteressados. Jesus, a figura central à qual a coletânea toda se refere, era judeu, assim como a maioria de seus autores. Mas havia vários tipos de judaísmo no tempo de Jesus (como há agora, e tal como existem hoje muitos tipos de cristianismo). Nem todos os judeus concordavam uns com os outros. O cristianismo começou como uma seita judaica que rompeu com elementos da tradição e com ideias que alguns judeus consideravam decisivas. Apenas uma pequena fração dos judeus concordava com a crença dos seguidores de Jesus de que ele cumpria as profecias sobre uma vinda do Messias, e eles consideravam as afirmações da divindade de Jesus uma rejeição herética da crença fundamental na singularidade de um Deus que não pode ser representado em nenhuma forma terrena.

---

[72] Como alguns povos são semitas, mas não necessariamente judeus, muitos preferem o termo "antijudaísmo". Utilizo "antissemitismo" aqui apenas porque ele ainda é mais comum e mais facilmente reconhecível do que "antijudaísmo", embora minha intenção seja tratar especificamente de ideias e atividades que visem de forma adversa aos judeus.

Um texto específico que tem jogado lenha na fogueira do antissemitismo acabou rendendo uma cena dramática no filme *A paixão de Cristo*, de Mel Gibson. Ela aparece no Evangelho de Mateus, na qual uma multidão de judeus exige que Pilatos crucifique Jesus. Eles dizem: "Seu sangue caia sobre nós e sobre nossos filhos"[73]. Desde então, os judeus têm sido acusados de deicídio – assassinar Deus –, e os resultados têm sido horríveis. O Holocausto (e sua negação, hoje em dia) é, infelizmente, apenas um dos muitos exemplos históricos em que os judeus têm sido considerados um povo culpado e falho, com más intenções, que deve ser convertido, perseguido ou morto.

No Evangelho de João, especialmente, Jesus é retratado como regularmente em desacordo com "os judeus"[74], que o acusam de violar a lei e até mesmo de ser possuído por demônios. Ainda há desacordo com relação a que pessoas João se referia com o termo "judeus" em seu evangelho. Eram todas as pessoas que viviam na Judeia, em geral? Eram especificamente as autoridades judaicas (e não qualquer Zezinho judeu), ou eram todos aqueles que se identificavam como judeus por raça e religião? Seja qual for a resposta, as formas pelas quais o Evangelho de João denigre "os judeus", como briguentos, ardilosos e sanguinários, têm tensionado as relações entre cristãos e judeus desde então.

Paulo (que foi criado como judeu devoto e tornou-se seguidor de Jesus após a morte de Jesus) era ambivalente em relação aos judeus. Mais precisamente, dentro de suas epístolas – que dominam o Novo Testamento depois dos evangelhos –, Paulo diz coisas boas e ruins sobre os judeus. Por exemplo, em Romanos, ele declara, por um lado: "Aos judeus foram confiados os oráculos de Deus"[75], e por outro: "Sendo ignorantes da justiça que vem de Deus, e procurando estabelecer-se, eles não se submeteram à justiça de Deus"[76]. Paulo aponta para "meus parentes segundo a carne... a quem pertencem a adoção, a glória, a aliança", mas desespera-se por eles não poderem ser salvos sem submeter-se a Jesus[77]. A convicção de Paulo de que só pela fé em Jesus uma pessoa poderia ser correta com Deus informa seu julgamento sobre os judeus.

Jesus é lembrado por desafiar alguns dos líderes de sua época, repreendendo-os por hipocrisia e arrogância. Naturalmente, ele criticava

---

[73] Mt 27:22-25.
[74] Por exemplo, Jo 5:16, 6:41, 52; 7:1, 8:52.
[75] Rm 3:1-2.
[76] Rm 10:3.
[77] Rm 9:3-4, 10:1-4.

os líderes da sua própria comunidade judaica. Considere, por exemplo, como os evangelhos lembram as críticas de Jesus aos saduceus e fariseus, líderes dos templos e figuras administrativas da época[78]. (Entre os mais memoráveis está seu discurso violento contra eles, repetindo "Ai de vós, hipócritas!" em um capítulo inteiro do Evangelho de Mateus[79].) É muito diferente sustentar que ele afirmava que os judeus eram maus, errados ou que deviam ser calados. Ele era judeu!

Os registros bíblicos que temos sobre Jesus retratam-no como um judeu pensativamente observador, e profundamente religioso. Sobre seu próprio papel, os evangelhos lembram-se dele dizendo: "Não vim para abolir a lei, mas para cumpri-la"[80]. Eles também retratam Jesus recorrendo regularmente às escrituras judaicas atrás de referências e autoidentificação. Por exemplo, ele compreendeu seu papel em termos de profeta hebreu meio milênio antes daquele que disse que Deus o havia designado "para levar alegre mensagem aos humilhados, medicar os que têm coração constrangido, proclamar aos cativos à liberdade, aos prisioneiros a abertura do cárcere"[81]. Embora tenha entrado em choque com autoridades religiosas, distinguindo o espírito da lei de sua aplicação literal, Jesus observava a tradição judaica do Pessach[82], e apelou para a poesia bíblica judaica em sua morte[83].

Encontrar retórica antijudaica da Bíblia é fácil, mas isto porque a Bíblia hebraica é uma coletânea de literatura judaica voltada a encontrar o sentido da história e experiência humanas, à luz de ideias particulares sobre Deus. Essas ideias acerca de Deus exigem que, quando o poder, a justiça ou a bondade de Deus estiverem em jogo, o povo, e não Deus, deve assumir a queda. E o Novo Testamento é uma coletânea de literatura cristã voltada a retratar o judeu, Jesus, como filho de Deus em termos que acabaram por ser inaceitáveis para o judaísmo tradicional. Consequentemente, ele reflete seu contexto judaico, em particular nas formas em que rompeu com o judaísmo. Para a maioria dos judeus do primeiro século, a integridade de sua fé, com sua crença fundamental na unidade de um Deus único que desafia a representação física, desqualificava a crença em Jesus como a encarnação de Deus. Ironicamente (e tragicamente), então, ambos os testamentos podem alimentar o sentimento antijudeu.

---

78 Mt 16: 1-12; Lc 18:9-14.

79 Veja não apenas Mt 23, mas também os episódios do capítulo anterior; todos eles contribuindo para o retrato que Mateus faz do papel das autoridades judaicas na morte de Jesus.

80 Mt 5:17-20.

81 Is 61:1.

82 Mt 26:17-20, Mc 14:12-18, Lc 2:41-42; 22:08; Jo 2:13.

83 Por exemplo, veja Sl 22:1// Mt 27:46, Mc 15:34; Sl 22:18//Mc 15:24; Lc 23:34; Sl 31:5 // Lc 23:46; Sl 69:21 // Jo 19:28-30.

OITO

CITAÇÕES (E CITAÇÕES RUINS)

Ninguém acredita que a Bíblia quer dizer o que diz; estamos sempre convencidos de que ela diz o que queremos dizer.

— GEORGE BERNARD SHAW

"Moisés morreu antes de chegar ao Canadá. Então, Josué conduziu os hebreus na Batalha de Geritol." "Quando Maria soube que ela era a mãe de Jesus, ela cantou a Magna Carta." "Paulo pulou para o cristianismo e pregou a santa acrimônia, que é outro nome para casamento." Você pode ter ouvido ou visto essas e outras (ruins) citações hilárias da boca de crianças. Elas são ótimas. São também instrutivas, dizendo-nos algo sobre como ouvimos e entendemos – que nós encontramos sentido com base no que sabemos, em nossas expectativas e em nossa percepção do mundo. O complicado, em textos bíblicos, é que, embora muitos sejam familiares e pareçam imediatamente compreensíveis, são, no entanto, antigos e estranhos.

Há um cânone dentro do cânone que é a Bíblia. Ou seja, há determinados textos bíblicos que recebem muito mais atenção do que outros, e por uma boa razão. A Bíblia é um tesouro de inspiração, conforto, conselhos e louvores. Muitos textos estimados, ou, pelo menos, frequentemente citados, ganham bastante destaque fora do meio dos fiéis e tornaram-se material de troca em conversas casuais também. Este capítulo aborda algumas das mais populares citações, e também algumas das mais problemáticas ou confusas citações da Bíblia, não apenas citando-as, mas oferecendo um pouco de contexto e explicação. Dessa forma, você pode apreciar e avaliar por si mesmo como elas são usadas hoje.

ALGUMAS INSTRUÇÕES SOBRE O ANTIGO TESTAMENTO

Em seu recente romance *Para minha irmã*, Jodi Picoult explora o mundo do amor, do conflito e da autodefinição de uma menina concebida para fornecer sangue, ossos e tecido geneticamente compatíveis dos quais depende a vida de sua irmã seriamente doente. O título em inglês (*My sister's keeper*) brinca com a primeira questão humana colocada na Bíblia (Deus faz várias perguntas antes disso). Quando Deus pergunta a Caim onde está seu irmão Abel (que Caim acabou de assassinar), Caim retruca: "Sou acaso guardião de meu irmão"?[1]. É uma questão pungente que, já argumentei em outro lugar, realmente compromete os leitores quando considerada na narrativa de Gênesis 2-4[2]. Respondendo "sim" por Caim, os leitores são envolvidos em uma complexa responsabilidade por/com outras pessoas e a própria Terra, nas relações que mediam a presença de Deus. Barack Obama recorreu a esse texto em seu discurso de agradecimento na Convenção Nacional Democrata, em agosto de 2008, dizendo que "nós somos responsáveis por nós mesmos, mas [...] nós também ascendemos ou caímos como uma nação [...] Eu sou o guardião de meu irmão; eu sou o guardião da minha irmã".

Os dois próximos textos – "Olho por olho..." e os Dez Mandamentos – vêm de um corpo de material legal do Êxodo. Eles fazem parte da Torá, uma palavra que é muitas vezes traduzida como "lei", mas cuja etimologia e uso sugerem que "instrução" é mais precisa. Isso é importante, em parte porque esses textos realmente pareciam funcionar no mundo antigo, ao menos tanto para ensinar as pessoas em geral sobre como agir em relação uns aos outros, ao mundo e com Deus, quanto para serem aplicados de forma estritamente legal como nossas leis hoje. "Olho por olho, dente por dente" em Êxodo 21:24 (e, novamente, em Lv 24:20 e Dt 19:21) pode não ter sido efetivamente cumprida ao pé da letra; mas pode ter simplesmente instruído contra uma violência retaliatória desequilibrada e caótica em um sentido mais geral.

---

[1] Gn 4:9.

[2] HABEL, Norman; TRUDINGER, Peter. (Ed.) Earth Tells the Lessons of Cain. In *Exploring Ecological Hermeneutics*. Alberta, Ga.: Society of Biblical Literature, 2008. p. 31-39; e Care and Keeping East of Eden: Gen 4:1-16. In Light of Gen 2-3. Interpretation 60(3). July 2006. p. 373-384.

Gandhi, que ficou famoso por sua revolucionária resistência não violenta na Índia, disse, memoravelmente: “Olho por olho torna o mundo inteiro cego”. É um importante corretivo de um homem sábio e corajoso, mas ele não estava exatamente certo. Olho por olho deixa duas pessoas com visão parcial... Não que seja ótimo, mas não é absolutamente destrutivo, como ele sugere, embora provavelmente não quisesse ser tão literal a respeito. Lendo o texto bíblico de modo menos literal, sua própria sugestão revolucionária declara um limite à violência, não restrita a partes do corpo. Essa *Lex Talionis* – “direito de retaliação” – ensinou que a resposta à violência deve ser estritamente controlada, e deve operar no princípio da equidade. Se alguém da casa é atacado, não é direito responder destruindo a cidade inteira do atacante. Poderíamos certamente discutir os méritos da não violência contra o uso de castigos violentos, mas isso já é um outro livro. A questão aqui é que essa citação bíblica em particular não precisa promover – mas, sim, limitar – os danos.

Os Dez Mandamentos (também conhecidos como “Decálogo”) aparecem, tal qual “olho por olho”, tanto em Êxodo quanto em Deuteronômio. Ou seja, existem dois conjuntos de Dez Mandamentos – três, se contarmos o conjunto substituto que Deus fez após Moisés arrebentar os primeiros. Para confundir as coisas, as tábuas substitutas, referidas em Êxodo 34:10-28, não são exatamente como as originais de alguns capítulos atrás (Ex 20,2-17), e, embora as substitutas sejam explicitamente chamadas de Dez Mandamentos (em hebraico, literalmente “dez palavras” ou “dez assuntos”), os outros conjuntos não são – eles são identificados apenas como “palavras; assuntos”.

Comparar os mais famosos – Ex 20:2-17 e Dt 5:6, 21 – mostra que, embora não sejam idênticos, têm mais coisas em comum do que divergências. Em ambos os casos, eles não trazem condições, mas são absolutos: “Tu não ...” Não há ‘se’, nem ‘e’, nem ‘mas’. Essa forma reconhecível deu origem a grandes quantidades de “mandamentos” modernos. O título de um recente artigo em Slate.com era *Os mandamentos do Facebook*, incluindo “Não farás amigos de forma promíscua”[3]. Há, ainda, os *Dez mandamentos aos motoristas do Vaticano*, incluindo, como número 1: Não matarás[4].

---

[3] SALAM, Reihan. The Facebook Commandments. September 25, 2007. Disponível em: <http// www.slate.com/id/2174439/>. Acessado em: 5 de agosto de 2008.

[4] Document of the Pontifical Council for the Pastoral Care of Migrants and Itinerant People: “Guidelines for the Pastoral Care of the Road”. July 19 2007. Disponível em: <http://212.77.1.245/ news_services/bulletin/news/20451.php?index=20451#V.%20The%20Christian%20virtue%20 of%20drivers%20and%20their%20%E2%80%9CTen%20Commandments%E2%80%9D>. Acessado em: 5 de agosto de 2008.

Uma das primeiras dificuldades dos Dez Mandamentos bíblicos é definir exatamente onde eles começam e como contá-los. Nem todo mundo concorda. Mateus toma o primeiro "assunto" como a assinatura de Deus em Êxodo 20:2: "Eu sou o SENHOR teu Deus, que te tirei da terra do Egito, do local da escravidão". A maioria dos cristãos considera o que se segue: "Não terás outros deuses antes de mim", como o primeiro mandamento. Alguns contam os versículos 3-6 como um único mandamento. Outros tomam o versículo 4 (não aderir a idolatria, e sua descrição em todo o versículo 6) como um mandamento distinto do versículo 3 (não ter outros deuses). Alguns contam os mandamentos sobre "cobiça", no versículo 17, como um só, outros como dois[5].

O mandamento "Não matarás" tem intrigado gerações de leitores; não menos por haver tanta matança sancionada, e até ordenada, na Bíblia. Ela ajuda a lembrar que a palavra hebraica traduzida como "matar" neste versículo parece ser específica para assassinato. De qualquer forma, é uma palavra diferente do "matar"na guerra ou como castigo[6].

O mandamento de guardar o sábado é o que mais difere segundo as versões do Êxodo e Deuteronômio. Esses livros dão diferentes razões à observância desse dia de descanso. Em Êxodo, a justificativa reflete-se em Gênesis capítulo 1 – a criação do mundo em seis dias, seguida por um dia (sábado) de descanso. Em Deuteronômio, a justificativa reflete-se em um evento histórico – a libertação, por Deus, do povo hebreu da escravidão no Egito. As implicações são diferentes.

Em Êxodo, descanso e criação estão emparelhados. Isso não só recorda a grandeza da "atividade universal e criativa de Deus" conforme narrado em Gênesis 1, mas também sugere que os demais humanos são inseparáveis da criatividade de nossas vidas de trabalho. Extrapolando um pouco, poderíamos dizer que o mandamento do sábado, em Êxodo, com sua ligação com Gênesis 1, pressupõe que o trabalho humano seja definido (como o de Deus, em cuja imagem Gênesis 1 diz que os seres humanos são feitos) por atos criativos que trazem ordem e bondade a partir do caos. O descanso do sábado recompensa e facilita esse trabalho.

Em Deuteronômio, ao contrário, o descanso é colocado em par com a

---

[5] Aliás, as feministas têm sustentado, em tom de gozação, que os mandamentos não se aplicam às mulheres. Ao menos, não é proibido cobiçar o marido da próxima. De fato, a gramática e o contexto histórico deixam claro que os destinatários são estritamente indivíduos do sexo masculino.

[6] É tentador escrever que, assim como os esquimós têm muitas palavras para a neve, o hebraico antigo tem muitas palavras para matar. Bem, tem, mas reluto em engrossar a desqualificação fácil e ignorante do Antigo Testamento como inteiramente violento e destrutivo. Não é assim – é muito mais rico e variado, com abundância de criação, amor, misericórdia e recuperação também.

libertação. As implicações disto podem adequar-se mais intimamente à experiência da maioria de nós no trabalho, como uma espécie de servidão. O descanso sabático, de acordo com o Deuteronômio, deve recordar a atividade de Deus nos assuntos humanos como autor da liberdade do antigo Israel. Isso está relacionado a uma outra diferença entre os Dez Mandamentos de Êxodo e os de Deuteronômio. Deuteronômio estende um pouco mais os benefícios do sábado, determinando os bois e burros que também devem ter descanso, repetindo ainda, "teus escravos do sexo masculino e feminino", sublinhando (novamente) que eles devem poder repousar, "assim como tu".

Para as pessoas generosas, com intenção de ler cada palavra da Bíblia até o fim, se a segunda metade do Êxodo, com as suas instruções detalhadas de comportamento, e de como construir o tabernáculo (um santuário portátil), testa-lhes a força de vontade, o Levítico frequentemente a quebra. Repleto de instruções linha por linha sobre os usos apropriados do pessoal religioso, trajes, preparação e comportamento, e com centenas de leis muito específicas, só os mais determinados ou antropologicamente curiosos conseguem passar pelo Levítico sem antes ler algum tipo de introdução ao livro. No entanto, de toda a Bíblia hebraica, é no Levítico, e só no Levítico, que se encontra o mandamento de "amar o próximo como a ti mesmo"[7]. Jesus, para quem as escrituras hebraicas eram toda a Bíblia, selecionou esse mandamento para fazer par com o mandamento de amar a Deus como o maior dentre todas as centenas de mandamentos[8].

Se essa é a coisa mais importante a fazer, o mais importante a dizer encontra-se em Dt 6:4, que precede imediatamente o mandamento de amar a Deus, que Jesus citou, com o amor ao próximo como o maior. Deuteronômio 6:4 começa assim: "Ouve, ó Israel", e às vezes é chamado de Shema, porque sua primeira palavra é *shema*, que significa "ouvir". Esse texto é o mais próximo que o judaísmo chega de ter um credo. É uma declaração de fé em um e um só Deus, e, embora seja breve, é rica e poderosa. Digo "rica", porque não existe uma única forma de traduzir o termo hebreu que abrange todos os seus significados; e "poderosa" por ser clara, elegante e direta. Enquanto os cristãos têm um corpo de credos e confissões de fé, o Shema, consistindo de apenas seis palavras em hebraico, é a declaração central da fé dos judeus. A palavra hebraica que segue o comando "Ouve, ó Israel" é um nome de quatro letras para Deus

---

[7] Lv 19:18.

[8] Mt 22:37-40, Mc 12:28-34, Lc 10:25-28 (citando Lv 19:18 e Dt 6:5).

transliterado como YHWH, frequentemente representado nas traduções inglesas como SENHOR ("S" maiúsculo e pequenas maiúsculas para "ENHOR"). Ler um nome adequado para Deus, aqui, torna "nosso Deus" compreensível na sentença seguinte, uma vez que o nome de quatro letras de Deus distingue YHWH de outros deuses.

Há ocasiões em que a gramática do hebraico bíblico pressupõe o verbo "ser" sem o escrever, e esta é uma. Então, podemos traduzir as primeiras palavras tanto como "Ouve, ó Israel, o SENHOR, nosso Deus", ou como "Ouve, ó Israel, o SENHOR é nosso Deus". Em qualquer dos casos, essa é uma confissão perfeitamente apurada da aliança com um deus específico, o SENHOR, em vez de qualquer outro deus. Então, ele repete o nome de quatro letras de Deus e coloca, a seguir, a palavra para "um", prestando-se às traduções: "...é o ÚNICO SENHOR", "o SENHOR é um", ou "...somente o SENHOR", declarando assim a singularidade do SENHOR como entidade única ou como o Deus singular do povo que recita o Shema.

PROFETAS E REIS HEBREUS

Saindo do Pentateuco e entrando nos livros históricos que se seguem, encontramos várias expressões populares associadas a Davi, o mais famoso rei de Israel. Uma dessas – "Deus não vê as coisas como as pessoas as veem; as pessoas olham para a aparência externa, mas o SENHOR olha para o coração"[9] – aparece na história da unção secreta de Davi. O pequeno Davi, caçula de sua família, estava fora quando o profeta Samuel apareceu para selecionar o futuro rei de Israel. À medida que cada um dos sete irmãos era apresentado e elogiado, Deus dizia a Samuel: "Não. Não. E não". Uma vez que nenhum dos jovens era adequado aos olhos de Deus, Samuel perguntou a seu pai, Jessé, se haveria algum outro. Jessé reconheceu que, de fato, havia mais um, Davi, que estava fora cuidando de suas ovelhas. Quando Davi chegou, a primeira coisa que o narrador nos diz é como ele era: "rosado, com belos olhos, e bonito", e Deus imediatamente disse: "É ele!"[10]. Lá se vai a indiferença de Deus com a aparência externa, ao menos quando se trata de reis.

Outra frase familiar associada a Davi foi dita por ele. "Como os poderosos caíram!" é uma exclamação ouvida hoje em contextos que vão da política ao beisebol, a Hollywood e a Wall Street. Ela geralmente refere-se à súbita

---

[9] 1 Sm 16:7.
[10] 1 Sm 16:12.

queda – de uma situação de poder e prestígio a outra de impotência ou vergonha. Com esse propósito, ela costuma assumir um tom de satisfação, mas seu uso bíblico original era um choro sofrido de luto. Davi exclamou e repetiu a expressão em um lamento poético sobre o cadáver de seu rei Saul, e de seu melhor amigo, Jônatas[11]. Este poema é a culminância de um drama que se desenrola ao longo de muitos capítulos que conduzem a ele. Em suma: o triângulo de Davi, Saul e Jônatas estava repleto de lealdades concorrentes; e Saul havia buscado a morte de Davi por algum tempo. No entanto, quando Davi soube que Saul e Jônatas haviam sido mortos em combate, cantou essa canção de lamento, louvando a grandeza deles, proibindo qualquer festa pela morte de ambos, e declarando grande amor por Jônatas. A canção também inclui um verso sobre o pai e o filho, que aparece hoje na lápide de muitas famílias: "Em vida não foram divididos, e na morte não foram separados"[12].

Isaías e Miqueias têm, em comum, uma passagem: "Eles farão de suas espadas arados, e de suas lanças, podadeiras; nação não erguerá espada contra nação, e eles não mais praticarão a guerra"[13]. Ela aparece no fim dos versículos que descrevem um tempo futuro, quando Jerusalém será restaurada após a destruição, e será um centro internacional de sabedoria, justiça e paz. A passagem de Isaías termina com a imagem da transformação de armas violentas em ferramentas agrícolas pacíficas; o profeta rural Miqueias acrescenta um idílio pastoral: "Eles sentar-se-ão sob todas as próprias vinhas e figueiras, e ninguém os fará ter medo" [14].

Poucas pessoas amantes da paz que citam esse texto sabem que o seu exato oposto está na Bíblia, também. O profeta Joel, que apareceu muito depois de Isaías e Miqueias, e que fez uso significativo das profecias anteriores, disse à sua audiência que estava chegando a hora de "forjar vossos arados em espadas, e vossas foices em lanças"[15]. O contexto faz toda a diferença, é claro. Joel inverteu as palavras para usá-las contra os opressores de Israel, conclamando o povo a se preparar para o ataque furioso de Israel, vingando a Deus em combate.

Outra citação de amantes da paz, "O leão se deitará com o cordeiro", é tema de inúmeras pinturas, e recentemente foi estampada em camisetas e até mesmo tatuada em fãs adolescentes da saga de vampiros *Crepúsculo*, cujo

---

[11] 2 Sm 19, 25, 27.
[12] 2 Sm 1:23.
[13] Is 2:4; Mq 4:3.
[14] Mq 4:4.
[15] Jl 3:10.

website chama-se "E o leão se apaixonou pelo cordeiro"[16]. O romancista contemporâneo Martin Amis pode ter tido razão em mais sentidos do que pretendia quando escreveu: "Só na arte o leão se deitará com o cordeiro", porque essa frase realmente não está na Bíblia. É uma paráfrase de Is 11:6 (e reiterada em Is 65:25), na qual o profeta prevê um tempo em que predador e presa coexistirão pacificamente, quando "eles não ferirão nem destruirão em todo o meu Monte Sagrado"[17]. No repertório de imagens bíblicas, um lobo aparece lado a lado com o cordeiro, o leopardo com o cabrito e o bezerro com um leão. Nos últimos anos, uma leoa queniana chamada Larsens ganhou os noticiários internacionais (e seu abrigo ganhou muito dinheiro), ao adotar e proteger uma série de bebês antílopes ônix. A história é contada frequentemente como um exemplo dessas imagens de "reino pacífico," e Larsens foi rebatizada como Kamunyak, "a Abençoada"[18].

Miqueias é também fonte de um célebre apelo por justiça social. Como referência a esse apelo, alguém de minha cidade dirige um carro com a placa MIC66-8. Começando com a pergunta "Com que me apresentarei perante o SENHOR?" e, em seguida, listando oferendas de valiosos sacrifícios como possível resposta, o texto conclui: "Ele te disse, ser humano, o que é bom, e o que o SENHOR exige de ti, a saber: fazer justiça, amar a bondade, e caminhar humildemente com teu Deus".

Assim como Miqueias, o profeta Amós também depura a adoração apropriada em atos de justiça social. Martin Luther King Jr. celebremente repetia Amós: "Que o direito jorre como a água, e a justiça seja uma torrente inestancável!"[19]. Esses textos atemporais contêm uma mensagem frequentemente recorrente na Bíblia: a de que a relação de uma pessoa com Deus não se limita a algo individual, "entre Deus e mim", mas é inseparável de seus relacionamentos com os outros e o mundo ao seu redor. Fazer o que é certo pelos outros, declaram os profetas, é fazer o certo por Deus.

Esse não era bem o *modus operandi* do pistoleiro do filme *Pulp fiction*, Jules (interpretado por Samuel Jackson), que afirmava ter decorado Ez 25:17, e o recitou três vezes. No entanto, o filme apresentou a muita gente

---

[16] Lion and Lamb Love. Disponível em: <http://www.lionandlamblove.org/ >. Acessado em: 29 de novembro de 2008.

[17] Is 11:9.

[18] MEEK, James. Animal Magnetism. *Guardian*. April 3 2002. Disponível em: <http://education.guardian.co.uk/higher/biologicalscience/story/0,, 678111,00.html>. Acessado em: 17 de junho de 2008); e And the Lion Shall Lie Down with the Lamb. Disponível em: <http://www.naturescornermagazine.com/lion_lamb.html>. Acessado em: 17 de junho 2008.

[19] Am 5:24.

esse excêntrico profeta hebreu. A passagem é obscura, e o personagem de Jackson não a cita muito bem, embora a segunda e a terceira repetições estejam mais próximas. Por um lado, Ez 25: 17 não é tão longo como a fala de Jackson, e não tem nada a ver com "ser o guardião de seu irmão" (a partir de Gênesis 4) ou "aquele que encontra crianças perdidas"[20]. Isso não a impediu, porém, de ser eleita a quarta melhor fala de filme de todos os tempos segundo uma pesquisa de 2004 citada pela BBC[21].

Do livro de Ezequiel, o discurso mais conhecido é o do "vale das ossadas secas", cheio de esperança e promessas[22]. Ele aparece no livro depois de Ezequiel haver recebido a fatídica notícia de que Jerusalém havia caído sob os babilônios. Nesse ponto, Ezequiel muda seu foco do julgamento de Deus e da destruição de Judá para sua restauração vindoura. Parte da mensagem de restauração vem sob a forma da visão de Ezequiel, na qual o espírito de Deus o levou a um vale repleto de ossadas humanas secas, e disse-lhe para profetizar a eles que Deus os faria viver novamente. Diz uma canção popular religiosa: "O osso do pé juntou-se ao osso do tornozelo, e do osso do tornozelo juntou-se ao osso da perna, e do osso da perna juntou-se ao osso do quadril; agora, ouve a palavra do Senhor!". Embora muita gente pense que a história fala sobre a ressurreição de mortos, no texto, Deus explica a Ezequiel que os ossos são a comunidade de Israel, que acreditava ter sido completamente dizimada para nunca mais ser um povo novamente. A imagem transmite esperança de que, embora parecesse impossível no momento, Deus faria do antigo Israel um povo distinto com sua própria terra novamente.

Um texto muito mais obscuro de Ezequiel tornou-se familiar aos adeptos das dietas e alimentos saudáveis. Uma empresa chamada *Food for Life* produz os pães e cereais "Ezequiel 4:9", inspirados no versículo: "Apanha trigo, cevada, favas, lentilhas, milho e espelta; guarda-os num recipiente; farás pão para ti". São produtos deliciosos, mas espero sinceramente que não sejam produzidos conforme o preceito bíblico. Ezequiel recebeu de Deus a ordem de fazer este pão como símbolo repulsivo das condições imundas do exílio, que a nação pecaminosa tinha de suportar. Ou seja, deveria transmitir desgosto, no mínimo.

Ezequiel foi sacerdote, além de profeta, por isso conhecia e observava

---

[20] Ez 25:17 diz: "Realizarei grande vingança, vou impor-lhes castigo furioso. Eles saberão que eu sou o SENHOR, quando eu puser minha vingança sobre eles".

[21] Napalm Speech Tops Movie Poll. *BBC News*. January, 2004. Disponível em: <http://news.bbc.co.uk/2/hi/entertainment/3362603.stm#quote>. Acessado em: 1º de junho de 2008.

[22] Ez 37:1-14.

as leis que proibiam misturar coisas díspares. Misturar todos esses grãos de coisas diferentes – diferentes grãos e legumes – em um pão e comê-lo era uma abominação para Ezequiel. Além disso, o texto continua com a ordem de Deus a Ezequiel para que o pão fosse assado em fezes humanas, dando à mensagem de impureza ritual uma clareza nauseante. Mas Ezequiel protestou, e Deus então cedeu, permitindo-lhe assá-lo sobre esterco de vaca. Acredito que a *Food for Life* deve se separar das escrituras neste ponto e assa seus produtos em um forno convencional.

POESIA E SABEDORIA UNIVERSAL DO ANTIGO TESTAMENTO

"O Senhor é meu pastor..." começa o Salmo 23. É um salmo de conforto e garantia de que, diante do perigo, Deus lhe dá cobertura. George W. Bush citou este salmo em seu primeiro discurso depois de 11 de setembro de 2001. Ele citou, especificamente, parte do versículo 4: "Mesmo que eu ande pelo vale da sombra da morte, não temerei mal algum, porque tu estás comigo". É um salmo poderoso. Curiosamente, Bush optou por não continuar com o versículo seguinte: "Diante de mim, fazes servir uma mesa em presença de meus inimigos", um trecho curioso que poderia ser tomado de algumas formas diferentes. A preparação de tal mesa por Deus para o salmista (e a concessão das coisas boas descritas a seguir), diante dos inimigos do salmista, poderia ser uma espécie de desprezo – veja o que Deus faz para mim, mas não para você. Ou poderia ser entendida como uma espécie radical de paz – comer com os outros é um ato conciliatório. Ou poderia ser simplesmente uma expressão maior da proteção de Deus em meio ao perigo – nesse caso, comer com segurança no meio de pessoas cujo objetivo é danoso.

Lembro-me de uma ilustração em um pequeno livro de salmos que ganhei quando criança, em que um homem de cabelos castanhos, vestido com uma longa túnica bege, segurava um cajado perto de um riacho. Era do Salmo 23, é claro – "O Senhor é meu Pastor..." – e imaginei que o homem era o Senhor Jesus, o Bom Pastor (como o nome de nossa igreja, a Igreja Luterana do Bom Pastor). Essa é uma interpretação, e uma imagem apoiada pelos evangelhos[23]; mas é claro que o Salmo 23 não foi escrito originalmente com Jesus em mente (o qual estava a séculos de nascer),

---

[23] Veja especialmente Jo 10:11, 14.

e o "SENHOR" que começa o salmo representa o YHWH hebreu. No entanto, não importa como o Salmo 23 é interpretado; ele tem confortado e encorajado inúmeros judeus e cristãos ao longo de milênios, com sua garantia da orientação e proteção de Deus, mesmo durante os tempos mais incertos e assustadores.

Salmos está cheio de aforismos revigorantes que acabaram entrando no discurso comum e no pensamento contemporâneo – "Os céus proclamam a glória de Deus"[24], "O pranto pode durar uma noite, mas a alegria vem com a manhã"[25], "de força a força"[26], "A tua palavra é lâmpada para meus passos e luz para o meu caminho"[27]. Assim também é o livro dos Provérbios. Você talvez já tenha visto aquelas pequenas Bíblias verdes ou laranjas que os gideões distribuem de graça. Talvez você até tenha uma. Elas são, na verdade, Bíblias cristãs resumidas, enfatizando o Novo Testamento. Os únicos livros do Antigo Testamento que elas incluem são Salmos e Provérbios – compreensivelmente, uma vez que esses livros contêm muito do que transcende tempo e lugar, e parecem imediatamente relevantes, mesmo para as pessoas de hoje.

Ambos os livros têm a frase icônica da chamada literatura bíblica de sabedoria: "Temer o SENHOR é o princípio da sabedoria"[28]. A literatura de sabedoria não exige um conjunto comum de leis ou rituais para que os leitores sintam que ela fala por eles e para eles. Na verdade, Provérbios é repleto de conselhos a um público geral, incluindo o popular "Confia no SENHOR com todo o teu coração; e não te apoies em teu próprio entendimento"[29]. Surpreendentemente, no entanto, o livro Provérbios está repleto de instruções sobre como possuir entendimento e, com esse conhecimento, como obter sucesso no mundo. Nesse contexto, o provérbio que acabamos de citar não é uma simplória defesa da ignorância. Em vez disso, o livro convida os leitores a buscar com afinco a sabedoria em toda parte e sempre, e a ter cuidado com a estupidez, ambas personificadas como mulheres – a Mulher Sabedoria e a Mulher Loucura, as quais disputam o afeto do leitor (masculino).

Eclesiastes é outro livro de literatura de sabedoria bíblica. Mas é muito menos otimista do que Provérbios, que considera o sucesso como algo

---

[24] Sl 19:1.
[25] Sl 30:5.
[26] Sl 84:7.
[27] Sl 119:105.
[28] Sl 111:10; Pr 1:7.
[29] Pr 3:5.

simples – apenas uma questão de ser inteligente e responsável (e o fracasso como produto da estupidez e ignorância). Eclesiastes é, em vez disso, dominado pelo sentimento que começa o livro: "Vaidade de vaidades... tudo é vaidade", ou pelo menos assim se lê na tradução do rei James. Essa tradução pode ser enganosa, porque a "vaidade" da Versão do rei James não é exatamente a mesma que a nossa de hoje. A palavra hebraica, *hevel*, traduzida como "vaidade", significa algo como "respiração" ou "vapor"[30]. Ela descreve algo transitório, algo que não pode ser pego e mantido, mas que se evapora e desaparece. É a mesma palavra do nome Abel, um nome hebraico que informa os leitores de Gn 4:1-16 que Abel não ficará na história por muito tempo. (Na verdade, ele é assassinado em alguns versículos.) Então, Eclesiastes não pretende sugerir que tudo é autoabsorvido, na linha do "como você é vaidoso!". Em vez disso, o livro está preocupado com a natureza transitória da vida, do sucesso e da felicidade.

De modo similar a sua observação da natureza sempre mutável das coisas, o livro repete que não há "nada de novo sob o sol". Tudo é cíclico – já foi feito antes, e o será novamente. O título *O sol também se levanta*, de Ernest Hemingway, vem da tradução do rei James de Ec 1:5: "O sol também se levanta e anda o sol e corre de volta ao lugar de onde se levantou". É em Eclesiastes que encontramos as letras de Pete: "Turn, turn, turn (to everything there is a season)"[*], que foi cantada por diversos artistas, e ao redor de muitas fogueiras de acampamento. Ela se tornou especialmente popular pela versão dos Byrds, e pelo filme *Forrest Gump* também[31]. Dependendo de seu humor, a canção pode ser um grande abraço otimista a tudo o que existe, cada coisa em seu tempo certo – luto e dança, choro e riso, segurar e liberar, guerra e paz, amor e ódio – ou pode ser uma observação pessimista de que há pouco sentido em ir atrás de algo, uma vez que qualquer coisa vale.

O Cântico dos Cânticos, também chamado de Cântico de Salomão, discorda. Os oradores desse livro colocam-se a favor do amor – amor erótico, sensual, físico. Lá você encontra um ótimo material para casamentos: "Teu amor é melhor do que o vinho"[32], "marca-me como um selo em teu coração, como selo sobre o teu braço, porque o amor é forte como a morte, a paixão é feroz como a sepultura"[33]. Ele olha para o mundo

---

[30] É frequentemente traduzido como "sem sentido", mas introduz um juízo de valor que falta ao termo hebraico.

[*] N. do T.: "Virar, virar, virar – para tudo há uma estação", tradução livre.

[31] Ecl 3:1-8.

[32] Ct 1:2.

[33] Ct 8:6.

natural como ilustração e significado, e todos os sentidos – visão, olfato, audição, paladar e tato – são invocados na busca e no deleite do amor. Em um esforço para explicar como um livro tão picante entrou para a Bíblia, grupos de diferentes orientações de fé interpretaram o livro como descrevendo o amor de Deus por Israel ou Jesus ou a Igreja. No entanto, muitos reconhecem no livro sua celebração do sensual e seu abraço ao amor físico. Book22.com é um site cristão que vende brinquedos sexuais. Seu nome refere-se ao Cântico dos Cânticos, o vigésimo segundo livro da Bíblia, segundo uma ordem e uma numeração cristãs dos livros[34].

Por falar em ótimo material para casamentos, quantas vezes você já ouviu "Aonde tu fores, eu irei; onde quer que pouses, ali pousarei eu; teu povo será meu povo e teu Deus será meu Deus", enquanto um casal apaixonado se olha no altar de uma igreja ou sinagoga? É uma bela passagem de fidelidade e amor, perfeita para a ocasião de um casamento, embora seu contexto bíblico seja uma conversa apaixonada (se bem que platônica) entre duas mulheres (parentes por afinidade)[35]. Rute disse essas palavras a sua sogra Noemi, depois que os filhos de Noemi, incluindo o marido de Rute, haviam morrido, e Noemi estava retornando a sua Belém natal. A estrangeira, Rute, era natural de Moab, mas estava determinada a ficar com Noemi, apesar do futuro sombrio que um par de viúvas teria enfrentado no patriarcal mundo mediterrâneo antigo. Não era a escolha mais prudente para Rute, mas sua *bondade amorosa* e sua fidelidade fazem dela a heroína dessa encantadora novela bíblica.

Até hoje, quando pergunto a meus alunos qual personagem bíblico disse: "Eu sei que o meu redentor vive", ainda não obtive uma resposta certa. A resposta é Jó, o personagem do Antigo Testamento conhecido por suportar um terrível sofrimento que não merecia[36]. Quase todo mundo imagina que deva estar em algum lugar do Novo Testamento, e que "meu redentor" é, necessariamente, Jesus. O espírito da exclamação encaixa-se perfeitamente na teologia cristã, mas, na verdade, vem de um personagem que não é sequer retratado como israelita. Este homem, Jó, foi levado a xingar seus dois amigos e a Deus enquanto buscava alguma justificativa e alívio para seu tormento. Ironicamente, pouco antes de declarar: "Eu sei que o meu Redentor vive", Jó disse: "Se ao menos alguém pudesse

---

[34] Se "brinquedos sexuais cristãos" soa-lhe paradoxal, seu fundador explica: "Oramos sobre as coisas antes de adicioná-las a nosso site ... e Ele realmente nos surpreendeu!" The Joy of Christian Sex Toys. *NPR.org*. March 21, 2008. Disponível em: <http://www.npr.org/templates/story/story.php?storyld=18975616>. Acessado em: 15 de julho de 2008.

[35] Rt 1:16.

[36] Jó 19:25.

escrever tudo isto, para que as minhas palavras durassem para sempre!"[37]. Jó pontuou seu sofrimento com esta exclamação de fé, confiante de que "mesmo após minha pele haver desaparecido, ainda assim, em minha carne, verei a Deus". O sentimento repercutiu, dando origem, ao longo dos anos, a inúmeras músicas – clássicas, pop, hinos litúrgicos, rock cristão e outras mais.

De acordo com os livros pós-exílicos Ester e Daniel, os babilônios eram bastante festeiros, e todos nós sabemos (se não em primeira mão) que bebidas fortes podem levar as pessoas a fazer bobagens. Dan 5:1-31 conta como o rei Belsazar, no auge de uma bebedeira com uma multidão de desordeiros, achou que era uma boa ideia beber dos vasos sagrados pilhados do templo de Jerusalém. Quando brindaram à grandeza de seus deuses ídolos, uma mão humana surgiu do nada e começou a escrever na parede em frente a eles. Totalmente aterrorizado pelo fantasma e pelas palavras, que nem mesmo seus mágicos conseguiam decifrar, Belsazar chamou o exilado judeu Daniel para ver o que ele conseguia compreender. Depois de castigar Belsazar por sua arrogância, Daniel traduziu, com facilidade, a escrita na parede, *mene mene tekel parsin* (palavras em aramaico para denominações específicas de peso ou moeda)[38], significando que Deus terminaria em breve com o reinado de Belsazar, que o próprio rei seria julgado um peso leve, sem valor, e que seu reino seria dividido entre os medos e os persas. Hoje, "a escrita está na parede" ainda carrega o tom ameaçador de um fato consumado – um *fait accompli*.

NOVO TESTAMENTO: O MENINO JESUS

Toda vez, e quero dizer toda vez mesmo, que assisto ao especial de Natal da turma do Snoopy, fico emocionada quando Linus sobe ao palco. Ele responde à angustiada exclamação de Charlie Brown, "Ninguém sabe o sentido do Natal?" com um balbucio: "Claro, Charlie Brown, eu posso te dizer qual o sentido do Natal". Linus vira abruptamente e, sempre com seu cobertor, caminha compenetrado até o palco, onde Lucy, Snoopy e as outras crianças estão reunidas. "Luzes, por favor?" Então, com alguns gestos demonstrativos e um sorriso ocasional, e sem qualquer música ou som de fundo, Linus encara o teatro vazio e diz simplesmente: "E havia, no mesmo país, pastores habitando no campo, e guardavam o seu rebanho durante

[37] Jó 19:23-24. Realizei uma paráfrase.

[38] Aramaico *tekel* = hebraico "shekel", uma unidade de moeda também usada no Israel moderno.

a noite. Eis que um anjo do Senhor veio sobre eles, e a glória do Senhor mostrou-se ao redor deles, e [as mãos à boca] tiveram grande temor. E o anjo disse-lhes [um pequeno sorriso]: 'Não temais. Pois trago-vos notícia de grande alegria [juntando as mãos ao peito e sorrindo]. Pois nasceu hoje para vós, na cidade de Davi, um salvador [fecha os olhos brevemente, braços abertos], que é Cristo, o Senhor. E este será um sinal para vós: achareis o menino envolto em panos e deitado numa manjedoura'. De repente, lá estava, com o anjo, uma multidão dos exércitos celestiais, louvando a Deus, dizendo: 'Glória a Deus nas alturas, e na terra, paz aos homens de boa vontade!'". Então, ele pega seu cobertor, sai dos holofotes, desce do palco e diz : "Esse é que é o sentido do Natal, Charlie Brown". Isso me pega de jeito, todas as vezes. A passagem vem do Evangelho de Lucas[39], e é a mais recitada das diferentes narrativas do nascimento de Cristo dos evangelhos[40].

NOVO TESTAMENTO: O MESTRE JESUS

Andrew Carnegie, que, com seu trabalho, saiu da pobreza para uma grande fortuna, doou grandes somas para, entre outros grandes fins, construir belas bibliotecas públicas em todos os Estados Unidos e Reino Unido, pois dizia que "o homem não vive apenas de pão... É a mente que enriquece o corpo"[41]. Muitas pessoas creditam a Jesus a afirmação: "Nem só de pão vive o homem", mas Jesus estava, na verdade, citando escrituras hebraicas que ele conhecia, nas quais Moisés relembra os israelitas de como Deus cuidou deles no deserto, fornecendo maná quando estavam com fome, e os ensinou que "uma pessoa não vive só de pão, mas de toda palavra que sai da boca do Senhor"[42]. A frase passou a descrever como os seres humanos têm necessidades culturais e espirituais além das necessidades físicas de água e alimentos.

---

[39] Lc 2:8-14.

[40] Muitas pessoas ficam surpresas ao descobrir que as narrativas evangélicas são muito diferentes umas das outras e que nem João nem Marcos contêm história alguma sobre o nascimento. Não existem magos na história de Lucas, tampouco há um Herodes maquinador, e não há pastores nem manjedoura na história de Mateus do nascimento de Jesus. Apenas Mateus descreve os magos seguindo uma estrela desde sua casa, no leste, até encontrar o recém-nascido (em uma "casa", no Evangelho de Mateus), que deve ser ocultado para evitar intenções assassinas de Herodes. Aquelas cenas da manjedoura com animais de celeiro, magos, pastores, Maria, José e o bebê, com uma estrela suspensa acima, são um composto de diferentes histórias do nascimento.

[41] Mr. Carnegie's Address. In *Presentation of the Carnegie Library to the People of Pittsburgh, with a Description of the Dedicatory Exercises.* November 5 1895. Pittsburgh, Pa.: City of Pittsburgh, [1895]. p. 13-14.

[42] Dt 8:3; Mt 4:4, LC 4:4.

As bem-aventuranças (ou beatitudes, termo originário de uma palavra latina que significa "abençoado" ou "feliz") é um título dado a uma série de declarações de bênçãos ("Bem-aventurados os...") que Jesus faz nos evangelhos de Mateus e de Lucas. O Jesus de Mateus, um novo Moisés, sobe e detém-se em uma montanha, por isso essas bem-aventuranças são parte daquilo a que as pessoas se referem como o Sermão da Montanha. Em Lucas, Jesus "estava em um local plano", daí o Sermão da Planície. A própria Bíblia não usa a expressão "bem-aventuranças", "Sermão da Montanha", ou "Sermão da Planície". Essas descrições são uma convenção moderna. Alguns editores da Bíblia incorporam-nas ao texto para ajudar a orientar os leitores de hoje.

As bem-aventuranças não são exatamente as mesmas em Mateus e Lucas. Quanto às diferenças gerais, Mateus é mais abstrato ou generalista, e enfatiza questões espirituais; Lucas é mais pessoal e enfatiza temas sociais e econômicos. Por exemplo, em Mateus, Jesus diz: "Bem-aventurados os pobres de espírito, porque deles é o reino dos céus"[43]; enquanto o Jesus de Lucas diz: "Bem-aventurados vós, os pobres, porque vosso é o reino de Deus"[44]. Em Mateus, Jesus diz: "Bem-aventurados os que têm fome e sede de justiça, porque eles serão saciados"[45], enquanto Jesus de Lucas diz: "Bem-aventurados vós que agora tendes fome, porque sereis saciados"[46]. A banda de rock dos anos 1980, *The Police*, cantava: "Dizem que os mansos herdarão a Terra". *Blessed* (1978), de Simon e Garfunkel, acrescenta várias bem-aventuranças, tais como "bem-aventurados os ladrões de galinhas, prostitutas baratas, e quem tem estilo", que não aparecem em qualquer lugar dos evangelhos. "Bem-aventurados os pacificadores" foi o lema do rei James I da Inglaterra (e da Versão do rei James da Bíblia), e é citado com ironia em *O poderoso chefão*, Parte 3.

Tanto no Sermão da Montanha de Mateus quanto no Sermão da Planície de Lucas, Jesus declara a Regra de Ouro, "a máxima moral mais comum nas religiões do mundo"[47]: "Fazei aos outros como gostaríeis que vos fizessem"[48]. Esse texto do Novo Testamento é muitas vezes confundido com o texto do Antigo Testamento em Levítico que citei anteriormente ("Ama ao próximo como a ti mesmo"). George W. Bush cometeu esse erro em outubro de 2000,

[43] Mt 5:3.
[44] Lc 6:20.
[45] Mt 5:6.
[46] Lc 6:21.
[47] PROTHERO, Stephen. *Religious Literacy: What Every American Needs to Know-and Doesn't.* New York: HarperSanFrancisco, 2007. p. 182.
[48] Mt 7:12, Lucas 6:31.

em um debate presidencial com Al Gore, dizendo que os norte-americanos deveriam apelar à "lei maior" de "amar seu próximo como você mesmo gostaria de ser amado"[49]. Há uma leve e característica diferença entre as Regras de Ouro de Mateus e de Lucas: Mateus, preocupado em mostrar Jesus como o cumprimento das escrituras hebraicas, acrescenta: "porque assim dizem a lei e os profetas"; Lucas, cuja mensagem é consistentemente mais universal e voltada para os gentios, não faz esse acréscimo.

É bem possível que Jesus tenha adaptado a Regra de Ouro do famoso ensinamento de Hillel, um reverenciado professor judeu do século I AEC. (Este é o Hillel que dá nome à Casa Hillel em muitos campi universitários dos Estados Unidos e a vários outros lugares no mundo, inclusive no Brasil.) Há uma história de que um homem veio a Shammai (outro reverenciado professor judeu, do século anterior ao de Jesus), declarando que, se Shammai conseguisse ensiná-lo a Torá enquanto ele se apoiava em um pé só, então ele se converteria. Irritados com o que lhe parecia ignorância e desrespeito grosseiros para com a complexidade e as nuances dos ensinamentos de Deus, Shamai bateu a porta, mandando o homem embora.

O homem foi então a Hillel e propôs o mesmo desafio. A resposta de Hillel foi dizer: "Isso é fácil. Não faça aos outros aquilo que não gostaria que fizessem a você. Essa é toda a Torá. Todo o resto é comentário. Agora vá e aprenda-a". Hillel é uma representação negativa da Regra de Ouro – "*Não* faça... o que *não* gostaria..." –, na qual o comedimento é a chave e ela enfatiza a importância do ensino e do estudo. Praticar o comedimento que ela aconselha não é o fim. Aprender as nuances da diretiva no contexto do resto das escrituras e estudar as maneiras como os sábios têm procurado compreender e seguir a regra é crucial.

No Sermão da Montanha, em Mateus, Jesus extrapola as instruções das escrituras hebraicas que teriam sido textos de autoridade para seu público judeu. Ele aceita a lei e acrescenta-lhe algo – seria como ver as cartas do jogo e colocar mais fichas. Assim é que, em Mateus, Jesus diz coisas como: "Já ouvistes dizer: 'não cometerás adultério'" – um dos Dez Mandamentos –, "mas eu vos digo que todo aquele que olhar para uma mulher com desejo já cometeu adultério com ela em seu coração"[50]. Norte-americanos de uma certa idade que assistiram ao escândalo Clinton-Lewinsky recordam com nostalgia a confissão honesta de Jimmy Carter,

---

[49] PROTHERO, Stephen. *Religious Literacy: What Every American Needs to Know-and Doesn't*. New York: HarperSanFrancisco, 2007. p. 182.

[50] Mt 5:28.

em entrevista à *Playboy* (1976), de ter olhado com desejo para as mulheres e, portanto, segundo a Bíblia, ter cometido adultério em seu coração.

É em Mateus que Jesus toma a posição da Torá de "olho por olho, dente por dente" e a inverte, dizendo: "Se alguém te bater na face direita, oferece também a outra"[51]. "Oferecer a outra face" passou a significar qualquer ato de passividade diante da violência ou ameaça. O romancista russo Leo Tolstoy tomou esse mandamento da não resistência por seu valor de face no livro que mapeia sua definição de uma sociedade cristã, *O reino de Deus está em vós* (1894).

Hoje, o pai-nosso é frequentemente recitado em voz alta, em reuniões de congregações, com todos participando; mas quase sempre criam-se alguns momentos de ansiedade, porque, apesar da familiaridade com a oração, nem todo mundo diz a mesma coisa[*]. Se a sua é a voz das minorias, que declara uma versão discordante, pode ser embaraçoso. A verdade é que a multiplicidade é realmente muito bíblica.

O pai-nosso (que, na verdade, não tem esse nem qualquer outro título na Bíblia) aparece no Sermão da Montanha, em Mateus, mas não no Sermão da Planície, em Lucas. Marcos e João não o incluem em ponto algum. O Jesus de Mateus apresenta suas instruções para essa breve e doce oração, contrastando-a com as prolixas orações gentias (a deuses pagãos)[52]. Lucas encurta ainda mais a oração e deixa de fora a crítica a preces de outros povos[53].

Não só as versões de Mateus e Lucas são diferentes, mas cada uma também aparece de formas diferentes. Por exemplo, algumas versões antigas do Evangelho de Mateus incluem uma frase: "Pois o reino e o poder e a glória são vossos para sempre. Amém". Mas outras versões antigas terminam com "livrai (ou salvai)-nos do mal (ou do maligno)". Algumas versões antigas do pai-nosso, em Lucas, começam com "Pai", e outros "Pai nosso no céu". Algumas versões, como a que aparece no *Book of common prayer*, usa "ofensas" onde outros usam "dívidas".

A igreja de meus pais, no norte de Minnesota, tem uma versão gravada em pedra, em letras enormes, do piso ao teto, atrás do altar. Isso ajuda.

Um par de outros ditos populares de Jesus, comuns a Mateus e Lucas (e parte do Sermão da Montanha, em Mateus, mas não do Sermão da Planície,

---

[51] Mt 5:39.
[*] N. do T.: Variações dessa oração são mais comuns em inglês.
[52] Mt 6:7.
[53] Lc 11:2-4.

em Lucas), incluem "Olhai os lírios..." e "Pedi e recebereis..."[54]. Os textos integrais, muito longos para ser citados aqui, querem dar garantias poéticas de que Deus olha pelos seus. Cada um inclui três elementos: não se preocupe; esforce-se pelo reino de Deus; e Deus lhe dará o que você precisar ou pedir. Eles têm sido usados em discussões pró e contra o "evangelho da prosperidade", por razões óbvias.

Um contraponto interessante é o contexto literário de "Para o ser humano, é impossível; mas, para Deus, tudo é possível", que encontramos em todos os evangelhos sinópticos: Mateus, Marcos e Lucas[55]. A essência da lição anterior a essa declaração parece ser que a riqueza material opõe-se a experimentar o reino de Deus. Jesus comparou as chances de uma pessoa rica de entrar no reino de Deus a um camelo espremer-se pelo buraco de uma agulha. Quando os discípulos exclamaram que isso era impossível, Jesus respondeu com a afirmação de que, com Deus, tudo é possível. Tal contexto parece sugerir que Deus pode dar a uma pessoa rica o acesso ao reino de Deus, e pode empurrar um camelo pelo buraco de uma agulha. Aliás, "Com Deus, tudo é possível" é o lema do estado norte-americano de Ohio.

Voltemos um pouco ao buraco da agulha, porque é uma frase que aparece bastante hoje, e há várias explicações diferentes sobre suas origens circulando por aí. Uma delas é que a palavra grega traduzida como "camelo" é, na verdade, "corda" – a diferença entre *kamelos* e *kamilos*, respectivamente. Mas o resultado final é o mesmo. Ou seja, é apenas um pouco menos extraordinário empurrar uma corda através do buraco de uma agulha do que empurrar um camelo; ambos são impossíveis[56]. Outra teoria popular é que havia um portão em Jerusalém chamado Olho da agulha, através do qual um camelo poderia passar somente se fosse aliviado de sua carga e se arrastasse de joelhos. Mas não há nenhuma evidência disso.

Imediatamente após as bem-aventuranças, o Jesus de Mateus diz a seu público: "Vós sois o sal da terra"[57]. Receando que seu público se sentisse orgulhoso por isso e se tornasse complacente, o Jesus de Mateus segue advertindo que, se o sal perde seu sabor, não serve para nada e deve ser jogado fora e pisado. "Sal da terra" acabou sendo associado a gente

---

[54] Mt 6:25-34; Lc 12:22-32.

[55] Mt 19:26; Mc 10:27; Lc 18:27.

[56] A expressão também aparece no Talmud Babilônico hebraico (com um elefante em vez de um camelo) e no Alcorão para o mesmo fim – ilustrando a impossibilidade (*Beraleoth 55b*; *Baba Mezi'a 38b*; Alcorão, "Os lugares elevados").

[57] Mt 5:13.

honesta e trabalhadora, geralmente dedicada a serviços manuais pesados, o tipo de gente que não goza de privilégios ou cargos elevados, mas de quem economias e comunidades inteiras dependem.

Em meados do século XX, quando o comunismo estava nas mentes de muitas pessoas, tornou-se moda entre alguns estudiosos de esquerda mostrar quão "vermelho" Jesus aparenta ser nos evangelhos sinópticos. Na verdade, as críticas econômicas de Jesus regularmente favorecem os pobres e promovem um sistema social de bens comuns. *Salt of the earth* (*O sal da terra*) é o título de um filme tão polêmico na época de seu lançamento que foi denunciado pela câmara dos deputados dos Estados Unidos, o seu financiamento foi investigado pelo FBI e o filme foi amplamente boicotado – apenas uma dúzia de cinemas em todo o país estavam dispostos a exibi-lo. Produzido em 1954 com apenas um punhado de atores profissionais, conta a história de uma greve de mineiros que desafiava não apenas desigualdades econômicas, mas também étnicas e de gênero. Tornou-se um *cult*, e, em 1992, a Biblioteca do Congresso dos EUA incluiu *Sal da terra* em seu Acervo Nacional de Filmes, devido à importância cultural do filme.

Histórias sobre Jesus refletem seu contexto cotidiano: trabalhadores braçais comuns; sal, peixe e pão. Em novembro de 2007, o candidato republicano à presidência dos Estados Unidos Mike Huckabee creditou seu pico de popularidade ao "mesmo poder que ajudou um menino com dois peixes e cinco pães a alimentar uma multidão de cinco mil pessoas". Quando a correspondente da NPR Barbara Bradley Hagerty perguntou a uma mulher que esperava para visitar o Monumento de Washington se ela conhecia essa referência, a mulher respondeu: "Foi quando Moisés... tinha de alimentar todo o povo, a multidão de pessoas que saíram do Egito, não foi?"[58]. Não. Mas a pergunta não foi totalmente justa. Afinal, somente a versão de João da história inclui um menino, e ele só faz uma ponta, de qualquer forma. Jesus não era um garotinho, de acordo com a história; se bem que Moisés também não era quando conduziu o povo para fora do Egito.

Huckabee quis se referir ao único milagre que aparece em todos os quatro evangelhos[59]. Tanto Mateus quanto Marcos incluem duas dessas histórias[60], que podem ser ocorrências similares ou versões diferentes do mesmo acontecimento. Em um caso, Jesus disse a seus discípulos para

---

[58] HAGERTY, Barbara Bradley. *Understanding the Gospel of Huckabee, All Things Considered. NPR*. February 8, 2008.

[59] Mt 14:13-21; Mc 6:30-44; Lc 9:10-17; Jo 6:1-15.

[60] Mt 15:32-39; Mc 8:1-9.

dar aos cinco mil que o haviam seguido algo para comer. Seus discípulos protestaram, dizendo que tinham apenas cinco pães e dois peixes. No entanto, depois que Jesus abençoou e dividiu a escassa comida, o narrador explica que "todos comeram e ficaram saciados". Na outra história, quatro mil pessoas são alimentadas com sete pães e "alguns peixes pequenos", com sobras de comida. Hoje, existem inúmeros programas "pães e peixes" de caridade, que distribuem alimentos em todo o mundo.

NOVO TESTAMENTO: RECORDANDO JESUS

Os historiadores do cristianismo acham que um dos primeiros rituais entre os seguidores de Jesus após a sua morte foi a refeição comum como recordação, com pão e vinho simbólicos. Chamada de Sagrada Comunhão, Ceia do Senhor, ou Eucaristia hoje, o ritual continua a ser fundamental para cristãos de todos os tipos. Mateus, Marcos e Lucas têm histórias da última ceia que Jesus compartilhou com seus discípulos[61]. Os evangelhos sinópticos dizem que, nesta refeição comum, especificamente a celebração judaica do Pessach, Jesus instituiu a prática que se tornaria a Eucaristia. E onde também Jesus disse: "Todo aquele que quiser sair na pintura, fique deste lado da mesa". Certo, ele não disse. Isso não está realmente na Bíblia.

As palavras recitadas nessa refeição, "as palavras de instituição", estão refletidas em todos os três evangelhos sinópticos. Mas, novamente, eles não são idênticos. Marcos, o evangelho mais antigo, tem o relato mais enxuto: "Enquanto comiam, ele tomou um pão e, após abençoá-lo, partiu-o, deu-o a eles e disse: 'Tomai, este é o meu corpo'. Depois, tomou um cálice, e após dar graças, deu-o a eles, e todos beberam dele. Disse-lhes: 'Este é o meu sangue da [nova] aliança, que é derramado por muitos. Em verdade vos digo, nunca mais beberei do fruto da videira, até o dia em que o beba novamente no reino de Deus'"[62]. Todos os evangelhos sinópticos incluem a descrição de Jesus de seu sangue como a aliança e algumas versões antigas desses evangelhos acrescentam "nova" à "aliança". Somente Mateus especifica que o sangue de Jesus foi derramado "para o perdão dos pecados"[63], e Lucas só acrescenta o comando "fazei isto em memória de mim"[64].

---

[61] No contexto desse último encontro de Jesus com seus discípulos, o Evangelho de João inclui um lava-pés e a instrução de amar e servir uns aos outros, em vez da instituição de um ritual de Eucaristia (Jo 13:1-38).

[62] Mc 14:22-25.

[63] Mt 26:28.

[64] Lc 22:19.

Cada um dos evangelhos sinópticos inclui alguma referência a Jesus não beber de novo “até que...”. Mas fazem isso de forma diferente. O Jesus de Marcos declara que “não beberei mais do fruto da videira, até o dia em que o beba novamente no reino de Deus”[65]; o Jesus de Mateus acrescenta: “convosco” e introduz a alteração “o reino de meu Pai”[66]; e o Jesus de Lucas não beberá de novo até que “venha o reino de Deus”[67].

A Igreja cristã primitiva estava em conflito sobre quem deveria e quem não deveria ter permissão para tomar a Sagrada Comunhão. No contexto deste debate, os comentários de Mateus sobre jogar “pérolas aos porcos”[68] foi reinterpretado pelos primeiros cristãos judeus de modo a não permitir a não judeus a participação na Eucaristia[69]. Ironicamente, seu contexto literário vem logo após a advertência de Jesus contra julgar os outros, e logo antes de ilustrações da grande generosidade de Deus. Hoje “pérolas aos porcos” tem uma aplicação mais geral, que significa um presente de grande valor que é totalmente incompreendido por alguém muito ignorante ou retrógrado para compreendê-lo.

Embora celebrar a Eucaristia tenha sido uma das primeiras práticas entre a comunidade cristã nascente, um de seus hinos mais antigos, pensam os estudiosos, aparece na epístola de Paulo aos filipenses[70]. O hino em si provavelmente data de antes Paulo, e talvez venha diretamente dos primeiros seguidores de Jesus. Ele declara a crença em Jesus como a encarnação humilde de Deus, uma encarnação que levou até mesmo à morte, pela qual Deus exaltou Jesus para que, “em nome de Jesus, todo joelho se dobre... e toda língua confesse que Jesus Cristo é o Senhor, para a glória de Deus Pai”.

Essa frase tem motivado pessoas ao longo dos séculos a fazer tanto coisas nobres quanto coisas terríveis, uma vez que os cristãos a tomaram como um toque de trombeta chamando à missão. Ironicamente (quando os cristãos buscam catequisar judeus), suas origens são, em parte, o livro de Isaías, do Antigo Testamento, no qual Yahweh (o SENHOR) declarou: “Não há nenhum deus além de mim, um Deus justo e salvador... A mim, todo joelho se dobrará e toda língua confessará/jurará” (esta é a mesma

---

[65] Mc 1-1:25.
[66] Mt 26:29.
[67] Lc 22:18.
[68] Mt 7:6.
[69] Esses cristãos em particular tinham o Evangelho de Mateus, que sempre interpreta Jesus em conformidade com a Bíblia hebraica, na mais alta consideração. Eles são responsáveis pela Didaquê, uma obra cristã que desenvolve esse argumento (9.4).
[70] Fl 2 :6-11.

palavra que se encontra no Filipenses grego e na Septuaginta grega)[71]. Em sua epístola aos Romanos, Paulo repete o antigo texto de Isaías, mas o reinterpreta à luz de sua própria compreensão de Jesus. Paulo diz: "Está escrito: 'Enquanto eu viver', diz o Senhor, 'todo joelho se dobrará a mim e toda língua louvará a Deus'''[72].

ALFA E ÔMEGA, O JESUS SEMPRE AMOROSO

O autor do livro de Apocalipse relata que Deus declarou: "Eu sou o alfa e o ômega"[73]. Referir-se à primeira e à última letra do alfabeto grego desse modo é afirmar que Deus é tudo, de A a Z, do começo ao fim. Esta seção aponta citações bíblicas sobre a presença de Jesus no início cósmico e no final apocalíptico, além de citações famosas sobre amor extraídas do Novo Testamento. Elas vêm do Evangelho, Epístolas e Apocalipse de João e de Paulo, também.

O Evangelho de João é distinto dos outros três evangelhos de forma impressionante. "No princípio era o Verbo e o Verbo estava com Deus e o Verbo era Deus" é como ele começa. E isso é suficiente para uma história da natividade. Em João, não há nenhum menino Jesus na manjedoura, mas sim uma força poderosa da divindade, que já está presente na criação do Universo e que impregna toda a ordem criada com vida e luz, poder e glória, graça e verdade. O Jesus de João é a encarnação da força, o Verbo – "ele estava no mundo, e o mundo foi feito por ele, mas o mundo não o conhece"[74]. O evangelho compromete-se a lidar com essa ignorância. Ao contrário do Jesus dos evangelhos sinópticos, o Jesus de João ensina sobre si mesmo em particular, e esse eu-mesmo é radicalmente único.

No início de seu evangelho, João iguala Jesus ao "Verbo", que é como a maioria das traduções traduz o grego *logos*[75]. *Logos*, porém, pode significar muito mais do que aquilo que pensamos como uma palavra representada por sons em particular ou por letras em uma página, como a sequência que você está lendo agora. Também denota razão, sentido, significado, ideia. (Ele está por trás da palavra "lógica".) Ele pode significar relato,

[71] Is 45:21-23.
[72] Rm 14:11.
[73] Ap 1:8; 21:6; 22:13.
[74] Jo 1: 10.
[75] Assim como o hebraico bíblico do Antigo Testamento, o grego dos mais antigos manuscritos do Novo Testamento não faz distinção entre maiúsculas e minúsculas. Escrever "Verbo" com a inicial maiúscula, entretanto, reflete a associação de *logos* com Deus.

uma mensagem completa ou assunto. Em qualquer caso, ele reflete a atitude de João de priorizar a mente sobre o corpo. O Jesus de João é um homem pensante, espiritual, muito menos afetado por sua personificação do que o Jesus dos evangelhos sinópticos, e é muito mais dado ao discurso prolongado do que nos outros. Assim, a ênfase em Jesus como *logos*, que começa neste quarto evangelho é paradigmática.

Com esse início, João faz um retorno às primeiras palavras das escrituras hebraicas e transforma o início da história da criação narrada no Gênesis, capítulo 1, para tornar Jesus parte integrante das origens e da ordem do Universo. Jesus torna-se o ato criativo ("Todas as coisas foram feitas por intermédio dele"), sem começo e eternamente existente no mundo. Aliás, a noção filosófica do pensamento intencional de Deus que permeia o mundo não é exclusiva de João. No livro de Provérbios, que antecede o Evangelho de João em séculos, encontramos a sabedoria, o hebraico *hokmah*, personificada e animada, descrita como presente de Deus no início da criação[76]. Toda a literatura de sabedoria do Antigo Testamento pressupõe que o mundo seja um reflexo das ideias e do propósito de Deus. Aplicar-se a compreendê-los é um exercício sagrado.

O Evangelho de João promove a compreensão de Jesus, a fim de compreender Deus. Portanto, é no Evangelho de João, e em nenhum outro, que encontramos declarações como "Vós sabereis a verdade, e a verdade vos libertará"[77], "Eu sou o caminho, a verdade e a vida; ninguém vem ao Pai senão por mim"[78], "Eu estou no Pai e o Pai está em mim"[79]. E é do Evangelho de João – ou seja, a tradução latina de Jerônimo – que temos *ecce homo* – "Eis o homem". O contexto é o julgamento de Jesus. Depois de os soldados romanos colocarem-lhe uma coroa de espinhos na cabeça e um manto púrpura sobre os ombros, escarnecendo-o como "rei dos judeus", Pilatos apresentou Jesus à multidão. Embora Pilatos falasse provavelmente grego, e o evangelho tenha sido escrito em grego, a tradução latina de Jerônimo da declaração de Pilatos é a mais lembrada: "Ecce homo". O Evangelho de João, em seguida, relata que os principais sacerdotes gritaram: "Crucifica-o!"[80].

O Jesus de João é a personificação de princípios abstratos identificados com Deus, entre os mais importantes dos quais está o amor. Esse amor,

---

[76] Pr 8:22-31.
[77] João 8:32.
[78] Jo 14:6.
[79] Jo 14: 11.
[80] Jo 19:1-6.

explica João, é contagioso e circular – o amor de Deus pelo mundo e por Jesus manifesta-se em Jesus, que ama os outros; e ordena-se que esses outros amem uns aos outros, ao mundo, a Deus e a Jesus em retribuição. Logo no início do Evangelho de João, encontramos o versículo que Max Lucado chama de "Diamante Hope das escrituras" e que serve como o título da popular série de livros modernos de Lucado, *3:16*. "Porque Deus amou o mundo de tal maneira que deu seu Filho unigênito, para que todo aquele que nele crer não morra, mas tenha vida eterna" é do terceiro capítulo do Evangelho de João, décimo sexto versículo – daí "João 3:16". A capa de um dos livros e DVDs de Lucado representa os dois pontos entre capítulo e versículo como cabeças de pregos antigos, conotando os pregos que fatalmente fixaram Jesus na cruz. Segundo João, e fundamental para o cristianismo, a morte sacrifical de Jesus na cruz é prova do amor de Deus pelo mundo, uma vez que tem por efeito a vida eterna para os fiéis.

Newt Gingrich citou o Evangelho de João quando disse a James Dobson (da *Foco na família*), que, devido a sua própria infidelidade conjugal, ele não poderia "atirar a primeira pedra", quando outros republicanos atacaram Bill Clinton por seu flerte sexual com Monica Lewinsky[81]. Uma das mais famosas histórias sobre Jesus e "pecadores salvos" diz respeito a uma mulher apanhada em flagrante adultério[82]. Líderes judeus a levaram perante Jesus e disseram que, de acordo com a lei (de Moisés de Deus), ela deveria ser apedrejada até a morte. Suavemente, evitando a armadilha de romper ou com a lei ou com seus próprios padrões de amor e perdão, Jesus disse a famosa resposta: "Aquele dentre vós que estiver sem pecados, atire a primeira pedra". Isso dissolveu a multidão. Jesus, então, libertou a mulher com as palavras: "Tampouco eu te condeno. Agora vai, e não peques mais". Esta história só aparece no Evangelho de João; mas ela não está nas primeiras versões que temos desse evangelho; foi acrescentada numa data posterior[83].

É também no Evangelho de João que Jesus declara: "Como o Pai me amou, também eu vos amo. Permanecei em meu amor"[84], e " Este é meu mandamento: amai-vos uns aos outros como eu vos amei"[85]. O livro

---

[81] Para ter acesso à transcrição da entrevista de Gingrich e Dobson, veja <http://www.thebostonchannel.com/politics/11215421/detail.html>, postada em 9 de março de 2007. Acessado em: 8 de novembro de 2008.

[82] Jo 7:53-8:11.

[83] Ela não aparece nem no *Codex Sinaiticus* nem no *Codex Vaticanus*.

[84] Jo 15:9.

[85] Jo 15:12, 17.

conhecido como 1 João foi escrito algum tempo depois do evangelho e, provavelmente, não pela mesma pessoa, mas seu nome reflete o fato de que é claramente inspirado no quarto evangelho. Em parte, vemos isso na associação que 1 João faz de Jesus com o amor de Deus: "Amados, amemo-nos uns aos outros, porque o amor vem de Deus, e todo aquele que ama é nascido de Deus e conhece a Deus. Quem não ama não conhece a Deus porque Deus é amor"[86].

Por falar em amor, embora a afirmação de Rute de devoção e lealdade a Noemi seja certamente popular em casamentos, 1 Coríntios 13 é ainda mais popular. "O amor é paciente e bondoso, e não inveja ninguém. O amor não é nunca orgulhoso nem vaidoso, nem rude, nunca egoísta nem rápido em se ofender...". Essa meditação sobre o amor conclui: "Três coisas perduram: a fé, a esperança e o amor, mas a maior destas é o amor". Não foi Jesus quem disse isso. Foi Paulo. E, até onde sabemos, Paulo nunca se casou. Por outro lado, já ouvi dizerem, "eu era um pai/mãe muito melhor antes de ter filhos". Apesar de seu estado de solteiro, Paulo certamente compreendia o amor.

Assim como os casamentos, também os funerais reúnem pessoas díspares em um contexto religioso, então, faz sentido que, como em casamentos, determinados textos bíblicos sejam especialmente populares em funerais. Para os judeus – cuja ênfase é geralmente menos na vida após a morte do que na vida como ela é vivida atualmente –, os textos que falam sem rodeios de nossa mortalidade natural[87], aconselhando os vivos a respeitar os mortos (por exemplo, o cuidado de Abraão para com sua falecida esposa, Sara)[88] e demonstrando compaixão para com os enlutados, são sensatos e confortantes. Especialmente característicos, porém, são os textos que lembram aos enlutados sobre a justiça e a retidão de Deus[89].

Para os cristãos, cuja ênfase nos funerais é predominantemente na vida após a morte, as referências bíblicas geralmente incluem os textos do Novo Testamento: "Em um piscar de olhos... os mortos ressuscitarão incorruptíveis. E seremos transformados"[90], e "O Cordeiro os guiará às fontes de água viva e Deus enxugará toda lágrima de seus olhos"[91].

---

[86] 1 Jo 4:7-8.
[87] Tal como Gn 3:19; Jó 14:1-2.
[88] Gn 23:1-20.
[89] A oração kadish (que não é, em si, um texto bíblico), recitada imediatamente após o enterro e durante o primeiro ano após um ente querido falecer, não faz menção à morte. Em vez disso, ela glorifica a Deus e reza pela paz. Originou-se durante a Idade Média.
[90] 1 Cor 15:52.
[91] Ap 7:17; 21:3-4.

O "num piscar de olhos" da Versão do rei James estabeleceu-se firmemente no cânone literário ocidental, no sentido de "em um momento", e aparece em Darwin e Dickens, no romance *Moby Dick*, em Anne Brontë, em quatro das obras de Shakespeare, em sete das de Joseph Conrad, entre outras. Embora a palavra grega original não conote o brilho de uma luz, mas sim algo que acontece muito rapidamente, quase todas as traduções, no entanto, continuam a usar "piscar". Mas, a julgar pela forma como a frase aparece em outros lugares, a ideia de movimento rápido não foi perdida. Além disso, tem uma melodia linda ao sair da boca.

Os textos do Apocalipse são apocalípticos, descrevendo coisas místicas "reveladas" sobre o que está por vir. O Pastor ou Cordeiro é Jesus, que inaugura uma nova era, em que aqueles que foram perseguidos serão recompensados e os que morreram "no sangue do Cordeiro" viverão novamente. Como outras literaturas apocalípticas, o Apocalipse aguarda uma época em que as condições atuais serão viradas de cabeça para baixo (e moralmente corrigidas). Observe, por exemplo, como o sangue embranquece e a ovelha é também o pastor[92]. Isso transmite a esperança de que o mundo será radicalmente modificado pela ação imediata de Deus e os justos que passaram por grande sofrimento e tribulação desfrutarão de recompensas abundantes. A escrita apocalíptica do Novo Testamento vai além desse mundo, para uma nova era inaugurada pela intervenção de Deus e governada por Jesus.

O autor do Apocalipse fez um retorno às últimas profecias do livro de Isaías, do Antigo Testamento, que declara "novos céus e uma nova terra"[93], as reinterpretou e reformulou para seu novo contexto apocalíptico. "Deus... enxugará toda lágrima de seus olhos. A morte não existirá mais, não haverá mais luto, choro ou dor."[94] É fácil entender por que esses textos são tão populares nos funerais cristãos.

NÃO TÃO BÍBLICOS, AFINAL

Essas são apenas algumas referências bíblicas que aparecem na cultura contemporânea, às vezes nos lugares mais inesperados. Eu seria negligente, entretanto, se não mencionasse brevemente algumas frases

---

[92] Ap 7:14, 17.
[93] Is 65:17; 66:22.
[94] Ap 21:3-4.

populares comumente atribuídas à Bíblia, que simplesmente não estão lá. "Isso também passará" não está na Bíblia. Nem "Sê verdadeiro contigo mesmo"[95], "Poupe a vara, mime a criança"[96], "Deus trabalha de formas misteriosas", "Deus ajuda aqueles que se ajudam" e "A limpeza é próxima da piedade". Nancy Pelosi tinha boas intenções quando declarou em seu discurso no Dia da Terra 2008: "A Bíblia nos diz, no Antigo Testamento, 'Cuidar das necessidades da criação de Deus é um ato de adoração. Ignorar essas necessidades é desonrar ao Deus que nos fez'". Embora o sentido geral de sua referência bíblica seja uma interpretação aceitável de algumas ideias e textos bíblicos, ela parecia sugerir que estava citando; mas esse texto não existe e ela teve de ouvir um bocado por isso.

[95] De Hamlet, Ato I, cena 3.

[96] Esta é provavelmente uma distorção de Pr 13:24: "Aquele que poupa a vara odeia seu filho, mas aquele que o ama tem o cuidado de discipliná-lo".

NOVE

HOMENS: FAMOSOS E INFAMES

Meus antepassados vagaram perdidos no deserto por quarenta anos porque, mesmo nos tempos bíblicos, os homens não paravam para pedir informações.

— ELAYNE BOOSLER

De adúlteros a sonhadores, profetas, assassinos, reis, filósofos e místicos, brincalhões e pregadores, castos e castigados, salvadores e danados, os personagens masculinos da Bíblia são tão diversos quanto é possível imaginar. Alguns são claramente vilões e outros, heróis. Muitos têm moral ambígua, cometem equívocos ou sucumbem a fraquezas, mesmo em meio à realização de grandes coisas. Alguns parecem cegos à própria finalidade, enquanto outros prosseguem com uma ambição afiada como o laser. Não é de estranhar que este elenco tenha inspirado inúmeros *remakes* ao longo dos séculos. Referências apenas a Adão – a Jesus há muito menos – na arte, literatura, música, filmes e muito mais estão além de qualquer medida. O que se segue é uma breve descrição de alguns homens da Bíblia que aparecem regularmente fora da Bíblia.

INÍCIOS OU SR. UNIVERSAL

As histórias e os personagens dos primeiros vários capítulos do Gênesis são universais. Adão e Eva, Caim e Abel, Noé e sua família não são judeus, cristãos, pagãos, nem de qualquer outra religião identificada. Tampouco são descritos por raça ou classe ou qualquer outra categoria humana que forme um discurso do tipo "nós *versus* eles". Suas histórias não se limitam às particularidades que limitariam sua referência, relevância e aplicação a um povo ou grupo específico; e cada um deles tem algo a ver com os inícios.

Adão, o primeiro homem, Homem ou não? Dependendo de como se lê a Bíblia e se traduz o texto hebraico, Adão é o primeiro humano do sexo masculino, o primeiro ser humano paradigmático dos seres humanos, ou alguma combinação dos dois. Adão, surpreendentemente, recebe pouca atenção na Bíblia, embora, à exceção de Jesus, ele provavelmente tenha o maior reconhecimento por nome.

Após Gn 1:26, a próxima vez em que *adam* deve ser lido como o nome próprio Adão é em Gn 5:1-2, que ecoa 1:26-27 por também usar a palavra como um termo guarda-chuva – isto é, com conceito abrangente, que abriga diversos temas – para os seres humanos "macho e fêmea" que Deus criou à sua semelhança. O texto prossegue, no entanto, com uma breve genealogia de Adão, o homem individual (seu filho Seth nasceu "à sua imagem e semelhança...") e um obituário (morto em 930 anos)[1]. A única outra referência a Adão no Velho Testamento está no início de Crônicas, em que ele é chamado de primeiro ser humano.

Depois, escritores deuterocanônicos e do Novo Testamento o compreenderam de forma inequívoca como Adão, o primeiro homem[2]. Lucas refere-se a Adão ao remontar a genealogia de Jesus a esse antepassado primeiro e universal[3]. Para Paulo, Adão é um ser humano paradigmático, falível e mortal, em contraste com Jesus, um segundo Adão que dá vida[4]. Em um discurso inflamado contra a admissão de mulheres em papéis de liderança dentro da Igreja, o autor de 1 Timóteo lançou as bases do que se tornou a interpretação dominante de Gn 2-3: que Adão foi feito antes de Eva e que "Adão não foi enganado" – foi tudo culpa de Eva[5].

No relato do Gênesis, Caim e Abel foram as primeiras pessoas a nascer. Eles foram os filhos de Adão e Eva e foram os primeiros a fazer sacrifícios a Deus; e também foram os primeiros a conhecer o assassinato. No romance (embora não na série de filmes) *A identidade Bourne*, de Robert Ludlum,

---

[1] Gn 5:3-5.

[2] Incluindo Tobias, Eclesiástico, e 4 Esdras; Lucas, Romanos, 1 Coríntios, 1 Timóteo, e Judas.

[3] Lc 3:38. Dos evangelhos, Lucas estava especialmente interessado em tornar Jesus relevante a todas as pessoas. Por isso, ele remonta a linhagem de Jesus aos primórdios universais e ecumênicos de Adão.

[4] Rm 5:12-14, 1 Cor 15:21-23, 45-49.

[5] 1 Tm 2:13-14.

Jason Bourne, assassino treinado, tem um codinome – Caim. O nome é adequado a sua vocação. Assim como a cocaína (para a qual "cain" é uma gíria inglesa), ele era um assassino[6]. Conforme a história bíblica, Deus olhava favoravelmente para o sacrifício de Abel, mas não se importava tanto com Caim, o que o deixava chateado. Rios de tinta foram derramados para explicar como a oferenda de Caim era inferior e por que ela merecia o silêncio divino como tratamento[7], mas o fato é que a Bíblia não diz por que Deus a afastava, e, sim, o foco está no que Caim fará ou não a respeito. Em vez de dominar sua raiva, como Deus lhe aconselhou, Caim matou Abel. Quando confrontado por Deus, Caim proferiu a famosa frase: "Sou acaso guardião de meu irmão?".

Deus expulsa Caim daquele lugar, fazendo dele um nômade, porém não sem antes dar-lhe, por misericórdia, uma misteriosa marca criada para protegê-lo de outras pessoas assassinas. (Ironicamente, o nome do lugar, Nod, onde Caim vem a morar, significa "errante" em hebraico.)[8] Este breve relato bíblico, narrado em Gênesis 4: 1-16, sobre família, ressentimento, paixão, perigo e sofrimento serviu de inspiração para o grande romance norte-americano de John Steinbeck, *A leste do Éden*, um título que reflete a ambientação da história bíblica. *A leste do Éden* foi adaptado para o cinema em versão de 1955, que levou James Dean ao estrelato.

Não é certamente por acaso que a sigla NOAH (Noé, em inglês) é usada por organizações como o National Office of Animal Health (Serviço Nacional de Saúde Animal) e Nurturing Orphans of Aids for Humanity (Proteção a Órfãos da Aids pela Humanidade). Na Bíblia, Noé é uma espécie de salvador tanto dos animais quanto das pessoas. O narrador do Gênesis explica que, após o episódio de Caim e Abel, a violência aumentou sobre a terra até que Deus, vendo como as pessoas são terrivelmente más, lamentou havê-las criado. Deus confiou em Noé ("um homem justo" e, provavelmente, a única pessoa boa o suficiente para merecer a salvação de

---

[6] Fico surpresa com a coincidência dos distribuidores de cocaína cujos sobrenomes são Cain. Entre muitos exemplos, veja os seguintes casos: Bernard Wilkerson, que lista um coconspirador chamado Micah Cain. Disponível em: <http://64.233.169.104/search?q=cache:mLamLxNXeU0J:caselaw.lp.findlaw.com/data2/circs/8th/983572p.pdf+cocaine+cain&hl=en&ct=clnk&cd=1&gl=us&client=firefox-a>. Acessado em: 14 de novembro de 2008. United States v. LaAnthony Cletae Cain on charges of possession with intent to distribute crack cocaine. Disponível em: <http://www.ca8.uscourts.gov/opndir/07/06/063429P.pdf>. Acessado em: 14 de novembro de 2008); e Mark A. Cain, que foi apanhado trocando uma pistola por cocaína. Disponível em: <http://ca10.washburnlaw.edu/cases/2002/02/01-3263.htm>. Acessado em: 14 de novembro de 2008.

[7] Caim é descrito como alguém que trabalha a terra, e Abel como aquele que cuida dos animais; assim, duas razões que as pessoas muitas vezes dão para o aparente capricho de Deus são: (1) Deus gosta mais de carne do que de vegetais e (2) Abel trazia especificamente as partes mais selecionadas e fartas, enquanto Caim trazia apenas o que estava à mão.

[8] Gn 4:16.

Deus) e o instruiu a construir uma arca, na qual sua família e representantes de aves e animais poderiam sobreviver ao Dilúvio.

Noé é muito parecido com Utnapishtim, o herói de uma história mesopotâmica do Dilúvio, narrada na epopeia de Gilgamesh, que circulou em diferentes versões em todo o Oriente Próximo e Médio, por volta da época em que as histórias do Gênesis começavam a ser contadas. Gilgamesh inclui diferentes deuses, monstros e acontecimentos extraordinários, mas também fala sobre um ser humano fiel que foi poupado de inundações devastadoras por um Deus irado, salvou amostras de criaturas e testou as condições pós-Dilúvio enviando aves de sua arca. A Bíblia diz que, depois de sentir o cheiro delicioso do sacrifício de Noé após o Dilúvio, Deus permitiu que se comesse carne, e prometeu nunca mais destruir a Terra por dilúvio novamente, uma promessa simbolizada pelo arco-íris[9].

Noé também nos dá a primeira história do cultivo da uva, da produção do vinho e seu resultado inevitável: a embriaguez[10]. Na história, no entanto, a embriaguez de Noé não foi uma lição sobre os excessos, mas serviu como justificativa para a escravidão. A história não culpa Noé por seu estupor etílico. Ele acusa seu filho mais novo, Cão, de vê-lo nu. Noé, em seguida, amaldiçoou o filho de Cão, Canaã, por algum crime não dito, mas presumivelmente terrível, que Cão cometeu contra seu pai durante a nudez embriagada de Noé (embora o crime possa ter sido simplesmente não olhar para outro lado), e Canaã foi condenado a ser "o menor dos escravos de seus irmãos"[11]. Cão, então, associou-se com o Egito e, por extensão, com a África; portanto, de acordo com uma lógica distorcida, pessoas africanas são escolhidas pela Bíblia para a escravidão.

O SEIO DE ABRAÃO

Se o "seio de Abraão", que aparece em uma história do Novo Testamento[12], reflete a prática greco-romana de se reclinar em um

---

[9] Gn 8:20-9:17.

[10] Existe uma "uva Noé" que algumas pessoas cultivam para o vinho, embora digam que a fruta não suporta bem o transporte e possua um sabor "azedo" peculiar, que dificilmente a ajudará a destronar o popular chardonnay. Disponível em: <http://www.wineloverspage.com/wineguest/wgg.html#noah>. Acessado em: 5 de março de 2009.

[11] Gn 9:24-27. É um pouco intrigante por que Canaã deva ser explicitamente maldito em vez de seu pai, Ham, o autor do delito, exceto que isso pode ter lançado as bases da conquista de Canaã pelos israelitas, ou justificado os motivos pelos quais os não israelitas não desfrutam da mesma liberdade dos israelitas (Lv 25:39-46).

[12] Lc 16:22-23.

banquete, aconchegado a outras pessoas, ou ao conforto e à segurança de uma criança no colo dos pais, o fato é que ele é descrito como um lugar feliz para se estar, uma espécie de Paraíso celestial para os fiéis depois da morte. Elvis Presley introduziu a tradicional canção gospel "Rock-a My Soul" ou "Bosom of Abraham" (Seio de Abraão), para todo um público novo. Abraão é lembrado não apenas como o primeiro ancestral do povo judeu, mas ainda como o pai de todos os fiéis; cristãos e muçulmanos também afirmam tê-lo como um antepassado. Começando com Abraão, a história centra-se na gênese de uma família em particular.

Originalmente chamado de Abrão (o nome dele, como o de outros, mudou após encontros íntimos com Deus), Abraão deixou sua terra natal, Ur, em resposta imediata ao comando de Deus para levantar-se e partir. Foi apenas a primeira de muitas vezes em que Abraão obedeceria, sem questionar, a instruções aparentemente aleatórias e radicais de Deus. Por conta dessa característica, Abraão é às vezes chamado de "pai da fé". Os protestantes o amam por essa fé – fé, não obras, apesar de Abraão ter feito algumas obras também. Não menos importante foi concordar, como um sinal da aliança de Deus com o clã de Abraão, em circuncidar-se aos noventa e nove anos de idade, e circuncidar todos os seus descendentes do sexo masculino, também – até os dias de hoje[13]. Com esse acordo, Deus escolheu Abraão para uma relação especial de irmãos de sangue e prometeu a Abraão vantagens significativas além disso. Os termos da aliança são repetidos várias vezes em Gênesis, com Abraão e seus sucessores. Eles incluem a promessa de Deus de que ele terá muitos descendentes ("uma grande nação") e uma terra própria (portanto, a "Terra Prometida"), e será o meio pelo qual outras nações se abençoariam (é assim mesmo, estranho, em hebraico).

Apesar de Abraão ser considerado um pai dos judeus, cristãos e muçulmanos (as religiões abraâmicas), Abraão não foi o pai de ninguém por muitos e muitos anos, de acordo com a Bíblia. Abraão e sua mulher Sara tinham dificuldade de conceber um filho, por isso Abraão gerou um filho com sua escrava Agar. O menino, Ismael, foi assim chamado porque "Deus ouviu" (*El ishma*, mais ou menos) os prantos de Agar após Sara abandoná-la, com seu filho, no deserto. O biblicamente saturado romance *Moby Dick*, de Herman Melville, começa com a frase "Chame-me Ismael". O nome, refletido nesse livro e em outros lugares, evoca a alienação e o exílio. Finalmente, o Ismael bíblico tornou-se associado do povo árabe e é em sua vida e em sua linhagem que o Alcorão está mais interessado.

---

[13] Gn 17:9-14.

Sara finalmente concebeu e deu à luz o filho de Abraão, Isaac. Apesar do *status* de mais velho de Ismael, Deus assegurou a Abraão que Isaac seria "o da promessa", isto é, aquele que herdaria a aliança que Deus fez com Abraão. Mas, em uma eletrizante reviravolta, conhecida como a *akedah*, a "obrigação de Isaac", Deus exigiu que Abraão sacrificasse Isaac. Esta é, provavelmente, a mais famosa história de Abraão. No último minuto, um mensageiro divino impediu Abraão de matar Isaac e Deus elogiou Abraão por sua disponibilidade para realizar comando tão terrível[14]. Embora isso seja lembrado como outra demonstração da fé tremenda de Abraão, a história nunca explica como Sara ou Isaac sentiram-se a esse respeito. Nas histórias seguintes, Isaac deteriora-se rapidamente em um velho trêmulo e quase cego. Não obstante, Isaac continuou a linhagem e a promessa que Deus fez à família de Abraão.

O Abraão da Bíblia é um amigo de Deus. Em outra famosa história de Abraão, Deus contou-lhe em confidência sobre o plano de destruir as cidades ímpias de Sodoma e Gomorra. Depois de ouvir a Deus, Abraão ofereceu seus próprios pensamentos. Parecia injusto acabar com cidades inteiras, quando apenas alguns (ou até mesmo muitos) de seus habitantes são ruins, por isso Abraão desafiou as razões de Deus com o argumento: "Não deve o juiz de toda a terra fazer o que é justo?"[15]. Temeroso e trêmulo, Abraão, então, negociou: se houver cinquenta pessoas justas, não seria injusto destruí-las juntamente com as outras? Deus concordou. E quarenta e cinco? Deus concordou mais uma vez – nada de destruição se quarenta e cinco pessoas boas ali residirem. E assim foi a barganha, até que Abraão chegou a dez. E Deus concordou. Nove ou menos, nós não sabemos. Deus destruiu a todos.

Uma das expressões bíblicas que designam Deus, "o Deus de Abraão, Isaac e Jacó", situa-o em relação aos "patriarcas", os principais homens da família que Deus separou entre todas as outras para ser o Povo Escolhido. Em contraste com Abraão, as histórias sobre seu filho Isaac focam sua juventude (o quase-sacrifício por seu pai) e sua velhice. Isaac simplesmente não faz muito na Bíblia[16]. Mesmo a famosa história de como Isaac foi convencido a dar a seu filho mais novo a bênção do mais velho é mais sobre seu filho Jacó do que sobre Isaac.

---

[14] Gn 22:15-18.
[15] Gn 18:25.
[16] E mesmo suas ações adultas não são originais – como Abraão, Isaac tenta fazer sua esposa passar-se por sua irmã, quando ele atravessava território inimigo, para salvar a própria pele.

Jacó, por outro lado, rivaliza com seu avô Abraão em quantidade de cobertura bíblica acumulada. Mas Jacó seria o garoto de boné com aba para trás e calças largas exibindo as cuecas, em comparação com o chapéu-coco e terno de pura lã de Abraão. Jacó era trapaceiro e seu mais famoso truque foi tirar de seu irmão Esaú o *status* de mais velho – primeiro trocando lentilhas pelo direito de primogenitura de Esaú e, em seguida, enganando o já cego Isaac para ganhar a bênção reservada ao filho mais velho.

Essa bênção, que passava não só a liderança da família, mas também a tocha da aliança da promessa de Deus, foi confirmada por Jacó, em uma de suas fantásticas e sobrenaturais experiências noturnas. Sozinho, e com uma pedra como travesseiro, Jacó sonhou com uma escada que chegava ao céu, na qual anjos subiam e desciam. Deus falou com ele no sonho, reiterando a promessa da família, além da garantia da presença de Deus. Quando Jacó acordou, estava compreensivelmente agitado e achou que aquele devia ser um espaço sagrado; chamou o lugar casa de "Casa de Deus" (em hebraico, *bethel*) e marcou-o com o travesseiro de pedra. Mas ele não era Abraão. Mesmo após essa afirmação divina, Jacó acrescentou uma lista de condições (presença de Deus, alimento, roupa, casa e retorno seguro) que deveriam ser satisfeitas por Deus para que Jacó assinasse sua parte[17].

Outra famosa experiência noturna incomum de Jacó deixou-o mancando e com um novo nome: Israel. Isso aconteceu depois que Jacó havia adquirido uma família bem grande – um par de esposas, um par de concubinas, onze filhos e uma filha. Nesse incidente em particular, Jacó estava novamente dormindo sozinho, quando "um homem lutou com ele até o amanhecer". A Bíblia pode ser exasperantemente avara com detalhes, relatando acontecimentos extraordinários em um estilo direto que desmente a natureza questionável do que está acontecendo. Isto é verdade aqui. O adversário de Jacó é descrito pelo termo hebraico *ish*, "homem", e isso é tudo. Quem quer que fosse, lutaram noite adentro, e foi uma luta equilibrada, sem um vencedor claro. Ao final, porém, Jacó foi renomeado como "Israel" e garantiu uma bênção. Embora o narrador não diga a identidade do homem da noite, Jacó o interpretou como sendo nenhum outro senão Deus e presumiu chamar aquele local de Peniel (ou Peniel), que significa "Rosto de Deus", porque, exclamou: "Eu vi Deus face a face, e vivi"[18].

---

[17] Gn 28:10-22. Em uma curiosa distorção cristã, esse sonho inspirou uma popular canção *spiritual* que me lembro de ter cantado com todo entusiasmo quando criança. Em três versos repetidos que subiam a escala musical, cantávamos: "Estamos subindo a escada, Jacó", mas o último verso da estrofe é "soldados da cruz", nada a ver com a história.

[18] Gn 32:30.

É esse Jacó, renomeado Israel, cujos doze filhos tornaram-se os ancestrais epônimos da nação de Israel. Um deles, Judá, deu origem à tribo associada ao reino do sul. Judá era um antepassado de Davi, com quem Deus fez uma aliança real, e através de quem a genealogia de Jesus deve ser traçada, com base nas tradições messiânicas das escrituras hebraicas. Assim, Judá é muito importante. Outro dos filhos de Jacó, José, tornou-se associado ao reino do norte, particularmente através de seus filhos Efraim e Manassés. (Este é um José diferente do "pai" de Jesus, discutido a seguir.)

A história de José domina o final de Gênesis (capítulos 37-50) e é recontada no musical *José e seu manto tecnicolor*, de Andrew Lloyd Webber. Na verdade, José é lembrado como um sonhador cujo recebimento de um manto, que marcava o favoritismo de Jacó por ele, tornou-o vulnerável às maquinações de seus irmãos ciumentos. Tendo enganado Jacó (*touché*), livraram-se de José, primeiro jogando-o em um buraco e, em seguida (ao descobrir que poderiam ganhar algum dinheiro), vendendo-o a alguns comerciantes que passavam a caminho do Egito. Por conseguinte, José iniciou sua carreira no Egito como escravo, mas, depois de alguns dramáticos altos e baixos, durante os quais demonstrou sua habilidade de interpretar sonhos (e porque Deus estava olhando por ele), José foi promovido a um cargo equivalente ao de primeiro-ministro, abaixo apenas do faraó. Quando a fome assolou sua terra natal, José foi capaz de ajudar a família (e se reconciliar com seus irmãos), fixando-os com ele no Egito. O Gênesis termina com esses descendentes de Abraão confortavelmente instalados como VIPs no Egito.

NOVOS INÍCIOS: LIVRE DE/LIVRE PARA

O livro seguinte, Êxodo, logo explica que as circunstâncias haviam mudado, e nessas novas circunstâncias é que surge uma das mais influentes figuras do Antigo Testamento: Moisés, profeta por excelência, libertador e legislador. Moisés entra em cena pela primeira vez como um bebê; um bebê que escapou do plano genocida do faraó para que todos os bebês hebreus do sexo masculino fossem assassinados ao nascer. É uma grande história de heroísmo feminino, entre as parteiras que se recusaram a cumprir o plano maligno do faraó: a filha do faraó (ironicamente), que resgatou o órfão Moisés de sua cesta flutuante no rio; e a irmã de Moisés (um relacionamento sem o conhecimento da princesa), que ofereceu a mãe de Moisés (também sem o conhecimento da princesa) para servir como sua ama de leite, até que ele pudesse ser desmamado. O jovem Moisés assassinou um egípcio que estava batendo em um escravo hebreu e teve de fugir. Na fuga, Moisés casou-se com Zípora e tornou-se pastor de rebanhos de seu sogro, alternadamente chamado de Jetro e Reuel. (Tudo isso é narrado nos primeiros dois capítulos do Êxodo.)

Moisés é aquele que Deus selecionou para libertar o povo hebreu do Egito, para dizer ao faraó: "Deixe ir o meu povo". A breve história da atribuição da missão está repleta de momentos memoráveis – Deus falou a Moisés a partir da sarça ardente que não se consumia; Deus revelou o "nome" de Deus; e Moisés é retratado como um homem relutante e sem vocação para orador, disposto a discutir com Deus[19].

Foi Moisés quem enfrentou o faraó, liderou os israelitas em fuga do Egito, separou as águas que bloqueavam o caminho para que eles atravessassem (e para afogar os egípcios) e conduziu-os na direção do Sinai e da Terra Prometida. Moisés também é conhecido como grande legislador porque mediou uma nova aliança entre Deus e o povo hebreu. Os termos desta aliança – a regulamentação detalhada, ordenações e instruções – tornar-se-iam o coração da Torá e da identidade judaica. Nos círculos acadêmicos, esta aliança é, às vezes, chamada de aliança mosaica ou sinaítica, porque foi transmitida no Monte Sinai. Lá, Moisés recebeu de Deus os Dez Mandamentos e, depois, outros mais[20].

Depois disso, Moisés continuou liderando o grupo através do deserto, rumo à Terra Prometida. O narrador explica que, devido às persistentes reclamações do povo, à sua atitude geralmente ingrata e, especialmente, à sua incapacidade de confiar em Deus totalmente, Deus determinou que ninguém dessa geração veria a Terra Prometida[21]. Mesmo a Moisés foi negada a entrada na "terra do leite e mel."[22] No entanto, ele chegou bem perto. Moisés parou junto à terra, nas planícies de Moab, e passou a oferecer sábios conselhos e a reiterar os pontos mais sutis das instruções de Deus. Deuteronômio propõe-se como as últimas palavras de Moisés

---

[19] Ex 3:1-4:17.

[20] Além das centenas de outros mandamentos incluídos na Torá bíblica, Moisés recebeu um segundo conjunto de leis, de acordo com a tradição judaica, no Monte Sinai – leis que foram transmitidas aos demais por uma divulgação boca a boca. Essa "Torá oral" começou nos primeiros séculos da Era Comum (EC), a ser escrita como Mishná, que viria a ser a base do Talmud.

[21] Nm 14:20-35; Dt 1:26-35.

[22] A razão apresentada não é totalmente clara. Números 20:2-12 parece sugerir que Moisés não foi capaz de 'tirar leite de pedra' e não conseguiu enfatizar a santidade de Deus. Em Deuteronômio 3:26, Moisés aparentemente culpa o povo – a decepção de Deus com eles tornou Moisés culpado por associação.

aos israelitas, antes que eles entrassem em Canaã, e antes da morte do profeta... que acontece no final do livro.

O empolgante discurso do líder do movimento por direitos civis Martin Luther King Jr., com o trecho "Eu fui para o topo da montanha", proferido em Memphis, em 3 de abril de 1968, é mais lembrado por sua conclusão. Ali, Luther King iguala-se a Moisés, liderando o povo para fora de seu deserto, rumo a um novo tempo e lugar de paz e prosperidade. Apesar de sua própria suspeita de que, como Moisés, ele morreria antes de experimentar aquela situação, Luther King declarou com esperança profética: "[Deus] me permitiu subir a montanha. E olhei ao redor. E vi a Terra Prometida. Posso não chegar lá com vocês. Mas quero que saibam, esta noite, que nós, como povo, chegaremos à Terra Prometida!"[23].

É difícil exagerar a importância de Moisés na Bíblia e na tradição religiosa. Ele é o personagem principal, o homem que lidera – está presente em 80% do Pentateuco ou da Torá. Às vezes também chamado de "Cinco Livros de Moisés", a tradição credita a ele sua autoria. A maioria das pessoas lembra-se do bebê Moisés na história dos juncos e de seus muitos feitos gloriosos como adulto. Seu ato assassino, que estabeleceu o curso de sua vida adulta, raramente é notado. Moisés projeta uma longa sombra sobre grande parte do Antigo Testamento e do Novo. Ele é lembrado como o grande libertador, um amigo de Deus, um profeta exemplar, e um epítome do relutante, porém grande líder. Ele é um protótipo para seu sucessor, Josué (que também lidera os israelitas a atravessar um curso d'água que representava um limite), para Elias (profeta que também encontra Deus no Monte Sinai ou Horeb) e para Jesus (que entra e sai do Egito e realiza um sermão "na montanha").

Josué foi o sucessor de Moisés como líder dos israelitas, mas não era filho de Moisés[24]. Josué é descrito diversas vezes como assistente

---

[23] Para uma transcrição integral do discurso, veja <http://www.americanrhetoric.com/speeches/mlkivebeentothemountaintop.htm>.

[24] Ele é identificado como o "filho de Nun". Na verdade, os filhos do próprio Moisés desempenham um papel muito pequeno no drama bíblico, com exceção de uma encantadora história doméstica que ocorre no início da carreira de Moisés (Ex 18:1-27). Aparentemente, Moisés havia enviado sua esposa e seus dois filhos de volta a Jetro (também conhecido como Reuel), sem ele. Exatamente quanto tempo após a pragas, a fuga e tudo o mais é difícil dizer. A narrativa não diz. Depois que Moisés foge e lidera a saída dos israelitas do Egito através do mar e pelo deserto adentro, Jetro o encontra, trazendo consigo a mulher e os filhos de Moisés. (O narrador insiste, dizendo três vezes, que a esposa e os filhos de Moisés estavam com Jetro.) Após Moisés dar ao sogro uma respeitosa saudação, eles se retiraram. No dia seguinte, Jetro observa como Moisés servia para mediar e decidir toda e qualquer disputa entre o grande grupo. Tomou Moisés de lado e disse: "Não é bom, meu rapaz. Assim, você vai se desgastar. É hora de delegar. Nomear pessoas respeitáveis e de confiança para compartilhar o fardo. Elas podem mediar os casos fáceis. Você fica com os especialmente difíceis". (Realizei uma paráfrase.) E Moisés fez exatamente conforme Jetro recomendou.

de Moisés e é o único (além de Caleb) "daquela geração" autorizado a entrar na Terra Prometida. Ele serviu sob Moisés como uma espécie de general militar, acólito, braço direito e observador, ao longo dos anos de peregrinação no deserto; por isso ele era uma escolha óbvia. O livro bíblico de Josué fala sobre como, sendo general e líder religioso, ele conduziu os israelitas à Terra Prometida e violentamente tomou-a dos povos cananeus que a habitavam. Assim, foi Josué quem lutou na batalha de Jericó e foi ele quem dividiu o território entre as tribos israelitas. Antes de morrer, Josué reuniu todos os israelitas em conjunto, em uma cerimônia de renovação da aliança, para determinar se eles continuariam ou não a seguir as instruções de Deus. Com uma retórica bastante transparente, Josué basicamente disse: "Isso é com vocês, claro. Mas quanto a mim e aos meus, vamos manter a aliança".

O narrador explica que o restante do povo disse que também a manteria[25]. A morte de Josué praticamente encerra o livro.

Depois que os israelitas se estabeleceram, parecem ter operado sempre em grupos predominantemente tribais, com líderes surgindo de tempos em tempos, para recordar e reafirmar a lealdade do povo religioso e (não sem relação a isso) derrotar qualquer grupo cananeu que lhes causasse mais dificuldade. Esses "juízes" eram definidos menos por liderança jurídica do que por liderança militar e religiosa. O juiz assumia tal posição porque Deus elevava-o (ou elevava-a – há uma juíza bíblica) em um momento histórico particular, para livrar os israelitas. O juizado não era uma posição eleita ou hereditária. O mais conhecido desses juízes é Sansão, que também é descrito como um "nazireu" (às vezes escrito em letras maiúsculas em traduções inglesas). Isso não era um requisito para o juizado. Sua condição de nazireu o distingue de outros e era marcada pelos cabelos deixados sem corte e pela abstenção de álcool. Apesar de Sansão estar longe de ser o maior ou mais honesto dos juízes (ele fracassa ou é moralmente suspeito em quase todos os sentidos), ocupa mais espaço do que qualquer um no livro[26]. Sansão é o maior de todos os festeiros, impetuoso, namorador e cara de pau. Ele é geralmente lembrado por sua força e flertes sexuais extraordinários. Sansão lutou mano a mano com um leão, ou mano a pata, conforme se queira, e venceu com facilidade. Ele matou mil homens com "uma queixada de burro" e depois arrancou os portões – e os postes destes – de uma cidade filisteia. Sansão enroscava-se com os filisteus não apenas porque eles eram os inimigos do

---

[25] Js 24:1-28.

[26] Juízes 13:1-16:31.

momento, mas também porque achava suas mulheres irresistíveis – uma combinação fatal.

Sua famosa ruína veio das mãos de uma mulher estrangeira, Dalila, que o seduziu, fazendo-o contar-lhe o segredo de sua força (o cabelo comprido) e esse foi o fim, isto é, de seus cabelos. Careca, Sansão foi facilmente derrotado por seus inimigos, que lhe tiraram os olhos, mandaram-no para a prisão e colocaram-no em trabalhos forçados. Porém, não cuidaram de manter os cortes de seus cabelos regulares; assim, quando seus cabelos cresceram novamente, em um dramático fim de ato, Sansão transformou o que os filisteus esperavam ser o espetáculo de sua humilhação no templo deles no maior derramamento de sangue de sua vida. Ele derrubou os pilares que sustentavam a estrutura, para que a sua enorme queda esmagasse mais filisteus naquele dia do que havia matado em toda a sua vida, exclama o narrador[27].

Em 1991, Seymour Hersh, jornalista vencedor do Prêmio Pulitzer, publicou um polêmico *best-seller* intitulado *A opção de Sansão*, tratando da capacidade e das intenções nucleares do moderno Estado de Israel. Hersh argumenta que, assim como o Sansão bíblico, Israel usaria suas armas nucleares para se autodestruir, se fosse invadido por seus inimigos. Em outra referência militar a Sansão, os Acordos de Oslo, de 1995, conduziram à dissolução das forças especiais de Israel, as "Unidades Sansão", destinadas à infiltração em Gaza.

CONSTRUINDO UM REINO

Apesar do heroísmo do Sansão bíblico, os filisteus continuaram a ser arqui-inimigos de Israel. Devido a essa ameaça permanente, de acordo com uma linha de pensamento bíblico, as tribos israelitas clamavam por um rei nacional legítimo para substituir o desordenado sistema de juízes. O homem que negociaria essa transição era Samuel e sua história está emaranhada com as histórias de Saul e Davi. Como muitos dos grandes nomes bíblicos, Samuel nasceu apenas depois que sua mãe, Hannah, havia perdido a esperança de um dia ter filhos. Quando finalmente teve Samuel, Hannah cantou uma canção que, conforme nos diz o Evangelho de Lucas, Maria mãe de Jesus repetiu gerações depois – seu "Magnificat"[28].

---

[27] Juízes 16:30.

[28] 1 Sm 2:1-10; Lc 1:46-55. "Magnificat" é a primeira palavra da canção na tradução latina de Lucas 1:46.

Samuel serviu como profeta, juiz, sacerdote, além de elevar um rei ao trono, na transição das tribos a nação e dos juízes a rei. Embora preparasse seus imprestáveis filhos para sucedê-lo (em flagrante contradição com a natureza não hereditária do juizado), Deus orientou-o a ungir Saul para servir como (o primeiro) rei[29]. Samuel continuou a trabalhar como conselheiro e sacerdote durante o reinado de Saul, mas, quando as coisas passaram a correr mal com Saul[30], que foi abandonado por Deus e afundou-se em crises de loucura, Samuel secretamente ungiu Davi para suceder Saul como rei, depois da morte deste. Samuel é o único personagem bíblico, além de Jesus, a retornar dos mortos a fim de dar conselhos aos vivos. Com a ajuda de uma bondosa conscienciosa feiticeira, Saul chamou Samuel, que não estava feliz com ele. Samuel disse a Saul que ele perderia para os filisteus. Na série *Galactica*, Saul Tigh é o oficial executivo da nave Galactica. Tal como o Saul bíblico, ele é um líder atormentado que teme estar perdendo a sanidade mental[31].

Quando a narrativa bíblica descreve o exército dos filisteus, acrescenta que Davi estava entre eles – e não como um espião israelita. Mas os filisteus ficaram preocupados quanto à lealdade de Davi e o abandonaram. Isso pode ser bastante confuso, uma vez que Davi se tornaria o mais importante rei israelita. No entanto, ele passou alguns de seus anos pré-reinado andando com homens sem lei, até mesmo servindo no exército dos arquirrivais de Israel. Em resumo, aqui estão as coisas mais conhecidas ou mais comumente associadas a Davi (em ordem cronológica aproximada): música, Golias, Jonatas, Jerusalém, aliança eterna, Bate-Seba, Absalão e Salomão.

Vamos tomá-las brevemente, uma por vez: depois que Saul perdeu os favores de Deus (uma história trágica, se já houve uma), Deus encarregou Samuel de ungir o próximo rei, apesar de Saul ainda ser rei. Em uma narrativa de admirável tensão, Deus orientou Samuel a ungir o novo rei entre os filhos de Jessé, o belemita. Depois que Davi foi ungido (em uma reviravolta de acontecimentos completamente não relacionada), ele foi levado ao tribunal de Saul para fornecer musicoterapia ao maníaco-depressivo Saul. A reputação de Davi como músico era tão boa que o cancioneiro bíblico (Salmos) é atribuído a ele, e ele pode realmente ter escrito algumas de suas peças.

---

[29] Esse Saul do Velho Testamento não deve ser confundido com o Saulo do Novo Testamento, cujo nome tornou-se Paulo.

[30] Há aqui um trocadilho. Saul é da tribo de Benjamin, que significa "filho do sul".

[31] Esse Saul futurista (Tigh) descobre que é, na verdade, um "cyclon", um tipo de androide programado para prejudicar os seres humanos.

O narrador explica que Saul "amava muito Davi e Davi tornou-se seu escudeiro"[32]. Isso é estranho, porque, no episódio seguinte – a história de Davi contra Golias –, Saul é retratado como nunca tendo conhecido Davi[33]. (Novamente fontes literárias diferentes, entrelaçadas e nem sempre sem nós.) Nesse episódio, o narrador mostra o exército israelita em uma situação terrível. Ele estava frente a frente com o exército filisteu. Se um dos guerreiros israelitas lutasse e vencesse uma batalha homem a homem contra um dos filisteus, então o exército inimigo, em seu conjunto, considerar-se-ia derrotado. O representante filisteu era um monstro de homem, um guerreiro campeão gigante chamado Golias, de modo que ninguém se habilitava. Golias lançou novamente seu desafio, sem resposta dos israelitas, durante quarenta dias. Então, Davi o escutou por acaso. O narrador explica que Davi era apenas uma criança e geralmente estava ocupado cuidando das ovelhas da família. Neste dia, porém, ele foi visitar os irmãos mais velhos, que estavam no exército. Quando Davi ouviu o desafio, convenceu Saul – explicando suas habilidades pastoris de defesa e sua proteção por Deus – para deixá-lo lutar contra Golias. Em vez de ficar cara a cara com o homem-monstro, Davi acertou um único e preciso golpe de funda, ferindo Golias fatalmente com uma pedrada entre os olhos. "E ele caiu de bruços no chão."[34]

Hoje em dia, quando as pessoas se referem a Davi e Golias em um contexto não bíblico, elas normalmente querem transmitir a ideia de um grave desequilíbrio de forças entre rivais. Por exemplo, um editorial no *New York Times* sobre pirataria de música on-line intitulava-se "Quando Davi rouba a música de Golias"[35], e quando um agricultor de Saskatchewan foi processado pela Monsanto por ter canola geneticamente modificada em seus campos sem pagar pelas sementes, um jornalista chamou o caso de "A biotecnologia de Davi e Golias"[36].

O filho de Saul, Jônatas, foi ferido com Davi após o incidente com Golias. O resto da juventude de Davi é repleto de romance e aventura. Jônatas tornou-se seu melhor amigo e a popularidade de Davi aumentou entre as pessoas por causa de seus contínuos sucessos militares. A filha

---

32 1 Sm 16:21.

33 1 Sm 17:55-58.

34 1 Sm 17:49.

35 Dia 28 março de 2005. Disponível em: <http://www.nytimes.com/2005/03128/opinion/28mon1.html >. Acessado em: 13 novembro de 2008.

36 Biotech's David and Goliath. *AP.* January 20, 2004. Disponível em: <http://www.wired.com/politics/law/news/2004/01/61981>. Acessado em: 13 de novembro de 2008.

de Saul, Mical, também se apaixonou por Davi. E Saul ficou ainda mais amargo. Concordou em deixar Mical casar-se com Davi pelo terrível preço de 100 prepúcios filisteus (pensando que Davi morreria tentando o feito). Davi, porém, trouxe as malcheirosas partes penianas e os amantes se casaram; mas Saul tornou-se inimigo de Davi. Em incidentes separados, tanto Jônatas quanto Mical salvaram Davi da intenção assassina do pai deles. Por fim, Davi simplesmente teve de fugir. Foi assim que ele acabou se tornando um Robin Hood antigo, com seu bando de homens sem lei, ocasionalmente servindo como soldados mercenários. Em última instância, porém, não lutou contra seu próprio povo, e os narradores dizem que ele nunca desrespeitou Saul, "ungido de Deus".

Depois que Saul morreu, Davi tornou-se rei, e, depois de alguns anos, estabeleceu Jerusalém como capital da nação. Davi conquistou a lealdade de todas as tribos israelitas quando ele trouxe a sagrada Arca da Aliança para essa "Cidade de Davi". No entanto, quando Davi determinou a construção de um templo adequado para Deus e para abrigar este importante objeto religioso, o profeta e conselheiro religioso de sua corte, Natan, disse-lhe que Deus tinha outros planos para o rei. Ou seja, que Deus construiria para Davi uma casa, de certa forma, por uma aliança eterna e incondicional[37]. Isto é, Deus construiria a família e a reputação de Davi, de modo que, mesmo se ele ou seus descendentes cometessem faltas, alguém da linhagem de Davi sempre seria rei. Na verdade, Davi é lembrado como o maior rei de Israel, com uma conexão especial com Deus, "um homem de acordo com seu coração"[38], e qualquer futuro rei viria necessariamente de sua linhagem.

A parte sobre a punição de Deus por irregularidades, mas sem tirar o trono, foi logo posta à prova. Quando o narrador explica que a época de os reis irem para a guerra havia chegado, mas que Davi permaneceu em Jerusalém, sabemos que algo dará errado[39]. Dito e feito: Davi espionou a linda Bate-Seba, levou-a, dormiu com ela e a engravidou (tudo em cerca de três versículos). Porém, ele estava encrencado, porque ela já era casada. Diante da condição honrada do marido, Davi orquestrou a morte dele e casou-se com Bate-Seba.

Deus não ficou satisfeito e prometeu discórdia e problemas dentro da casa de Davi. E assim foi que, logo depois, um filho (Amnon) violentou

---

[37] 2 Sm 7:1-29.

[38] 1 Sm 13:14.

[39] 2 Sm 11:1.

sua meia-irmã, Tamar, e foi subsequentemente assassinado por outro filho (irmão de Tamar), Absalão. Absalão passou a instigar uma revolta contra seu pai e conseguiu expulsar Davi de Jerusalém. Na luta pelo poder que se seguiu, Absalão foi morto e Davi ficou com o coração partido. Estando velho e doente, ainda outro filho (Adonias) rebelou-se contra ele, presumindo ser rei, antes de Bate-Seba ter tido êxito no *lobby* para que um de seus filhos, Salomão, se tornasse sucessor de Davi. Todo este drama é excluído de outro livro bíblico biográfico de Davi: *Crônicas* não inclui qualquer menção aos serviços de Davi para os filisteus, seu adultério e seus problemas domésticos. Nesses livros, Davi tem uma imagem limpíssima e Salomão sucede-o sem problema algum, para construir o templo em que, conforme Crônicas explica, Davi havia pensado com grande prudência e nos mínimos detalhes.

Salomão demonstrou ser um bom sucessor, seguindo a trajetória de construção da nação, desde os esforços iniciais de Saul pela unidade tribal e, depois, a manutenção dessa unidade por Davi, com o estabelecimento de uma capital. Salomão expandiu a nação e a corte; desenvolveu alianças internacionais e assumiu significativos projetos arquitetônicos, dos quais o mais ambicioso e comemorado é o templo de Jerusalém.

Salomão é lembrado não só por esta incrível casa de Deus, mas também por sua sabedoria, riqueza e mulheres. Em uma de suas parábolas, Jesus referiu-se aos ricos adornos de Salomão[40]. Salomão demonstrou seus primeiros traços no início de sua monarquia, quando chamado a julgar um caso particularmente complicado. Duas prostitutas reivindicavam o mesmo bebê. Salomão disse que iria cortar o bebê ao meio e dar metade a cada uma. A mulher A disse: "Parece justo"; a mulher B disse: "Isso é horrível. Deem o bebê à mulher". Foi assim que o sábio Salomão determinou que a mulher B deveria ser a mãe[41]. Provérbios e Eclesiastes, com os seus sábios conselhos e filosofia, são atribuídos a Salomão. Sua reputação como amante reflete-se no fato de a poesia erótica em Cântico dos Cânticos ser também atribuída a ele (e é às vezes chamada de Cântico de Salomão).

O país prosperou sob o domínio de Salomão. O narrador diz: "Judá e Israel eram tão numerosos quanto as areias à beira-mar; eles comiam e bebiam e eram felizes"[42]. Durante o seu reinado, Salomão casou-se com muitas mulheres (e tomou muitas concubinas mais), supostamente para

---

[40] Mt 6:29; Lc 12:27.

[41] 1 Rs 3:16-28.

[42] 1 Rs 4:21.

garantir parcerias internacionais. O problema, nota o narrador, é que o encantador e hospitaleiro Salomão construiu, por essas mulheres, templos estrangeiros – ou templos a elas próprias, uma grave tentação para que os israelitas adorassem outros deuses e deusas. Este foi o calcanhar de Aquiles da nação.

O templo que Salomão construiu em Jerusalém foi um exemplo da riqueza de Israel, adquirida durante sua monarquia. Sua arquitetura elegante e sua planta detalhada facilitavam sua função como local de sacrifício e lembrete, tanto da santidade quanto da escolha de Deus de estar especialmente presente para essas pessoas escolhidas por Deus. Após a Arca da Aliança ser solenemente levada ao templo, Salomão rezou uma dedicação do templo a Deus e Deus respondeu com uma reiteração da aliança davídica. Desta vez, porém, Deus acrescentou condições: "Se tu... então eu; mas se tu..., então cortarei Israel da Terra... e esta casa tornar-se-á um monte de ruínas."[43] Na interpretação bíblica da história, aqueles outros templos demonstrariam ser problemáticos. O sucessor de Salomão perdeu o domínio da nação unida, e, um par de séculos depois, o reino do norte (Israel) foi tomado pelos assírios. Quase 150 anos depois, o reino do sul (Judá) foi derrotado pelos babilônios.

PROFETAS: PORTA-VOZES DE DEUS

Com o advento de uma monarquia, veio uma série de profetas – pessoas que funcionavam como porta-vozes de Deus (a favor ou contra o Estado). Alguns, como Natan (profeta da corte de Davi), aparecem como personagens dentro de uma narrativa maior. Outros profetas, como Amós, têm livros intitulados com seus nomes. Para nossos propósitos de resumo panorâmico, vou discutir brevemente alguns dos mais importantes profetas do Antigo Testamento: Elias e Eliseu, Isaías, Jeremias, Ezequiel, Jonas e Daniel (embora, na ordem da Bíblia hebraica, Daniel não seja contado entre os profetas). Entre eles, Elias (um solitário profeta *freelance* do reino do norte de Israel) e seu sucessor, Eliseu, caem na mesma categoria – profetas que aparecem em narrativas sobre eles e suas épocas. Todos os outros têm livros intitulados com seus nomes e geralmente são lembrados pelo que disseram.

Duas pessoas não morreram de mortes normais e humanas no Antigo Testamento. São Enoque, que, em vez disso, "caminhou com Deus; então

[43] 1 Rs 9:1-9.

deixou de ser, porque Deus o levou embora"[44], e Elias. Não há muito na Bíblia sobre Enoque, mas há muitas coisas sobre Elias. Uma vez que Elias não morreu e foi enterrado, alguns acreditam(vam) que ele retornará(ia). Ele é mencionado no final de Malaquias, o último livro dos profetas do Antigo Testamento, como retornando no fim dos tempos[45]. Todos os anos, durante a ceia do Pessach (Páscoa judaica), uma taça de vinho é deixada intacta e a porta fica aberta brevemente para esse profeta, cujo retorno é esperado para anunciar a vinda do Messias. No Novo Testamento, João Batista, que se comportava um pouco como profeta, alimentou suspeitas, por ter lançado as bases do ministério de Jesus, de ser ninguém menos do que Elias retornado.

Elias era um profeta do reino do norte, em torno de 850 AEC. Seu maior desafio, ao que parece, foi relembrar os israelitas da promessa desse povo de adorar somente a um Deus e evitar os deuses dos povos ao redor. Lembra-se daqueles templos que Salomão construiu para os deuses de suas esposas estrangeiras? Não é nada bom, diz a Bíblia. Elias formou para si a reputação de pedra no sapato dos israelitas, especialmente de seu rei Acabe, que se casou com a estrangeira Jezebel. O problema, até onde os narradores bíblicos contam, foi que essas rainhas trazidas de fora importaram seus próprios deuses e deusas para a prática religiosa israelita.

Quando o manto de Elias caiu durante sua dramática partida da Terra para o céu, em uma carruagem de fogo em meio de um turbilhão, Eliseu apanhou o manto e continuou o trabalho de Elias como profeta no reino norte. (Elias "passou o manto", em outras palavras.) Sejam quais forem as maravilhas realizadas por Elias, Eliseu também fez algumas... e outras mais. Eliseu é mais conhecido, no entanto, por condenar um bando de jovens desrespeitosos à morte por ataque de ursos, depois que eles o provocaram por ser careca. Não estou brincando (2 Reis 2:23-25).

Isaías era um profeta de Judá, de cerca de 740-700 AEC. Por ser consultado pelos reis, e por ter acesso à parte interior do templo de Jerusalém, é seguro supor que fosse um homem respeitado, com considerável poder político e religioso. Seu nome é dado a todo o livro de Isaías, mas nem todo o livro vem dele, pois contém seções dos períodos exílico e pós-exílico (incluindo referências a Ciro II, por exemplo)[46]. Isaías afirma ter-se oferecido para

---

[44] Gn 5:24.

[45] Ml 4:5.

[46] Isaías provavelmente tinha discípulos que continuaram o trabalho profético na mesma linha de seu mestre, incluindo a compilação de oráculos, do mestre e deles, todos os quais foram posteriormente identificados com o nome de Isaías.

servir como profeta quando ouviu Deus pedir o conselho divino: "A quem enviarei?" e Isaías disse: "Eis-me aqui, envia-me"[47].

Isso está em flagrante contraste com Jeremias, que não queria ser profeta. Como Moisés, ele protestou, dizendo que tinha dificuldade de falar em público. Tal como acontece com Moisés, Deus não aceitou negativas[48]. Jeremias é um outro profeta do Antigo Testamento, com um livro intitulado com seu nome; a maior parte deste livro pode ser de suas palavras proféticas, mas algumas certamente não são. Jeremias profetizou durante décadas, de cerca de 640 AEC até a queda de Jerusalém sob os babilônios, em 587 AEC. O ônus de profetizar uma mensagem áspera teve, muitas e muitas vezes, seus efeitos sobre Jeremias, e seu livro é pontuado de queixas comoventes. Ele é às vezes chamado de "profeta das lágrimas". O livro Lamentações inteiro é atribuído a ele. Temos uma palavra cuja origem é o nome deste profeta infeliz e eloquente: "jeremiada", que descreve uma expressão de queixa sofrida ou raivosa.

Ezequiel, o terceiro dos "três grandes" profetas do Antigo Testamento, parecia estar bastante satisfeito com sua sorte como profeta. Ele comeu um pergaminho no qual estavam as palavras que deveria profetizar, "palavras de lamentação, luto e consternação"; mas elas eram "doces como o mel" à sua língua[49]. Ele trabalhou durante o cativeiro babilônico, de 597 AEC (estava no primeiro grupo de exilados levados dez anos antes da queda de Judá) até algum tempo depois de 587 AEC.

Ezequiel "viu a roda, lá em cima no ar", conforme a letra de uma cação popular do gênero *espiritual*. Na verdade, ele teve muitas visões fantásticas. No início do livro, Ezequiel descreve uma visão fantástica e altamente detalhada da carruagem de Deus, acompanhada de criaturas aladas, com rodas dentro de rodas e olhos ao redor. O Talmude judaico adverte contra o estudo dessa passagem por jovens, devido aos perigos que pode representar para a saúde mental de uma pessoa. Há uma variedade de misticismo chamada *merkavah,* a partir do termo hebraico para "carruagem", que se concentra na visão de Ezequiel; e a cabala e a filosofia chassídica dão muita atenção às possibilidades de expansão da mente com sua interpretação. Em outra visão, um espírito pegou Ezequiel pelos cabelos, arrastando-o pelos céus da Babilônia (atual Iraque) até Jerusalém, para ver todas as coisas ruins que estavam acontecendo no templo (e que,

---

[47] Is 6:8.
[48] Jr 1:4-10.
[49] Ez 2:9-13.

em última instância, justificavam sua destruição, sob esta perspectiva bíblica)[50]. Em outra, Ezequiel viu ossos humanos reorganizarem-se em pessoas, em resposta à Palavra de Deus de que Israel seria novamente um povo vital[51].

Em contrapartida, Jonas não poderia ter sido mais prosaico. O único dos "profetas menores" que discutirei neste capítulo, Jonas merece atenção devido a seu episódio com a baleia. Além disso, ele é uma figura e tanto. Quando Jonas foi chamado a profetizar contra Nínive, capital da Assíria inimiga de Israel, ele pegou um navio que seguia na direção oposta. Para corrigi-lo e colocá-lo no caminho certo, Deus fez aparecer uma tempestade. Jonas foi lançado ao mar e um grande peixe o engoliu. Três dias depois ele cuspiu Jonas para cima, no local de onde havia partido. Dessa vez, ele se dirigiu a Nínive, conforme as instruções. O livro é uma historinha bonita com implicações antixenófobas. Jonas não é um profeta admirável. Para se ter uma ideia, ele profetiza uma única vez e é somente uma única frase. (Isso, em comparação com as páginas e páginas de profecias emitidas por outros profetas bíblicos.) Além disso, em contraste com a desobediência de Jonas, seu público imediatamente levou a profecia a sério e se arrependeu, desde o rei até a última pessoa. Até mesmo todos os animais ninivitas usaram o cilício de arrependimento. Isso enfureceu Jonas, que se chateou e se queixou a Deus. O personagem Jonas é, finalmente, bem-humorado, embora o livro transmita uma mensagem de sóbria correção: que o cuidado e a preocupação de Deus estendem-se muito além do indivíduo ou de um grupo especial. Na verdade, sua afirmação conclusiva sugere que Deus ama até os inimigos estrangeiros, e (nós, amantes dos animais, ficamos felizes em ouvir) as vacas também.

Daniel – profeta ou não? Daniel não está entre os profetas da Bíblia hebraica, mas está entre os profetas do Antigo Testamento, por razões tanto de personagem quanto de cânone. O livro de Daniel não faz parte da seção Profetas do Tanakh. Pelo contrário, é parte da seção Escritos, provavelmente porque foi escrito e aceito no cânone relativamente tarde[52]. Além disso, o personagem Daniel age menos como um profeta do que como um visionário apocalíptico. Por exemplo, Deus não fala diretamente a ele com uma mensagem para seus contemporâneos; em vez disso, Daniel

---

[50] Ez 8:1-18.
[51] Ez 37:1-14.
[52] Na verdade, o livro é ambientado em uma época séculos antes de quando foi escrito. É ambientado no século VI AEC, mas vem de um período de grande tribulação em meados do século II AEC; então o que Daniel "prevê" é na verdade um recital poético dos acontecimentos que já haviam ocorrido.

teve visões ricas em símbolos sobre o futuro. No entanto, Daniel disse o que estava por vir, satisfazendo ideias posteriores do que constitui um profeta. Assim, de modo geral, Daniel é considerado um profeta pelos cristãos, mas não pelos judeus.

O Daniel bíblico é descrito como um homem judeu no exílio da Babilônia que se destacou por se recusar a comprometer a sua fé e adorar como os babilônios. Ele resistiu milagrosamente às tentativas em sua vida – sendo jogado em uma fornalha, sendo atirado a um leão faminto – porque Deus estava com ele. Em um estilo verdadeiramente apocalíptico, ele relatou visões de nações poderosas ascendendo e caindo, e de um tempo em que Deus, finalmente, corrige tudo mais uma vez. Como José muito antes dele (o personagem Daniel pode, em parte, haver tomado José como modelo), Daniel interpretou sonhos e subiu a uma posição de considerável destaque no país de seu exílio. Ao contrário de José ou qualquer outro homem do Antigo Testamento, porém, Daniel descreveu uma ideia que se tornou popular durante o tempo em que seu livro foi escrito (em torno de 164 AEC) – a ressurreição dos mortos.

É no livro de Daniel que Miguel, o guardião de Israel e chefe dos príncipes angélicos, inaugura uma ressurreição. Daniel ouve que, quando Miguel se levantar e as tensões terrenas atingirem seu auge, "muitos daqueles que jazem no pó da terra despertarão, uns para a vida eterna, e outros para a vergonha e o desprezo eterno"[53]. Miguel é o campeão dos fiéis em outra batalha apocalíptica narrada no Apocalipse[54]. O grande arcanjo, Gabriel, aparece também no livro de Daniel, explicando sobre o fim dos tempos. Gabriel aparece novamente no Evangelho de Lucas para anunciar àquela "que está nas graças de Deus", Maria, que ela foi escolhida para carregar o filho de Deus, Jesus. Existem inúmeras representações visuais desse impressionante diálogo, intitulado Anunciação.

A PACIÊNCIA DE JÓ

Jó também tem um livro em sua homenagem. Jó é popularmente conhecido por sua paciência, seu sofrimento e sua justiça. Supõe-se que "a paciência de Jó" seja completamente notável, até mesmo santa. Pesquisar a frase no Google rende cerca de 101 mil resultados. A personagem Falstaff, de Shakespeare, declara: "Sou pobre como Jó, meu Senhor,

---

[53] Dn 12:1-3.
[54] Ap 12:7.

mas não tão paciente"[55]. A paciência é entendida como resposta de Jó ao sofrimento, demonstrando sua justiça, mas isso é como dizer que a comida caribenha é famosa pela pimenta: há muito mais do que isso – e a ideia nem é totalmente precisa. Jó sofreu, mas dificilmente encaixa-se no modelo popular de paciência[56]. E o que o livro identifica como sua justiça não é produto da aceitação graciosa e em silêncio estoico do infortúnio que a vida (Deus) lhe traz; pelo contrário.

Na história bíblica, Jó, um homem de Uz (não necessariamente judeu), foi considerado por ninguém menos do que Deus como sendo honesto, sem culpa e justo em todos os sentidos. Ele foi então submetido a terríveis angústias mentais, físicas e espirituais por causa de uma aposta que Deus fez com o Satanás[57] para provar se Jó era temente a Deus apenas por temer a Deus, ou porque Deus poderia dar, e dava, tanto a Jó.

Jó não sofreu em silêncio. Na verdade, o bastante extenso livro bíblico de Jó é composto de muita conversa, e grande parte são queixas. Jó queixou-se de seus problemas, queixou-se dos companheiros que falavam com ele e queixou-se de Deus. Assim, a justiça e a paciência de Jó não deveriam ser entendidas como as de uma vítima de abusos covardes que choraminga não merecer a dor e os abusos que sofre. Em vez disso, Jó sacudia o punho contra Deus, exigia justificativas ou, pelo menos, alguma explicação, e repreendia seus "amigos" por incentivá-lo a confessar e admitir que ele simplesmente não poderia ser perfeito e que devia ter feito algo para merecer tais experiências terríveis. Jó defendeu consistentemente sua inocência diante do sofrimento e lutava contra o silêncio de Deus.

Por fim, depois de um monólogo de Deus sobre a grandeza de Deus e as complexidades do mundo natural que aparentemente nada têm a ver com o resto do livro (por que o inocente Jó estava sofrendo?), Jó parou de falar. Suas palavras finais foram que ele havia falado demais. Muitas traduções mostram Jó dizendo algo como: "Desprezo-me e arrependo-me no pó e na cinza"[58]. Essa é certamente uma tradução válida, mas o texto hebraico é muito rico. A palavra traduzida como "desprezo" não precisa significar "desprezo" ou "ódio" com uma espécie de desgosto. Pelo contrário, ela denota a "recusa" ou "rejeição" no sentido de colocar algo de lado. A

---

[55] Henrique IV, Parte 2, II Ato I, cena 2.

[56] In Tg 5:11, a fonte, no Novo Testamento, da expressão "paciência de Jó". A palavra grega significava mais exatamente algo como "persistência", "firmeza" ou "resistência".

[57] Algumas traduções simplesmente chamam-no de Satanás com um S maiúsculo – mais sobre esse assunto no Capítulo Onze.

[58] Jó 42:6.

palavra traduzida como "arrependimento" é aquela que, em hebraico, pode ter o sentido de "conforto" ou "consolação", além de "sentir muito por algo", mudar de ideia ou retratar-se. É uma palavra muito diferente da que os profetas usam regularmente para levar as pessoas a se arrepender e se converter de seus caminhos de pecado. Embora o versículo possa certamente ser interpretado no sentido tradicional de um Jó reverente e castigado, suas possibilidades de tradução também produzem a sensação paradoxal de colocar o ego de lado para descobrir exatamente quem ele é – uma descoberta que dá conforto e consolação.

Acrescente-se a isso a natureza da fala de Deus, "sair do redemoinho", e pode-se encontrar um momento zen, um *koan* seguido pela possibilidade de iluminação *aha*. A fala de Deus é radicalmente diferente do que esperamos, após termos lido o restante do livro. Nela, Deus não diz nada sobre o sofrimento de Jó, nada sobre recompensa e castigo, nada sobre a justiça. Pelo contrário, Deus descreve em detalhes notáveis e poéticos o conhecimento e o controle do mundo natural não humano, desde seu início, "quando as estrelas da manhã cantaram juntas", até "as portas da morte", das "nascentes do mar" às constelações do alto, e do cuidado e da alimentação dos bebês corvos ao comportamento de ajuda que algumas cabras selvagens prestam às que estão parindo, como se fossem parteiras. Pode ser que, como um *koan* zen, a fala de Deus convide a uma mudança radical no modo de pensar e ser, que tira Jó de si mesmo para olhar de modo categoricamente diferente para o mundo e seu lugar nele. A resposta de Jó, então, não é necessariamente dizer que ele é fraco e inútil; mas ele reconhece profunda e exatamente quem e como ele é, e isso é um conforto.

Como para confirmar, Deus encerra a história, declarando que Jó falou sobre Deus o que é certo, em contraste com os companheiros de Jó, que haviam tentado desesperadamente justificar e absolver Deus. A retidão de Jó é, então, inseparável de seus protestos. Sua paciência é tanto uma recusa a comprometer sua integridade quanto o é sua resistência por meio do sofrimento. O narrador termina dizendo que Deus deu a Jó mais filhos e restaurou suas riquezas.

JESUS: A RAZÃO DE TODO O NOVO TESTAMENTO

Até este ponto, todos os homens que descrevemos aparecem no Antigo Testamento da Bíblia hebraica. Após este ponto, todos aparecem no Novo Testamento. Reivindicar uma descrição exaustiva de Jesus seria tolice, na melhor das hipóteses, e heresia, na pior. Para nossos propósitos, em dez palavras ou menos: Jesus é o cara do Novo Testamento. O que não é uma descrição de seu nascimento, vida, morte e ressurreição é uma descrição de suas implicações. Por conseguinte, discuto grande parte da informação associada a Jesus (por exemplo, as Marias, Belém, a cruz) de modo mais completo em outros capítulos. Embora haja incontáveis volumes e contínuos seminários dedicados a determinar o que é e o que não é "histórico" em Jesus, vou tratá-lo aqui como tratei as pessoas anteriormente – como um personagem bíblico. Como Jesus é distinto dessas outras pessoas, porém, pelo fato de também ser considerado divino, vou discuti-lo novamente no Capítulo Treze, "Nomes, seres e ações de Deus".

"Cristo" não é o primeiro nem o último nome de Jesus. É a tradução grega (*christos*) da palavra hebraica *meshiach*, que significa "ungido", e que serve como título, uma descrição de como os fiéis interpretam o papel de Jesus e seu significado (como um messias). "Jesus" é um bom nome judaico. Em seu tempo, era uma versão atualizada de Josué, que significa algo como "aquele que salva". Na verdade, o personagem bíblico Jesus é um judeu que os escritores do Novo Testamento acreditavam ser a encarnação de Deus, enviado por Deus (isso pode ser confuso) – Filho de Deus – para salvar o povo de seus pecados.

Dependendo da pessoa a quem se pergunta, a Bíblia retrata Jesus como um pacifista radical, um reformador religioso militante, um provocador político, um sábio e professor, um ativista da justiça social, um milagreiro, um curandeiro, um amante dos animais, um feminista e assim por diante. Os evangelhos apoiam cada um desses perfis e mais. Como vimos, existem quatro biografias de Jesus no Novo Testamento. Ou seja, não há uma descrição única na Bíblia, mas, sim, várias descrições diferentes. Elas não são todas escritas por observadores desinteressados, mas por pessoas que acreditavam que ele era extraordinário, divino de alguma forma e que era aquele que cumpria "as escrituras". Elas também concordam em retratar Jesus como um judeu da Palestina do século I (especificamente da região da Galileia), cuja pessoa, ensinamentos e ações inspiraram pessoas a segui-lo e que, embora inocente, morreu por sentença penal e, em seguida, voltou à vida. É através desses quatro evangelistas, dos quatro evangelhos, das epístolas de Paulo e de vários autores anônimos que temos material para descrever Jesus como uma figura da Bíblia. O próprio Jesus não escreveu nada.

A maior parte dos evangelhos diz respeito aos três anos ou mais do ministério de Jesus em público. Apenas Mateus e Lucas incluem histórias sobre seu nascimento e infância. Lucas também inclui uma breve menção à circuncisão de Jesus, acompanhada de uma bênção auspiciosa, e seguida por uma história que demonstra um precoce Jesus, aos doze anos de idade, envolvido em discursos com os sábios judeus no templo[59]. Embora o Evangelho de João não seja explícito quanto a Jesus ter sido batizado, ele concorda com os outros evangelhos que, no contexto do batismo, o Espírito Santo, como uma pomba, desceu do céu sobre Jesus, marcando-o como o único Filho de Deus[60]. Isso lançou seu ministério adulto de ensino, pregação e cura. Durante esse período de três anos, Jesus acumulou seguidores, incluindo um grupo de discípulos, doze homens, em particular.

Perto do fim desse período, os evangelhos sinópticos reiteraram a declaração batismal (e a unicidade) de Jesus por Deus como "meu filho escolhido/amado" em um episódio chamado de Transfiguração. Testemunhado por três apóstolos, Jesus ficou transfigurado de forma impressionante sobre uma montanha, em companhia dos grandes Moisés e Elias do Velho Testamento, que falaram com ele[61]. Todos os quatro evangelhos desenvolvem a especificidade do papel de Jesus, narrando sua entrada em Jerusalém na comemoração do Pessach. A multidão alegre anunciou Jesus com imagens monárquicas, *Hosanna!* (que significa "Salve!"), e como "aquele que vem em nome do Senhor", iniciando assim os acontecimentos que conduziriam à sua morte[62]. Além das características gerais anteriormente referidas, todos os evangelhos concordam que Jesus foi crucificado em Jerusalém durante a época do Pessach[63]. Apesar de sua morte, os escritores do Novo Testamento também concordam que, ao contrário de qualquer outra pessoa, Jesus voltou à vida, embora sua forma ressuscitada nem sempre fosse imediatamente reconhecível a seus amigos e discípulos.

Foi a partir de sua crença na natureza extraordinária da capacidade de Jesus de reconciliar a humanidade com Deus, que os escritores do Novo Testamento escreveram suas biografias (os evangelhos); a história

---

[59] Lc 2:21-52.

[60] Mt 3:13-17; Mc 1:9-11; Lc 3:21-22; Jo 1:32-34.

[61] Mt 17:1-8; Mc 9:2-8; Lc 9:28-36.

[62] Mt 21:1-9; Mc 11:1-10; Lc 19:28-38; Jo 12:12-19.

[63] Entretanto, eles parecem discordar quanto ao dia exato. Nos evangelhos sinópticos, a última ceia de Jesus com seus discípulos é a refeição da Páscoa, que começa o festival de uma semana; em João, Jesus é crucificado no "dia da preparação da Páscoa" (Jo 19:14), por isso é efetivamente identificado com o Cordeiro, que é tradicionalmente sacrificado e comido na refeição. Algumas pessoas resolvem esse aparente desacordo, no entanto, observando que o dia da preparação de João pode referir-se ao dia anterior ao sábado, durante a semana da Páscoa (e não na refeição inaugural), assim conformando-se à cronologia da crucificação dos sinópticos (Mt 27:62, Mc 15:42, Lc 23:54). Por exemplo, a NIV tem "o dia da preparação da semana da Páscoa" (do grego não inclui a palavra "semana"), enquanto a NRSV tem "o dia da preparação para a Páscoa".

da Igreja (Atos); e as epístolas de orientação, instrução e incentivo (o restante) – "para que", escreve o autor do Evangelho de João, "possas acreditar que Jesus é o Cristo, o Filho de Deus e que, crendo, possas ter vida em seu nome"[64]. Com base em tais textos do Novo Testamento, os cristãos acreditam que Jesus é a encarnação de Deus; e por ser ele um ser humano único, sem pecado, que buscava com o amor divino resgatar o povo de Deus, ele poderia escolher morrer como sacrifício definitivo pelo pecado humano, para que aqueles que acreditam nele fossem perdoados e gozassem a vida eterna com Deus.

Jesus não é um personagem por si só em grande parte do Novo Testamento, à exceção dos evangelhos. As implicações de Jesus, o que Jesus quer dizer, são o que preocupa Paulo e os outros responsáveis por todos os outros livros do Novo Testamento – exceto o Apocalipse. Em alguns versículos do Apocalipse, o livro apocalíptico que fecha o cânone, Jesus é vislumbrado durante o fim dos tempos, tanto no céu (como um cordeiro com sete chifres e sete olhos, que abre os sete selos de um pergaminho cósmico) quanto na terra (quando Jesus retornará e ficará sobre o Monte Sião).

PERSONAGENS DOS PRIMEIROS ANOS DE JESUS

Para a maioria dos escritores do Novo Testamento, a crença em Jesus como filho de Deus impedia uma concepção e nascimento ordinários. No entanto, Jesus tem uma genealogia que inclui pais humanos – Maria e José. Embora Jesus fosse entendido como concebido pelo poder do Espírito Santo, não por José, sua genealogia é traçada através de José, cuja linhagem (tanto de acordo com Mateus quanto com Lucas, os que falam sobre o nascimento de Jesus) remonta à linhagem de Davi. Em outras palavras, graças a seu pai substituto José, Jesus faz parte da família de Davi. Como já vimos, é política e teologicamente muito importante que isso seja assim.

O nome de José, é claro, reflete seu tio distante, José filho de Jacó. O José do Novo Testamento, padrasto de Jesus, é descrito como carpinteiro, ofício que ele ensinou a Jesus. O pouco que é dito de José, o "pai" de Jesus na Bíblia, é elogioso, com sua aceitação de bom grado dos planos divinos, apesar de sua aparente condição de marido traído. Realmente não

---

[64] Jo 20:31.

sabemos como as coisas eram para José, dado esse estado de coisas sem precedentes, mas não pode ter sido fácil.

João Batista recebe mais cobertura dos textos do que José, no Novo Testamento, e é representado de forma mais consistente nos quatro evangelhos. João Batista (que é diferente dos autores do evangelho, epístolas e Apocalipse) é retratado como um reformador, um solitário radical clamando por mudanças. Ele viveu no deserto do deserto, como uma espécie de homem selvagem, vestindo peles de animais e alimentando-se de gafanhotos e mel silvestre. Ele pregava o arrependimento e realizava batismos, em preparação para um novo tempo que Deus traria em breve. João Batista é interpretado por um a um dos Evangelhos à luz de uma profecia de Isaías, do Antigo Testamento[65]. Em todos os evangelhos, João é retratado como a inauguração do ministério de Jesus por havê-lo batizado. Durante os primeiros dias da campanha presidencial de Barack Obama, um cidadão de Iowa observou o apoio público da apresentadora de televisão Oprah Winfrey e chamou-a de "João Batista", resumindo de forma efetiva as extraordinárias esperanças de muitos norte-americanos depositadas em Obama[66].

Apenas Mateus e Marcos falam sobre a morte horrível de João, outro tema favorito dos pintores da Renascença. Segundo a história, a crítica mordaz de João não conhecia limites; ela incluía um ataque contra a vida sexual da realeza judaica, o que o levou à prisão. Quando o rei prometeu qualquer coisa à garota (diversamente identificada como esposa do rei ou filha da esposa) que dançou em sua festa de aniversário, ela pediu a cabeça de João em uma bandeja. Feito[67]. Paulo nunca menciona João Batista.

Pode ser confuso saber que o rei Herodes, que ordenou a execução de João, não era realmente um rei por si mesmo nem o único Herodes com importância no Novo Testamento. Como os judeus estavam sob controle romano durante esse período, seus líderes políticos não eram monarcas autônomos, mas possuíam autoridade concedida pelo Império, com a supervisão romana. O Herodes que ordenou a execução de João

---

[65] Is 40:3; Mt 3:3; Mc 1:3; Lc 3:4-6; Jo 1:23. Com uma ligeira mudança na pontuação, o texto do Antigo Testamento é alterado para atender às circunstâncias do Novo Testamento de João. Dado o contexto exílico da profecia de Isaías e o fato de que o texto hebraico não tinha pontuação, o versículo de Isaías provavelmente deve dizer: "Uma voz clama: 'No deserto preparai o caminho...'". Nos evangelhos lê-se: "Uma voz clama no deserto: 'Preparai o caminho...'".

[66] ZELENY, Jeff. Oprah Winfrey Hits Campaign Trail for Obama. *New York Times*. December 9, 2007. Disponível em: <http://www.nytimes.com/2007/12/09/us/politics/09prah.html?=Top/News/U.S./U.S.%20States,%20Territories%20and%20Possessions/lowa>. Acessado em: 10 de julho 2008.

[67] Mt 1-1:3-12; Mc 6:17-29.

era Herodes Antipas, um dos três Herodes (os outros foram Arquelau e Filipe II), todos filhos de Herodes, o Grande, o meio-judeu descrito no Capítulo Quatro, "Contextos e cultura: a história por trás da Bíblia". Em uma confusa teia de alianças e desejo, Herodes Antipas casou-se com a esposa de seu irmão, de modo muito confuso chamada de Herodíades. Foi essa união que incitou a justa ira de João Batista.

DISCÍPULO BOM, DISCÍPULO MALVADO: PEDRO E JUDAS

Entre os doze discípulos de Jesus (um número que evoca associação com as doze tribos de Israel), o mais famoso e o mais infame são, respectivamente, Pedro e Judas. A maioria do que lemos sobre eles está nos evangelhos. Mateus favorece Pedro e descreve-o como braço direito de Jesus, o que Jesus chamou de "a pedra [sobre quem] edificarei a minha igreja"[68], e para quem Jesus entregou as "chaves do reino"[69]. Por conseguinte, temos tanto a tradição de Pedro como porteiro do céu quanto a tradição dos papas católicos de Roma, que afirmam uma linhagem remontando a Pedro. O nome Pedro significa "rocha" em grego; é Cefas, em aramaico, e Simão ou Simeão em hebraico; ele atende por todos esses nomes no Novo Testamento. Pedro é também um personagem de destaque no livro dos Atos, que segue os evangelhos. Lá, vemos Pedro como instrumental, especialmente entre os judeus de Jerusalém, no desenvolvimento da comunidade que viria a se chamar cristãos. Mateus descreve Pedro caminhando sobre a água, até que ele percebeu o que estava fazendo e afundou[70]. Todos os quatro evangelhos descrevem Pedro de forma incisiva durante a noite da prisão de Jesus, negando, por três vezes, qualquer associação com Jesus.

A fama de Pedro é compensada pela infâmia de Judas. Judas, que se chamava Judas Iscariotes, para distingui-lo de outros Judas da época, é retratado nos evangelhos bíblicos como um traidor que entregou Jesus às autoridades, levando, em última instância, à crucificação. Cada um dos quatro evangelhos bíblicos, bem como o livro de Atos (o único outro livro bíblico em que Judas aparece), sempre acrescenta esse dado biográfico quando seu nome aparece, e Judas é sempre o último nome nas listas de discípulos dos evangelhos.

---

[68] Mt 16:18.
[69] Mt 16:19.
[70] Mt 14:28-31.

Os detalhes sobre Judas não são exatamente os mesmos em cada evangelho. Por exemplo, a história de Judas de receber trinta moedas de prata dos romanos para levá-los a prender Jesus é encontrada apenas no Evangelho de Mateus[71]. E apenas ali há a história do remorso de Judas sobre o que ele fez – vendo "que Jesus foi condenado, arrependeu-se"; quando as autoridades se recusaram a receber de volta o dinheiro pago a Judas, ele as jogou no chão, "foi e enforcou-se"[72]. Marcos quase não menciona Judas em parte alguma – Judas simplesmente serve ao propósito de entregar Jesus às autoridades[73]. Lucas acrescenta Satanás à história, levando Judas, através de possessão demoníaca, a cometer seu ato traiçoeiro[74]. O Evangelho de João intensifica a associação – em João, Judas é associado ao lado escuro, de forma imediata e consistente (descrito como "do diabo")[75]. A breve menção a Judas em Atos aparece no contexto dos esforços de Pedro para determinar quem ele deve nomear como substituto para manter o importante número de doze discípulos. A descrição de Judas em Atos como o traidor concentra-se em sua morte (seja na forma – caindo e rachando-se no chão, em contraste com relato de Mateus do enforcamento de Judas; ou, como horrível resultado do inchaço de seu corpo até abrir-se, possivelmente após passar algum tempo pendurado) e cita alguns salmos como profecia[76]. Paulo, cujos escritos são anteriores aos evangelhos, não menciona Judas em parte alguma.

Judas mantém um poderoso domínio sobre a imaginação popular. Das histórias bíblicas sobre ele temos as malfadadas "trinta moedas de prata", também chamadas de "dinheiro de sangue" (a quantia que as autoridades pagaram a Judas para que ele as levasse até Jesus), e isso, explica Mateus, cumpre uma profecia do Antigo Testamento[77]. Judas é associado àquela que é, talvez, a segunda pergunta bíblica mais infame: "Sou eu, Senhor?", quando Jesus previu, na Última Ceia, que alguém o trairia[78].

---

[71] Mt 26:15; 27:3-10.

[73] Mt 27:3-5.

[73] Mc 14:10, 43-45.

[74] Lc 22:3.

[75] Por exemplo, Jo 6:70-71; 13:2.

[76] At 1:15-20; Sl 69:25, Sl 109:8.

[77] Mt 27:3-10. Embora Mateus explique que a profecia encontra-se em Jeremias, ela não está na versão de Jeremias que se tornou canonizada. É, no entanto, semelhante a uma profecia em Zacarias 11:12-13, que parece expandir-se e explicar Jr 18-19, que o autor do Evangelho de Mateus pode ter tido em mente.

[78] Mt 26:22. Em ambos os relatos de Mateus e Marcos, todos os discípulos perguntam: "Sou eu?" (Mt 26:22, Mc 1-1:19). Apenas Mateus descreve Judas repetindo individualmente a questão de forma pungente, acrescentando: "Rabi", ao que Jesus responde: "Tu o dizes".

Finalmente, Judas identificou Jesus aos guardas romanos, beijando-o. Um "beijo de Judas" acabou referindo-se, hoje, a qualquer ato de traição. Judas tem alimentado o horrível motor do antissemitismo, não menos por seu nome ser uma forma grega de Judá, de onde nos veio "judeu". Em um concerto em 1966, quando Bob Dylan baseou sua música folk em instrumentos elétricos, um fã resumiu o desagrado da multidão ao gritar: "Judas!". Dylan respondeu: "Eu não acredito em você. Você é um mentiroso"[79]. Algumas pessoas citam esse como um momento decisivo na carreira de Dylan e para a música popular de um modo geral.

Judas atravessou os tempos como uma figura complexa – alguém do seleto grupo dos íntimos de Jesus que, no entanto, provou ser fatal para Jesus. Em Judas, os dilemas do livre arbítrio e da predestinação divina se chocam. O resultado são inúmeras histórias, poemas, peças musicais, obras de arte, sermões e filmes que exploram o enigma desse discípulo sombrio.

Recentemente, uma nova tradução de um texto antigo, descoberto no Egito, fez aumentar nosso fascínio por Judas[80]. O Evangelho de Judite relata as histórias da perspectiva de Judas e alega que ele agiu talvez como o discípulo mais fiel, obedecendo à ordem de Jesus de fazer o que fosse necessário para que Jesus cumprisse seu destino como filho sacrifical de Deus. Ele sugere que a Judas, retratado como um dos favoritos de Jesus, foi confiada por Jesus a desagradável tarefa de entregá-lo às autoridades e que Judas sabia que seria execrado e condenado por toda a história por isso.

OUTROS HOMENS DO NOVO TESTAMENTO

Alguns homens sem nome no Novo Testamento são, no entanto, bastante conhecidos. Um deles é o Bom Samaritano. Ele aparece em uma história (apenas no Evangelho de Lucas) de ensinamentos, que Jesus conta, como modelo de homem que rompe com as convenções para realizar uma ação incrivelmente boa[81]. Eu digo "incrível" porque o samaritano não era apenas bondoso, afetivo e generoso enquanto os outros não, mas também era um paradigmático arqui-inimigo daquele a quem ajudou[82]. A parábola

---

[79] Disponível em: <http://www.youtube.com/watch?v=u2MgdF6GWiO>. Acessado em: 26 de abril de 2009.

[80] Veja EHRMAN, Barr. *The Lost Gospei of Judas lscariot: A New Look at Betrayer and Betrayed.* Oxford: Oxford University Press, 2006; PAGDS, Elaine; KING, Karen L. *Reading Judas: The Gospel of Judas and the Shaping of Christianity.* New York: Viking, 2007; e a apresentação da *National Geographic* de informações, com links valiosos, disponível em: <http://www.nationalgeographic.com/lostgospell>. Acessado em: 13 de novembro de 2008.

[81] Lc 10:25-37.

de Jesus – que se seguiu à pergunta: "Quem é meu próximo a quem devo amar como a mim mesmo?" – fala sobre um homem atacado, espancado e roubado por bandidos que o deixaram para morrer. Duas pessoas, cujas identidades vocacionais deveriam ter-lhes ditado que ajudassem o homem, passaram por ele. Em contrapartida, o samaritano, cuja identidade ditaria ao menos ignorar, senão matar, a vítima, interrompeu seu caminho, literal e figurativamente, para certificar-se de que a vítima estava bem e, até mesmo, certificar-se de que ela fosse cuidada.

Embora poucas pessoas saibam avaliar, hoje, a inimizade entre os judeus e os samaritanos do primeiro século, a expressão "Bom Samaritano" ainda denota uma pessoa que ajuda um estranho. "Leis do Bom Samaritano" foram desenvolvidas nos Estados Unidos e Canadá para proteger pessoas que, de outra forma, poderiam ser processadas por infortúnios durante seus esforços para ajudar. Em 2006, os legisladores republicanos elaboraram um projeto de lei que torna crime federal oferecer ajuda a imigrantes ilegais. Em uma crítica afiada, a senadora Hillary Clinton brincou: "Esse projeto vai literalmente criminalizar o Bom Samaritano"[83].

A história de Jesus sobre o Filho Pródigo[84], outro famoso personagem anônimo do Novo Testamento, é a essência do cristianismo, defende Tim Keller em seu livro *The prodigal God*[*] [85]. Para a maioria de nós, esse é o único contexto em que ouvimos a palavra "pródigo". (Ela significa ser extravagante a ponto de cometer desperdício.) A parábola fala sobre um homem que tinha dois filhos. Um deles saiu e gastou todo o seu dinheiro, sentiu saudades de casa, arrependeu-se e voltou. Em vez de castigá-lo por seu desperdício perdulário, o pai correu ao seu encontro, "matou o vitelo gordo" e deu uma enorme festa. O outro irmão, responsável e trabalhador, ficou compreensivelmente desanimado e muito bravo, ao que seu pai oferece-lhe a pungente diretiva: "Filho, tu estás sempre comigo e tudo o que tenho é teu. Agora devemos ficar felizes. Pois este teu irmão estava morto e agora vive novamente; estava perdido, mas foi encontrado".

O único protagonista de parábola a ter um nome é Lázaro. Confusamente,

---

[82] Veja especificamente LEVINE, Amy-Jill. *The Misunderstood Jew*. New York: Harper Collins, 2006.

[83] BERNSTEIN, Nina. Mrs. Clinton Says G.O.P.'s Immigration Plan Is at Odds with the Bible. *New York Times*. March 23, 2006. Disponível em: <http://www.nytimes.com/2006/03/23nyregion/23hillary.html>. Acessado em: 20 de outubro de 2008.

[84] Lc 15:11-32.

[*] N. do T.: "O Deus pródigo", em uma tradução livre.

[85] KELLER, Timothy. *The Prodigal God: Recovering the Heart of the Christian Faith*. New York: Dutton, 2008.

não é o Lázaro mais conhecido do Novo Testamento. Em outras palavras, há, no Novo Testamento, dois Lázaros. O Lázaro mais conhecido só aparece no Evangelho de João, em que Jesus o traz de volta dos mortos[86]. À luz disso, existe uma categoria de criaturas chamadas *Lazarus taxon* que compartilha a característica de reaparecimento após uma interrupção (sugerindo a extinção) no registro fóssil. *Lazarus taxon* agora é também o nome de uma coletânea de CDs do grupo de rock Tortoise. O "fenômeno Lázaro" refere-se à ocorrência medicamente desconcertante de uma pessoa "acordar de novo" após todos os sinais vitais haverem desaparecido. Jesus deve ter realmente gostado de Lázaro, pois o menor versículo da Bíblia, "Jesus chorou", é associado à morte de Lázaro (ou à solidariedade para com as suas enlutadas irmãs)[87]. Após Lázaro ter estado morto por dias, em um momento dramático, Jesus chamou-o à porta do sepulcro e Lázaro saiu, ainda embrulhado com uma múmia. O outro Lázaro, o da parábola[88], é um pobre homem que mendigava à porta da casa de um homem rico. Jesus ensina que, depois que eles morreram, Lázaro foi levado ao confortável "seio de Abraão" e o homem rico foi encaminhado ao *Hades* (às vezes traduzido como "inferno"), de onde invejava a boa situação de Lázaro. O homem rico pediu a Abraão que enviasse Lázaro de volta, para alertar sua família, mas Abraão disse que, se eles não reconheciam a autoridade e não tomavam a peito os ensinamentos de Moisés e dos profetas, não alterariam o seu comportamento – nem mesmo se alguém voltasse dos mortos para lhes falar. Assim, afinal, pode haver mais de uma ligação acidental entre os dois Lázaros.

"O NASCIDO FORA DO TEMPO": PAULO

Finalmente, Paulo (nascido Saulo). É inteiramente possível que, sem Paulo, não teríamos qualquer forma de cristianismo reconhecível para nós, hoje, ou talvez nem mesmo cristianismo algum. As epístolas de Paulo são os mais antigos de todos os textos do Novo Testamento (isso pode ser confuso, porque os evangelhos estão ordenados antes das epístolas de Paulo) e inspiraram uma série de outras epístolas de outros cristãos, algumas das quais também incluídas no Novo Testamento. Oriundo de Tarso, Paulo/Saulo, parece ter sido realmente um homem de seu tempo,

---

[86] Jo 11:1-57.

[87] Jo 11:35.

[88] Lc 16:19-31.

bem-educado nas formas da cultura greco-romana (Paulo é um nome greco-romano), mas também bastante judeu (Saulo é um nome judeu). Em seu próprio relato, ele tinha paixão por sua fé, tornou-se membro da culta seita dos fariseus e perseguia os cristãos – até o dia em que tudo mudou.

Na estrada para Damasco, Paulo passou por uma dramática experiência de conversão. Ele ouviu Jesus chamando: "Saulo, Saulo, por que me persegues?"[89]. Revelando-se como objeto de perseguição de Paulo, Jesus disse-lhe para ir à cidade, onde ele receberia mais instruções. Paulo ficou cego até receber as instruções, que eram especificavam que ele devia pregar sobre Jesus aos gentios. Nesse ponto, "algo como escamas caíram de seus olhos"[90] e Paulo enxergou novamente. Esse diálogo pessoal com Jesus ressuscitado compeliu Paulo a identificar-se como apóstolo (um "enviado"), embora ele não fosse discípulo e não houvesse conhecido Jesus antes da crucificação. Como Paulo nunca havia conhecido o homem Jesus, ele se descreve como "um nascido fora do tempo"[91].

Após sua conversão, Paulo tornou-se apaixonadamente comprometido a ensinar sobre Jesus a quem quisesse ouvir. Treinado como fabricante de tendas, Paulo viajou toda a Ásia Menor, pregando o evangelho, especialmente a não judeus. É difícil saber exatamente o que os discípulos sobreviventes de Jesus pensavam de Paulo, embora haja registro, especialmente nas epístolas de Paulo aos gálatas, de algumas trocas, por vezes, acaloradas entre eles[92].

Paulo realmente dedicou muito pouco tempo, energia ou tinta contando sobre a vida e os ensinamentos de Jesus. Em vez disso, concentrou seu ensino e pregação no que ele entendia ser a radicalmente única natureza divina-humana de Jesus e o que a ressurreição significa para aqueles que acreditam. Paulo interpretou o acontecimento Jesus como muito maior do que a grandeza de um carismático agente de cura e professor ou pregador a ser simplesmente emulado. Ele pregou a fé em Jesus, o Messias ressuscitado, como a coisa mais importante, e não o comportamento específico ou cumprimento de normas sociais. Ele levou sua mensagem de evangelho, "O poder de Deus para a salvação de todo aquele que tem fé"[93], para o mundo mediterrâneo, fundando e alimentando novas Igrejas cristãs por todo o caminho.

---

[89] At 9:4.
[90] At 9:18.
[91] 1 Cor 15:8.
[92] Gl 2:11-14; At 15:12.
[93] Rm 1:16.

Paulo escrevia epístolas às congregações que visitava e a grupos que pretendia visitar, a fim de lidar com discussões, problemas e questões específicos, da forma como ele os antecipava ou como eles surgiam. Essas epístolas incluem considerável teologia e explicações de sua compreensão de como a humanindade-divindade única de Jesus deveria afetar a vida e os pensamentos das pessoas. Elas demonstram e são informadas pela expectativa de Paulo quanto à volta iminente de Jesus, algo que nunca aconteceu da forma imediata como ele imaginava, mas que os cristãos acreditam que ainda ocorrerá no futuro. Algumas dessas epístolas, como Romanos, 1 e 2 Coríntios, Gálatas e outros, hoje são livros da Bíblia. Todas elas influenciaram profundamente a forma do cristianismo a ponto de se tornarem inseparáveis da própria religião.

DEZ

AS ADORÁVEIS (E AS NÃO TÃO ADORÁVEIS) MULHERES

Entretanto, não estou negando que as mulheres sejam tolas: Deus Todo-Poderoso as fez para combinarem com os homens.

— GEORGE ELIOT, Adam Bede

Algum tempo atrás, meus pais estavam em uma agência do correio, aguardando para enviar um pacote de Natal, enquanto uma jovem à frente deles escolhia o estilo de selos que usaria. O funcionário perguntou se ela preferia selos da "Madona com o menino" e a jovem exclamou: "A Madonna tem um filho?". As mulheres na Bíblia recebem relativamente pouca atenção nos textos em si, embora tenham tido uma enorme influência desde então. De estrelas do rock a lares provisórios para recuperação de prostitutas, os nomes das mulheres bíblicas acabaram se estabelecendo em nossa época e local. Nas últimas décadas, algumas de suas influências foram devidas, paradoxalmente, ao fato de receberem muito menos atenção, na Bíblia, do que os homens. Há crescente interesse nos "por quês" e "para quês" do silêncio e da exclusão bíblicos, e os estudos acadêmicos feministas já vêm produzindo ricos frutos. Embora este capítulo, como o anterior, concentre-se nas personagens mais conhecidas da Bíblia, ele também inclui discussões das mulheres no mundo bíblico, em geral, e descreve brevemente alguns dos resultados, possibilidades e problemas das pesquisas feministas em estudos bíblicos.

INÍCIOS, OU "MÃE DE TODOS OS VIVENTES"

Em *Wall-E*, um filme de animação futurista lançado em 2008, um adorável robô em forma de ovo recebe a tarefa de encontrar evidências de vida vegetal na Terra. Obter êxito significaria que os seres humanos poderiam retornar e sobreviver novamente no planeta. O nome do robô, uma sigla representando Extra-terrestrial Vegetation Evaluator[*] é EVE[**]. O nome bíblico Eva vem de um trocadilho com a palavra hebraica para "vida" ou "vivente". Essa Eva é a primeira mãe humana da Bíblia.

Quando seu nome aparece pela primeira vez, já é tarde e agridoce. Após a história do Jardim do Éden relatar como a mulher e o homem comeram do fruto proibido, ela mostra uma quebra nos relacionamentos – as pessoas tornam-se afastadas de Deus, do mundo natural não humano e umas das outras. Então, após Deus proferir juízos críticos sobre cada uma das partes responsáveis (a serpente, a mulher e o homem), "o homem" (*adam*) nomeou-a "sua mulher". O processo de nomeação é um ato de dominação, que reflete o julgamento anterior de Deus sobre a mulher – de que "seu homem" reinaria sobre ela – e reflete uma quebra no que a história sugere ter sido um relacionamento de equidade. Mas o próprio nome é esperançoso, expansivo e poderoso – Eva, a história lustra, "é a mãe de todos os viventes"[1].

Embora Eva não seja nomeada até o final da história, supõe-se que ela seja a mulher criada quando Deus realizou a cirurgia de extração em Adão e também a que comeu primeiro o fruto que Deus havia proibido. Neste ponto da narrativa, o homem e a mulher percebem que estavam nus; Deus veio, perguntou o que haviam feito e proferiu "maldições" contra eles. Entretanto, a história não as chama de maldições (embora a serpente seja amaldiçoada no processo). Também não as descreve como um castigo de Deus pelo pecado. A essência das declarações fala de rupturas em relacionamentos e mostra certa perspectiva da "forma como as coisas são" – as cobras rastejam de bruços e são perigosas aos humanos; as mulheres sofrem a dor no parto, mas desejam os homens, que dominam sobre elas; e os homens trabalham contra a terra para produzir alimentos e, finalmente, morrem e se decompõem no solo[2].

---

[*] N. do T.: Em português, Avaliadora de Vegetação Extraterrestre.

[**] N. do T.: Em português, Eva.

[1] Gn 3:20.

[2] Gn 3:14-19. Curiosamente, em nenhum momento o texto declara explicitamente que essas coisas seriam verdadeiras a respeito de todas as cobras, mulheres e homens posteriores (exceto pela inimizade entre a próxima geração da serpente e da mulher). Aliás, alguns intérpretes depois supuseram que, antes da infração, a cobra tinha pernas – uma imagem que aparece em muitas representações visuais da história. De uma forma ou de outra, a Bíblia não diz.

Não obstante, alguns leitores subsequentes tomaram-nas como descritivas de verdades eternas, prescritivas para todos os tempos... pelo menos no caso das mulheres. Ou seja, esse texto tem sido usado para justificar uma resistente hierarquia: Deus sobre o homem sobre a mulher sobre os animais. Ele tem sido usado para aconselhar uma mulher que sofre abusos nas mãos de seu marido a ir para casa e aceitar, porque "Deus diz que seu marido deve governar sobre você". Também tem sido usado para argumentar contra a administração de alívio de dor a mulheres durante o parto[3]. (Em contraste, os argumentos de que os homens devem trabalhar fisicamente contra espinhos e cardos para plantar alimentos, viver dessa dieta vegetariana até morrer e depois ser abandonados de modo a se decompor no chão não foram não muito longe.)

Refletindo um sentimento como o do adesivo de para-choque "Eva caiu numa cilada", algumas estudiosas feministas têm procurado inocentar Eva, observando que ela sequer existia ainda quando Deus disse a Adão para não comer daquela fruta em particular. Elas observam que Eva envolveu-se em contemplações e debates pensativos com a serpente, avaliou a bondade da árvore e observou seus benefícios, em comparação com Adão, de quem o narrador diz apenas que estava "com ela, e ele comeu"[4]. Antes de Eva, não havia nascimento, nenhuma nova vida humana nascida como produto do amor humano. Segundo a história, foi o desejo de Eva por sabedoria que a levou a comer do fruto proibido. No entanto, é como a parte culpada e como tentadora de mau comportamento que Eva tem sido mais comumente lembrada.

Finalmente, porém, assim como Adão, Eva recebe muito pouca referência na Bíblia. Ela é nomeada somente uma vez mais no Antigo Testamento (quando tem seu filho Caim), uma vez nos Apócrifos (Tb 8:6, quando Eva é identificada como boa parceira de Adão) e apenas duas vezes no Novo Testamento (2 Cor 11:3, em uma referência passageira igualando o engano de Eva pela serpente aos perigos dos falsos mestres; e 1 Tim 2:13-15). Não obstante, a interpretação de Paulo de Gênesis capítulos 2-3 – juntamente com o ainda mais tardio autor de 1 Timóteo, do Novo Testamento – levou a uma linha de pensamento que tem sido usada contra as mulheres desde então.

Embora, em sua carta aos Romanos, Paulo explique que: "Assim como

---

[3] Isso se tornou especialmente controverso após o desenvolvimento da anestesia. Veja CATON, Donald. *What a Blessing She Had Chloroform: The Medical and Social Response to the Pain of Childbirth from 1800 to the Present*. New Haven, Conn.: Yale University Press, 1999.
[4] Gn 3:1-6.

o pecado entrou no mundo por um homem... assim também a justiça de um homem leva a justificação e vida para todos"; e em 1 Coríntios, ele escreva: "Como todos morrem em Adão, assim todos serão vivificados em Cristo", não demorou muito para que o pecado de Adão fosse imputado a Eva (afinal, foi ela quem deu a ele o fruto, diz o senso comum) e descrito como "A Queda do Homem". O autor de 1 Timóteo é explícito quanto a esse assunto e justifica uma série de restrições às mulheres, incluindo o silêncio e subserviência aos homens, com base nessa história. É a partir de 1 Timóteo que temos as ideias de que Adão foi formado primeiro e por isso é melhor; que "a mulher" foi enganada e pecou (Adão, não); e que a dor do parto deve ser o pagamento de parte de seu débito de pecadora[5].

MATRIARCAS: MÃES DE UM POVO

Casais que tentam engravidar talvez façam bem em orar a Sara, a padroeira da infertilidade. O povo cigano de Roma também venerava uma Santa Sara na França, que é, sejam quais forem suas origens, homônima da Sara bíblica e protetora de todos aqueles que aderem à vida na estrada[6]. A Sara bíblica era a esposa de Abraão, então, quando Deus chamou Abraão para partir, Sara também foi. Assim como o marido, Sara passou por uma mudança de nome em associação a uma missão/atribuição especial divina, de Sarai para Sara. Ambos os nomes significam "princesa". Com Abraão, Sara viajou da Mesopotâmia a Canaã, de Canaã ao Egito e do Egito de volta a Canaã.

Quando os leitores conhecem Sara pela primeira vez, ela tinha mais de sessenta anos e ainda não tinha filhos. Sara era, como dizem, infrutífera[7]. No entanto, como a esposa de Abraão, ela era instrumental na luta para cumprir uma parte da promessa de Deus a Abraão – que ele teria muitos descendentes. Cada parte da história de Sara está ligada a esse dilema e expectativa.

Mesmo que a Bíblia represente séculos (talvez milênios) de histórias, poemas e desenvolvimento religioso, desde as primeiras influências orais até os últimos acréscimos e inclusões editoriais, uma consistente influência é a sua cosmovisão patriarcal. Acrescente-se a isso um contexto em que

[5] 1 Tm 2:11-15.

[6] Essa Sara às vezes também é associada à deusa indiana Kali: a Índia é um possível local da ancestralidade români.

[7] No mundo antigo, a concepção era considerada pura e simplesmente uma questão feminina. Historicamente falando, apenas recentemente as pessoas começaram a perceber que a infertilidade masculina pode também desempenhar um papel.

era muito difícil para sobreviver, e a fertilidade tornou-se a questão que definia as mulheres. A partir dessa vantagem, os leitores podem achar impressionante que a Bíblia inclua qualquer outra informação sobre as mulheres além da que está associada a seus filhos. No entanto, existem algumas mulheres notáveis. Sara é uma delas. Porém, fazemos bem em lembrar que a história de Sara, como a de todas as outras mulheres da Bíblia, é inevitavelmente informada pelo contexto patriarcal de autoria e transmissão da Bíblia.

A esterilidade de Sara, diante da promessa de Deus de muitos descendentes, cria uma tensão dramática que se acumula ao longo dos capítulos centrais do Gênesis. A certa altura, Sara acaba no harém do faraó egípcio porque Abraão, temendo por sua vida, afirmou que ela era sua irmã (tecnicamente, isso era uma meia verdade) para salvar seu pescoço, caso o faraó quisesse levá-la. (Abraão e os egípcios concordaram que ela era muito bonita. Pouco importa que ela devesse ter, pelo menos, setenta anos de idade neste momento.)[8]

Em desespero, Sara determinou que Deus não poderia ser tão literalista – que ela mesma não precisava realmente conceber e gestar um descendente. Em vez disso, Sara deu sua escrava egípcia Agar a Abraão, com o entendimento de que, se Agar tivesse um filho, ele contaria como sendo de Sara. Mas o coração não é tão facilmente seduzido. Quando Agar engravidou, tornou-se desdenhosa, e Sara ficou furiosa. Sara expulsou Agar e Deus confirmou que era através de Sara (agora com cerca de noventa anos de idade) que a linhagem de Abraão tornar-se-ia grande e numerosa. Quando os mensageiros de Deus vieram fazer uma visita e anunciaram a Abraão a gravidez iminente de Sara, parecia tão absurdo que ela, ouvindo a conversa atrás da porta, riu da ideia. Chamada a confirmar, no entanto, Sara disse: “Não fiz isso”. O mensageiro divino disse: “Fez, sim”. Então, depois de outro episódio de esposa-como-irmã, do qual Sara se recuperou, ela finalmente ficou grávida de Isaac, chamado de “ele ri”[9].

A Sara bíblica é apenas metade de uma personagem sem sua contrapartida, a escrava, porém rival, Agar. As duas mulheres estão dolorosamente ligadas na narrativa bíblica. Não sabemos nada sobre o passado de Agar, exceto que era egípcia. Não sabemos quantos anos ela tinha na história, ou qual a sua aparência, mas, graças à narrativa bíblica, podemos imaginar, com pena e solidariedade, seu sofrimento. Embora a

---

[8] Gn 12:10-13:01.

[9] Como mencionado anteriormente, ela chamou o garoto de Isaac, “ele ri”, pelo absurdo de tudo isso.

Bíblia defenda os escolhidos de Deus através da linhagem de Abraão e Sara, isso não poupa um retrato mordaz de Sara como cruel e abusiva sob a pressão de cumprir a promessa de Deus. Nesse contexto, os leitores têm acesso à personagem e à condição de Agar também.

Na primeira vez em que Sara a expulsou, Agar perdeu as esperanças de sobreviver. Mas um mensageiro de Deus visitou-a, explicou que ela, de fato, teria um filho que sobreviveria e ganharia sua própria reputação e disse-lhe para voltar... para o duro tratamento de Sara. Agar é a única mulher – e, aliás, escrava – a ser visitada por Deus com uma promessa de descendentes dela própria, e é a única mulher que nomeou Deus. Em seu socorro, ela chamou Deus de *El-Roi*, que significa "Deus de ver", porque Deus viu sua situação e a ajudou[10]. Quando ela voltou para Sara, deu à luz a Ismael. A essa altura da narrativa, ele era o único filho de Abraão.

Depois que Sara teve Isaac, no entanto, a tensão aumentou até que ela expulsou Agar novamente, dessa vez com Ismael. Mais uma vez, Agar perdeu as esperanças de sobreviver e, de novo, um anjo consolou-a. Agar e Ismael encontraram água e essa é a última vez que ouvimos falar deles. Agar aparece novamente na Bíblia cristã, mas apenas quando Paulo usa sua história para simbolizar a velha aliança do Sinai que escraviza, em contraste com a nova promessa através da morte de Jesus em Jerusalém, que liberta[11].

A última vez que ouvimos falar de Sara é quando ela morre. Isso acontece logo após a história do quase sacrifício de Isaac, nas mãos de seu pai, Abraão. Coincidência? Após todos aqueles anos, provações e tribulações, ela finalmente teve um filho, tornando possível o cumprimento da promessa de Deus de muitos descendentes. Então, Deus exigiu que Abraão o matasse. Alguns dizem que, apesar de o sacrifício não ter acontecido (Isaac e Abraão voltaram sãos e salvos da montanha), Sara não conseguiu superar o choque de tudo isso. A Bíblia não diz. Depois de Sara haver satisfeito seu papel procriador, a Bíblia nos diz que ela morreu com 127 anos de idade.

Se Eva é a mitopoética "mãe de todos os viventes," Sara é a mãe de carne e osso dos fiéis tementes a Deus. A mãe ficcional da esperança para a humanidade na série de TV *Exterminador do futuro: crônicas de Sarah Connor* chama-se Sara. Ela enfrenta a difícil tarefa de criar seu filho John para salvar a humanidade e evitar o desastre nuclear, ao qual eles se referem como o "Dia do Juízo".

---

[10] Gn 16:13.

[11] Gl 14 :22-31.

A Sara bíblica foi contemporânea da mulher de Ló, que se tornou infame por haver ignorado o aviso de não se virar para trás e olhar a destruição de Sodoma. Ela olhou e se transformou em um pilar de sal[12]. Ao saber disso, um homem em uma aula de estudos bíblicos para adultos disse: "Isso nem é tão ruim. Ainda ontem, voltando da loja, minha esposa se transformou em um poste de telefone". Jesus fez uso da história bíblica para alertar para o risco de ser pego olhando para trás quando o fim dos tempos chegar. "Lembre-se da mulher de Ló", exclamou ele[13]. Uma formação de halita (sal de rocha) em forma de pilar, perto do Mar Morto, em Israel, é chamada de Mulher de Ló, assim como uma ilha vulcânica inabitável, em forma de pilar, fora da costa de Tóquio.

As duas filhas de Ló tampouco são retratadas sob uma luz muito positiva[14]. De pensamento um pouco provinciano, elas presumiram que, com o sumiço de Sodoma e Gomorra do mapa, não havia sobrado absolutamente nenhum bom partido com quem pudessem ter relações sexuais. ("Não há um homem na Terra para entrar em nós", disseram.) Assim, explica o narrador, determinadas a preservar toda a humanidade, embebedaram seu pai e, sem que ele soubesse, dormiram com ele – uma filha em uma noite, a outra na segunda noite. Como comentário final da história, consta que essa é a origem dos povos amonita e moabita e certamente sugere a antipatia (ou, pelo menos, a ambivalência) dos autores bíblicos para com esses vizinhos de Israel.

A esposa de Isaac, Rebeca, é a mulher mais marcante da nova geração. É ela quem realmente conduz a ação e o enredo. Assim como Sara, ela é descrita como "infrutífera"[15], mas, logo após nos contar isso, o narrador diz que Deus corrigiu as coisas, de modo que ela se tornou mãe de gêmeos – Esaú e Jacó. Também como Sara, Rebeca é descrita como sendo tão bonita que o marido, por precaução, teve de fazer com que achassem que ela era sua irmã (ao contrário de Sara, ela não era), mas Deus a trouxe de volta. Avaliar sua personagem, como acontece com outras mulheres bíblicas, requer escavar mais profundamente as histórias para interpretar suas palavras e ações. Rebeca é retratada como sendo educada e gentil (ela cumprimentou o enviado de Abraão e deu água a ele e a seus camelos), corajosa e aventureira (ela concordou em retornar com o enviado à casa de Abraão e se casar com Isaac), desembaraçada e inteligente (ela convenceu Isaac a dar a seu filho favorito, Jacó, a bênção que o marcou como o portador da promessa de

---

[12] Gn 19:26.
[13] Lc 17:32.
[14] Gn 19:30-38.
[15] Gn 25:21.

gerações de Deus) e desejosa de uma boa nora (ela fica descontente com a escolha de Esaú por esposas cananeias e arma para que Jacó visite seu irmão, onde Jacó se apaixona).

Mesmo tendo se apaixonado pela linda Raquel, Jacó acaba se casando com sua irmã Lia primeiro. O complicado sogro de Jacó explicou, após trocar as garotas na noite de núpcias, que, afinal, Lia era a mais velha. Em um momento à moda Irmãos Grimm, Jacó prometeu mais sete anos de trabalho para ganhar a mão de Raquel, e finalmente consegue. Mas (o que talvez não surpreenda) Raquel "era infrutífera"[16]. Em contrapartida, Lia era a imagem da fertilidade. Novamente, essa questão de maternidade ocupa a frente e o centro. Raquel finalmente deu à luz um filho – José, o favorito de Jacó, aquele que acabou no Egito. Entre Lia, Raquel e suas duas escravas (Zilpa e Bila), Jacó teve doze filhos e uma filha.

Essa filha, nascida de Lia após ter tido seus sete filhos (e logo antes de Raquel finalmente ter um bebê), foi Diná. Na Bíblia, Diná desempenha um papel menor, porém intrigante, que incendiou a imaginação da romancista Anita Diamant; a escritora construiu seu *best-seller* internacional, *A tenda vermelha*, em torno da personagem Diná. O narrador bíblico nos diz que, uma vez, quando Diná saiu para visitar as mulheres da região, um figurão local espionou-a e a estuprou; ele também se apaixonou imediatamente por ela "e falou-lhe afetuosamente"[17]. O desejo de Siquém de casar-se, de boa-fé, com Diná desencadeou uma sequência de acontecimentos que levou à morte de todos os homens da cidade dele. Para facilitar o casamento, eles haviam concordado em ser circuncidados, mas, quando saíram da cirurgia e ainda se recuperavam, os irmãos de Diná mataram todos eles. Em seguida, fugiram com Diná e o caso acabou assim. Como Diná se sente em relação a tudo isso? O narrador não diz.

Outra história picante dos filhos de Jacó envolve sua neta por afinidade, Tamar, que era casada com o mais velho dos filhos de Judá, o qual faleceu rapidamente. Sua história é um drama bem elaborado, cheio de insinuações e sugestões. Tamar logo tornou-se viúva novamente, quando Deus matou seu segundo marido, o segundo filho de Judá, por se recusar a engravidá-la. Ela foi mandada embora "até que o filho mais novo" tivesse idade suficiente para casar-se com ela; mas Judá não chegou a uni-los, "pois temia que ele também viesse a morrer, como seus irmãos"[18]. Tamar

---

[16] Gn 29:31.
[17] Gn 34:3.
[18] Gn 38:11.

resolveu cuidar ela própria do assunto e, vestida como uma prostituta, armou uma cilada para o próprio Judá. Este, depois, descobriu que ela estava grávida; ela revelou que ele próprio era o pai e foi assim que nasceu Perez, bisavô de Davi.

MARGINALIZADAS, MAS NÃO IRRELEVANTES

Entre essa lista de mulheres que ficaram, de alguma forma, famosas pelo sexo, destaca-se Miriam. Descrita como a irmã de Moisés, ela não foi uma mãe famosa, nem entrou na Bíblia por ter se casado ou dormido com alguém. Talvez por isso o narrador tenha pouco a dizer sobre ela. Nem sequer sabemos ao certo se Miriam foi a irmã que facilitou o resgate de Moisés quando ele era um bebê[19]. Aliás, nem mesmo sabemos ao certo se houve uma Miriam histórica irmã de Moisés (a associação bíblica pode refletir uma tradição tardia). Seja qual for o caso, Miriam deve ter sido uma mulher excepcional para ter sido incluída (ainda mais não sendo ela irmã de Moisés). Ela é descrita como a primeira a comemorar a vitória depois que o povo hebreu fugiu do Egito, conduzindo a comunidade em cantigas e danças[20]. Muitos estudiosos acreditam que a canção de Miriam é a peça de literatura mais antiga da Bíblia. Fica-se na dúvida entre essa e a canção de Débora (veja a seguir). Miriam é chamada de profetisa e tinha acesso à tenda da congregação. Em outras palavras, ela tinha acesso à presença de Deus, assim como Arão e Moisés, seus irmãos. Quando ela e Arão irritaram Deus por criticarem Moisés, uma vez que Moisés havia se casado com uma mulher africana, Miriam foi acometida de hanseníase, enquanto Aaron escapou ileso. Apenas depois que Moisés orou por sua cura é que Deus se acalmou, mas ela foi exilada da comunidade durante sete dias[21]. O profeta Miqueias lembra-se de Miriam, juntamente com Arão e Moisés, como o triunvirato que conduziu o povo para fora do Egito[22]. O nome Maria, popular no Novo Testamento, vem do hebraico Miriam, através de seu equivalente grego, *Mariam*.

Raabe, cujo nome significa "largo" ou "amplo", foi uma prostituta que recebe quase tanta cobertura bíblica quanto Miriam. Ela tinha todos os clichês da prostituta – bom coração, dissimulada, maquinadora – e, além

---

[19] Ex 2:4-9.
[20] Ex 15:20-21.
[21] Nm 12:1-15.
[22] Mc 6:4

disso, reconhecia o Deus bíblico como o Deus do céu e da terra. Raabe era a nativa de Jericó que habilmente encobriu e planejou a fuga dos espiões de Josué em troca de proteção para sua família. Ela se tornou israelita depois que Josué e companhia cumpriram sua promessa de salvá-la quando destruíram o restante de Jericó[23].

No Novo Testamento, Mateus lembra-se de Raabe em sua genealogia de Jesus, observando que ela era a mãe de Boaz, que se casou com Rute, que se tornou a bisavó de Davi[24]. O autor de Hebreus usa Raabe como exemplo de justificação pela fé[25]; enquanto o autor de Tiago a utiliza como exemplo de justificação pelos feitos[26]. Ela aparenta estar, enfim, no contexto do cânone, quem quer que ela seja. Aliás, em traduções inglesas, Raabe parece ser o nome de outro personagem bíblico, o caos em forma de criatura; mas as palavras hebraicas são diferentes[27].

O nome Débora também se refere a duas personagens bíblicas – três, se contarmos o livro deuterocanônico/apócrifo de Tobias. Uma delas é a ama de Rebeca. Embora seja referida pelo nome apenas ao morrer, é notável que ela chegue a ser nomeada[28]. A outra Débora tem uma presença muito mais evidente. Ela é do calibre de Miriam, e com ela compartilha a qualidade incomum – para uma mulher bíblica – da fama sem sexo. Tal como Miriam, Débora era uma líder dentro da comunidade de Israel. Débora é descrita como profetisa e juíza. Ou seja, ela era um dos líderes militares e religiosos do povo, no período anterior ao dos reis. Débora aparece no início do livro dos Juízes e é retratada como uma líder competente e confiante. A vitória sobre Sísera, que Débora planejou, e que outra mulher, Jael, finalmente executou, está relatada tanto em prosa quanto em forma poética no livro dos Juízes[29]. Esse poema concorre com a canção de Miriam ao título de Muito Possivelmente o Mais Antigo Texto Bíblico. No livro de Tobias (possivelmente de cerca de 250 AEC), Débora é o nome da amorosa avó que criou e ensinou Tobias. O herói declara fidelidade à "Lei de Moisés e às instruções de Débora"[30].

---

[23] Js 2:1-24; 6:22-25

[24] Mt 1:5

[25] Hb 11:31

[26] Tg 2:25.

[27] Jó e Salmo 89 descrevem essa outra palavra hebraica, traduzida em português como Rahab, como uma espécie de monstro marinho que Deus feriu no passado antigo e mitológico. Veja Jó 26:12 (embora o hebraico seja confuso, dependendo de como se lê o versículo, Rahab pode estar nele ou não); Sl 89:9-10.

[28] Gn 35:8.

[29] Jz 4:1-5:31.

[30] Tb 1:8.

Dalila está em contraste gritante com Débora no livro dos Juízes. Enquanto Débora é uma juíza israelita, Dalila aleija um juiz israelita; enquanto Débora fortalece o homem sob seu controle, Dalila enfraquece-o; e, enquanto o poder de Débora não tem nada a ver com sua sexualidade, o poder de Dalila é inseparável dela. O nome de Dalila pode significar algo como "flerte" ou "cabelos soltos", ambos os quais estão em plena exibição na história em que ela aparece[31].

Ao contrário de Débora, Dalila incendiou a imaginação criativa de artistas através dos séculos. O oratório "Sansão", de Händel, reflete o *Samson Agonistes* de Milton; e Saint-Saens compôs toda uma ópera baseada nessa história bíblica. A versão de Tom Jones de *Dalila* rapidamente tornou-se um hit nos anos 1960 e foi regravada várias vezes. Leonard Cohen canta sobre Dalila em *Hallelujah*, assim como faz Bob Dylan em *Tombstone blues*. A história está no coração de músicas de Grateful Dead, PJ Harvey e dos irmãos Gershwin. A música *Samson*, de Regina Spekror, coloca o enredo em um ambiente moderno, acrescentando: "A Bíblia não nos mencionou nem sequer uma vez".

Na Bíblia, Dalila é descrita como um interesse amoroso estrangeiro de Sansão, o famoso e mulherengo juiz israelita. Usando seus artifícios femininos, Dalila convenceu o abobado Sansão a lhe contar o verdadeiro segredo de sua força – sua cabeleira. (Ele havia mentido a ela sobre isso algumas vezes antes e ela então o traíra – fazendo os leitores se perguntarem sobre a capacidade de julgamento de Sansão.) Depois, ela logo contou tudo aos inimigos filisteus, pois eles haviam lhe oferecido um bocado de dinheiro e essa é a última vez que ouvimos falar de Dalila. Dependendo de quem você consulte, ou de como você lê, a personagem literária Dalila será um produto bruto do pensamento androcêntrico (centrado na masculinidade), ou um ataque corrosivo a esse pensamento. Ou Dalila é o estereótipo desagradável da fantasia misógina – uma interesseira mentirosa e traidora, cuja beleza é uma armadilha, uma amante em quem não se pode confiar –, ou ela revela as entranhas podres do patriarcado em que um homem grosseiramente incapaz é destituído de sua autoridade somente por uma mulher desembaraçada que sabe fazer as coisas, apesar das limitações de sua cultura. Talvez seja um pouco de ambos.

Seja qual for o julgamento que receba, Dalila claramente seduziu. Bate-Seba, não. No entanto, Bate-Seba é regularmente apresentada como uma mulher que atrai a atenção de Davi – cúmplice, se não responsável,

---

[31] Jz 16:4-31.

por seu adultério. Após uma introdução que sugere problemas adiante (o narrador diz que Davi não vai à guerra como os reis devem fazer)[32], sua conduta imprópria é severamente explicitada em um impulso narrativo de um só fôlego: Davi espreitou a linda Bate-Seba em seu banho, soube que ela era casada, "enviou mensageiros para buscá-la, ela veio, e ele se deitou com ela"[33]. A brevidade do texto transmite o desejo impulsivo de Davi... e suas consequências: a declaração seguinte de Bate-Seba a Davi é de que ela ficou grávida.

Tudo o que a narrativa bíblica pode ter revelado sobre Bate-Seba neste ponto é positivo: ela era bonita, obediente (veio quando o rei mandou chamá-la), religiosa praticante (especificamente, teve o cuidado de seguir as regras de pureza) e disse a verdade (imediatamente após o narrador nos dizer que ela concebeu, ela contou a Davi). No entanto, as pessoas frequentemente diluem a culpa de Davi tentando fazer de Bate-Seba alguma espécie de mulher-tentação – afinal, ela estava se banhando ao ar livre. Mas a arquitetura das casas no antigo Oriente Próximo, refletindo o clima e a cultura, torna provável que ela estivesse no pátio de sua casa, um local onde não é incomum tomar banho.

Depois que Davi livrou-se do marido de Bate-Seba e a desposou, ela teve o bebê, que morreu imediatamente, cumprindo-se parcialmente o castigo de Deus a Davi. Não somos informados de nada quanto aos sentimentos ou reações dela. Bate-Seba aparece novamente na narrativa bíblica apenas muito depois, quando Davi era tão velho que já não se interessava sexualmente pela jovem, virgem e bela Abisag, e dois de seus filhos disputavam o trono. Nesse ponto, ficamos sabendo que Bate-Seba foi a mãe (adulta) de Salomão.

Por meio da intervenção dela junto a Davi, em prol de Salomão, este sucedeu Davi como rei. Seu último ato é narrado em outra intervenção, dessa vez em prol do irmão e ex-rival de Salomão, que pediu Abisag como prêmio de consolação. Salomão estava furioso (provavelmente porque dormir com as mulheres do rei era considerado equivalente a tomar o trono) e mandou matar o irmão infrator. Bate-Seba não é sequer mencionada nos livros de Crônicas, cuja imagem de Davi é infalivelmente honrosa. Embora em parte alguma do texto bíblico Bate-Seba seja descrita tomando banho nua, quase todas as representações artísticas dela aproveitam a oportunidade para pintar/desenhar/xilogravar/fotografar um nu feminino.

---

[32] 2 Sm 11:1.
[33] 2 Sm 11:2-4.

Os narradores bíblicos dão-nos um retrato muito mais rico de outra rainha, a posterior Jezebel[34]. Nascida princesa e fenícia (portanto, estrangeira), Jezebel foi casada com Acabe, monarca do reino nortista (Israel) algumas décadas após a separação do reino das doze tribos nos reinos nortista de Israel e sulista de Judá. Acabe tem a dúbia fama de ter feito "mais para provocar a ira de Yahweh, o Deus de Israel, do que todos os reis de Israel antes dele"[35]. Isso é, em parte, devido aos esforços de Acabe para manter Jezebel feliz.

Jezebel é retratada não só como uma mulher que infecta a nação com tentações de adorar divindades que não o SENHOR (ou seja, Baal e Aserá), mas também por seu temperamento explosivo, seu comportamento inescrupuloso e sua manipulação do rei. Conforme todos os relatos, ela tinha Acabe na coleira, por assim dizer. O profeta Elias, depois de haver matado sozinho 450 profetas de Baal, fugiu de medo de Jezebel. Jezebel foi o cérebro por trás das conquistas de terras por Acabe, as quais ele não tinha motivos para conquistar; e Jezebel é responsabilizada pelo narrador bíblico por instigar a maldade de Acabe – maldade que contribuiu para a queda de toda a nação.

Quando Jezebel repreendeu Acabe por se negar a tomar uma bela vinicolazinha em particular porque era errado fazer isso e disse-lhe para criar coragem e usar seu poder de rei para matar o dono e tomá-la de qualquer jeito, a rainha atraiu para si uma terrível profecia[36]. Dito e feito, em meio a um golpe dramático, ela entrou em uma torre, saiu à janela e discutiu com o homem que queria ser rei. A convite deste, eunucos jogaram-na para baixo, onde ela foi pisoteada por cavalos e, em seguida, comida por cães, cumprindo assim a profecia.

A idolatria de Jezebel, seu gênio e sua orgulhosa beleza tornaram-na uma favorita – especialmente para críticas. Enquanto este livro é escrito, há 66 "referências culturais" a Jezebel listadas em seu verbete da Wikipédia[37]. Jezebel aparece novamente na Bíblia uma única vez, no livro Apocalipse, do Novo Testamento. Lá, Jezebel é uma metonímia de uma oponente feminina do autor do Apocalipse. É apenas a primeira de muitas descrições subsequentes de qualquer mulher mal comportada como sendo "uma Jezebel". A narrativa em 1 Reis prepara o cenário para associações

---

[34] Sua história, narrada em 1 Rs 16:31-2 Rs 9:37, coincide com histórias sobre os grandes profetas de Yahweh: Elias e Eliseu. 35. 1 Rs 16:33.

[36] 1 Rs 21:23.

[37] Disponível em: <http://en.wikipedia.org/wiki/jezebel_(biblical)>. Acessado em: 15 de julho de 2008.

de Jezebel não só com a idolatria e o comprometimento da força ou integridade física de outrem, mas também com sexo ilícito. Embora as interpretações modernas, por vezes, caracterizem-na como "solta" (e Jezebel é uma linha de lingerie), a narrativa não a descreve assim, exceto pelas palavras difamantes de outras personagens[38]. Bette Davis interpreta Jezebel como uma mulher difícil e desagradável no filme de mesmo nome.

Em contrapartida, algumas referências modernas a Jezebel abraçam o que veem como sua força e estilo. Por exemplo, Jezebel é o nome de uma revista cujo objetivo é definir, descrever e promover o "*Atlanta Luxury Living*". E é também o nome de um popular blog dirigido a mulheres. Sade canta sobre Jezebel como uma mulher jovem, ambiciosa e desembaraçada, e os escritores Isaac Asimov e Tom Robbins retratam Jezebel com simpatia em *As cavernas de aço* e *Skinny legs and all*, respectivamente.

MULHERES COM TÍTULOS

Uma história que desafia graciosamente a suposição de que todas as mulheres estrangeiras são más é a história de Rute. O narrador descreve Rute como sendo nativa de Moab, de modo que ela começa com duas acusações contra si: Rute não apenas era estrangeira, mas também estava associada a um povo cuja ancestralidade remonta à relação incestuosa de Ló e suas filhas[39]. No entanto, Rute é retratada na Bíblia como um modelo de fidelidade, bondade e amor.

Conforme a história, Rute uniu-se à sogra, Noemi, mesmo após todos os homens da família terem morrido e Noemi ter decidido voltar à sua cidade natal, Belém. Grande parte da tensão da história deriva da cultura patriarcal que ela pressupõe – sem os homens, as mulheres não têm nada. Apesar dessa verdade cultural, Rute seguiu sua famosa determinação de ficar com Noemi. Como resultado, ela conheceu um cavaleiro montado em seu belo cavalo branco – o gracioso e rico proprietário de terras Boaz, que, fortuitamente, estava em posição de se casar com ela. Rute é uma das quatro mulheres identificadas na genealogia de Jesus[40], o único lugar em que ela aparece fora do livro que leva seu nome.

Apesar de Rute ser quase sempre lembrada em termos positivos, Amy-Jill Levine, professora de Novo Testamento da Universidade

[38] Por exemplo, veja 2 Rs 9:22.
[39] Gn 19:30-38.
[40] Mt 1:5.

Vanderbilt, observa a profunda ambivalência do narrador em relação a ela – creditando a Rute a continuidade da linhagem familiar que chega ao rei Davi e, ao mesmo tempo, negando sua entrada plena na família que é Israel (ela continuou a ser "a moabita"); ela era virtuosa, mas com uma pitada de agressão sexual (seguindo o plano de Noemi, Rute iniciou a delicada troca, que o narrador sugere ter sido uma relação sexual, com um embriagado Boaz em um chão de palha); ela é um sonho de nora a quem a sogra não dava valor, e até mesmo ignorava em momentos chave: Noemi, ironicamente, afirmou não ter nada quando retornava a Belém (o que era Rute, um traste qualquer?), e o filho recém-nascido de Rute tornou-se o "filho [...] nascido de Noemi"[41].

Ester, que também tem um livro com seu nome, é retratada como uma heroína que preservou Israel por meio de sua sexualidade. A história de Ester se passa séculos depois da de Rute – após a ascensão e queda da monarquia davídica; após o inimigo, a Babilônia, ter sido destruído; e durante o período persa dos sucessores de Ciro. Enquanto a personagem Rute raramente invocou a Deus (em comparação com as outras mulheres de sua história), a heroína hebraica Ester nunca o fez. Aliás, Deus está ofuscantemente ausente de todo o livro hebraico de Ester. O livro vem provavelmente dos primeiros anos do período helenístico (cerca de 300 AEC). Acréscimos gregos posteriores, preservados na Septuaginta, mantém a trama geral, mas tornam a heroína e sua história mais religiosas, com muitas referências a Deus.

O nome de Ester reflete seu contexto estrangeiro, provavelmente derivado de *Ishtar*, a deusa babilônica do amor, que pode vir do persa *stara*, "estrela". Na história, Ester era uma judia disfarçada (*nee Hadassah*), escolhida como rainha substituta após Vasti haver perdido a posição por recusar-se à humilhação de entreter (presumivelmente nua) o rei e seus convidados em uma grande festa. Ester era tão bonita e charmosa que ganhou o concurso de Miss Pérsia pela coroa. Enquanto isso, um membro da corte, Haman, que guardava um rancor pessoal contra o teimoso tio de Ester, conspirou para matar todos os judeus. Só depois que Ester concordou, sob alguma pressão, com a contraconspiração do tio Mordechai, sua identidade como judia é revelada. Ela se arriscou a sofrer a ira do rei, mas conseguiu não apenas frustrar o plano genocida de Haman, como também simular o seu inverso (a estrutura literária da história é construída sobre essas inversões). Por conseguinte, Ester é lembrada como

---

[41] LEVINE, Amy-Jill. Ruth. In NEWSON, Carol A.; RINGE, Sharon H. (Ed.) *The Woman's Bible Commentary*. Louisville, Ky.: Westminster/John Knox, 1992. p. 78-84.

uma grande heroína de Israel, e como modelo dos perigos e desafios da vida dos judeus na Diáspora.

Apesar de a versão abertamente religiosa de Ester encontrar-se somente na Septuaginta, Ester, no entanto, é parte da Bíblia hebraica. Não é assim com Judite. Judite não aparece no cânone judeu nem no cristão protestante. Todo o livro de Judite só aparece na Septuaginta e, portanto, nos Antigos Testamentos da Igreja Católica e da Ortodoxa Grega. Assim como Ester, a história de Judite passa-se muito antes de ter sido realmente escrita e contém imprecisões históricas tão evidentes que muitas pessoas pensam que seus autores as incluíram deliberadamente para que fosse considerada ficção.

Judite não aparece até a história estar bem avançada, mas, em compensação, provoca grandes mudanças. Judite (ou "judia") era rica, bonita, inteligente, piedosa... e enviuvara recentemente (o marido havia morrido de insolação). Quando sua cidade estava sitiada, e toda esperança parecia perdida, ela arranjou um modo de cair nas boas graças do poder que, nesse caso, era o comandante do exército assírio, Holofernes. Quando o ébrio Holofernes levou-a para a cama, ela o decapitou. De volta à cidade, tirou a cabeça dele do embornal de sua criada e cuidou de anunciar que eles nunca haviam feito sexo. Com a virtude intacta, Judite passou a liderar os israelitas até a vitória contra os assírios, e viveu feliz e solteira para sempre. Tirando isso, Judite tem muito em comum com várias personagens bíblicas e (considerando a tardia data de composição do livro) ela é provavelmente uma combinação intencional de todas elas.

MULHERES ABSTRATAS

"A rainha do céu", como título que se refere a várias entidades diferentes, tem um histórico tumultuado, desde sua rejeição como ídolo (pelo profeta Jeremias, do Velho Testamento) e como personificação do mal (por alguns controversos cristãos protestantes) à aceitação apaixonada como sendo mãe de Deus (pelos cristãos católicos e ortodoxos). Ela é representada em iconografias tão antigas quanto quaisquer das que temos, e ainda é venerada por milhões de pessoas hoje. Ao longo de todo esse mesmo tempo, as pessoas têm discordado sobre quem exatamente ela era ou é, e o que ela fez ou faz.

No fim de sua carreira, depois de ter sido levado ao Egito após a derrota de Judá em 587 AEC, Jeremias continuou a profetizar contra a adoração de qualquer outra divindade que não fosse Yahweh. Ele se perturbava com a propensão de seus companheiros exilados a adorar a "rainha dos céus"[42], a fazer bolos para ela e a confeccionar imagens à sua semelhança. Escritos do Egito que datam do século V AEC atestam a adoração a uma deusa chamada Anat-Yahu ("Anat de Yahweh")[43]. Talvez Jeremias estivesse atacando essa prática.

"Rainha do céu", da forma como os cristãos católicos e ortodoxos usam o termo, refere-se à outra – Maria, mãe de Jesus. Acreditando que ela foi levada ao céu e pode servir como intercessora junto a Deus, os cristãos católicos e ortodoxos têm venerado Maria, essa "rainha-mãe," que humildemente deu à luz o "rei dos reis," – como a "rainha do céu" por séculos. Em 2006, o Papa Bento XVI reiterou a crença de que "Cristo coroou [Maria] Rainha do céu e da terra"[44].

No entanto, outra interpretação projeta Maria em uma luz confusa. Apesar de muitos cristãos fundamentalistas e evangélicos o renegarem, algumas Igrejas protestantes estão envolvidas em um movimento em rede chamado Terceira Onda, o compromisso de travar a batalha espiritual contra os demônios antes do fim dos tempos, quando os que creem terão controle sobre a Terra em nome de Deus. Eles estão convencidos de que a veneração ortodoxa de Maria, mãe do Jesus, a "rainha do céu" de Jeremias, e "a prostituta da Babilônia" são uma só, a qual tem de ser exorcizada[45].

A "prostituta da Babilônia" faz um bocado de barulho no Apocalipse, em que é descrita como uma figura toda enfeitada e com um cálice de ouro cheio até a borda com a imundície de sua maldade, embriagada do sangue dos santos. Em sua testa está tatuado "Mãe das prostitutas e das abominações terrenas"[46]. Para esclarecer: a frase não faz referência a uma mulher da Babilônia, cuja vocação era a prostituição, mas sim à personificação da cidade ou nação da própria Babilônia. Na Bíblia, locais são regularmente referidos no feminino. Consequentemente, eles (e por extensão, dos seus cidadãos) estão sujeitos ao mesmo tipo de crítica que as mulheres da Bíblia.

---

[42] Veja especialmente Jr 44: 1-30.

[43] Veja TOORN, Karel Van der.Anat-Yahu, Some Other Deities and the Jews of Elephantine. *Numen 39(1)*, 1992, p. 80-101.

[44] Christ's Kingdom Not Based on Human Power, Pope Says. Disponível em: <http.//www.catholic culture.org/news/features/index.cfm?recnum=47863>. Acessado em: 10 de setembro de 2008.

[45] *Sarah Palin's Churches and the Third Wave: A Video Documentary*. Disponível em: <http://www.huffingtonpost.com/bruce-wilson/sarah-palins-churches-and_b_124611.html>. Acessado em: 10 de setembro de 2008. C. Peter Wagner, fundador do World Prayer Center, também é um líder dese movimento. Wagner publicou um livro através de sua própria editora, *Confronting the Queen of Heaven* (Wagner Publications, 1998).

[46] Ap: 17:1-18.

Uma metáfora particularmente rica para os escritores e editores bíblicos é de Yahweh ou Deus como marido, e do povo de Israel como esposa. (Quase todo o livro de Oseias é construído sobre essa metáfora.) A aliança do Sinai, renovada com Moisés em Deuteronômio[47] e novamente com Josué[48], é lembrada em toda a Bíblia como um vínculo obrigando as partes entre si, como um contrato de casamento que une marido e mulher. Uma vez que Israel prometeu fidelidade a esse Deus, e Deus prometeu garantia a eles na terra, a idolatria religiosa era comparada à promiscuidade sexual. Metaforicamente, a adoração de Israel a outras divindades era adultério, o que rescindia o contrato e a promessa de Deus de que eles ficariam com a terra[49].

A Babilônia, não sendo apenas estrangeira, mas também a captora de Israel, foi alvo de críticas excepcionais. A Babilônia não era a esposa adúltera de Deus, nem mesmo uma mulher solta, mas uma prostituta acabada, na imaginação bíblica – seu povo adorava todo tipo de divindades. Quando o Apocalipse estava sendo escrito, muitos séculos depois do apogeu babilônico, "Babilônia" já havia se tornado um sinônimo do coração do poder terreno maligno. Assim, a "prostituta da Babilônia" prestou-se simbolicamente não só a Roma, mas também, ao longo dos milênios seguintes, à Igreja Católica Romana, aos Estados Unidos e à União Soviética, dependendo do intérprete, é claro.

Em Provérbios, os princípios abstratos – sabedoria e loucura – também são personificados como mulheres. Os leitores são aconselhados a procurar a sabedoria, pois "Seus caminhos são agradáveis e todos os seus percursos são paz; ela é uma árvore da vida e [fonte de felicidade]"[50]. A sabedoria fala e age como uma mulher, chamando os jovens que são o público dos Provérbios "a vir a ela, e ouvir atentamente". "Por mim governam os príncipes... e comigo... estão as riquezas e a honra", diz ela[51]. E adverte contra a tentação de seguir a mulher Loucura, que diz: "As águas roubadas são doces, e o pão comido às ocultas é delicioso", mas cujos caminhos levam à ruína e ao desespero[52].

---

[47] Dt 29:1-30:20.

[48] Js 24: 1-28.

[49] Jr 31:31-34; Ez 16:1-63; Os 2:14-23. Essa aliança do Sinai é distinta da aliança que Deus fez com o mundo todo: através de Noé (Gn 9), com a família de Abraão (Gn 12. 15, 17) e com a dinastia de Davi (2 Sm 7) devido às extensivas condições que ela impõe sobre a parte humana.

[50] Pr 3:17-18.

[51] Pr 8: 16, 18.

[52] Pr 9:17.

MULHERES DO NOVO TESTAMENTO: AS MARIAS

As primeiras mulheres a aparecer no Novo Testamento fazem-no na genealogia de Jesus, em Mateus (pelo lado da família de José)[53]. Embora a lista comece bem atrás, com Abraão, ela inclui apenas cinco mulheres: Tamar, Raabe, Rute, Bate-Seba – e Maria. Elas são notáveis porque que cada uma tem um passado sexual questionável. Bate-Seba não é nomeada, mas chamada de "mulher de Urias", ressaltando a questão. Situar Maria na companhia dessas mulheres imediatamente desarma argumentos sobre seu papel no plano de Deus, com base em suspeita sobre sua virtude. Embora cada uma dessas mulheres tenha sua biografia vista com ressalvas, elas, no entanto, desempenharam papéis cruciais no apoio de Israel.

Mateus explica que Maria não foi fecundada por José nem por qualquer outro homem, mas "pelo Espírito Santo". As escrituras judaicas de Mateus eram uma tradução grega, e tal tradução apresentava uma profecia bíblica de Isaías pela expressão "uma virgem conceberá..."[54], embora a palavra hebraica correspondente signifique simplesmente "jovem mulher". Interpretando suas escrituras à luz de como ele entendia Jesus, o autor de Mateus aplicou essa tradução grega de uma antiga profecia hebraica a Maria[55].

Para quase todos os cristãos, a virgindade da mãe de Jesus é uma característica chave. Os cristãos ortodoxos mantêm uma doutrina da "virgindade perpétua", isto é, que Maria foi virgem até morrer. Outros entendem as referências bíblicas aos irmãos e irmãs de Jesus como prova de que, depois de ter Jesus, ela passou a ter filhos naturalmente com José. Para os católicos, Maria foi excepcionalmente pura desde sua própria concepção (Imaculada Conceição), de modo que ela nunca foi manchada pelo pecado original. Embora não haja nenhuma referência bíblica a Maria subir ao céu em sua morte, exceto pela interpretação do simbolismo em Apocalipse 12, a "assunção de Maria" tornou-se um dogma para os católicos. Alguns cristãos (embora não os protestantes) veneram Maria e rezam a ela como intercessora extraordinária, mas não igual a Deus.

Em Maria, a combinação de sua humanidade, feminilidade, natureza maternal e relação única com Deus através de Jesus e do Espírito Santo torna mais fácil entender como ela pôde ser especial e universalmente

---

[53] Mt 1:1-17.

[54] Is 7:14.

[55] Mt 1:23.

amada. La Virgen Morena ("a virgem morena"), também chamada de Nossa Senhora de Guadalupe, é a santa padroeira do México e é inseparável da identidade mexicana. O termo italiano *madonna*, que significa "minha senhora", passou a ser entendido principalmente como referência a Maria, a mãe de Jesus. "Madonas Negras" são uma representação comum de Maria na Europa. A origem de sua cor é contestada, mas se tornaram, compreensivelmente, populares entre as pessoas de ascendência africana.

Relatos de avistamentos de Maria já ocorreram em todo o mundo, onde quer que haja presença cristã, especialmente católica. Nossa Senhora de Lourdes (França), Nossa Senhora de Fátima (Portugal), Nossa Senhora de Zeitoun (Egito) e Nossa Senhora das Dores (Ruanda) são apenas algumas de tais manifestações. Aliás, embora a "Mother Mary" da música *Let it be*, dos Beatles, evoque a Maria bíblica, Paul McCartney explicou que ela se refere a sua verdadeira mãe, que morreu quando ele tinha catorze anos de idade. McCartney diz que, durante um momento particularmente estressante com a banda, ela o confortou em um sonho, dizendo: "Vai dar tudo certo. Deixe estar"[56].

As primeiras referências bíblicas a Maria não parecem familiarizadas com a doutrina da virgindade; mas tampouco a contradizem explicitamente. Paulo, a fonte mais antiga de textos no Novo Testamento, escreveu muito pouco sobre Maria, e nunca pelo nome. O mais próximo que ele chega de mencioná-la é da seguinte forma: contrastando as naturezas mortal e imortal de Jesus, Paulo escreve sobre Jesus como "nascido da semente de Davi segundo a carne"[57] e "nascido de uma mulher"[58]. As únicas referências à mãe de Jesus, Maria, ocorrem nos evangelhos, embora Marcos, o evangelho mais antigo, não inclua narrativa alguma do nascimento. E quando esse evangelho refere-se a Maria pela primeira vez, ele o faz de forma não lisonjeira: quando disseram a Jesus que sua "mãe e irmãos" haviam chegado para vê-lo, Jesus os rejeitou e substituiu a "família" por seus seguidores[59]. Marcos descreve os esforços da população da cidade para identificar Jesus, perguntando se ele não era "o filho de Maria e irmão de..."[60]. A mãe de Jesus nunca é mencionada pelo nome no Evangelho de João.

---

[56] Disponível em: <http://www.bbc.co.uk/radio2/soldonsong/songlibrary/indepth/letitbe.shtml >. Acessado em: 14 de novembro de 2008.

[57] Rm 1:3.

[58] Gl 4:4.

[59] Mc 3:31-35.

[60] Mc 6:3.

Vêm de Mateus e Lucas as histórias que temos do nascimento e que definem as imagens populares da mãe de Jesus – a jovem virgem (Mateus e Lucas), a quem o anjo anunciou a concepção (Lucas), que viajou (Lucas) com seu noivo a Belém, onde ela deu à luz Jesus (Mateus e Lucas) em um estábulo (Lucas) e foi visitada por pastores (Lucas) ou pelos magos (Mateus), fugiu para o Egito (Mateus) e retornou para estabelecer-se em Nazaré (Mateus). Embora Mel Gibson dê muito destaque à presença de uma mãe Maria com aparência de freira (anacrônica em, no mínimo, mil anos) no filme *A paixão de Cristo*, são poucas as preciosas referências a sua presença no julgamento, crucificação e sepultamento de Jesus. É de se supor que ela teria estado lá – todos os judeus capazes teriam estado em Jerusalém para o Pessach, e ela, afinal, era sua mãe. No entanto, apenas João (em outros aspectos, o menos preocupado com a reportagem histórica prosaica) refere-se a sua presença na cruz. O autor de Atos menciona Maria como presente entre os discípulos após a assunção de Jesus ao céu[61]. A única outra aparição de Maria, mãe de Jesus, nos evangelhos é a descrição de João de seu papel (ela não é nomeada) no milagre em que Jesus transforma água em vinho na festa de casamento em Canaã[62].

Há meia dúzia de Marias importantes no Novo Testamento e isso pode ser confuso. Maria, a mãe de Jesus, também é descrita como Maria de Nazaré, porque essa cidade da Galileia era sua casa. Ela se distingue, então, de Maria de Betânia e Maria Madalena. E distingue-se de outras Marias semelhantemente descritas como "mãe de Tiago", "mãe de João" ou "mulher de Clopas"[63].

O número de programas de apoio e lares "de Maria" e "de Marta" em operação hoje, tais como um abrigo/maternidade para mães solteiras na Califórnia, um serviço de babá e enfermeiras em domicílio, em Washington, e um abrigo de emergência em Tampa, Flórida, atestam a resistência da imagem de conforto e segurança doméstica que essas amigas de Jesus prestavam. Assim como acontece na vida, a situação delas não era sem conflito. De acordo com os evangelhos, Maria de Betânia desafiou o sistema tradicional, para o desgosto de sua trabalhadora irmã Marta, ao renunciar aos afazeres domésticos para sentar-se aos pés de Jesus e aprender com ele. É difícil não simpatizar com Marta quando ela se queixou a Jesus por estar cheia de tarefas de casa e cozinha,

---

[61] At 1:14.
[62] Jo 2:1-12.
[63] Essas são todas distintas da Maria católica que Paulo inclui em uma longa saudação (Rm 16:6).

enquanto Maria apenas ouvia sentada as conversas: "Diga a ela para me ajudar!"[64]. Mas foi Marta a quem Jesus repreendeu delicadamente, defendendo que Maria havia encontrado o que é crucial e duradouro.

No entanto, João descreve ambas as mulheres como amadas por Jesus – e elas não são as únicas mulheres assim descritas nos evangelhos. Há certamente uma familiaridade confortável entre eles – Marta conscienciosa e um pouco mandona; Maria doce e amável; Jesus não apenas um objeto de adoração, mas também um amigo. Pode-se ouvir uma ponta de crítica na voz de Marta, quando diz a Jesus que se ele tivesse estado com eles um pouco antes (e eles o chamaram, mas ele acabou se atrasando), seu irmão Lázaro não teria morrido. (Maria disse a mesma coisa depois.) Mas tampouco Marta teve qualquer ressalva em professar a sua fé em Jesus como o "Cristo, o Filho de Deus, que veio ao mundo"[65].

Essas irmãs, Maria e Marta, claramente reconheciam a importância de Jesus. Quando Jesus veio visitá-las, uma semana antes do Pessach (e de sua morte), Maria ignorou novamente os costumes sociais. Ela não apenas deixou o cabelo à mostra na presença desse homem que não era seu parente, mas corajosamente cobriu os pés dele com seu cabelo. Novamente repreendida, dessa vez por Judas, Maria de Betânia, no entanto, começou a massagear os pés de Jesus com seus cabelos, usando um unguento perfumado bastante caro. E Jesus voltou a defender suas ações[66]. Uma vez que uma outra mulher não identificada é descrita fazendo algo semelhante[67], Maria de Betânia é, às vezes, confundida com ela, mas muitas coisas nas histórias indicam que são duas mulheres. Os contextos e argumentos dos dois relatos são muito diferentes e a característica distintiva da mulher sem nome é sua condição pecaminosa.

Em se tratando de ser confundida, Maria Madalena leva o grande prêmio. No imaginário popular, ela tem sido misturada com todas essas mulheres, e muito mais. Os equívocos abundam. Por um lado, Madalena não é seu sobrenome, mas uma referência à sua cidade de origem. Magdala (como Nazaré) ficava na região da Galileia. Essa identificação deve imediatamente distingui-la de Maria de Betânia, uma vez que Betânia está em uma região completamente diferente (não muito longe de Jerusalém). Muitas pessoas ficam mais surpresas ao saber que em nenhum lugar da

---

[64] Lc 10:40.
[65] Jo 11:27.
[66] Jo 12:1-8.
[67] Lc 7:36-50.

Bíblia Maria Madalena é descrita como prostituta. Sua reputação como uma prostituta reabilitada não tem apoio explícito na Bíblia, mas tem o apoio da Igreja. O papa Gregório I (d. 604) deu margem a essa interpretação equivocada ao realizar um sermão que equiparou Maria Madalena tanto a Maria de Betânia quanto aos pecadores anônimos que lavaram os pés de Jesus. Esse retrato também absorveu a história da mulher sem nome, apanhada em adultério, combinando-a para tornar a imagem popular de Maria Madalena muito diferente da descrição bíblica.

Na realidade, desde então, Maria Madalena (de Magdalia) tem sido representada com mais frequência como uma prostituta que abandonou o mau caminho para seguir o clemente Jesus, às vezes, com efeitos poderosamente positivos. Por exemplo, a criativa e bem-sucedida comunidade Madalena, iniciada por Becca Stevens em Nashville, visa a ajudar mulheres a se recuperar de dependência de drogas, prostituição e abuso. Como Maria Madalena é assim retratada também em *blockbusters* do século XX, como *Jesus Cristo superstar*, *A última tentação de Cristo* e *A paixão de Cristo*, não é de admirar que poucas pessoas (além de você, agora) saibam que a Bíblia não a descreve dessa forma. No popular e controverso romance de Dan Brown, *O código Da Vinci*, Maria Madalena é o discípulo à direita de Jesus no mural da *Última ceia*, de Leonardo da Vinci, e era a esposa grávida de Jesus quando ele foi crucificado.

Embora a imagem propagada de prostituta de Maria Madalena seja estimulante, são igualmente intrigantes, mas pouquíssimas vezes apreciadas, as implicações de sua presença real nos evangelhos. Tome-se o fato de que, ironicamente, podemos estar mais confiantes em uma base histórica real para sua personagem do que para qualquer uma das outras mulheres dos evangelhos. Mais do que qualquer outra, Maria Madalena aparece de forma consistente em todos os quatro evangelhos e ela o faz como testemunha dos momentos cristológicos mais significativos. Os evangelhos estão em notável concordância quanto a sua presença na morte, sepultamento e ressurreição de Jesus. Não apenas isso, mas, segundo o final mais longo de Marcos e o Evangelho de João, é para esta Maria apenas, de todos os seus seguidores, que o Jesus ressuscitado aparece em primeiro lugar[68].

[68] Maria Madalena aparece antes da morte de Jesus apenas no Evangelho de Lucas. Em Lucas 8:2-3, ela é reconhecida como uma das discípulas de Jesus que ajudou a fornecer apoio material para seu ministério e (segundo a descrição de Marcos em 16:9, uma parte do acréscimo posterior) ela é descrita como tendo sido exorcizada de sete demônios.

Em outras partes, sabemos que as aparições da ressurreição emprestaram autoridade às testemunhas e confirmaram sua legitimidade como líderes da primeira comunidade cristã[69]. Alguns suspeitam, então, de que o papel de Maria Madalena pode ter sido mais significativo do que simplesmente o de uma devotada seguidora. Ela pode ter sido uma líder autêntica, com autoridade até mesmo sobre alguns seguidores masculinos de Jesus. A descoberta do evangelho gnóstico de Maria apoia ainda mais essa conclusão. Nesse evangelho – que não se tornou um trecho da Bíblia, em parte porque representa uma espécie de pensamento considerado herético pela Igreja primitiva – a alegação de Maria ter visto Jesus ressuscitado foi questionada por Pedro (que, alguns pensam, representava o cristianismo ortodoxo). Mas para que não pensemos que esse é um tratamento pró-feminismo, observemos que, em bom estilo gnóstico, Maria é descrita como maravilhada por Jesus havê-la libertado, transformando-a em um homem[70].

Os estudiosos debatem o papel das mulheres entre a "primeira geração" de seguidores de Jesus, pois as aparências indicariam que as mulheres serviam como líderes na comunidade, ao lado dos homens. A inclusão de mulheres por Jesus entre seus seguidores e simpatizantes, o contato com elas, independentemente do seu estado ritual (a mulher com hemorragia)[71] ou costumes sociais (o cabelo de Maria), sua redefinição da família, de biológica para a da fé, e o favorecimento de Jesus ao aprendizado de uma mulher acima do serviço de casa (Maria e Marta) demonstram uma ruptura radical com as convenções patriarcais; embora ele não tenha anulado essas convenções.

Após a morte de Jesus, parece que as mulheres continuaram a ser influentes dentro da comunidade cristã primitiva. Observe, por exemplo, as mulheres incluídas na saudação de Paulo aos Romanos[72]. No entanto, elas também continuaram sujeitas às condições de seu contexto social. Por exemplo, observe o conselho de Paulo de que uma mulher aceite uma identidade subserviente, mesmo ao "rezar ou profetizar"[73]. Um estudioso bíblico evangélico e professor do Novo Testamento, Ben Witherington III, explica a situação das mulheres dentro da "família de fé" de Jesus e da primeira comunidade cristã como sendo de "reforma" mais do que

---

[69] Por exemplo, esse é o contexto da afirmação de Paulo em 1 Cor 15:5-8. Ele não inclui Maria Madalena pelo nome entre as testemunhas.

[70] Para uma boa tradução, com discussão e comentários, em inglês, veja KING, Karen L. *The Gospel of Mary Magdala: Jesus and the First Women Apostate*. Santa Rosa, Calif.: Polebridge, 2003.

[71] Lc 8:43-48.

[72] Rm 16:1-16.

[73] 1 Cor 11:3-16.

de "repúdio". As mulheres ganharam novos papéis e *status*, embora não radicalmente distintos, dentro do sistema patriarcal em geral[74]. Quando a segunda vinda de Jesus não aconteceu imediatamente como esperado, os papéis das mulheres tornaram-se cada vez mais sujeitos ao patriarcado de seu tempo e lugar.

ESTUDOS FEMINISTAS E A HERMENÊUTICA DA SUSPEITA

Os estudos feministas têm contribuído em muito para nossa compreensão dos textos bíblicos. Desde logo, eles nos lembraram da inevitabilidade da interpretação. Nenhum texto faz sentido ou pode ser aplicado sem interpretação, e os textos bíblicos que temos são, eles próprios, interpretações. Dentro da própria Bíblia, por exemplo, Paulo interpreta a história da criação dos seres humanos narrado em Gênesis 2-3 para compreender a mulher como sendo criada em segundo lugar, refletindo (ou sendo a "glória" do homem), embora isso não esteja explícito no texto do Gênesis. Paulo argumenta, então, que as mulheres devem comportar-se nesse sentido[75].

Hermenêutica é uma palavra chique que se refere à ciência da interpretação. Na década de 1970, o filósofo francês Paul Ricoeur observou a importância de considerar a possibilidade de que o significado da superfície de um texto mascare interesses e preconceitos políticos, e perspectivas estreitas de posição social. Para apreender o sentido dos textos, então, faz sentido investigar as influências por trás deles, tanto quanto simplesmente lê-los pelo valor de face, do que está ali. Ricoeur chamou esse processo de escuta e questionamento de "hermenêutica da suspeita"[76]. Como a Bíblia trata de culturas dominadas por estruturas e formas de pensar patriarcais, apreender o sentido de seus textos requer levar em conta os pressupostos e motivos dos autores sob essa influência. Por exemplo, interpretando os textos relevantes dentro do contexto da Igreja em desenvolvimento, podemos perceber que a nova "família de fé" seria organizada de acordo com as convenções sociais. Não nos deve surpreender, então, quando lemos: "Mulheres, sujeitai-vos a vossos maridos... obedecei"[77], imediatamente após uma exortação semelhante

---

[74] WITHERINGTON ILL, Ben. *Women, New Testament*. In FREEDMAN, David Noel. (Ed.) *Anchor Bible Dictionary on CD-ROM*. Logos 2.1. New York: Doubleday, 1992, 1997.

[75] 1 Cor 11:2-16.

[76] RICOEUR, Paul. *Freud and Philosophy: An Essay on lnterpretation*. Trans. Denis Savage. New Haven, Connecticut: Yale University Press, 1970.

[77] 1 Pd 3:1-6.

dirigida aos "escravos": "Sujeitai-vos a vossos senhores", não importando quão cruéis os senhores possam ser[78].

Reconhecendo que a interpretação é inevitável, identificar como os textos bíblicos interpretam textos anteriores e avaliar como o contexto social e histórico de um texto afeta a interpretação, pode modificar o impulso de pegar determinadas passagens e jogá-las, sem reflexão, como sendo prescritivas hoje. Métodos de estudo bíblico informados pelo princípio feminista de que as mulheres devem ter a mesma dignidade, valor e potencial dos homens constituem um bom uso da hermenêutica da suspeita.

Os estudos feministas também trouxeram à nossa atenção a relativa falta de atenção às mulheres em histórias, leis e relatos bíblicos. Eles nos ensinaram a ler os silêncios, a notar o que não é dito, a notar quem não está presente e perguntar por que e como. Isso não é sugerir que os estudiosos feministas falem em uma só voz, ou, entretanto, que sejam motivados por uma finalidade única. Alguns procuram reabilitar personagens femininos, para preencher seus papéis com base em indícios sutis do texto ou em informações não bíblicas sobre a época e o local de origem específicos de um texto. Outros nomeiam e observam como os textos bíblicos têm sido utilizados de maneira ofensiva, e alguns concluem que as mulheres devem procurar em outro lugar que não a Bíblia uma autoridade religiosa e uma orientação espiritual. Alguns encontram esperança e exortação da igualdade na história de libertação do Êxodo; em mulheres poderosas e atuantes, como Débora, Ester e Maria de Betânia; na inclusão de mulheres entre os seguidores de Jesus e líderes da Igreja primitiva; e na instrução de Paulo de que, em Cristo, "não há mais macho e fêmea"[79].

Embora muitos estudiosos bíblicos que aplicam métodos da crítica feminista à Bíblia sejam mulheres, nem todos o são. Nem também todas as mulheres que leem a Bíblia utilizam uma metodologia crítica feminista. Além disso, mulheres diferentes leem a Bíblia de forma diferente, dependendo de sua experiência pessoal com o texto, seus contextos culturais e a miríade de qualidades misteriosas que compõem qualquer ser humano individualmente.

No entanto, existem algumas questões que toda a mulher enfrenta na leitura da Bíblia e que podem muito bem (embora não necessariamente)

---

[78] 1 Pd 2:18.
[79] Gl 3:26-28.

resultar em alguma aplicação da metodologia crítica feminista (intencionalmente ou não)[80]. Uma delas é a inclusão na Bíblia de textos que são inegavelmente opressivos para as mulheres. Uma segunda é a exclusão de vozes da minoria de mulheres (até mesmo para os antigos padrões do Oriente Próximo). Quase tudo o que as mulheres representam na Bíblia vem da cultura dominante de seu tempo e lugar. Não é incomum existirem mulheres que, em lugares onde elas próprias são cidadãos de segunda classe, se coloquem a favor da cultura dominante contra suas irmãs de minoria de classe ainda mais baixa. O tratamento cruel de Agar na história de Sara é um exemplo gritante. Uma terceira é a pressuposição da Bíblia de que os homens são a norma. Isso tem fortes implicações para a teologia. Ou seja, apesar dos numerosos protestos de que Deus resiste à representação por meios humanos, sob qualquer forma, Deus é retratado na Bíblia quase exclusivamente em imagens e condições masculinas. No entanto, não há nenhum nome ou imagem individual de Deus na Bíblia – um tópico abordado no capítulo final deste livro.

---

[80] Para um tratamento mais completo dessas questões, veja OSIEK, Carolyn. *Reading the Bible as Women*. In *The New Interpreter's Bible, Vol. 1*. Nashville, Tenn.: Abingdon, 1994. p. 181-187.

ONZE

FLORA, FAUNA ETC.

Algumas pessoas veem as coisas que existem e perguntam: "Por quê?". Algumas pessoas sonham com coisas que nunca existiram e perguntam: "Por que não?". Algumas pessoas têm que trabalhar e não têm tempo para isso tudo.

— GEORGE CARLING

Ao contrário da crença popular, a serpente na história do Jardim do Éden, como é contada em Gênesis, não é o diabo, Satanás ou Belzebu. É uma astuta cobra falante – estranha, mas apenas uma cobra. Este capítulo discute algumas coisas bíblicas – criaturas e objetos – que adquiriram uma vida pós-bíblica em outros lugares. Como é que Satanás entrou de fininho no Gênesis? O que é a Arca da Aliança e onde ela está agora? Por que a mirra é um presente tão sinistro para um bebê? Como pode o Santo Graal ser entendido, por um lado, como uma taça e, por outro, como uma mulher? E qual é a personificação do mal na Bíblia? Neste capítulo, tentei identificar as coisas bíblicas mais populares e, por vezes, menos compreendidas, para que os leitores possam apreciar e julgar por si mesmos como elas aparecem também em contextos fora da Bíblia.

COBRAS FALANTES, DEUSES HÍBRIDOS E OUTRAS COISAS FANTÁSTICAS

Para citar os especialistas em serpentes do site herper.com, que realizaram um estudo a respeito: "A Bíblia afirma que as cobras são más?

Não!"[1]. No entanto, mesmo após citar e analisar cada um dos casos de cobra na Bíblia, eles escrevem: "Em Gênesis, após Satanás aparecer sob a forma de um réptil...". A serpente no Gênesis 2-3 é certamente problemática, mas, em lugar algum dessa história, ela é identificada como Satanás, ou mesmo chamada de "maligna". Ao contrário, o narrador bíblico apresenta a cobra aos leitores como "o mais inteligente" de todos os animais[2], e a inteligência era considerada um atributo louvável[3]. Alguns dizem que a serpente tornou-se encrenqueira porque gente venenosa é assim mesmo – isso foi uma piada.

Na história bíblica, a serpente, com suas meias verdades, semeou, na mente da mulher, a dúvida que a levou, e ao homem com ela, a desobedecer à diretiva de Deus. No processo, o narrador semeia a dúvida na mente dos leitores sobre quem está mais perto da verdade – Deus ou a serpente. Afinal, Adão e Eva não morreram "no dia" em que comeram da maçã, como Deus havia dito que aconteceria[4]. Pelo contrário, Deus confirma textualmente o que a serpente disse: eles se tornaram como Deus, conhecendo o bem e o mal[5]. No entanto, embora a serpente tenha dito, sem qualificação, "Vocês não morrerão", Adão e Eva, de fato, morreram (ainda que séculos depois).

A ideia de que a serpente no jardim era Satanás disfarçado desenvolveu-se séculos após a história ter se tornado escritura, depois de Satanás haver se tornado a autêntica e única personificação do mal (a partir do final dos anos AEC). Um texto judaico não canônico (*O Apocalipse de Moisés*), provavelmente do século I EC, extrapolando a narrativa de Gênesis, retrata Satanás falando pela serpente[6]. Essa ideia refletiu-se também no popular *A vida de Adão e Eva*, um texto judaico aproximadamente contemporâneo e relacionado ao Apocalipse de Moisés; ele contava como Eva fora enganada (novamente) por Satanás.

A Bíblia não iguala em lugar algum a serpente do Éden a Satanás, mas os seguintes textos do Novo Testamento justificaram a identificação através da reputação de engano partilhada por ambos. A preocupação de Paulo de que outras pessoas pudessem induzir a erro sua congregação de Corinto da

---

[1] Disponível em: <http://www.herper.com/human/script/verse10.html>. Acessado em: 8 de setembro de 2008.

[2] Gn 3:1. Nessa história, a palavra hebraica para "inteligente" (*arum*) joga com a palavra "nudez" (*arummim*) e, posteriormente, "maldito" (*arur*).

[3] Por exemplo, Provérbios contrasta favoravelmente essa qualidade com a tolice (Pr 12:16, 23; 13:16; 14:8).

[4] Gn 2:17.

[5] Gn 3:5, 22.

[6] 16:1-17:5.

mesma forma que "a serpente enganou Eva com sua astúcia", juntamente com a sua descrição de Satanás como enganador e tentador, apoia o cálculo Satanás = serpente[7]. O Apocalipse também fala de "Satanás... o Diabo que enganou" as pessoas nos últimos dias; e acrescenta sugestivamente "antiga" – "a antiga serpente, que se chama Diabo e Satanás, o enganador do mundo inteiro"[8].

Orígenes, teólogo cristão do século III, formalizou a identificação da serpente de Gênesis com Satanás na teologia cristã. É de Orígenes e outros antigos "Pais da Igreja" a influência que John Milton cita ao apresentar o *Paraíso perdido*, que lançou a imagem da serpente como Satanás em uma esfera ainda mais popular.

A maioria das referências bíblicas a serpentes relaciona-se a sua ameaça natural às pessoas, mas elas não são retratadas como más em si mesmas. A serpente de Moisés em um bastão era, na verdade, um agente de cura[9]. Essa serpente de bronze, chamada *nehushtan* (do termo hebraico *nahasn*, "cobra"), era uma forma de primeiros socorros para Israelitas errantes. Alguém que fosse picado por uma serpente venenosa precisaria apenas olhar para a *nehushtan* e, então, ele ou ela ficaria bem[10]. Séculos depois, em um acesso de fanatismo religioso, o rei Ezequias destruiu a imagem, temendo que ela própria houvesse se tornado um ídolo[11]. As descobertas arqueológicas que mostram a prevalência de serpentes em imagens de deuses e deusas, e até mesmo as imagens de serpentes de bronze da região israelita de Canaã, sugerem que a *nehushtan* pode ter sido um objeto de culto (ou, ao menos, que estava associada a uma divindade) desde o início[12].

---

[7] 2 Cor 11:3, 14; 1 Cor 7:5.

[8] Ap 12:9, 20:2.

[9] Isso não deve ser confundido com o truque da transformação do cajado em serpente que Moisés e Arão realizaram diante do faraó do Egito (Ex 7:8-12).

[10] Nm. 21:4-9. De acordo com a história, exasperado com as reclamações dos israelitas no deserto, Deus enviou ferozes serpentes que picavam. O povo se arrependeu e pediu a Moisés que fizesse com que Deus levasse as cobras embora. Moisés orou e Deus disse-lhe para fazer uma *nehash nehosheth*, "serpente de bronze" (em algumas traduções, "cobre") e afixá-la no alto de um poste. Funcionaria como um antídoto – se as pessoas picadas olhassem para a serpente de Moisés, elas viveriam. O Evangelho de João associa a serpente curativa de Moisés ao amor e à salvação de Deus através da crucificação de Jesus: "Assim como Moisés levantou a serpente no deserto, assim importa que o Filho do Homem seja levantado, para que todo aquele que nele crer não morra, mas tenha vida eterna" (João 3:14-15).

[11] 2 Rs 18:4.

[12] A mais impressionante descoberta é uma serpente de liga de cobre coberta de ouro que foi descoberta em Timna. Veja ROTHENBERG, Beno. *Timna: Valley of the Biblical Copper Mines*. London: Thames and Hudson, 1972. p. 159, plates 19, 20. Veja também JOINES, Karen R. *Serpent Symbolism in the Old Testament: A Linguistic, Archeological, and Literary Study*. Haddonfield, N.J.: Haddonfield House, 197-1; KEEL, Othmar; UEHLINGER, Christoph. *Gods, Godesses and Images of God in Ancient Israel*. Trans. Thomas H. Trapp. Minneapolis, Minn.: Fortress, 1998. p. 274.

Os manipuladores de serpentes de Appalachia, hoje em dia, não adoram as serpentes, mas as usam para demonstrar sua crença em Jesus. Apelando à declaração de Jesus de que "em meu nome... eles apanharão serpentes... e isso não os ferirá", pessoas como Junior G. McCormick tratam a manipulação de serpentes como um mandamento divino[13]. Essa prática religiosa, específica de um pequeno grupo de cristãos, não tem nada a ver com a serpente do Gênesis ou de Números. Pelo contrário, esses cristãos pentecostais tomam literalmente as afirmações de Jesus, no Evangelho de Marcos, de que os verdadeiros crentes não têm nada a temer. Eles não se ferirão nem mesmo com algo tão danoso como uma cobra picando, e manipular essas serpentes será um sinal de sua crença[14]. Embora essa parte de Marcos pareça ser um acréscimo tardio (alguns questionam sua autoridade), o Jesus de Lucas também promete proteger seus seguidores de mordidas de cobras e escorpiões[15].

Se Satanás não está na história do Jardim do Éden, e quanto à maçã? Afinal, de onde vem nossa maçã de Adão senão do Gênesis? Mas a maçã também não está lá. Ao menos, não exatamente. O que Adão e Eva comeram é simplesmente designado pelo termo hebraico genérico para "fruto". Muitos anos atrás, a palavra inglesa "maçã" era utilizada da mesma forma como usamos "Bombril" para nos referirmos a qualquer esponja de aço. Traduzir a história hebraica para o inglês fazia, então, da palavra "maçã" uma boa escolha. Ao longo do tempo, porém, "maçã" passou a significar apenas o fruto específico que conhecemos em variedades como a gala – além do logotipo da Macintosh –, e, assim, os leitores imaginaram o primeiro casal deliciando-se com uma boa mordida em uma maçã. Embora a história não contenha detalhes sobre qual era exatamente o tipo de fruta que Adão e Eva comeram, as pessoas, no entanto, têm apresentado opções histórica e culturalmente mais prováveis. As romãs lideram o páreo[16]. Enquanto isso, os autores da história seguiram em frente. Desde logo, as árvores em si têm maior prioridade na narrativa.

Quantas árvores proibidas existiam, exatamente? Logo no início da história, o narrador explica que, entre as muitas árvores do Éden, eram

---

[13] Mc 16:17-18. Veja HANDWERK, Brian. Snake Handlers Hang On in Appalachian Churches. *National Geographic News*. April 7, 2003. Disponível em: <http://news.nationalgeographic.com/news/2003/04/0407_030407_snakehandlers.html>. Acessado em: 29 de novembro de 2008.

[14] Mc 16:17-18.

[15] Lc 10:19.

[16] Sugestões voluntariadas em answers.yahoo.com sobre a identidade da fruta incluem ESTE ERA UM TIPO ESPECIAL DE FRUTA (toda em maiúsculas), "o fruto proibido da calcinha de Eva", "um marmelo" e "uma fruta que não foi trazida ao nosso mundo". Disponível em: <http://answers.yahoo.com/question/?qid/=20080911200638AAhBMz0>. Acessado em 16 de setembro de 2008. Bruce Springsteen diz que era um Cadillac rosa.

duas: "A árvore da vida... e a árvore do conhecimento do bem e do mal"[17]. Então Deus proibiu Adão de comer de uma árvore: "A árvore do conhecimento do bem e do mal, pois, no dia em que comeres dela, tu morrerás"[18]. Aparentemente, como eles comeram, Deus expulsou Adão e Eva do jardim antes que tivessem chance de "provar também da árvore da vida, e comer, e viver eternamente"[19]. Em outras palavras, a árvore da vida tornou-se proibida apenas depois que Adão e Eva comeram do "pé-de-conhecimento" proibido.

Se você achou a serpente falante de Gênesis 3 estranha, espere até chegar à parte dos híbridos humanos-deuses. Os nefilins (*nephilim* – como são chamados em hebraico) são filhos do acasalamento de deuses brincalhões com mulheres humanas. Na minissérie *The fallen*, da rede ABC, que está repleta de referências bíblicas, os nefilins desempenham um papel central, como descendentes dos anjos caídos designados à Terra, onde são caçados pelos *Powers* – anjos guerreiros. Os nefilins bíblicos ganham mais cobertura da imprensa em Gênesis, mas aparecem também em Números. Em Gênesis, eles são descritos como os homens famosos e poderosos de outrora[20]. O fato de serem anteriores ao Dilúvio (e de presumivelmente terem sido destruídos) torna sua aparição em Números um pouco enigmática. No entanto, lá estão eles, e causam uma angústia considerável[21]. Quando os hebreus viram que os nefilins ocupavam Canaã (que os hebreus planejavam tomar como Israel), desesperaram-se, porque em comparação com a estatura gigantesca dos nefilins, "parecíamos gafanhotos". Provavelmente devido a essa descrição, os nefilins são chamados, às vezes, de "raça de gigantes". Na verdade, a tradução grega da palavra hebraica é "gigantes".

O hebraico *nephilim* parece estar relacionado a uma palavra que significa "cair". Sua etimologia provavelmente refere-se a "cair" no sentido de uma derrota militar[22]. No entanto, em textos do Novo Testamento, séculos depois, o termo assumiu o sentido mítico de queda em desgraça, ou queda do céu. Em alguns dos últimos livros do Novo Testamento, há duas referências aos anjos caídos que parecem, por seu contexto, senão por seu caráter, ter os nefilins em mente[23]. De acordo com esses textos, Deus expulsou-os do céu para serem mantidos acorrentados no inferno até o Dia do Juízo.

---

[17] Gn 2:9.
[18] Gn 2:17.
[19] Gn 3:22.
[20] Gn 6:4.
[21] Nm 13:32-33.
[22] Dt 2:11 iguala-os aos refains, antigos guerreiros que foram derrotados pelos israelitas.
[23] 2 Pd 2:4 e Jd 1:6.

Essa compreensão do Novo Testamento baseia-se, provavelmente, em literatura como 1 Enoque, um texto originalmente em aramaico (existem trechos entre os Manuscritos do Mar Morto) que fazia parte da tradição judaica, nos últimos séculos antes da Era Comum, mas que não se tornou bíblico. Os capítulos 6-19 de 1 Enoque contam como os "vigilantes dos céus" deixaram sua morada celestial para dormir com mulheres humanas (a quem eles também ensinaram magia). Seus filhos tomavam tudo dos seres humanos, depois os matavam e comiam, e geralmente causavam o caos na Terra. Como era de se esperar, de acordo com um Enoque, Deus não ficou feliz. Ele ordenou que os anjos justos (incluindo favoritos como Miguel e Gabriel) prendessem os cabeças, que finalmente acabaram em um abismo ardente de tormento.

Segundo a Bíblia, as dez pragas foram tormentos do mundo real que demonstraram o poder de Yahweh sobre os poderes do Egito[24]. Esses "sinais e maravilhas", como a narrativa do Êxodo do Velho Testamento descreve, não foram criados apenas para mostrar a autoridade de Yahweh. Eles também serviram para libertar. E finalmente convenceram o rei do Egito a permitir que os hebreus cativos – o povo de Israel de Yahweh – partissem em liberdade. No processo, eles também demonstraram a incapacidade do rei egípcio de manter a ordem do cosmos, prejudicando assim a sua suposta divindade.

Na história, as pragas não são identificadas por número, embora cada uma seja precedida pela expressão "Então o SENHOR disse a Moisés". Elas são narradas em grupos de três, sendo a décima praga um clímax único. São elas: (1) a transformação da água em sangue, matando os peixes; (2) rãs; (3) insetos que picam; (4) moscas; (5) doenças do gado; (6) furúnculos; (7) tempestades de granizo; (8) gafanhotos; (9) trevas; e (10) a morte do primogênito.

Se elas realmente aconteceram ou não, é uma questão que não podemos responder com certeza. Não há nenhuma referência a tais eventos em fontes egípcias e, como mencionado anteriormente, a exatidão histórica não parecia ser o objetivo primário dos autores bíblicos. Embora dois salmos também listem pragas, eles o fazem em uma ordem diferente, e cada um inclui apenas sete (possivelmente refletindo uma função litúrgica), mas não exatamente as mesmas sete[25].

---

[24] Ex 7:8-11:10.

[25] Em Sl 78:44-51, a ordem é 1, 4, 2, 8, 7 e 5 (um pouco diferente) e 10 (omissão de 3, 6, e 9). No Sl 105:28-36, a ordem é 9, 1, 2, 4, 7, 8 e 10 (omissão de 3, 5 e 6).

Uma das teorias mais convincentes de como esses eventos podem ter se tornado conhecidos pressupõe uma situação sazonal muito ruim[26]. Organismos flagelados do Lago Tana migraram para o Nilo durante o período anual de cheias e sugaram todo o oxigênio, matando os peixes. Rãs migraram dos rios cheios, como fariam normalmente, mas estavam infectadas por uma bactéria, o *Bacillus anthracis*, possivelmente exacerbada pelos peixes em decomposição[27].

Os insetos que picavam provavelmente devem ser entendidos como pernilongos – não "mosquitos", como em muitas traduções. Eles teriam atingido números insuportáveis, conforme as águas das cheias recuaram. Quanto às moscas, bem, imagine todas aquelas criaturas em decomposição. É possível que, nesse momento, o gado, que havia sido guardado a alguma distância das cheias, tenha sido infectado com o mesmo antraz das rãs. De acordo com Greta Hort, ele era transmitido pela mosca *Stomoxys calcitrans*, que pica igualmente pessoas e animais, o que talvez explique os "furúnculos". Quanto à tempestade, esse fenômeno não é comum no Egito, mas tampouco é inédito. Enxames de gafanhotos são mais comuns, e as *khamsin* (intensa tempestade de areia, em árabe) ocasionais teriam feito o dia parecer tão escuro quanto a noite. O período mais provável para esses acontecimentos teria sido entre agosto e maio, um pouco mais do que a narrativa sugere. A história bíblica não é explícita quanto à duração.

Se essas nove pragas realmente aconteceram de uma forma que pode ser explicada como acontecimentos naturais, a décima não pode. Por mais que tentemos (e existem algumas teorias imaginativas por aí), a décima e última praga, a morte dos primogênitos, desafia qualquer explicação natural. Na história, Deus instrui o povo hebreu a abater um cordeiro e espargir seu sangue em suas portas antes de assá-lo e comê-lo. Isso marcaria as casas a serem poupadas quando o SENHOR passasse pelo Egito, matando filhos primogênitos, e até mesmo os primogênitos de animais. "Nossa, é como uma morte rastejante!", pensou o baixista do Metallica, enquanto assistia ao filme *Os Dez Mandamentos*[28], de Cecil B. DeMille – *Creeping death* (*Morte Rastejante*) tornou-se o título de uma de suas músicas mais

---

[26] Veja HART, Greta. The Plagues of Egypt, em dois artigos publicados por *Zeitschrift für die Alttestamentliche Wissenschaft* 69(1-4), 1957: 84-103; e 70(1-2), 1958:48-59.

[27] Ao contrário do filme *Magnólia*, não chovem rãs em Ex 8:2, mas elas surgem aos montes.

[28] ENCYCLOPEDIA METALLICA. Disponível em: <http://www.encycmet.com/songs/srcreep.shtml >. Acessado em: 11 de setembro de 2008.

populares, que reconta a história do Êxodo[29]. Filmes de terror como *A colheita do mal* e *A múmia* também se inspiraram no tema bíblico.

Escapar dessa décima praga iniciou-se no Pessach, uma festa anual judaica que comemora a libertação do povo hebreu por Deus da escravidão no Egito. Um de meus colegas judeus explica que todos os festivais judeus refletem o mesmo padrão de três partes: eles tentaram nos matar, nós sobrevivemos, agora vamos comer! Apesar de todas as pragas serem narradas como ações maravilhosas de Deus em nome de seu povo e minando o poder do Egito, essa décima praga enfatiza até que ponto Deus pode alterar inclusive os acontecimentos naturais para servir ao Seu propósito. Ninguém foi capaz de fornecer uma explicação natural satisfatória para esse acontecimento, nem de provar que a décima praga tenha de fato acontecido exatamente como narrado, em algum momento e lugar históricos.

COISAS QUE DANAM E COISAS QUE SALVAM

Essa ênfase na atividade extraordinária de Deus em nome do povo hebreu torna a história do "bezerro de ouro" especialmente chocante – pelo menos, esse era provavelmente o efeito que os escritores da Bíblia buscavam. Segundo a narrativa, pouco tempo depois de o SENHOR ter liberdado o povo da escravidão, eles começaram a adorar um bezerro de ouro[30]. Todos haviam cansado de esperar Moisés retornar de seu encontro com Deus na montanha e clamavam por um substituto. (Eles suspeitavam que Moisés e Deus haviam fugido e os abandonado, explica a história.) Arão, irmão de Moisés, instruiu as pessoas a entregar todos os seus brincos de ouro; assim fizeram e, então, fundiram as joias até remodelar o ouro na forma de (*voilá*!) um deus. Arão apresentou a imagem em forma de bezerro com a declaração: "Estes são os deuses, ó Israel, que vos fizeram sair do Egito!".

O plural hebraico sugere que essa história tenha emprestado elementos de uma narrativa mais antiga, que aparece mais à frente, na Bíblia – a história de como Jeroboão, o primeiro rei do reino do norte (após o grande cisma), criou dois altares, rivalizando com o de Jerusalém, nas cidades

---

[29] A música foi, em grande parte, originalmente escrita para a banda Exodus – que tal isso? ENCYCLOPEDIA METALLICA. Disponível em: <http://www.encycmet.com/songs/srcreep.shtml>. Acessado em: 11 de setembro de 2008.

[30] Ex 32:1-35.

de Dã e Betel. Esses altares eram enfeitados com estatuetas de bezerros, que o rei declarou serem os deuses que haviam tirado Israel do Egito[31]. Naturalmente, os escritores bíblicos não sorriram com nenhuma dessas divindades-bezerros. Nesse sentido, de volta ao Sinai, Moisés teve de convencer Deus a não varrer aqueles teimosos do mapa e, em seguida, o próprio Moisés os castigou (Deus veio em seguida, com uma praga). No caso de Jeroboão, o monarca do reino do norte é criticado repetidamente por se envolver no tipo de culto ilícito que atraiu a ira de Deus sobre eles (na forma do exército assírio).

O equivalente holandês ao Oscar da Academia é o Bezerro de Ouro. Os vencedores levam uma estatueta de bezerro dourada, que, segundo explicou um ex-membro do júri, é uma espécie de "piscadela... Outros países têm leões de ouro e ursos de ouro. Nós temos um bezerro de ouro, que, aliás, é pecado cultuar"[32]. Mooby, o Bezerro de Ouro, aparece no filme *Dogma*, como base de uma corporação fictícia de grande sucesso, com restaurantes *fast-food* e parafernálias de Mooby. Os personagens principais de *Dogma*, um par de anjos caídos, tomam a diretoria da corporação com a tarefa de fazer do Mooby um falso ídolo.

Na vida real, um exemplo recente de bezerro de ouro (literalmente) foi criado por Damien Hirst, o artista mais rico da Inglaterra, que pegou um touro morto, cobriu seus chifres e cascos de ouro e o colocou em um tanque de formol revestido de ouro, com um disco dourado sobre sua cabeça[33]. Naturalmente, o bezerro bíblico era puramente uma escultura, não um animal de verdade coberto de ouro, como o de Hirst.

Hoje, "bezerro de ouro" é algo que provoca um grau inapropriado de atenção e afeto. Combine isso com o sentido de "dourado" como "referência", e é fácil entender por que as pessoas às vezes confundem a história do bezerro de ouro com o ensinamento de Jesus sobre Deus em oposição a Mamon. Mamon, que significa "riqueza" ou "dinheiro," é personificado como uma divindade rival por Jesus, que explica que ninguém pode servir a dois senhores – "Não podeis servir a Deus e a Mamon"[34]. O sentido, em

---

[31] 1 Rs 12:28.

[32] Traduzido (com a ajuda do Babel Fish) de *He, het lijkt de Oscars wel*. Disponível em: <http://www.cinema.nl/nff-2002/artikelen/2170291/he-het-lijkt-de-oscars-wel>. Acessado em: 11 de setembro de 2008.

[33] KENNEDY, Maev. Golden Calf, Bull's Heart, a New Shark: Hirst's Latest Works May Fetch £65m. July 29, 2008. Disponível em: <http://www.guardian.co.uk/artanddesign/2008/jul/29/art>. Acessado em: 11 de setembro de 2008. E Is Damien Hirst Still the Golden Boy? October 9, 2008. Disponível em: <http://www.telegraph.co.uk/arts/main.jhrm?xml=/arts/2008/09/10bahirst110.xml>. Acessado em: 11 de setembro de 2008.

ambos os casos, é venerar o objeto errado – Mamon representa como objeto errado, em particular, o dinheiro.

Duas outras criaturas bíblicas – um bode substituto e uma novilha vermelha – são uma espécie de salvadores. Ambos aparecem em instruções detalhadas sobre formalidades religiosas. O bode é parte de um ritual de expiação para se livrar dos pecados acumulados da comunidade[35]. O livro bíblico de Levítico instrui um sacerdote a transferir simbolicamente esses pecados a um bode escolhido para esse fim. De acordo com as instruções sacerdotais, o bode deveria ser expulso para o deserto, levando consigo os delitos da comunidade. Levítico não diz explicitamente que o bode deve morrer; é "como um" ou "para" (o significado das preposições é notoriamente difícil de determinar) *azazel*, o que permanece um mistério.

A teoria de que *Azazel* era um demônio do deserto continua a predominar, uma vez que veio de estudiosos bíblicos de considerável influência, mas, ao fim, há pouca justificativa para essa interpretação. É difícil saber a melhor maneira de entender essa palavra hebraica[36]. Nas versões modernas, *azazel* é frequentemente traduzido como "bode expiatório", seguindo o exemplo dos tradutores da KJV, que ficaram tão perplexos quanto nós ainda ficamos. Eles provavelmente apenas padronizaram a tradução como bode expiatório. No entanto, enquanto os acadêmicos debatem o significado de *azazel*, "bode expiatório" é a expressão que chega até nós. Incorporada ao discurso comum, ela é usada hoje para se referir a "alguém obrigado a suportar a culpa dos outros"[37]. Os primeiros cristãos identificaram Jesus com o bode da expiação do Levítico. O livro de Hebreus, do Novo Testamento – que olha para o passado para imaginar novamente os rituais da Bíblia hebraica à luz do sumo sacerdote, Jesus –, compara tanto o bode expiatório quanto a novilha vermelha a Jesus.

A novilha vermelha é outro animal purificador do Antigo Testamento que tomou um novo significado hoje. De acordo com a Torá, as cinzas de uma vaca totalmente vermelha, que não tenha feito nenhum trabalho (daí a interpretação de que deve ser jovem, uma "novilha") pode purificar ritualmente uma pessoa[38]. O ritual bíblico passou a ser associado à

---

[34] Mt 6:24; Lc 16:13.

[35] Lv 16:7-10.

[36] Na verdade, restam muitas perguntas sobre esse ritual. Veja PINKER, Aron. A Goat to Go to Azazel. In *Journal of Hebrew Scriptures* 7 (2007): 2-25.

[37] Disponível em: <http://www.thefreedictionary.com/scapegoat>. Acessado em: 12 de setembro de 2008.

[38] Nm 19:1-10.

reconstrução do templo sagrado de Jerusalém, porque só os homens ritualmente puros podem oficiar como sacerdotes. Isso uniu os interesses de alguns judeus ortodoxos aos daqueles cristãos ansiosos pelo fim dos tempos. Em 1989, ocorreu a Clyde Lott, pastor pentecostal que também criava gado, que ele devia ajudar, porque acreditava que, antes da tão esperada volta de Jesus, quando os justos serão levados para o céu, o sistema sacrifical do templo de Jerusalém tinha de ser restaurado[39]. Para isso, era necessária uma novilha vermelha e então Lott tratou de empenhar-se em conseguir uma[40]. Em abril de 2002, o rabino israelense Chaim Richman, cujo Temple Institute firmou parceria com Lott nesse projeto, declarou que, finalmente, havia nascido uma novilha perfeitamente vermelha. Ela foi desqualificada em novembro do mesmo ano, ilustrando como esses animais são raros[41].

As histórias e referências ao bezerro de ouro, ao bode expiatório e à novilha vermelha ocorrem todas no contexto da passagem do povo hebreu pelo Monte Sinai, onde Moisés recebeu de Deus as instruções que definem a relação do povo com Deus. A busca de Indiana Jones pela "arca perdida" foi uma empreitada para encontrar o recipiente no qual as instruções foram guardadas[42]. Um dos objetos mais sagrados da Bíblia, a Arca da Aliança era mais do que simplesmente um baú de madeira que abrigava os mandamentos. A Arca era uma espécie de sofá sagrado de Deus[43]. Onde ela ficasse, ali ficava Deus. As instruções para a construção da Arca, sua decoração, transporte e colocação são detalhados no livro de Êxodo, que também não mede esforços para descrever o tabernáculo (ou seja, a tenda de reuniões) que abrigava a Arca[44]. (Deus encontrava-se com Moisés e fazia-se presente aos judeus viajantes nessa tenda.) O grande número e o tipo dos detalhes sugere que essa não é uma caixa qualquer, mas uma extensão misteriosamente poderosa da presença de Deus. Na verdade, esse é um dos motivos que a tornam tão atraente às partes que disputam seu controle em *Os caçadores da Arca Perdida*. Ironicamente, uma das partes é o nazismo, famoso por seu ódio aos judeus. Nas sinagogas de hoje, o item mais importante é a Arca, que abriga o rolo sagrado da Torá.

---

[39] A restauração do templo de Jerusalém é também crucial, de acordo com esses religiosos, porque 2 Ts 2:4 diz que, nesse templo o Anticristo declarará ser Deus durante o fim dos tempos.

[40] WRIGHT, Lawrence. Forcing the End. *New Yorker 74*(20). July 20, 1998:42-54.

[41] Disponível em: <http://www.templeinstitute.org/archive/red_heifer_born.htm >. Acessado em: 12 de setembro de 2008.

[42] Essa arca não deve ser confundida com a Arca de Noé. As palavras são diferentes em hebraico.

[43] 1 Cr 28:2.

[44] Detalhes da Arca são enumerados em Ex 25:10-22, mas o tabernáculo no qual a Arca era abrigada é descrito em vários capítulos, Ex 36:1-40:38.

Na narrativa bíblica, a Arca original viajou com o povo hebreu em sua jornada através do deserto, entre o Egito e Canaã. Além de segurar o Rio Jordão para que as pessoas pudessem acessar a Terra Prometida[45] e garantir um sucesso dramático em suas façanhas militares[46], ela também podia ser terrivelmente perigosa. Quando os filisteus, arqui-inimigos dos israelitas, capturaram a Arca, não apenas a imagem do deus deles não parava sobre ela, mas eles também ficaram tão doentes que enviaram a Arca de volta aos israelitas, juntamente com o ouro na forma dos objetos que retratavam a natureza de suas aflições – hemorroidas e ratos[47]. A caminho de Jerusalém, um israelita caiu fulminado por tocar espontaneamente a Arca enquanto a impedia de cair. Isso irritou Davi que, no entanto, acabou trazendo a Arca para Jerusalém, com muito estardalhaço[48]. Depois que o templo foi construído, a Arca foi mantida no mais recôndito local sagrado do templo.

Onde andará esse objeto fantástico? Indiana Jones à parte, pessoas reais ainda o estão procurando. A última coisa que ouvimos sobre a Arca na Bíblia é que ela gozava de um lugar de destaque no ponto mais sagrado (e inacessível) do templo de Jerusalém. Quando os babilônios destruíram o templo, em 587 AEC, levaram consigo vários de seus objetos mais valiosos, porém a Arca não é mencionada entre os itens levados[49]. No entanto, é provável que, se pudessem colocar as mãos nela, os invasores babilônicos a teriam levado. Mas e depois? Quando Ciro assumiu o poder, em 538 AEC, deixou os judeus regressarem e levarem suas coisas consigo. Está claramente ausente qualquer menção à Arca, e ela tampouco foi reintroduzida após o segundo templo ter sido construído.

O paradeiro da Arca não é mistério para alguns cristãos etíopes. Eles acreditam que, quando Menelik (filho da rainha de Sabá e ancestral de Hailé Selassié) viajou a Judá para visitar seu pai Salomão, Menelik voltou com nobres israelitas e (sem que ele soubesse) a Arca da Aliança. Como nada desagradável aconteceu com eles, quando descobriu o roubo, Menelik raciocinou que Deus deve ter querido que eles ficassem com a Arca. De qualquer forma, hoje esses cristãos respeitadores do Velho Testamento acreditam que a Arca esteja na

---

[45] Js 3:1-17.

[46] Por exemplo, veja a história de como os israelitas tomaram a cidade de Jericó (Js 6:1-27).

[47] 1 Sm 5:1-6:18.

[48] 2 Sm 6:1-17.

[49] 2 Rs 25:13-17; Jr 52:17-23. Uma antiga tradição judaica afirma que Jeremias abduziu espiritualmente a Arca para o Egito após os babilônios assumirem o controle. Eusébio, um cristão do século IV, relata a mesma coisa em sua introdução aos evangelhos: *Praeparatio Evangelica*, Livro 9.39. Para ter acesso a outras antigas teorias judaicas, veja SEOW, C. L. *Ark of the Covenant*. In FREEDMAN, David Noel. (Ed.) *Anchor Bible Dictionary on CD ROM*. Logos 2.1. New York: Doubleday, 1992, 1997.

cidade de Arum, onde foi protegida por uma sucessão de monges virgens por milênios e, ocasionalmente, escondida conforme necessário para protegê-la. Apenas o único guardião vivo tem permissão para vê-la[50].

Tudor Parfitt, professor da Escola de Estudos Orientais e Africanos, em Londres, roga discordar. Ele afirma que há uma ligação genética entre o povo Lemba, da África, e antigos sacerdotes do templo de Jerusalém – uma afirmação posteriormente confirmada pelo DNA. Agora, Parfitt pensa ter encontrado a Arca em um museu do Zimbábue – ou, ao menos, uma parte da Arca. Ela foi reconstruída em forma de tambor após ter se autodestruído há quatrocentos anos, de acordo com sua teoria[51].

Outros rogam discordar de ambos. Alguns acreditam que a Arca seguiu para a Europa, graças aos Templários das Cruzadas[52]. e outros acreditam que ela nunca deixou Jerusalém[53]. O livro do Apocalipse do Novo Testamento declara convictamente que seu narrador teve uma visão da Arca acomodada em segurança no templo celestial de Deus[54]. O Alcorão diz que a Arca virá como um sinal de Deus aos muçulmanos fiéis quando chegar a hora certa[55].

OS BICHOS DE ESTIMAÇÃO DE DEUS

Na Bíblia hebraica, "maçã" está para "fruta" (em Gênesis) assim como "baleia" está para "peixe grande" (em Jonas). Em outras palavras, em hebraico bíblico, a baleia de Jonas não é exatamente uma "baleia", mas um genérico "peixe grande", um *dag* grande (pronuncia-se "dog" – e não para aumentar a confusão sobre a identidade da criatura)[56]. Na história bíblica,

---

[50] RAFFAELLE, Paul. Keepers of the Lost Ark? *Smithsonian Magazine*. December, 2007. Disponível em: <http://www.smithsonianmag.com/people-places/ark-covenant-200712.html?c=y&page=1>. Acessado em: 20 de setembro de 2008.

[51] BIEMA, David Van. A Lead on the Ark of the Covenant. *Time*. February 21, 2008. Disponível em: <http://www.time.com/time/health/article/0,8599,1715337,00.html>. Acessado em: 20 de setembro de 2008. Veja também PARFITT, Tudor. *The Lost Ark of the Covenant: Solving the 2,500 Year Mystery of the Fabled Biblical Ark*. New York: Harper One, 2008.

[52] JOSEPH, Frank; BEAUDOIN, Laura. *Opening the Ark of the Covenant: The Secret Power of the Ancients, the Knights Templar Connection, and the Search for the Holy Grail*. Franklin Lakes, N.J.: New Page, 2007; PHILLIPS, Graham. *The Templars and the Ark of the Covenant*. Rochester, Vc: Inner Traditions/Bear & Co., n.d..

[53] Por exemplo, Michael Rood acredita que ela foi levada por meio de um antigo elevador a um local escondido sob o templo antes que os babilônios pudessem pôr as mãos nela. Disponível em:<http://www.michaelroodministries.com/mm5/merchant.mvc?Screen=CTGY&Store_Code=ARA&Category_Code=Video>. Acessado em: 20 de setembro de 2008.

[54] Ap 11:18.

[55] 2:248.

[56] Isso não é tudo. Em hebraico bíblico, מי (pronuncia-se "me") é "quem"; הדא (pronuncia-se "ho") é "ele"; היא (pronuncia-se "he") é "ela" e דג (pronuncia-se "dog") é " peixe."

contada no breve livro de Jonas, Deus enviou o peixe para engolir o teimoso e desobediente profeta Jonas – não para matá-lo, mas para dar-lhe uma lição antes de vomitá-lo em terra, para que ele tivesse um recomeço. Os três dias que Jonas passou no ventre escuro do peixe prefiguram os três dias que os cristãos acreditam que Jesus passou entre seu sepultamento e a ressurreição.

Em hebraico moderno (e em *Moby Dick*), é a palavra leviatã que significa "baleia". A descrição bíblica mais extensa de Leviatã está no livro de Jó, no qual é precedida pela descrição de outra grande besta, o *beemote*[57]. O júri ainda não se decidiu quanto a esses dois monstros serem ou não baseados em animais verdadeiros. Alguns criacionistas da "terra jovem" pensam que eles são referências bíblicas aos dinossauros[58]. Como o Beemote é descrito alimentando-se de plantas como um boi e vivendo em áreas pantanosas, parece-se com um hipopótamo; outros dizem que é um crocodilo, porque a poesia declara: "Ele move sua cauda como um cedro". A verdade é que a Bíblia não esclarece. O importante parece ser, antes, a força impressionante da criatura e sua presença intimidante, e o principal é que Deus criou o Beemote, e somente Deus pode dominá-lo. Hoje, *behemoth*, em inglês, é qualquer coisa grande ou pesada. Recentemente, o *New York Times* descreveu a ESPN como um beemote que, no entanto, permanece em sua pequena cidade de origem, e um artigo no *Los Angeles Times* informa como o Bank of America tornou-se um beemote da indústria financeira[59].

Na Bíblia, o Leviatã é descrito como uma grande criatura marinha que aterroriza até mesmo os deuses, exceto o SENHOR[60]. O discurso de Deus sobre o Leviatã em Jó, um capítulo inteiro apenas de descrição, é praticamente um jorro a respeito da grande selvageria e da presença aterradora do monstro. Questões retóricas sugerem que apenas a força ilimitada e a ampla predominância de Deus podem controlar o Leviatã.

---

[57] Jó 40:15-24 descreve Beemote; Jó 41:1-34 (o capítulo inteiro) é dedicado ao Leviatã (no Tanakh, o texto relevante é numerado de forma diferente: Jó 40:25-41:26).

[58] Os criacionistas da "terra jovem" são assim chamados por acreditarem que a Terra tenha cerca de 6.000 anos, com cálculos baseados em Gênesis.

[59] BOYNTON, Cynthia Wolfe. ESPN, Now a Behemoth Still at Home in Tiny Bristol. July 13, 2008. Disponível em: <http://www.nytimes.com/2008/07/13/nyregion/nyregionspecial2/13espnct.html>. Acessado em: 28 de novembro de 2008. E RECKARD, E. Scott; HILTZIK, Michael A. How BofA Became Industry Behemoth. September 16, 2008. Disponível em: <http://articles.latimes.com/2008/sep/16/business/fi-bofa16>. Acessado em: 28 de novembro de 2008.

[60] Jó 41:25 (41:17 na Bíblia hebraica), o hebraico *Elohim* ("deuses") nesse versículo é, às vezes, traduzido como "os poderosos" (por exemplo, em KJV, NET, ASV e NIV) para evitar a sugestão de que Deus falaria sobre outros deuses.

Embora esteja em Jó a maioria da atenção e dos detalhes, dois salmos e um versículo de Isaías também mencionam o Leviatã como um grande monstro sujeito ao domínio de Deus[61]. Poesias mitológicas da cidade cananeia de Ugarit (anteriores à bíblica) descrevem uma criatura tirânica semelhante a uma serpente de muitas cabeças, chamada *ltn*, a quem o deus Baal derrotou em uma batalha cósmica[62]. No bastante posterior livro deuterocanônico 2 Esdras (século I EC), o Beemote e o Leviatã são descritos como criações primitivas (quinto dia) de Deus designadas para diferentes partes do mundo – o Beemote para a terra firme, e o Leviatã, para as águas[63].

O filósofo inglês Thomas Hobbes deu início a um novo paradigma no pensamento ocidental, com seu livro *Leviatã* (publicado em 1651), no qual ele desenvolveu a teoria de "contrato social" que está na base da democracia. O nome e suas associações na Bíblia e através da filosofia de Hobbes inspiraram filmes, músicas, romances e jogos. Embora o Leviatã bíblico esteja associado ao caos – uma ameaça ao mundo –, a criatura não é descrita má por si mesma. No entanto, o número do "Leviatã" em matemática é (10666)! – o ponto de exclamação não deve ser tomado aqui como uma exclamação gramatical, mas como um símbolo técnico de matemática que representa um fatorial; e os parênteses também são parte do número. O número do Leviatã, retratado como um 0 com chifres, joga com o "sinal da besta"[64].

REPRESENTAÇÕES DO MAL, EM NÚMERO E PESSOA

O "sinal da besta" vem do livro do Apocalipse do Novo Testamento, que depende fortemente de referências e imagens do Antigo Testamento. Uma visão relatada em Apocalipse 13:1-10 combina as quatro bestas de Dan 7:3-28 em um monstro do mar que representa o Império Romano. O autor do Apocalipse diz como, no fim dos tempos – que muitos dos primeiros cristãos acreditavam ser o seu próprio tempo –, essa besta induzirá

---

[61] Sl 74:14; Sl 104:26; Is 27:1.

[62] *Keilalphabetischen Texte aus Ugarit*, Vol. 1. DIETRICH, M. (Ed.); LORERZ, O.; SANMARTÍN, J. AOAT 24. Neukirchen-Vluyn: Neukircher-Verlag, 1976. p. 1.5.1.1. Veja também DIETRICH, M.; LORETZ, O.; SANMARTÍN J. (Eds.) Münster: Ugarit-Verlag, 1995, 1.3.III.40-42, para uma história na qual a deusa Anat, não Baal, é a destruição da criatura (não nomeada).

[63] 2 Esd 6:49-52. Esse livro, um composto de 4, 5 e 6 Esdras, faz parte de algumas Bíblias ortodoxas.

[64] Para obter uma descrição breve, mas cativante, veja PICKOVER, Clifford A. *Wonders of the Numbers*. Oxford: Oxford University Press, 2000. p. 196. Veja também WEISSTEIN, Eric W. Leviathan Number. *MathWorld – A Wolfram Web Resource*. Disponível em: <http://mathworld.wolfram.com/LeviathanNumber.html>. Acessado em: 12 de setembro de 2008.

enganosamente muita gente a seguir seu exemplo e a adorá-la. Eles trarão o sinal da besta em suas cabeças e mãos, e esse sinal é o número da besta. Em 6 de junho de 2006, vários grupos de cristãos reuniram-se em todo o mundo para tentar evitar o que seria, conforme suas preocupações, uma expansão do mal naquele dia[65].

A maioria das traduções (incluindo a KJV) refere-se ao número como sendo 666, mas, entre os primeiros manuscritos, ele às vezes é 616. A discrepância pode ser explicada caso se considere que o(s) número(s) originalmente devia(m) referir-se de forma criptografada ao imperador romano Nero (temido e desprezado por sua tortura aos cristãos)[66]. A soma das consoantes hebraicas (a cada letra é atribuído um valor numérico) transliteradas do grego *Neron Kaiser* é 666. Transliterado do latim para o hebraico, *Caesar Nero* é 616. Outras explicações para a associação do 666 com o mal levam em conta que ele é a soma dos números 1 a 36, e 36 é a soma de 1 a 8, por isso é um "número triangular duplo", contrastando desfavoravelmente os números quadrados: 144 (da cidade celestial, em Ap 21:17) e 144.000 (dos mártires, em Ap 7:4). Outra interpretação simbólica desse tipo observa que 7 é um número perfeito e 777 é absolutamente perfeito; 888 é a soma do nome grego de Jesus, então 666 é tão mal quanto Jesus é bom[67]. Nenhuma dessas explicações é completamente satisfatória.

Devido à natureza altamente simbólica do Apocalipse, a besta do fim dos tempos tem sido interpretada e reinterpretada ao longo dos séculos. Um número (desculpem o trocadilho) de pessoas, nações e poderes sobrenaturais têm sido associados à "besta" e seu número. A maioria das pessoas hoje supõe que o número seja 666 (em vez de 616) e o identifica com o anticristo, o diabo ou Satanás. Apesar da sugestão de *O código Da Vinci* de que a pirâmide de vidro na entrada do Louvre tem 666 painéis de vidro, ela não tem. O filme *Pulp fiction*, de Quentin Tarantino, mostra de forma evidente uma mala preta, cuja combinação de abertura é 666 e cujo conteúdo brilha quando ela é aberta. O medo do número 666 tem até nome: hexacosioihexacontahexafobia.

Hoje, algumas pessoas interpretam Ap 13:16 no sentido de que carregar o sinal da besta é involuntário – as pessoas serão forçadas a carregá-lo.

---

[65] *Prayer Vigil Targets the Devil's Day*. July 5, 2006. Disponível em: <http://news.bbc.co.uk/2/hi/europe/5049516.stm>. Acessado em: 14 de setembro de 2008.

[66] Uma prática particularmente horrível foi atear fogo a cristãos crucificados para servir como tochas vivas ao longo do trajeto de seu desfile. Veja os Anais de Tácito (Livro XV), do século I.

[67] WATSON,Duane F. Six Hundred e Sixty-Six. In FREEDMAN, David Noel. *Anchor Bible Dictionary on CD-ROM*. Logos 2.1. New York: Doubleday, 1992, 1997.

De acordo com a profecia bíblica, as pessoas precisarão do sinal a fim de participarem da economia. Consequentemente, o que significa ter o sinal expandiu-se, incluindo até ser portador de um número de seguridade social[68]. Algumas pessoas acreditam que há algo de sinistro operando nos códigos de barra, que são símbolos onipresentes de varejo[69]. Alguns chegam a ver a colocação de microchip em animais como um sinal da tribulação que está por vir, quando o Anticristo ganha poder sobre a Terra, como foi observado na introdução deste livro.

ANJOS E DEMÔNIOS

Os anjos e demônios, na forma como pensamos neles, refletem diversas referências bíblicas e ideias que se desenvolveram ao longo do tempo. A palavra "anjo" deriva do grego *angelos*, que é a forma preferida da Septuaginta para traduzir o hebraico *malak*, que significa simplesmente "mensageiro". ("Malaquias", o nome do profeta, significa "meu mensageiro".) *Angelos* e *malak* são empregados tanto para mensageiros humanos comuns quanto para mensageiros sobrenaturais de Deus[70]. Às vezes, eles são maus[71].

Quando se trata da identificação de seres sobrenaturais que fazem a vontade de Deus, *malak* é o termo usado mais comumente no Antigo Testamento. Assim, o Antigo Testamento mostra pouco interesse em definir ou descrever qualquer outra forma esses *malaks*, mesmo quando o contexto sugere que eles devem ser entendidos como divinos ou quase divinos. Eles aparecem, cumprem sua tarefa (além de entregar mensagens, às vezes dirigem as ações de uma pessoa, fornecem proteção ou executam castigos), e nada mais[72].

Outra forma de o Velho Testamento identificar seres divinos é geralmente como *bene elohim*, literalmente "filhos de Deus" (às vezes traduzido como "seres celestiais"), o que pode incluir os anjos mensageiros

---

[68] *Social Security Number (SSN) and the Mark of the Beast (666)*, atualizado em 4 de novembro de 2007. Disponível em: <http://www.greaterthings.com/Conspiracy/SSN_SocialSecurityNumber_666/>. Acessado em: 14 de setembro de 2008.

[69] WARKINS, Terry. *What about Barcodes and 666? Dial-the-Truth Ministries-1995*. Disponível em: <http://www.av1611.org/666/barcode.html>. Acessado em: 14 de setembro de 2008.

[70] Por exemplo, 1 Sm 4:17; Fl 2:25 (humano); Gn 31:11, At 8:26 (sobrenatural). Somente no *vulgare* latino os mensageiros humanos e divinos são distinguidos por termos diferentes – *nuntius* e *angelus*, respectivamente.

[71] Por exemplo, Pr 13:17; Mt 25:41, 2 Cor 12:7.

[72] Por exemplo, veja Gn 16: 11; 2 Rs 1:3; Ex 23:20; Sl 78:49, respectivamente.

descritos anteriormente. Em hebraico, a palavra que significa "filhos de" pode também significar "aqueles que pertencem à categoria dos"[73]. Qualquer que seja a interpretação, "filhos de Deus" aqui refere-se aos seres divinos que compõem o conjunto divino o qual Deus preside e que muitas vezes direciona. O retrato bíblico mais bem desenvolvido de tal assembleia encontra-se na história sobre o profeta Micaías ben Imlá (não confundir com o profeta Miqueias) em 1 Reis 22:19-22.

Outros seres às vezes traduzidos como "anjos" são identificados no Antigo Testamento como "homens" com características ou habilidades não humanas. Ezequiel descreve tanto um espírito valoroso, que serve como guia da visão, quanto "homens" a quem Deus encarregou de realizar julgamentos sob formas que se encaixam nas ideias modernas sobre os anjos[74]. Da mesma maneira, Zacarias foi levado por um ser chamado tanto de "homem" quanto de *malak YHWH*, para ver e entender a mensagem que ele deveria profetizar[75]. Quando o livro Daniel foi concluído (em meados do século II AEC), as ideias sobre os anjos já estavam muito mais desenvolvidas e detalhadas. Alguns anjos, como Gabriel (que "se parecia com um homem", mas voou rapidamente e ajudou Daniel a interpretar os sinais) e Miguel (identificado por um termo hebraico para "funcionário", "líder" ou "príncipe"), distinguem-se, em Daniel, como indivíduos com nomes pessoais[76].

Outros seres sobrenaturais que aparecem na Bíblia hebraica, como os serafins e querubins (plural, em hebraico, de "*seraf*" e "*qerub*", respectivamente) não são tanto "anjos" na forma como os concebemos, mas, digamos, a fauna da esfera sobrenatural. Eles não são intermediários entre o céu e a terra; tampouco lidam com os seres humanos de muitas outras maneiras. Pelo contrário, eles agem como guardiões protetores do divino (caso dos querubins, híbridos animais-humanoides) e podem servir para proclamar a santidade de Deus (no caso dos serafins de asas sinuosas)[77]; os serafins aparecem também como agentes da ira de Deus

---

[73] Apesar de se referir a um grupo apenas de machos, ele também pode referir-se a um grupo que inclui fêmeas. Por exemplo, a expressão traduzida literalmente como "filhos de Israel" refere-se aos israelitas (homens e mulheres, meninos e meninas, igualmente). Grupos apenas de fêmeas são descritos de forma diferente.

[74] Por exemplo, Ez 9:2.

[75] Por exemplo, Zc 1:7-17.

[76] Dn 9:21; 10:13,21.

[77] Quase todas as descrições dos querubins descrevem sua associação com o trono de Deus – as asas de querubins são imaginadas e representadas estendendo-se sobre a Arca da Aliança (por exemplo, Ex 25: 18-22). Ezequiel também os descreve com quatro faces e asas voltadas à glória móvel de Deus (Ez 10:1-22). Isaías descreve visões de serafins de seis asas cujas vozes estrondosas soavam acima do trono de Deus, declarando: "Santo, santo, santo é Yahweh Sabbaoth! Toda a terra está cheia de sua glória" (Is 6:2-4).

contra os israelitas c como cobras ferozes cuja picada pode ser letal (a palavra hebraica *srp* tem a ver com fogo)[78].

No Novo Testamento, os *angelos* sobrenaturais não apenas continuam a servir como mensageiros, guias e intermediários, como o *malak* da Bíblia hebraica, mas também aparecem com mais frequência e em papéis mais significativos do que no Antigo Testamento. Um dos desenvolvimentos mais peculiares do Novo Testamento em termos de anjos é como guardiões dos seres humanos, tanto de pessoas como de comunidades (como as sete igrejas em Apocalipse 2-3, cada uma das quais com um anjo protetor designado). Eles são parte significativa da vida de Jesus, ocupando-se dele do início ao fim de sua vida; e eles ajudam em julgamentos, tanto imediatos (por exemplo, Atos conta que anjos mataram Herodes)[79] e finais (por exemplo, "ceifando" malfeitores, destinados ao castigo, nos últimos dias)[80].

Passando do bem para o mal, imagine que, assim como Deus poderia enviar "mensageiros" divinos para fazer seu bom trabalho na Terra, diz-se na Bíblia hebraica que Deus também é responsável por enviar um *ruach ha'a*, traduzido literalmente como "espírito malévolo/pernicioso". O mais famoso desses espíritos é o que atormentava o rei Saul com ansiedade e angústia[81]. Não sendo iguais aos seres autônomos que trabalham contra Deus (o que poderíamos chamar de demônios), esses espíritos são sempre identificados como provenientes de (ou apenas "de") Deus. Entretanto, eles não aparecem com muita frequência, o que dificulta detalhar suas características com mais segurança[82].

No Antigo Testamento, não há apenas um termo específico que seja obviamente equivalente ao termo "demônio" de nossa língua. Um dos termos hebraicos (*shedim*) traduzidos na Septuaginta como *daimonion*, e em português como "demônio," aplica-se aos deuses "não Deus" que os israelitas erradamente cultuavam; essa palavra é rara, aparecendo apenas duas vezes[83]. Algumas pessoas pensam que animais não naturais e peculiares como o Leviatã ou o Beemote podem ser considerados demônios do Antigo Testamento. Fenômenos naturais ou pragas destrutivas, se personificados, também podem ser considerados demônios[84]. *Lilith*, uma palavra hebraica

---

[78] Nm 21:6.

[79] At 12:21-23.

[80] Mt 13:39-42.

[81] 1 Sm 16:14, I5, 16, 23; 18:10; 19:9.

[82] Além dessas referências ao espírito atormentador de Saul, veja Jz 9:23. Do mesmo modo, 1 Rs 22:22-23 e 2 Cr 18:22 contam como Deus colocou um "espírito mentiroso" na boca de certos profetas.

[83] Dt 32:17; Sl 106:37.

[84] Por exemplo, Sl 91:6 descreve poeticamente a peste como um criminoso predador espreitando na escuridão.

que aparece apenas uma vez na Bíblia, aparece como um substantivo feminino no contexto de uma lista de assustadoras criaturas selvagens que tomaram o território deserto do inimigo de Israel[85]. Intérpretes judeus posteriores desenvolveram o retrato de Lilith (nome próprio) como uma raptora de crianças. Do mesmo modo, o bode expiatório de Levítico 16 depois se tornou um nome, Azazel, e pensava-se que fosse um demônio que habitava as regiões do deserto.

Enfim, há simplesmente muito pouco na Bíblia hebraica sobre demônios, como nós os imaginamos. Nosso conceito de demônios é muito mais passado por textos intertestamentais e do Novo Testamento. No Novo Testamento, o termo grego *daimon*, ou alguma variação dele (geralmente na forma diminutiva *daimonion*), aparece mais de sessenta vezes[86]. Embora a palavra em grego não signifique necessariamente um ser sobrenatural e execrável, na Bíblia ele geralmente refere-se ao que poderíamos pensar como um "demônio". Espíritos (do grego *pneuma*) de uma variedade malévola, às vezes, também instigam ou envolvem-se de alguma outra forma em atos problemáticos.

Doenças e deficiências físicas, mentais e espirituais são frequentemente identificadas como obra de demônios que, de alguma forma, infiltram-se em uma pessoa. Assim, entre os muitos atos de cura de Jesus está o exorcismo de demônios. Em um dos exemplos mais dramáticos, os demônios imploraram a Jesus para que não os expulsasse simplesmente do homem que eles afligiam, mas que os deixasse habitar uma vara de porcos. Ele concordou, e os porcos rapidamente saltaram da margem de um rio e se afogaram[87]. De enorme importância para os evangelhos sinópticos, esses exorcismos sinalizavam às primeiras audiências que o reino de Deus havia entrado à força no domínio humano para enfrentar e derrotar as forças do mal. Os demônios são personagens menos concretos e imediatos por si só (embora não menos problemáticas) no restante do Novo Testamento, em que são mais evidentes pelos problemas morais e espirituais que incitam.

---

[85] Is 34:14

[86] Ele aparece sete vezes na tradução grega dos textos da Bíblia hebraica, incluindo a referência à adoração de ídolos (Dt 32:17) e da besta *Lilith* (Is 34:14).

[87] Mt 8:28-34; MC 5:1-20; Lc 8:26-39. Em Marcos e Lucas, o nome do homem é Legião, refletindo os muitos demônios que o atormentavam.

SATANÁS

Se Satanás não está na serpente nem em parte alguma da história de Gênesis, exceto por interpretação e inferência, de onde diabos ele vem? A palavra vem do hebraico *satan* (com tonicidade na segunda sílaba), que aparentemente não se referia originalmente a nenhum indivíduo (cujo nome poderíamos então escrever com a inicial maiúscula). Em vez disso, ele é usado na Bíblia hebraica como um nome ou verbo genérico para denotar "acusação, traição, adversidade". A palavra aparece apenas trinta e três vezes no Antigo Testamento (incluindo seu uso como verbo), e catorze de suas ocorrências estão na prosa no início de Jó. Em apenas um caso o nome identifica um adversário de Deus: 1 Cr 21:1, onde ele também aparece sem artigo definido, indicando que deve ser traduzido aí como nome próprio – o nome Satanás. Em contraste, a visão do Novo Testamento enfatizou a personificação do mal e por isso o termo hebraico aí aparece como o nome de uma entidade maligna autônoma, Satanás.

Com relação ao Antigo Testamento: como um nome, *satanás* é usado para descrever seres humanos quaisquer, assim como adversários sobrenaturais (não necessariamente). Seu primeiro uso canônico associa Davi a tais características de adversário. Quando Saul ainda era rei, e Davi servia como mercenário no exército filisteu, os filisteus estavam preocupados com a possibilidade de que, na batalha iminente, Davi pudesse "tornar-se um satanás para nós"[88]. Depois, no curso da transferência do poder nacional para suas mãos, Davi chamou um de seus próprios apoiadores de satanás por sugerir-lhe que executasse um homem que havia falado mal de Davi uma vez, mas depois se retratara[89]. Salomão usou o nome satanás para se referir a ameaças militares nacionais[90].

Existem apenas quatro casos, na Bíblia hebraica, de *satanás* sobrenaturais (em Números, Zacarias, 1 Crônicas e Jó). Seus contextos literários e históricos sugerem que eles foram originalmente entendidos como seres distintos e não como manifestações diferentes de um único indivíduo. Em três deles, o *satanás* serve como acusador, adversário, algo como um promotor. Somente em 1 Crônicas, provavelmente o mais recente desses textos, o substantivo refere-se a Satanás, um adversário personificado de Deus.

---

[88] 1 Sm 29:4.

[89] 2 Sm 19:22 (2 Sam 19:23 na Bíblia hebraica).

[90] Por exemplo, 1 Rs 5:4 (1 Rs 5:18, na Bíblia hebraica).

Em Números, a palavra *satanás* refere-se a um anjo mensageiro enviado por Deus para evitar um ataque contra Israel e corrigir um caso de maus tratos de animais. Especificamente, o profeta estrangeiro Balaão, que devia almadiçoar os israelitas, foi interrompido em sua trajetória por esse *satanás*, esse adversário[91]. O jumento de Balaão viu o anjo e recusou-se a seguir em frente, mas Balaão não conseguia vê-lo, então ele bateu no jumento, até que o animal disse-lhe algo como: "Por que você continua a me bater? Eu sempre fui obediente. Você não acha que deve haver alguma boa razão para eu não seguir adiante?"[92]. E o anjo, finalmente revelando-se a Balaão, disse algo como: "Por que você está sendo tão duro com seu jumento? Eu vim como um *satanás* para impedi-lo de amaldiçoar os israelitas. Esse jumento, na verdade, salvou sua vida"[93]. No apocalíptico livro de Zacarias, o profeta relata uma visão em que um *satanás* (substantivo) faz uma breve aparição para satanizar (verbo): "O sumo sacerdote Josué, parado diante do anjo do Senhor, e o acusador (*satanás*), à sua direita para acusá-lo (*satanizar*)"[94]. No próximo versículo, Deus repreende o *satanás*, provavelmente porque ele está prestes a bancar o valentão com o sumo sacerdote. Isso pode ilustrar o desenvolvimento da ideia de um *satanás* desempenhando o papel de acusador (que ajuda Deus a avaliar a justiça) em uma força autônoma, separada e oposta a Deus.

O substantivo *satanás* é mais proeminente no livro de Jó, no qual ele descreve um personagem no prólogo em prosa. Em Jó, *satanás* encaixa-se na imagem de um adversário ou acusador – problemático, mas nada que seja a pura personificação do mal; que desafia, mas não é a antítese de Deus. Descrito como um entre os seres divinos que se reportam a Deus nos céus, ele também era livre para circular pela terra, e é assim que começam os problemas de Jó. O *satanás* propôs um desafio a Deus, exigindo que Jó sofresse. Deus concordou com ele, e o tormento de Jó torna-se, então, o foco do livro. (O *satanás* não aparecerá novamente na parte em prosa que encerra Jó.)

Embora o *satanás* de Zacarias seja repreendido por Deus, e o *satanás* de Jó instigue o grande sofrimento de Jó, o único exemplo no qual o *satanás* hebraico pode ser considerado uma personificação sobrenatural do mal, oposta a Deus, é no final do 1 Crônicas – uma reelaboração da mesma história que conclui 2 Samuel. É um episódio estranho em que

---

[91] Nm 22:1-41.
[92] Nm 22:30.
[93] Nm 22:32-33.
[94] Zc 3:1.

Davi fez um censo que irritou a Deus, que, então, enviou uma praga. Em 2 Sam 24:1, é Deus quem incita Davi a fazer o censo; em 1 Crônicas 21:1 é Satanás quem o faz. É uma história estranha, de qualquer forma que seja lida. Para nossos propósitos aqui, será suficiente dizer que esse caso, no qual a substituição de Satanás exonera a Deus, é o único exemplo no Antigo Testamento de um Satanás maligno.

Dado o aumento na variedade de nomes pessoais aplicados depois aos demônios na literatura intertestamental, parece que mudanças nas visões de mundo (provavelmente influenciadas, em primeiro lugar, pelo dualismo do zoroastrismo da Pérsia) permitiram o desenvolvimento de um demônio, tal como o reconhecemos[95]. Comentários judaicos posteriores sobre as escrituras hebraicas durante o período rabínico intertestamental atribuem muito mais maldade a Satanás (nome próprio). Quando se concluiu a composição dos livros do Novo Testamento, Satanás já se encontrava identificado com uma fonte do mal plenamente acabada e distinta de Deus. Enquanto o *satanás* do Antigo Testamento sempre operava, em certo sentido, sob a tutela de Deus e apenas contra os seres humanos (com a possível exceção de Crônicas 21:1), o Satanás do Novo Testamento é totalmente uma outra criatura. De fato, por volta do século I EC, Satanás passou a ser entendido como um adversário de Deus e, como tal, era uma preocupação muito maior. O *satanás* hebraico, traduzido na Septuaginta pelo termo grego *diabolos*, foi assim transformado em Satanás, o diabo.

Satanás aparece pelo nome, no Novo Testamento, trinta e cinco vezes. Como personificação do mal, ele atende pelos títulos de "príncipe deste mundo", "príncipe dos demônios", "maligno" e "pai da mentira", entre outros[96]. Satanás também é chamado de *diabolos*, "diabo", no Novo Testamento (cerca de trinta vezes). Por exemplo, quando Marcos diz que Satanás tentou Jesus no deserto, em Lucas, é "o diabo"[97]. O Apocalipse torna essa conexão explícita, acrescentando "aquela antiga serpente" e "o grande dragão" como uma grande personificação do mal[98], contribuindo assim para o costume popular de igualar a serpente no Éden (assim como o Leviatã de Jó e o dragão Raabe) a Satanás.

A ideia de Satanás como um anjo caído chamado Lúcifer não é explicitada na Bíblia, mas foi provavelmente desenvolvida a partir de

---

[95] Veja também HAMILTON. Victor P. Satan. In FREEDMAN, David Noel. (Ed.). *Anchor Bible Dictionary on CD-ROM*. Logos 2.1. New York: Doubleday, 1992, 1997; WRAY, T. J.; MOBLEY, Gregory. *The Birth of Sarah: Tracing the Devil's Biblical Roots*. New York: Palgrave, 2005.

[96] Respectivamente: Jo 12:31 e Mt 9:31; Mt 13:38; Jo 8:44.

[97] Mc 1:13; Lc 4:2.

[98] Ap 12:9.

algumas referências bíblicas. Em Lucas 10:18 Jesus diz: "Eu vi Satanás cair como um raio do céu", provavelmente refletindo uma interpretação de exclamação do profeta Isaías, no Antigo Testamento: "Como caíste, estrela da manhã! Tu, que uma vez derrubaste nações, estás caída à terra"[99]. Para dar algum contexto: a profecia de Isaías conta como uma estrela específica aspirou a subir mais alto do que as estrelas de Deus, para sentar-se entre a assembleia divina de Deus e ser como o Deus supremo, mas Isaías declara que, em vez disso, ela seria reduzida a uma posição mais baixa do que a terra[100]. Tal como acontece com a maior parte das poesias, essa opera em vários níveis. Apresentada como simbólica do rei da Babilônia (descrito como "um homem", no versículo 16), ela, no entanto, evoca e, consequentemente, condena as teologias astrais babilônicas e cananeias.

No início do segundo século, os teólogos cristãos Orígenes e Tertuliano associaram essa profecia de Isaías a Satanás, e, logo depois, quando ela foi traduzida para o latim, a palavra hebraica *helel*, "estrela da manhã", foi interpretada como "o portador da luz", *lúcifer*[101]. A versão inglesa do rei James manteve o *lucifer* latino de Jerônimo e o apresentou como um nome próprio, tornando completa a associação em que ela se cristalizou na imaginação popular. Além de Lúcifer, os outros nomes bíblicos para a personificação do mal incluem Belzebu, a partir do hebraico *Baal zebub*, que os leitores encontram no livro 2 Reis do Antigo Testamento. Segundo a história bíblica, após sofrer uma queda que lhe provocou fraturas, o rei israelita procurou um prognóstico não de Yahweh, como deveria, mas desse deus filisteu, *Baal zebub*[102]. O nome significa literalmente "Senhor das moscas" e é assim também que a Septuaginta o representa (*Baal muian*, em grego). O romance *Senhor das moscas*, de William Golding, revela tragicamente o mal como inerente aos seres humanos, algo que não pode ser morto como um bichinho qualquer[103]. Na época do Novo Testamento, Belzebu já havia se tornado equivalente a Satanás[104].

---

[99] Is 14:12.

[100] Is 14:4-13.

[101] Lúcifer também foi usado como um nome do planeta Vênus, como explica Cícero em *De Natura Deorum* (livro 2); e Virgílio usa "Lúcifer" de forma intercambiável com "estrela do dia", em *Geórgicas* (Livro 3). Ambos datam de cerca de 50 AEC.

[102] 2 Rs 1:2-3.

[103] GREEN, Peter. The Word of William Golding. *Review of English Literature 1* (2). April 1960: 65-66. DICK, Bernard F. *William Golding*. New York: Twayne, 1967. p. 27-28. Harold Bloom cita duas dessas fontes no *Lord of the Flies* (*Senhor das Moscas*), de William Golding, New York: Chelsea House, 1996.

[104] Veja Lc 11:18; Mt 12:26-27.

BREVE NOTA SOBRE CERTO NÚMERO DE NÚMEROS

O número 7 faz sua estreia no primeiro capítulo da Bíblia: Em Gênesis capítulo 1, a história da criação do mundo por Deus acontece em sete dias. O sétimo e último dia, o ápice da criação nessa história, é o Sabá. Deus abençoou e santificou esse dia. Sete parece ter conotado completude, inteireza. Os autores responsáveis pelos assuntos sacerdotais enumerados em Levítico (possivelmente os mesmos que escreveram Gênesis 1) descreveram observâncias específicas para o sétimo ano (também chamado de Jubileu). Além de muitos outros exemplos bíblicos, o último livro da Bíblia cristã, o Apocalipse, está repleto de 7s. O narrador explica que a revelação é para "as sete igrejas que estão na Ásia". As igrejas totalizam muito mais do que sete, mas, apelando para esse número de completude, o público de João teria entendido que ele concebeu a mensagem como sendo para todas elas. João também explica "o mistério das sete estrelas... e os sete candelabros de ouro: as sete estrelas são os anjos das sete igrejas, e os sete candelabros são as sete igrejas".[105] Os números sete mais famosos do livro do Apocalipse são as sete visões que se seguem à abertura dos sete selos, acompanhada por sete trombetas. O filme-ícone existencialista *O sétimo selo*, de Ingmar Bergman (1957), coloca um cavaleiro de fé vacilante contra a personificação da Morte, no contexto do xadrez. O popular filme *A sétima profecia* (1988) preocupa-se com os sinais apocalípticos do fim dos tempos.

Judeus e cristãos têm extrapolado o significado do número 7 na prática religiosa contemporânea. Por exemplo, os judeus observam um período de luto de sete dias – designado shivá. A palavra shivá significa "sete". Algumas tradições cristãs enumeram as sete virtudes e os sete pecados capitais para ajudar a definir uma vida piedosa. Na série *Harry Potter*, de J. K. Rowling, o número 7 supera todos os outros em poder.

O número 12 é outro número biblicamente significativo. Em Gênesis, Jacó tem doze filhos, cujos descendentes compõem as doze tribos de Israel. Não é coincidência, portanto, que os discípulos do judeu Jesus totalizassem doze. Assim como as tribos sempre totalizam doze (apesar de Efraim e Manassés, por vezes, substituírem Levi e José), um discípulo adicional (Matias) foi escolhido para substituir Judas após este ter traído Jesus, para preservar o número de doze discípulos. O poema *Paraíso perdido*, de John Milton, está dividido em doze livros. Na série *Galactica*, as Doze Colônias do Homem/Kobol representam toda a humanidade. Em

[105] Ap 1: 20.

uma pitada de reviravolta (ou confusão) religiosa, Cyndi Lauper lançou um álbum em 1994 com músicas que haviam sido favoritas tempos antes. Intitula-se *The twelve deadly Cyns... and then some**.

ANUNCIANDO O MESSIAS

No final de Gênesis, Judá, o homem, é descrito em termos monárquicos e chamado de leão[106]. Segundo a narrativa bíblica, é a partir da linha de Judá que Davi acabaria por vir e estabelecer o reino de Israel. Ainda hoje, o brasão israelense de armas de Jerusalém apresenta um temível leão, tendo ao fundo um muro (o Muro das Lamentações), ladeado por ramos de oliveira. Apocalipse apanha essas imagens, retratando "o leão da tribo de Judá" como aquele que é digno de abrir o livro dos planos de Deus[107]. Conforme prossegue o Apocalipse, diz-se que o Leão é também o Cordeiro morto e ressuscitado – o messias crucificado[108]. Então, para os cristãos, Jesus é o cumprimento final da linhagem real de Judá.

Segundo a tradição etíope, a árvore genealógica do leão de Judá deu origem a outro ramo com Salomão. Conforme diz a lenda, após haver visitado o famoso rei Salomão, a rainha africana de Sabá foi para casa levando novas ideias, presentes e também um bebê. No final do século XIX, o imperador Menelik afirmou-se descendente desse famoso casal e desenvolveu uma bandeira para mostrá-lo. Sobre três listras de cores verde, amarela e vermelha (lembrando o arco-íris da promessa de Deus após o Dilúvio), passeia o Leão de Judá, usando uma coroa de ouro e segurando um estandarte (refletindo mais imagens da mesma passagem – Gênesis 49:8-12).

Hailé Selassié, imperador da Etiópia, em meados do século XX, aprovou essa imagem, e a bandeira continuou a ostentar o emblema do leão Judá até 1975. Os rastafáris levaram a identificação Hailé Selassié com a tribo de Judá ainda mais além, como um messias divino. Eles acreditam que ele seja Deus encarnado, "o Senhor dos senhores", "Jah". O grande músico de reggae Bob Marley levou essas tradições a um público mais amplo. Hoje, Leão de Judá, Ras Judah e Tribe of Judah (cuja máxima é "banda de reggae ungida") são nomes de grupos de reggae.

---

* N. do T.: Em uma tradução livre, "As doze Cyndis capitais... e mais" – um trocadilho com os sete pecados capitais, usando, porém, o número 12.

[106] Gn 49:8-12.

[107] Ap 5:5.

[108] Ap 5:6-14.

A estrela de Belém é uma referência da história do nascimento de Jesus e aparece somente no Evangelho de Mateus, talvez com base em uma profecia do livro Números. Essa profecia, de que uma "estrela sairia de Jacó, e um centro se ergueria de Israel" (o paralelismo poético sugere imagens monárquicas)[109] havia adquirido um novo significado nos anos de domínio romano entre os Testamentos. O Oriente Próximo viu um aumento das esperanças messiânicas durante os séculos que compreendem a virada da Era Comum e as pessoas estavam à procura de sinais. De acordo com a história de Mateus, uma estrela brilhante pairou sobre o lugar onde Jesus nasceu, permitindo que os magos do Oriente o localizassem e lhe dessem seus presentes[110]. Nenhuma pesquisa em busca de um acontecimento celeste que satisfizesse os critérios da história de Mateus rendeu uma explicação física totalmente convincente, mas algumas pessoas estão certas de que a estrela existiu[111]. As pessoas fazem filas na porta dos planetários, na época do Natal, para saber mais sobre os céus de Belém, na virada da era, e considerar as opções, incluindo um cometa, um meteoro, uma nova ou um sinal celeste sutil (uma conjunção de planetas, por exemplo) que apenas astrônomos altamente treinados, como os magos, devem ter considerado significativo[112]. "Estrela de Belém" é também o nome de um planeta.

O Evangelho de Mateus relata que os magos astrônomos do Oriente trouxeram presentes ao recém-nascido Jesus. Embora a Bíblia jamais forneça o número de "magos" (nem seus nomes), a maioria das pessoas supõe que eles eram três, provavelmente porque a Bíblia realmente menciona seus três presentes – ouro, franquincenso e mirra. Os leitores antigos teriam entendido que esses presentes carregavam um significado além do gesto atencioso. Embora o ouro e o franquincenso sejam presentes apropriados para um rei, a mirra carrega uma mensagem sombria e sinistra, conferindo ao "Não precisava!" um novo significado. Em primeiro lugar, uma palavra sobre o ouro e o franquincenso.

Esses dois artigos de luxo foram mencionados em uma profecia de Isaías, em um comovente poema de restauração, quando o povo de Israel, que vivia na terra de seus conquistadores babilônicos, retorna para casa.

---

[109] Nm 24: 17.

[110] Mt 2:2. Aqui, Mateus está, provavelmente, retomando uma profecia da Torá (Nm 24:17), que ele entende ser cumprida em Jesus.

[111] Por exemplo, veja o *website* Bethlemstar.net, dedicado a explicar a historicidade e as implicações religiosas da estrela.

[112] WYLIE, Margie. *Science Offers New Theories on Star of Bethlehem*. Religion News Service, 2004. Disponível em: <http://www.beliefnet.com/Faiths/Christianity/2004/12/Science-Offers-New-Theories-On-Star-Of-Bethlehem.aspx>. Acessado em: 25 de fevereiro de 2009.

O poema descreve em detalhes evocativos a reputação recém-polida de Israel, induzindo presentes estrangeiros à medida que Deus traz o povo de volta. "Levanta-te, resplandece, pois é chegada a tua luz", declara Isaías; e: "A abundância do mar virá a ti... todos os de Sabá virão. Trarão ouro e franquincenso... Nações trarão suas riquezas, com seus reis conduzidos em procissão"[113].

Em se tratando de presentes, o ouro é uma escolha óbvia – material de considerável valor atemporal, o ouro não apenas simboliza, mas é, de fato, uma riqueza. No antigo Oriente Próximo, também o franquincenso transmitia um sinal de riqueza, e acrescentava um elemento de luxo, uma vez que era (e ainda é) utilizado primariamente em maquiagem e perfumes. A matéria em si escorre de cortes feitos na casca de uma árvore específica, que pode ser encontrada em Omã, Iêmen e Somália. A resina endurece em pedaços chamados de "lágrimas". Sua coloração varia em tons de amarelo, e pode ser queimada para fins de aromaterapia[114] (o resíduo serve como pó para um delineador de olhos), ou combinada em perfumes. O incenso continua a servir como um ingrediente do incenso queimado hoje nas igrejas católicas romanas[115]. A própria árvore é uma imagem romântica do valor que sangra da adversidade e do sacrifício. Essas árvores arbustivas crescem em climas inóspitos e secos, e têm raízes notavelmente fortes. Capazes de sobreviver em solos pobres e rasos, parecem crescer diretamente da pedra[116]. Dado o valor de franquincenso, fazia sentido que ele fosse parte integrante do sacrifício israelita[117]. Às vezes, no antigo Oriente Próximo, ele era queimado nos funerais[118].

---

[113] Is 60:1. 5, 6,11.

[114] Um estudo recente sugere que ele tem qualidades antidepressivas mensuráveis. Veja em: <http://www.fasebj.org/Press_Room/07_101865_Press_Release.shtml>, acessado em: 17 de setembro de 2008); e em: <http://www.fasebj.org/cgi/content/abstract/fj.07-101865v1>, acessado em: 17 de setembro de 2008. Algumas pessoas comem franquincenso para combater a indigestão, e um estudo recente mostra que ele pode aliviar os sintomas de atrite. Veja Frankincense Provides Relief for Osteoarthritis, BioMed Central, news release, July 29, 2008. Disponível em: <http://www.washingtonpost.com/wpdyn/content/article/2008/07/30/AR2008073001481.html>. Acessado em: 17 de setembro de 2008.

[115] Mesmo você pode tentar comprar em: <http://www.catholicsupply.com/CHURCHS/incense.html> ou em: <http://www.cenacle.co.uk/products.asp?pattno=C0203>. Acessado em: 18 de setembro de 2008.

[116] OGBAZGHI, Woldeselassie; RIJKERS, Toon; WESSEL, Marius; BONGERS, Frans. Distribution of the Frankincense Tree Boswellia papyrifera in Eritrea: The role of Environment and Land Use. *Journal of Biogeography*, 33(3). March 2006. p. 524-535. Apesar de sua tenacidade, as árvores que choraram lágrimas resinosas ficam enfraquecidas e menos capazes de se reproduzir. Veja RIJKERS, Toon; OGBAZGHI, Woldeselassie; WESSEL, Marius; BONGERS, Frans. The Effect of Tapping for Frankincense on Sexual Reproduction in Boswellia papyrifera. *Journal of Applied Ecology*, 43 (6). Dezember 2006. p. 1188-1195.

[117] Por exemplo, veja Ex 30:34; Lv 2:2, 15, 16, 5:11; 6:15; 24:7.

[118] MIILLER, W. W. Frankincense. In FREEDMAN, David Noel. (Ed.) *Anchor Bible Dictionary on CD-ROM*. Logos 2.1. New York: Doubleday, 1992, 1997.

O toque de morte em um rico perfume é ainda mais forte na mirra. A mirra, que rivalizava em valor com o franquincenso no antigo Oriente Próximo como outro perfume inebriante, também era usada para embalsamar. Assim como o franquincenso, a mirra é a resina de uma árvore nativa da mesma região. Após o aparecimento dos magos no nascimento de Jesus, a mirra aparece nos evangelhos novamente apenas no contexto da morte de Jesus. Marcos conta que foi oferecido a Jesus um gole de vinho misturado com mirra enquanto ele agonizava na cruz[119]. Embora algumas pessoas pensem que essa mistura teria atenuado a dor de Jesus, outros observam que acrescentar a mirra teria tornado o vinho azedo e não potável e, assim, agravado a tortura[120]. Como somente Marcos narra essa parte, e o faz segundo uma clara referência aos Salmos[121], o vinho e a mirra também podem ser a evocação de uma queixa sálmica. "Deram-me veneno como alimento, e, para a minha sede, deram-me vinagre para beber."[122] De qualquer forma, Jesus o rejeitou. O Evangelho de João conta como o rico Nicodemos trouxe generosamente mirra e aloés para acompanhar José de Arimateia na obtenção e sepultamento do corpo morto de Jesus[123].

A mirra recebe as maiores menções bíblicas na poesia de amor erótico do Cântico dos Cânticos. Ali ela aparece juntamente com o franquincenso, em um buquê do "perfume da amada" (literal ou figurativamente o cheiro do sexo) e é uma metáfora dos próprios amantes. A mirra também estava presente no óleo da unção que Deus ordenou que Moisés preparasse para os sacerdotes e aparece novamente exalando das vestes do rei na poesia dos Salmos[124]. Você lembrará que a palavra hebraica traduzida como "ungir" é a mesma da qual obtemos "messias". Não sendo insignificantes, portanto, esses presentes que Mateus relata eram altamente sugestivos de como Mateus entendia o menino Jesus.

---

119 Mc 15:23.

120 KOSKENNIERNI, Erkki; NISULA, Kirsi; TOPPARI, Jorma. Wine Mixed with Myrrh (Mark 15.23) and Crurifragium (John 19.31-32): Two Details of the Passion Narratives. *Journal for the Study of the New Testament*, 27(4). June, 2005: 379-391.

121 Sl 22:18.

122 Sl 69:21.

123 Jo 19:39. A única outra vez em que a mirra aparece no Novo Testamento é em Apocalipse, em uma longa lista de mercadorias valiosas (Ap 18: 13).

124 Ex 30:23; Sl 45:8.

A MORTE DE JESUS E O FIM QUE É UM COMEÇO

De fato, para Mateus e outros, Jesus era um novo tipo de sacerdote e rei, pregando a reinterpretação das escrituras judaicas e a reforma da tradição. Seus seguidores acreditavam que Jesus era o "rei dos reis", o Deus encarnado. Assim, a trajetória da vida de Jesus levou, inevitavelmente, a confrontos com as autoridades religiosas e o poder político de Roma. Ainda de acordo com os escritores do Novo Testamento, sua morte não foi o final trágico de uma vida exemplar, mas a demonstração do excelente amor divino em uma expiação vicária e cósmica dos pecados humanos que concederia aos fiéis a vida eterna. Portanto, é com sentido de ironia que os escritores do evangelho contam como os algozes romanos de Jesus Romano plantaram uma "coroa de espinhos" em sua cabeça e zombaram dele como o "Rei dos Judeus"[125].

Hoje, "Crown of Thorns" (Coroa de Espinhos) é também o nome de uma banda de hard-rock, de uma espinhosa estrela-do-mar, de uma planta perene parente da poinsétia e de um cavalo de corrida que disputou a Triple Crown 2008. Michael Gerson, ex-redator de discursos de George W. Bush, descreveu a brutalidade e a devastação da "coroa de espinhos do Congo" em um artigo para o *New York Sun*[126]. Enquanto isso, ela continua a ser significativa para os cristãos como um símbolo do sofrimento de Jesus. Vários locais, incluindo Notre Dame, na França, Stonyhurst College, no Reino Unido, e a Basílica de Santa Cruz em Jerusalém, na Itália[127], afirmam possuir uma relíquia genuína da coroa. Nenhuma dessas relíquias pode ser confirmada como histórica com absoluta certeza.

A busca de restos materiais associados principalmente à paixão de Jesus (seu sofrimento e morte) é um grande negócio, em parte porque muitos dos fiéis veneram essas relíquias; mas a possibilidade real de evidências físicas associadas a essas poderosas histórias fascina inclusive os não religiosos. Nesse aspecto, a coroa de espinhos, o tecido que foi usado para limpar o rosto de Jesus (que afirmam ser o Sudário de Turim) e restos da "verdadeira cruz", todos eles empalidecem em comparação com o Santo Graal. Durante séculos, foi a busca dessa relíquia que mais instigou as pessoas.

---

[125] Mt 27:29; Mc 15:18.

[126] Disponível em: <http://www.nysun.com/opinion/congos-crown-of-thorns/67306/>, de 30 de novembro de 2007. Acessado em: 18 de setembro de 2008.

[127] A história da relíquia na catedral de Notre Dame é a mais conhecida e começa em Jerusalém no início do século V. Disponível em: <http://www.notredamedeparis.fr/Veneration-of-the-Crown-of-Thorns>, acessado em: 18 de setembro de 2008; em: <http://www.stonyhurst.ac.uk/article_1235.shtml>, acessado em: 19 de setembro de 2008; e em: <http://www.basilicasantacroce.com/basilica_reliquie.aspx>, acessado em: 19 de setembro de 2008.

Parece que se acreditava, originalmente, que o Graal fosse uma louça de mesa da Última Ceia de Jesus (utilizada para instituir a Eucaristia). A maioria das pessoas focava-se no copo, em particular. Embora o termo latino *gredalis*, que está na origem da palavra, sugira louça, uma etimologia nova desenvolveu-se na Idade Média, do francês *sang réal*, "sangue sagrado"; para *san gréal*, "santo graal"; e finalmente para *sangréal*[128]. As histórias mais antigas também ligavam José de Arimateia ao cálice, dizendo que o Jesus ressuscitado deu-o a José. Lendas posteriores disseram que José pegou um pouco do sangue de Jesus em um copo, durante o processo de sepultamento, fazendo desse copo o Santo Graal. De qualquer maneira, é dito que José confiou o Graal a pessoas que o levaram à Inglaterra. A lenda do Graal e a quixotesca busca por ele estão inseridas em todas as histórias do rei Artur.

Apesar de algumas igrejas afirmarem possuir o Santo Graal (nesses casos, ele é geralmente representado como um cálice), questões sobre a sua identidade, poder e paradeiro continuam a ocupar a imaginação. Obras de ficção e poesia incluem os *Idílios do rei*, do século XIX, de Tennyson, e a série *A busca do Graal*, do século XXI, de Bernard Cornwell; fantasia (*The war hound and the world's pain*, de Moorcock); ficção científica (*Nova*, de Samuel R . Delany); e a trilogia *Knight*, de Peter David, que ambienta o rei Arthur na Nova York moderna. O Graal já apareceu em filmes sérios e engraçados (*Excalibur*, *Indiana Jones e a última cruzada*, *O pescador de ilusões* e *Monty Python e o cálice sagrado*), na ópera *Parsifal*, de Wagner, e na série televisiva *Stargate SG-1*. A ideia mais controversa sobre o Graal nos últimos anos, sugerida no livro de não ficção *O Santo Graal e a linhagem sagrada* popularizada pelo romance *O código Da Vinci*, de Dan Brown, é que o Graal era o útero de uma mulher – Maria Madalena, com quem Jesus teve filhos[129]. O fato de a definição do Graal ter sido sempre discutível manteve a janela de possibilidades aberta a essa tese cativante.

No entanto, não é uma coroa de espinhos ou o Graal que os cristãos escolhem em primeiro lugar para significar sua crença nas ações e divindade de Jesus. É a cruz. Desde o cruzamento simples de uma linha ou barra vertical mais longa com uma horizontal mais curta, preferido por protestantes, com o acréscimo celta de um círculo na junção, ou da cruz dos Rosacruzes, com sua rosa ao centro, às cruzes altamente ornamentadas de alguns cristãos ortodoxos, esse símbolo de morte significa a crença em

[128] Veja Holy Grail em *Catholic Encyclopedia*. Disponível em: <http://oce.catholic.com/index.php?title=Holy_Grail%2C_The>. Acessado em: 19 de setembro de 2008.

[129] BAIGENT, Michael; LEIGH, Richard; LINCOLN, Henry. *Holy Blood, Holy Grail*. New York: Dell, 1982. E BROWN, Dan. *The Da Vinci Code*. New York: Random House, 2003.

Jesus como encarnação de Deus cuja morte sacrifical redimiu a humanidade dos pecados e promete vida eterna aos fiéis. Enquanto este livro é escrito, o verbete "Cruz Cristã" cita quase quarenta estilos diferentes de cruzes, cada uma com uma história e nuances de significado particulares[130].

As vozes do Novo Testamento são unânimes em dizer que Jesus morreu pelo método romano de execução por crucificação. A técnica não era inédita[131]. Centenas de pessoas consideradas criminosas ou inimigas de Roma na Palestina do século I foram crucificadas. No caso de Jesus, no entanto, seus seguidores acreditavam que, ao contrário de qualquer outro antes ou depois, Jesus era Deus, que expiou os pecados do homem e venceu a morte. Eles afirmam que o viram novamente, vivo como sempre, antes que ele subisse ao céu. Por conseguinte, a cruz é um símbolo fundamental da fé cristã.

Os cristãos penduram cruzes em torno de seus pescoços, fixam-nas em seus carros, tatuam-nas em sua pele, pregam-na em paredes acima de camas, portas e mesas de cozinha, e gesticulam seu sinal antes e depois de rezar. Quando o corpo de Jesus é representado em uma cruz, ele é chamado de crucifixo. Os católicos e cristãos ortodoxos costumam preferir o crucifixo a uma cruz vazia, a fim de enfatizar a natureza sacrifical de Jesus, a morte; enquanto a maioria dos cristãos protestantes prefere a cruz vazia, por causa de seu foco na ressurreição[132].

A ideia de que Jesus voltará e levará os fiéis ao céu em algum momento dramático dos últimos dias do mundo tem capturado a imaginação de milhares de cristãos fundamentalistas, evangélicos e não denominacionais. "Arrebatamento", o termo usado para descrever esse acontecimento, não está realmente na Bíblia. Judeus que se baseiam na Bíblia, católicos, ortodoxos e muitas outras denominações cristãs não aceitam a premissa. Porém a criativa representação de Tim LeHaye e Jerry B. Jenkins do arrebatamento, na série *Deixados para trás*, certamente soou familiar. Foram vendidos dezenas de milhões desses livros desde o primeiro lançamento em 1995, e vários se tornaram filmes populares.

Ironicamente, é aos fiéis que se refere à expressão "Deixados para trás" no texto bíblico central dos proponentes do arrebatamento –

---

[130] Em <http://en.wikipedia.org/wiki/Christian_cross>. Acessado em: 28 de novembro de 2008.

[131] Para uma discussão sobre as evidências arqueológicas de uma crucificação, consulte J. H. Charlesworth, *Jesus and Jehohanan: An Archaeological Note on Crucifixion*, Expository Times 84 (1973): 147-150.

[132] Tanto os mórmons quanto as Testemunhas de Jeová evitam completamente a cruz, citando a sua ausência entre os primeiros cristãos (que utilizavam um peixe estilizado para simbolizar sua crença em Jesus), a tentação de adorar a cruz em si (especialmente as Testemunhas de Jeová preocupam-se com essa sugestão de idolatria), e a natureza repugnante de uma execução de tortura por crucificação.

1 Tessalonicenses 4:16-17. Paulo escreveu essa passagem para assegurar ao povo que os seus entes queridos que morreram antes da volta de Jesus não seriam esquecidos. Aqueles que estavam mortos, escreveu Paulo, ressuscitarão primeiro, e depois os vivos (aqueles que foram deixados para trás) irão juntar-se a eles, "apanhados nas nuvens... para encontrar o Senhor nos ares, e assim estaremos com o Senhor para sempre". O termo grego *arpazo*, traduzido como "apanhados", é *raptus* em latim – a base do "arrebatamento" em nossa língua. Naturalmente, por pessoas "deixadas para trás", LeHaye e outros querem dizer aqueles que não são apanhados em momento algum.

Embora o arrebatamento como é popularmente entendido tenha pouco apoio bíblico, a ideia de que Jesus voltará é proeminentemente representada. Às vezes chamada de *Parousia* (refletindo sua raiz grega em "presença, chegada"), a expectativa de Jesus voltar à Terra para iniciar uma nova era permeia o Novo Testamento e é uma característica central da doutrina e teologia cristãs de hoje. Embora a Bíblia defenda fortemente que as pessoas não podem prever exatamente quando Jesus voltará, as pessoas não deixam de tentar. Hal Lindsey escreveu *A agonia do grande planeta Terra* (1970), bastante certo de que sua época era o fim dos tempos (mais especificamente, a década de 1980). Nem todos os que creem em um arrebatamento próximo concordam com sua relação cronológica com outros acontecimentos do fim dos tempos, mas eles compartilham a certeza de que isso vai acontecer. Então, como adverte um popular adesivo de para-choque: "Em caso de arrebatamento, este carro ficará sem motorista" – ao que incrédulos humoristas respondem com o adesivo: "Chegando o arrebatamento, posso ficar com seu carro?". Em contrapartida, curiosamente, o índice do site Rapture Ready[*] recomenda "apertem os cintos" quando os números que medem os acontecimentos mundiais do fim do mundo indicarem aproximação rápida do arrebatamento[133].

[*] N. do T.: "Pronto para o arrebatamento", em tradução livre.

[133] O Rapture Ready Index, "como uma Média Industrial da Dow Jones sobre atividades do fim dos tempos [...] [ou] velocímetro profético", "fatora em conjunto uma série de componentes relacionados ao fim dos tempos em um indicador coeso, e padroniza [...] esses componentes, eliminando a ampla variância que existe atualmente na informação de profecias". Veja <http://www.raptureready.com/rap2.html>. Acessado em: 21 de setembro de 2008.

DOZE

LUGARES PARA SE VER

O destino de alguém não é nunca um lugar, mas uma nova forma de olhar as coisas.

— HENRY MILLER

Tenho vergonha de admitir o tempo que levei para finalmente perceber que Canaã e Israel são nomes diferentes para o mesmo território geral, e realmente não é consolo descobrir que muita gente que vai à igreja e lê a Bíblia também não sabe disso. Este capítulo destina-se a dissipar o vago mal-estar que vem com o sentimento de que você deveria saber, digamos, o que Sião é para Jerusalém e Judá para Israel, mas não sabe ao certo e nem por que é importante. Na verdade, questões como essas são de fato mais complicadas do que simplesmente determinar a localização de um lugar. De certa forma, Canaã e Israel são lugares diferentes; Sião é Jerusalém; e, dependendo do trecho da Bíblia que você estiver lendo, Judá é parte de Israel ou uma nação em conflito com ele. Embora seja importante simplesmente saber onde ficam ou ficavam esses lugares em um mapa, este capítulo também descreve como eles funcionam na narrativa como um todo. Na medida em que podem ter diferentes localizações geográficas, esses lugares são ainda mais significativos em sua interpretação – como locais nos quais transpareceram os dramas da criação e destruição, construção e queda da nação, paixão, milagres e mistérios.

INÍCIO, OU ANTES DE OS LUGARES SEREM LOCALIZADOS

"Éden", praticamente uma transliteração do nome hebraico do lugar, é a primeira localidade mencionada na Bíblia, onde Deus criou Adão e Eva. Seu local é descrito com algum detalhe, e as pessoas, desde então, tentam localizar exatamente ele fica... ou ficava. Alguns acham que o Éden ficava na Escócia; outros, no meio da África; os mórmons acreditam que o Éden esteja no condado de Jackson, Missouri. A maioria das pessoas usa os indicadores geográficos familiares do texto bíblico para situar o Éden no Iraque moderno.

O desejo de Paraíso e a nostalgia de um tempo e lugar perfeitos motivam a busca para encontrar o Éden, assim como motivam os esforços para corroborar as afirmações bíblicas com fatos históricos e geográficos. A própria descrição bíblica flerta tanto com fato quanto com ficção. Ela diz que quatro rios têm origem no Éden[1]. Dois têm correspondentes no mundo real de hoje: o Tigre e o Eufrates. Mas os outros dois rios – o Pisom e o Giom – desafiam a identificação geográfica. O Giom não tem correspondente mesopotâmico; em vez disso, ele corresponde, nessa história bíblica em particular, a uma famosa fonte Giom em Jerusalém, a fonte de água que tornou Jerusalém inicialmente habitável. Juntamente com o Pisom, que também tem frustrado os esforços para localizá-lo geograficamente, mas é figurativamente descrito como transbordando de sabedoria[2], esses rios criam a imagem de uma espécie de Jerusalém ideal, como centro de um mundo ideal. A história de Gênesis associa três territórios aos cursos dos rios: Cuxe (geralmente interpretado como Etiópia), a Assíria (ao longo do Rio Tigre, no norte da Mesopotâmia) e Havilá (provavelmente no sul da Arábia Saudita, embora não possamos dizer com certeza).

A história acrescenta outro ponto de orientação. Ela diz que o Éden é *miqeddem*, uma palavra geralmente traduzida como "a leste". Mas o termo também pode ter um sentido temporal: "desde a Antiguidade" ou "nos tempos antigos". De fato, apesar de toda sua especificidade geográfica, a história narra um conto universal da criação em harmonia, perturbação e, em seguida, um novo começo em circunstâncias mais duras e ambíguas. Em outras palavras, embora a história seja situada no Oriente Médio (como

---

[1] Gn 2:10-14.

[2] Sr 24:25.

era de se esperar, sabendo o que sabemos sobre a autoria da Bíblia), o Éden é também um antigo estado de ser e não um lugar que se possa encontrar com um GPS. A combinação de referências que localizam o Éden em Gênesis convida os leitores a imaginar um lugar ideal – por pouco – fora do alcance. Muitas vezes igualado ao Paraíso, o Éden representa uma condição de nova criação, quando tudo era bom e brilhante, antes de os seres humanos desobedecerem a Deus e serem expulsos. Incidentalmente, o "Paraíso" não é mencionado no texto hebraico de Gênesis – aliás, em nenhuma parte do Antigo Testamento. Mas foi como a Septuaginta traduziu *Eden*. "Paraíso" pode vir de uma palavra persa que descreve um jardim murado, de modo que, na época em que a história hebraica foi traduzida para o grego, *paradeisos* era uma tradução razoável do hebraico *gan*, descrito em Gênesis 2-3.

Na história, o narrador teve o cuidado de chamar o lugar de *gan*, palavra hebraica que significa "jardim", em particular, e de descrevê-lo como algo que Deus realmente "plantou", com belas e deliciosas árvores. Adão foi designado para cuidar dele. A história se passa no início da Criação, antes de o ser humano (*adam*) ser dividido em "homem" e "mulher". Depois que Deus plantou esse jardim (que, discutivelmente, seria mais como um pomar, dada sua descrição aqui) e após a sua longa descrição, o narrador diz que Deus colocou nele o ser humano, para cuidar do lugar. A economia do texto e os limites da tradução desmentem o rico potencial de significados dessa afirmação[3].

Logo no início, a palavra hebraica específica para a colocação do ser humano por Deus no jardim conota o "ah, que alívio" de estar instalado, da mesma forma que meu cãozinho estende-se no tapete no fim do dia (ou a qualquer momento, na verdade) e suspira profundamente antes de dormir. Ironicamente, a palavra está ligada a trabalho – nesse caso, lavrar e manter. Ou talvez não seja tão irônico. Afinal, como observado anteriormente, as palavras hebraicas traduzidas como "lavrar" e "manter" são mais nuançadas. Essa pequena frase pode antes significar que o propósito de Deus para o homem era que o *adam* servisse o jardim com reverente cuidado, guardando seu bem-estar. Além disso, longe de ser um incômodo, essa atividade conferia ao ser humano satisfação e repouso. O Éden era, então, um lugar de harmonia e satisfação em meio a exuberante fecundidade[4].

---

[3] Gn 2:15.

[4] Com exceção de algumas referências que mencionam friamente o Éden como sendo um lugar como outro qualquer (2 Rs 19:12; Is 37:12) e como um nome de pessoa (2 Cr 29:12, 31:15; Ez 27:23), o Éden é lembrado ocasionalmente, em outros lugares na Bíblia, como um lugar primordial e ideal (por exemplo, veja Is 51:3; Ez 36:35).

Alguém se admira de sorrirmos e suspirarmos de nostalgia pelo jardim do Éden, ou de comprarmos produtos que evoquem tal bem-estar? *Éden Alimentos Orgânicos*; *Eden Body Works*, para cabelo e pele; água mineral *Eden Springs*; e a linha de roupas ecológica e socialmente conscientes *Edun*, de Bono Vox, são alguns exemplos. O primeiro álbum da dupla britânica Everything But the Girl chama-se *Éden*, e a soprano e estrela internacional Sarah Brightman também gravou um álbum com esse título. O Projeto Éden, uma série de redomas-estufas na Inglaterra, esforça-se para relembrar as pessoas de sua ligação com a natureza.

Quando Adão e Eva comeram da árvore do conhecimento do bem e do mal, que Deus havia proibido, eles desencadearam uma série de acontecimentos que levaram à sua expulsão do jardim. No extremo leste do jardim, explica o narrador bíblico, Deus colocou criaturas aladas[5] e uma espada flamejante para evitar que os seres humanos comessem do fruto da outra árvore proibida, a árvore da vida. O Jardim do Éden veio a ser associado a uma situação perfeitamente amável de harmonia entre os seres humanos, a ordem natural e Deus. Suas origens encontram-se nas histórias de criação que começam a Bíblia e têm alimentado o imaginário popular desde então. As pessoas anseiam por retornar ao Éden, mas a história bíblica da humanidade imediatamente a seguir fala em aumento da discórdia, começando com um assassinato na primeira geração e a consequente proliferação de violência, o que levou Deus a se lamentar por ter criado as pessoas, para começar.

Segundo a Bíblia, a Arca de Noé estacionou sobre o Monte Ararat[6]. Embora não se mencione um pico único, exploradores modernos, motivados por um desejo de corroborar a história bíblica com evidências do mundo real, como Ron Wyatt da Wyatt Archaeological Research, tem olhado para o Monte Ararat existente na Turquia – a montanha mais alta desse país. Em 1980, Wyatt declarou haver encontrado um pedaço da arca, seguindo a pista de um objeto em forma de navio avistado por um piloto da Força Aérea em 1949; mas a comunidade arqueológica rejeita suas reivindicações, e alguns dos principais proponentes da ciência criacionista consideram-nas fraudulentas[7]. Um documentário de 1977, "Em Busca da Arca de Noé", remodelado para lançamento na televisão dos Estados Unidos em 1993, também alegava ter evidências da arca no Monte Ararat. Para o embaraço

---

[5] Esses "querubins", uma transliteração da palavra hebraica, podem ter tido por modelos os fantásticos e imponentes guardiões alados de portais babilônicos e assírios.

[6] Gn 8:4.

[7] SNELLING, William. Amazing 'Ark' Expose. Creation H(4). September 1992. p. 26-38. Disponível em: <http://www.answersingenesis.org/creation/v14/i4/report.asp>.

da rede CBS, descobriu-se que o programa baseava-se em uma farsa[8]. Em 2001, o empresário cristão Daniel McGivern iniciou uma expedição na região, com recursos de quase 1 milhão de dólares, para explorar o que imagens de satélite sugeriam ser restos da arca, mas não conseguiu obter uma licença para a escalada[9]. Em 2006, a Bible Archaeology Search and Exploration, do Instituto de Colorado Springs, alegou ter encontrado restos petrificados da arca no Irã, mas os resultados não foram corroborados por agências de fora[10]. A busca continua.

Nossa próxima parada neste "Tour por Lugares Fatídicos" é Babel, onde as pessoas mais uma vez pisaram perigosamente perto de território divino. A história de como as pessoas tentaram construir uma torre para o céu aparece apenas em alguns breves capítulos após a história do Dilúvio. A essa altura, o narrador explica, os descendentes de Noé haviam se multiplicado, mas "toda a terra possuía uma só língua e as mesmas palavras"[11]. A história começa explicando que as pessoas tinham migrado e se estabelecido em Sinar – uma região da Babilônia, na Baixa Mesopotâmia. Ali, o povo planejava construir uma cidade com uma grande torre e um nome para os próprios habitantes, para preservar sua unidade. Isso molestou a Deus, que raciocinou que, se continuassem assim, as pessoas seriam capazes de fazer qualquer coisa. Então, Deus propôs: "Vamos descer lá e confundir a língua deles, para que não possam entender a fala uns dos outros"[12]. Deus os dispersou e eles pararam a construção. O narrador explica que, como Deus "confundiu" as línguas e dispersou o povo, o lugar é chamado de Babel.

"Babel" é uma brincadeira com a palavra hebraica *balal*, "confundir", e é o nome hebraico do inimigo de Israel, a Babilônia. Embora a história seja normalmente interpretada como uma correção de Deus a um ato de profunda arrogância, ela também serve ao propósito do polêmico julgamento de Deus sobre a Babilônia, cujo nome em acadiano (a língua babilônica), *Bab-ilu*, significa "Portão de Deus".

---

[8] TYNAN, William; JAROFF, Leon. Phony Arkaeology. *Time*. July 5, 1993. Disponível em: <http://www.time.com/time/magazine/article/0,9171,978812,00.html.

[9] LOVGREN, Stefan. Noah's Ark Quest Dead in Water – Was it a Stunt? *National Geographic News*. September 20, 2004. Disponível em: <http://news.nationalgeographic.com/news/2004/09/0920_040920_noahs_ark.html>.

[10] RAVILIOUS, Kate. Noah's Ark Discovered in Iran? *National Geographic News*. July 5, 2006. Disponível em: <http://news.nationalgeographic.com/news/2006/07/060705-noahs-ark.html>.

[11] Gen 11:1. Isso parece estar em flagrante contradição com o capítulo anterior, que conta que as pessoas haviam se espalhado e falavam línguas diferentes. Apesar dessa organização, a narrativa do capítulo 11 permite aos leitores supor que ele dá informações contextuais específicas de uma visão geral das gerações e nações descritas no capítulo 10.

[12] Gn 11:7.

Babel veio a ser associada à incapacidade de comunicação (embora provavelmente não tenha relação etimológica com "balbuciar"), como retratado recentemente no filme com esse nome. Depois de seu lançamento no outono de 2006, *Babel* abalou o mundo do cinema, acabando por ganhar o Globo de Ouro de melhor filme e sendo indicado para sete Oscars (ganhou um). Sua história mostra como as vidas de quatro famílias que vivem em cantos opostos do mundo estão conectadas. No processo, o filme demonstra um anseio humano por relacionar-se, os inevitáveis mal-entendidos e as consequentes tragédias e triunfos. Ironicamente, no momento em que este livro é escrito, os Estados Unidos estão envolvidos em uma guerra baseada, em parte, em profundos mal-entendidos culturais na região da Babel bíblica – um comentário pungente sobre a condição humana.

MESOPOTÂMIA E EGITO: NEM AQUI NEM LÁ

Mesopotâmia, a "terra entre rios" (os rios Tigre e Eufrates, especificamente), serviu de pano de fundo para a origem das histórias do Éden, Ararat e Babel, mas não foi possível determinar para nenhum desses lugares bíblicos uma localização geográfica definitiva. Com Abraão, estamos em terreno mais sólido. Isto é, sua história e as dos outros que seguem estão, em sua maior parte, situadas em locais que podemos seguramente identificar em um mapa.

De fato, os mais dramáticos pontos de virada das histórias bíblicas do relacionamento humano com Deus têm lugar. Em outras palavras, os locais das histórias são cruciais. Idas e vindas, promessa e perigo, exílio e retorno para casa conduzem o enredo da Bíblia e definem a relação das pessoas com Deus. Abraão aceita a instrução de Deus para ir de Ur a Canaã. A família de Jacó se estabelece no Egito, onde vão do poder à escravidão. O povo hebreu viaja através do Sinai e chega à Terra Prometida. Uma nação sob Deus divide-se em duas – o norte e o sul –, e cada parte é destruída por potências estrangeiras. As tribos do norte são espalhadas dentro do Império Assírio e os judaítas são exilados para a Babilônia. O regresso a Israel traz a restauração e a reconstrução. Acredita-se que um judeu da Galileia, morto em Jerusalém, não seja outro senão o filho de Deus, ressuscitado e prometendo vida nova para todos. Seus seguidores saem pelo mundo a espalhar a boa notícia. Alguns acreditam que Jesus retornará, no fim do mundo, a Jerusalém. Cada acontecimento, um fundamento do relacionamento divino-humano, está geograficamente situado. E quase todos eles estão localizados na região em forma de 'S' do Egito, Israel e do Crescente Fértil da Mesopotâmia[13].

A história começa na Mesopotâmia. A família de Abraão veio de Ur dos Caldeus, na parte sul da Mesopotâmia[14]. Essa cidade foi notícia nos jornais de minha terra, em 4 de julho de 2008, quando um morador local voltou para casa para um descanso de duas semanas antes de retornar à sua unidade do exército, posicionada perto de Ur[15]. De acordo com a narrativa bíblica, o pai de Abraão, Terá, levou a família de Ur a Canaã, parando e estabelecendo-se em Harã, localizada onde hoje é a Síria; mas não é dito por quê. Diz-se, no entanto, por que Abraão deixou Harã depois: Deus o chamou a fazê-lo – a partir "de teus pais, de teus parentes e da casa de teu pai"[16]. Abraão partiu, mas essa não é a última vez que sua família vê a Mesopotâmia.

Assim como a Mesopotâmia, o Egito desenvolveu uma cultura altamente sofisticada muito antes de Israel tornar-se uma nação. Ao contrário da Mesopotâmia, o ambiente do Egito era previsível, dominado pelo fluxo e refluxo do Nilo, que deixava ricas jazidas de solo siltoso ao longo de suas margens. Não é surpresa, então, que a primeira menção ao Egito na Bíblia seja como um destino de alívio da fome. Abraão foi para lá fugindo da fome "na terra" (Canaã / Israel)[17]. Gerações depois, circunstâncias igualmente difíceis levaram a família Jacó a se reunir com José no Egito. Após as tribos hebraicas terem se tornado nações, o Egito, por vezes, mostrou-se um aliado importante e valioso. De fato, após os babilônios conquistarem a nação de Judá, e depois de o governador que eles haviam nomeado em Jerusalém ser assassinado, foi para o Egito que o povo fugiu. Após a ascensão e queda dos impérios babilônico e persa, e após a morte de Alexandre, Israel passou algum tempo sob o controle dos ptolomeus egípcios[18], que promoveram Alexandria como farol do ensino e das ideias cosmopolitas. Alexandria, no Egito, foi o local onde os eruditos judeus começaram a traduzir suas escrituras hebraicas para o grego.

---

[13] A obra cristã missionária de Paulo ampliou o alcance geográfico da literatura bíblica, que então incluiu locais na Turquia, Grécia e Itália modernas.

[14] Gn 11:31.

[15] JETER, Fred. Teams Compete So Military Dad Can See Son Play. R*ichmond Times-Dispatch*. July 4, 2008. Disponível em: <http://www.inrich.com/cva/ric/sports.apx.-content-arricles-RTD-2008-07-04-0013.html>. Acessado em: 23 de novembro de 2008.

[16] Gn 12:1.

[17] Gn 12:10.

[18] Ptolomeu I foi um dos oficiais do exército de Alexandre e ganhou o controle da região do Egito após a morte de Alexandre.

Mas o Egito bíblico não foi apenas ajuda de emergência, aliado político e brilho intelectual. José foi levado como propriedade móvel ao Egito, depois que seus irmãos o abandonaram em uma cisterna. Embora José tenha ascendido de escravo a segundo no comando, as gerações subsequentes de hebreus foram escravizadas ali. De fato, o Egito é lembrado na Bíblia pelo cativeiro hebraico, de onde Moisés liderou dramaticamente a fuga. Repetidamente, a definição do caráter de Deus está ligada à libertação do Egito. Deus repetidamente declara: "Eu sou aquele que te tirei das terras do Egito"[19]. Embora o Egito fosse, às vezes, aliado, tal aliança tinha um custo – literalmente. No século VIII AEC, Israel pagava tributos financeiros ao Egito, fatalmente irritando a Assíria[20], e, em 609 AEC, foi o faraó Neco quem matou o amado e justo Josias, rei de Judá.

No Novo Testamento, o Egito não recebe muita atenção, exceto para relembrar o Êxodo e a ação salvadora de Deus na libertação. Há outro exemplo que vale a pena mencionar. O Evangelho de Mateus, com sua preocupação em situar Jesus em conformidade com o Antigo Testamento e suas origens judaicas, conta uma história comemorada em incontáveis pinturas de "Voo ao Egito"[21]. Nessa história de infância, Jesus é um novo Moisés: ameaçado juntamente com outros meninos por Herodes (como Moisés foi pelo faraó), o salvador, no entanto, é poupado no Egito, de onde é chamado por Deus para servir. Nenhum dos outros evangelhos inclui essa história.

O Monte Sinai não é aqui nem ali. Ou seja, o Monte Sinai fica em uma posição intermediária entre o Eleito e Israel, a escravidão e a Terra Prometida. Como muitos dos locais geográficos da Bíblia, ele transcende o físico em importância e significado. Assim, é possível que Judith Plaskow escreva *Standing again at Sinai: judaism from a feminist perspective*[*] e que os modernos empresários do romance deem a um site judaico de relacionamentos o nome SawYouAtSinai.com[**]. Segundo a narrativa bíblica, após o Êxodo do Egito, o povo hebreu percorreu seu caminho através do deserto, parando algum tempo no mesmo monte onde Moisés encontrou Deus na sarça ardente que não se consumia. Você pode protestar que essa montanha chamava-se Horeb. Verdade: mesma montanha, nomes diferentes[22].

---

[19] Por exemplo, veja Lv 22:33; Sl 81:10; Am 2:10.

[20] Por exemplo, veja 2 Rs 17:4.

[21] Mt 2:13-21.

[*] N. do T.: *Mais uma vez no Sinai – judaísmo sob uma perspectiva feminista*, em tradução livre.

[**] N. do T.: ViVoceNoSinai.com, em tradução livre.

[22] De acordo com a hipótese documentária, os escritores javistas e sacerdotais usaram o nome Sinai; os eloístas e deuteronomistas usaram Horeb.

Foi no alto do Monte Sinai que Deus deu a Moisés os termos da nova aliança com Israel – as instruções e mandamentos que definem os israelitas e os ligam a Deus. Em uma palavra: a Torá. O Monte Sinai, então, é o local terreno de uma aproximação com o céu; uma aproximação alteradora de paradigmas. A história bíblica relata como a montanha tremeu, nuvens a cobriram e relâmpagos, trovões e fogo assombraram as pessoas reunidas em sua base[23]. É difícil superestimar a importância do Sinai na relação de Deus com o povo. Os assuntos no Sinai ocupam a segunda metade do livro do Êxodo, todo o Levítico e o início do livro de Números.

Onde o Monte Sinai bíblico se localiza, exatamente, continua a ser tema de debates. Há pelo menos uma dúzia de possibilidades. Como a narrativa bíblica situa o acontecimento entre o Egito e Israel, a maioria das pessoas imagina que o Monte Sinai deva estar em algum lugar na Península do Sinai (e, nesse caso, os nomes idênticos não são coincidência). No século VI EC, uma igreja, que depois veio a se tornar o mosteiro de Santa Catarina, foi construída na base do Monte Catarina, considerado por alguns como o Sinai histórico, devido à sua grande altura[24]. Mas os beduínos dessa região chamam uma montanha adjacente de Jabal Musa, "a montanha de Moisés". O documentário *Êxodo decodificado* (2006), do The History Channel, segue uma trajetória diferente de errância pelo deserto, concluindo que o Monte Sinai é o moderno Hashem el-Tarifin, no trecho nordeste da Península do Sinai. Essa conclusão e outras alegações do programa têm recebido muito mais crítica do que apoio da comunidade acadêmica[25].

---

[23] Ex 19:16-25; 20:18-21.

[24] Apesar de Jesus não ter visitado o Sinai, até onde sabemos, há uma famosa pintura no mosteiro de Saint Catherine, o ícone de Jesus Pantocrator. É semelhante o bastante à imagem do Sudário de Turim para que algumas pessoas duvidem da autenticidade do sudário, imaginando como mais provável que os dois tenham compartilhado um modelo do século VI. O mosteiro é mais famoso por abrigar grande parte do *Codex Sinaiticus*, um dos mais antigos manuscritos gregos da Bíblia (que datam do século IV EC). Veja mais sobre o livro e amostras digitais em <http://www.codexsinaiticus.net/en>. Acessado em: 23 de novembro de 2008.

[25] Por exemplo, veja as conversas do cineasta Simcha Jacobovici com um arqueólogo e professor de Bíblia hebraica da Universidade da Califórnia-Berkeley, Ronald Hendel, e com o editor da *Biblical Archaeology Review*, Hershel Shanks. Disponível em: <http://web.archive.org/web/20070502122212/http://www.bib-arch.org/bswbOOexodusbeware.html>; e em: <http://web.archive.org/web/20070528054314/www.bib-arch.org/bswbOOexodus.html>, respectivamente. Acessados em: 25 de novembro de 2008.

DESERTO

O Monte Sinai foi uma parada na estrada para Canaã. A viagem como um todo, do Egito à Terra Prometida, é lembrada como os quarenta anos de errância pelo deserto. Lemos sobre essa viagem no livro de Números, cujo título hebraico é *Bemidbar*, que não significa realmente "números", mas "no deserto"[26].

Espaços selvagens nos modelam. Eles nos forçam e testam. Espaços selvagens nos surpreendem, alimentam a imaginação e trabalham em nosso ser mais íntimo. Eles nos confrontam com nossos limites e alargam nosso senso de possibilidades. Lugares selvagens expandem a mente. O *midbar* bíblico não é diferente. Quando os israelitas deixaram o Egito, imediatamente começaram a se queixar de como era difícil. Eles perderam os confortos e a previsibilidade da vida urbana, apesar de seu *status* servil. As pessoas eram tão persistentes em importunar Moisés e a Deus, que Deus se cansou de queixas e determinou que ninguém daquela geração (exceto dois – Caleb e Josué) chegaria a entrar na Terra Prometida, e quarenta anos é uma geração. Eles foram, então, destinados a vagar, até que a geração do Êxodo tivesse morrido.

Apesar da rebelião do povo, o deserto temperou Israel como o fogo tempera o metal. Sem uma porção de influências e distrações externas, as pessoas ligaram-se entre si e com Deus. Deus os proveu e eles sobreviveram. Depois de quarenta anos, o povo descendente de Abraão e libertado da escravidão no Egito havia se tornado uma comunidade que sobreviveu em uma nova geração, com senso religioso e identidade cultural compartilhados, confirmada com Moisés em Deuteronômio. A aliança do Sinai, um acordo vinculativo de que Deus seria seu Deus e eles seriam o povo de Deus, ganha profundidade e significado, e o deserto é lembrado por alguns, como Oseias e Jeremias, como uma lua de mel. Não exatamente as Bahamas, ou um *tour* pela Toscana, mas, mesmo assim, uma lua de mel, quando não havia nada nem ninguém entre as partes, nem mesmo distração alguma da relação entre o noivo Deus e adorável (se bem que um pouco rude) Israel.

Anos mais tarde, o profeta Elias retirou-se para um deserto diferente, após derrotar os profetas de Baal. Em uma clara repetição da história de Moisés

---

[26] O substantivo hebraico *midbar* refere-se a uma área não domesticada e é usado para descrever a área entre o Egito e Canaã. Dado o que sabemos sobre alguns dos lugares selvagens na Bíblia, ou seja, que a maioria deles é árida, ele também comporta tradução como "deserto".

e os israelitas no deserto, Deus proveu Elias de alimentos e água antes que o profeta caminhasse "quarenta dias e quarenta noites" até o Monte Horeb (também conhecido como Sinai). Ali, ele experimentou um encontro próximo com Deus, exatamente o oposto do tempestuoso encontro de Moisés[27]. O narrador explica que Yahweh não estava no vento forte, no terremoto, nem no fogo que por ali passaram, mas depois do fogo havia uma "voz mansa e delicada". Então, Elias falou com Deus e ganhou uma nova missão.

O deserto bíblico reconfigura e define as relações com Deus em outras histórias, também. Isaías profetizou um deserto transformado por Deus para permitir um segundo êxodo, dessa vez, da Babilônia de volta a Israel. João Batista pregava no deserto uma mensagem de arrependimento como preparação para uma nova forma de conexão com Deus. E Jesus, imediatamente após ser batizado, partiu para o deserto, compelido pelo Espírito de Deus. Todos os evangelhos sinópticos incluem esse episódio e todos o explicam como um período de quarenta dias de provações. Lugares selvagens chamam o mais puro em nós, como animais tímidos chamados de seus esconderijos para um testemunho. Nem sempre é bonito, mas é autêntico, e de lá é bom crescer. Henry David Thoreau declarou: "Na natureza selvagem está a preservação do mundo". Ele pode estar certo.

CANAÃ *ET AL.*

Canaã é um nome que a Bíblia usa para o trecho de terra da costa oriental do Mediterrâneo, entre a Turquia moderna e a Península do Sinai, que tem sido objeto de um cabo de guerra (com ênfase em "guerra") desde os tempos que conhecemos. Não é, porém, o único nome desse trecho geral de terras. Sob uma perspectiva bíblica, a terra é chamada de Canaã quando pertence a "eles" e de Israel quando pertence a "nós". Os habitantes nativos, cuja adoração de outros deuses e deusas ameaçava o bem-estar israelita, são chamados de cananeus. Ao mesmo tempo, Canaã também era entendida pelos autores bíblicos como o lugar que Deus lhes prometeu, começando com Abraão (mesmo quando Abraão já morava ali). O objetivo desses quarenta anos no deserto foi alcançá-lo. Canaã era, então, a Terra Prometida, "a terra do leite e mel" [28], o lar. Frequentemente, é chamada simplesmente de "a terra".

---

[27] 1 Rs 19:11-13.

[28] Veja Lv 20:24; Dt 31:20; Jr 11:5.

Do ponto de vista histórico da Bíblia, é apropriado chamar essa terra de "Israel" depois que Josué conduziu as doze tribos hebraicas em uma vitória militar e religiosa para expulsar os nativos e ali se estabelecer. Na verdade, a denominação de Canaã praticamente some por completo da Bíblia após o povo se estabelecer na terra. Esse povo torna-se, então, nacional, religiosa e politicamente "israelita", e entende-se descendente de Jacó/Israel, ele próprio descendente de Abraão, cuja família Deus havia escolhido para ficar em uma relação especial com Deus. Os israelitas remontam sua história coletiva ao Monte Sinai, onde Moisés mediou o acordo com Deus que determinou os termos de sua relação[29].

"Israel" também é um nome plural. Não é apenas um nome alternativo do patriarca Jacó, mas também o nome de dois pedaços diferentes de terra. Por um lado, Israel abrange aproximadamente o mesmo território geográfico de Canaã, mas é também o nome dado ao reino do norte, após o Israel unido haver se dividido em duas nações. Era distinto da nação sulina de Judá. (Juntos, então, esse novo reino nortista de Israel e Judá igualavam o antigo reino de Israel.)

Judá, um dos filhos de Jacó, é o antepassado epônimo dessa tribo e também o nome do reino do sul. É bem possível, porém, dado o registro arqueológico e o que sabemos sobre o desenvolvimento da Bíblia, que essa cronologia esteja ao contrário. Em outras palavras, muitas pessoas pensam que o nome do lugar é anterior à tribo, a qual seria anterior às histórias sobre Judá, filho de Jacó. Enfim, qualquer que seja a ordem, Judá tornou-se o nome associado ao reino do sul, após o reino de Israel unido haver se dividido em dois. Davi está indissociavelmente ligado a Judá. Foi da tribo de Judá que veio esse rei, o mais famoso; e a nação de Judá via-se como a nação de Davi, o ungido de Deus. A palavra "Judá" está relacionado a Judeia, judaísmo, judeu, Judite e Judas. Durante o período persa, o território Judá veio a ser chamado de Yehud. Judeia é seu nome grego e assim foi sua designação através de períodos helenístico e romano que se seguiram, e as pessoas eram às vezes chamadas de judeanas. No entanto, por causa de sua herança cultural e religiosa, elas também eram chamadas de israelitas.

---

[29] Parece que os escritores bíblicos agiram deliberadamente com relação a forjar essa identidade coletiva. Muitos estudiosos acreditam que pelo menos algumas das pessoas que se identificavam como Israel eram, na verdade, nativos cananeus. Através de declarações de identidade e crença, como vemos no final de Deuteronômio e de Josué, eles aceitaram a experiência do Êxodo e da aliança do Sinai para si mesmos da mesma forma que muitos norte-americanos hoje comemoram o Dia de Ação de Graças como "nossa história", apesar do fato de seus antepassados em particular não terem chegado aos Estados Unidos no *Mayflower*.

Dois outros nomes de lugares bíblicos, cujas geografias sobrepõem-se em Canaã são a Fenícia e a Filisteia. Nenhum deles era uma nação por si só; cada um era um grupo de cidades ocupadas por pessoas que partilhavam uma história cultural e étnica. As cidades da Fenícia ficavam no trecho norte de Canaã, na costa mediterrânea; as cidades da Filisteia ficavam no trecho sul de Canaã, também na costa do Mediterrâneo. Algumas das milhas costeiras que os separavam eram controladas por Israel (como reino unido e, depois, como reino do norte). Dada a sua localização, não é de estranhar que tanto os fenícios quanto os filisteus fossem conhecidos pelo comércio internacional – tecidos tingidos de vermelho da Fenícia (nome que significa "tecidos tingidos de vermelho") e ferro da Filisteia. Embora ambos os povos fossem religiosamente suspeitos, ou mesmo odiados pelos escritores bíblicos, Israel desfrutou de relações amigáveis com a Fenícia e a Filisteia. O rei fenício Hiram (da cidade de Tiro) era associado de Davi e Salomão. A Bíblia diz que ele forneceu materiais de construção para o palácio de Davi e o templo de Jerusalém. Imagine só – um cananeu responsável por uma contribuição crucial para o local religioso mais importante da história israelita.

Os filisteus, em contraste com os fenícios, têm uma reputação muito mais sombria na Bíblia. Estavam entre os chamados Povos do Mar[30] e passaram a saquear a costa mediterrânea em meados do segundo milênio AEC, até que os egípcios os colocaram sob controle, por volta de 1200 AEC, e os assentaram na costa sudeste. Os filisteus livraram-se da opressão egípcia, mas ficaram onde estavam e estabeleceram uma confederação de cinco cidades. Atribui-se a eles a culpa (ou o crédito, dependendo da perspectiva bíblica considerada) de haver fornecido o ímpeto necessário para desenvolver uma monarquia em Israel que pudesse enfrentar eficientemente a ameaça militar dos filisteus. Ganharam também a reputação de ter um comportamento grosseiro. Ainda hoje, uma pessoa indelicada e sem cultura é chamada de "filisteu". A arqueologia moderna mostra, no entanto, que os filisteus realmente possuíam uma cultura material muito mais sofisticada do que Israel. E é graças aos filisteus, por meio do antigo historiador grego Heródoto, que temos ainda outro nome para Canaã – "Palestina".

---

[30] Nove grupos de invasores piratas do mar e mercenários ocasionais, incluindo o filisteus, são mencionados em fontes egípcias dos reinados de Merneptá e III Ramsés (entre 1210 e 1150 AEC). Alguns deles também aparecem em fontes da Anatólia e Egito décadas antes. A expressão "Povos do Mar" para descrever esses grupos é moderna.

CAPITAIS E CAPITAIS

Após o Israel unido haver se dividido em Israel e Judá, o reino nortista de Israel estabeleceu sua capital em Samaria. "Samaria" é utilizado tanto para a própria cidade quanto para sua região em geral. A parábola de Jesus sobre o bom samaritano pressupõe que, a essa altura, os samaritanos eram injuriados pelos judeus. Isso pode ser confuso, pois Samaria era a capital de antepassados judeus, mas o que acontece ao longo de quase um milênio pode fazer toda a diferença. Depois que Samaria e o reino nortista de Israel foram derrotados, e muitas pessoas deportadas em 722 AEC, os assírios também importaram outros povos derrotados e os assentaram junto com os nativos restantes do antigo Israel. Seguiram-se, inevitavelmente, casamentos mistos e muitos estudiosos acreditam que os samaritanos são o resultado. Essa foi a posição de Josefo; e um recente estudo de DNA parece corroborá-la[31]. Talvez a reputação dos samaritanos de ter um pouco de sangue estrangeiro tenha contribuído para os a antipatia dos israelitas. Independentemente de sua ascendência, os samaritanos da época de Jesus também haviam desenvolvido diferentes práticas religiosas e tinham um templo rival no Monte Gerizim. (O templo apropriado para Jesus e outros judeus era, naturalmente, o templo em Jerusalém.)

É difícil dizer se essas associações estão por trás da história contada por João de Jesus ao encontrar uma mulher samaritana no poço (um local que a Bíblia associa a núpcias próximas), mas saber que ela havia tido cinco maridos certamente não elevava seu *status*[32]. O filme *Samaria* (2004), de Kim Ki-duk, sobre uma menina que se prostitui, mostra a reputação duvidosa da mulher samaritana bíblica. Dada a fala do filme, "Quem estiver sem pecados, atire a primeira pedra", é de se perguntar se Ki-Duk confundiu a mulher samaritana com a mulher apanhada em adultério[33].

Nenhuma cidade na Bíblia se iguala a Jerusalém em importância e significado atemporais. Jerusalém tornou-se a capital do reino de Israel quando Davi era rei, e Davi levou o item mais sagrado, a Arca da Aliança, para lá. Foi em Jerusalém que o filho de Davi, Salomão, construiu o célebre templo que unificou ainda mais as pessoas sob Deus. Quando

[31] Josephus, Antiquities of the Jews, 9.277-91; SHEN, P. et al. Reconstruction of Patrilineages and Matrilineages of Samaritans and Other Israeli Populations from Y-Chromosome and Mitochondrial DNA Sequence Variation. *Human Mutation*, 24, 2004. p. 248-260. Os samaritanos hoje, a maioria dos quais vivem em um de dois locais no Israel moderno, pensam em si como descendentes de antigas tribos israelitas.

[32] Jo 4:1-30.

[33] Jo 7:53-8:11.

Salomão consagrou o templo, Deus reiterou a aliança feita com Davi, mas acrescentou uma condição crucial – se o rei (e consequentemente o povo) não conseguisse manter sua fidelidade a Deus, então Deus retiraria sua proteção[34]. Então, o templo seria destruído e a nação ficaria sujeita a derrotas. Depois que Israel dividiu-se em Israel e Judá, Jerusalém continuou a ser a capital de Judá, e os editores bíblicos consideraram que seu templo tinha o único altar oficial.

Jerusalém era, então, o lugar onde Deus estava determinado a se fazer presente a seu povo de forma especial. O templo, disseram alguns escritores bíblicos, é o lugar onde Deus colocou o nome de Deus (isto é, o próprio Deus) para morar. Por causa de seu *status* único associado à presença de Deus, o templo e Jerusalém tinham uma obrigação ainda maior de serem dignos. Para evitar que o nome (e, assim, a reputação) de Deus fosse maculado, era crucial, no pensamento de fontes bíblicas tais como Isaías, que Jerusalém fosse irrepreensível. Como Deus não aceitaria nada menos, Jerusalém ficava, às vezes, sob um fogo especialmente cerrado de críticas. A Bíblia interpreta qualquer agressão contra Jerusalém como obra de Deus. Por exemplo, muitos escritores bíblicos afirmam que a derrota de Jerusalém pela Babilônia em 587 AEC foi um necessário e merecido castigo que Deus fez com que acontecesse.

Jerusalém, com seu trono e templo davídicos (ambos lembretes constantes do compromisso de Deus para com Israel), era um local de encontro do céu com a terra. Deus havia prometido que alguém da linhagem de Davi reinaria para sempre em Jerusalém como "ungido de Deus", encarregado de executar a justiça e a paz, e que sua presença tornar-se-ia real para o povo a partir do templo que Salomão construiu em Jerusalém. Por conseguinte, esse lugar especial, em um planalto calcário ao longo de um espigão, com o deserto da Judeia estendendo-se de um lado e as colinas do interior afastando-se do outro, é maior no imaginário bíblico do que seu próprio local geográfico.

O termo "Zion" capta esse sentido de "maior do que" de Jerusalém, o lugar e seu povo, infundidos com o poder e o mistério de Deus. A poesia dos Salmos canta sobre Sião "a perfeição da beleza, da qual Deus resplandece"[35], e os exilados choravam quando "se lembravam de Sião"[36]. Repetidamente, o profeta Isaías fala de Sião, que o SENHOR fundou[37], onde

---

[34] 1 Rs 8:25; 2 Sm 7:12-16. Em outras palavras, o pacto deixou de ser incondicional para ser condicional.
[35] Sl 50:2.
[36] Sl 137:1.
[37] Is 14:32.

o SENHOR dos Exércitos habita[38] e cujo destino é ser um centro universal de aprendizado e paz[39]. O autor de Hebreus do Novo Testamento explicita-o ainda mais, chamando-a de "Monte Sião... a Jerusalém celeste, a cidade do Deus vivo"[40].

Salém, Monte Moriá e Terra de Beulá também são nomes associados a Jerusalém. Embora a Salém de Massachusetts, Estados Unidos, tenha levado seu temor a Deus por um caminho feio e desagregador de caça às bruxas no século XVII, *salem* significa "paz". Salém aparece na Bíblia pela primeira vez quando Abraão recebe uma bênção do rei local – Melquisedeque de Salém, "sacerdote do Deus Altíssimo"[41]. Salmo 76 iguala-a a Sião e, consequentemente, a Jerusalém. A história do quase sacrifício de Isaac por Abraão teve lugar no Monte Moriá, que a Bíblia associa ao local de Jerusalém onde Salomão construiu o templo[42]. Como a Versão do rei James transliterou uma descrição da Jerusalém restaurada como "Beulah", Terra de Beluá tornou-se sinônimo de uma Jerusalém espiritual e celeste. A palavra em hebraico significa "ser tomada em casamento", e seu contexto em Is 62:4 é de Deus tomando Jerusalém de volta como sua amada, após a destruição e o exílio.

Yerushalayim, al-Quds, a "Cidade Santa", continua a ser enormemente importante. Ela é sagrada não só para os judeus, remontando a Davi, e para os cristãos, como local da paixão e ressurreição de Jesus, mas também para os muçulmanos, como o local onde Maomé ascendeu ao céu. Enquanto você lê esta página, há boas chances de judeus estarem aglomerados junto ao Muro das Lamentações, na Cidade Velha de Jerusalém, colocando pedaços de papel com orações entre as pedras do fragmento restante do (segundo) templo; peregrinos cristãos estão percorrendo as sinuosas ruas de pedra, seguindo a Via Dolorosa e localizando as estações da cruz; e os muçulmanos estão rezando, com a testa de encontro a um mosaico de tapetes, em submissão a Deus, na mesquita Al-Aqsa, perto do Domo da Rocha. Em poucos minutos, esses povos díspares vão se cruzar, acenando ao passar uns pelos outros nas ruas estreitas.

"Síndrome de Jerusalém" (mencionada na série *Arquivo-X* e nome de uma banda belga) é uma condição mental real na qual uma pessoa desenvolve uma obsessão religiosa após/ou em relação a uma visita a

[38] Is 8:18.
[39] Is 2:3-4.
[40] Hb 12:22.
[41] Gn 14: 18.
[42] 2 Cr 3:1.

Jerusalém; o poema de William Blake sobre Jerusalém: "E aqueles pés em tempos antigos", foi reformulado, remodelado e interpretado por vários grupos musicais, incluindo Billy Bragg e Emerson, Lake & Palmer. "Jerusalém" é o título de canções de Sinéad O'Connor, Anouk e Black Sabbath; a *alcachofra* de Jerusalém, por outro lado, ao contrário desses e de inúmeros outros usos contemporâneos de "Jerusalém", na verdade não tem nada a ver com alcachofras, nem com Jerusalém. Pelo contrário, é um girassol americano cujas raízes tuberosas são comestíveis. A palavra italiana *girosole*, que significa "girassol", é a origem da parte "Jerusalém" desse equívoco.

GRANDES INIMIGOS E LOCAIS DE MÁ REPUTAÇÃO

A Assíria, uma nação baseada no arco do nordeste do Crescente Fértil, tornou-se um enorme império no século VIII AEC, quando Israel e Judá eram dois pequenos reinos na extremidade oriental do Mediterrâneo. A Assíria veio a dominar todo o Crescente Fértil, em um território que se estende ao longo dos rios Tigre e Eufrates, desde o Golfo Pérsico até a Turquia moderna, seguindo através de Israel e Judá, até o Egito. A Assíria finalmente conquistou o reino nortista de Israel em 722 AEC e dispersou o povo de Israel ao longo do grande império. A crueldade da Assíria na guerra era legendária, por isso a queda de sua capital, Nínive, em 612 AEC, foi motivo de tanta alegria que todo um livro bíblico, Naum, é dedicado a celebrar a derrota de Nínive. Não é de surpreender que o profeta Jonas fosse encarregado de pregar contra essa cidade; ele declarou que, a menos que ela se corrigisse, Deus a destruiria. O surpreendente é que esse livro bíblico acabe descrevendo Nínive e outros não israelitas tão bem (e Jonas tão mal). A maioria dos estudiosos pensa que o livro de Jonas foi escrito depois de 612 AEC como um corretivo à xenofobia evidente em outros textos bíblicos que demonizavam "o outro" e os lançava fora do alcance de Deus.

Jeremias, ao profetizar em Judá, já no final do domínio da Assíria, identificava regularmente os problemas como provenientes do norte, de onde vieram os assírios. De fato, apesar de a próxima grande ameaça, a Babilônia, situar-se diretamente a leste, ela também atacou do norte, em parte porque marchar em linha reta teria exigido que atravessassem o imenso e inóspito Deserto da Arábia. (Babilônia localizava-se logo ao norte do Golfo Pérsico, onde os rios Tigre e Eufrates correm paralelos.) Além disso, os babilônios começaram engolfando a Assíria, a norte, e continuaram absorvendo o antigo Império Assírio, incluindo o antigo reino nortista de Israel. No que diz respeito à Bíblia, os babilônios tiveram êxito onde os assírios falharam, porque conquistaram e destruíram o reino do sul de Judá (587 AEC). Eles então levaram a elite de Jerusalém para a capital do império, a Babilônia, e ali estabeleceram os exilados. A Bíblia recorda esse período como tempo sombrio e deprimente de cativeiro.

O Império Babilônico prosperou e se desenvolveu, e as condições de alguns dos exilados, ao menos, eram bastante boas. Eles se estabeleceram, tiveram filhos e muitos deles adaptaram-se à vida na Babilônia. De fato, A Babilônia era culturalmente sofisticada, estimulante, dinâmica e rica. *Babilônia revisitada*, o mais famoso conto de alcoolismo, alienação e pobreza espiritual de F. Scott Fitzgerald, faz alusão a essa reputação da Babilônia como um lugar tanto de grandes riquezas quanto de terrível sofrimento. Muito depois de o império se desintegrar e os exilados poderem voltar para a terra (se não para a nação) de Judá, a Babilônia continuou a ser uma região influente na vida e pensamento judaicos. Em outras palavras, nem todos escolherem retornar[43]. No entanto, na memória bíblica, a Babilônia alcançou proporções míticas como o Grande Satã de seu tempo. Na literatura apocalíptica posterior, como Daniel e Apocalipse, a Babilônia simboliza tudo o que há de errado com os humanos, sua arrogância e ganância, sua luta pelo poder, riquezas e prestígio[44].

A reputação da Babilônia como local de acontecimentos cataclísmicos reflete-se em alguns usos contemporâneos do nome. *Babylon 5: no princípio* é o título de uma série televisiva de ficção científica dos anos 1990, na qual personagens que vivem em uma estação espacial, muitos dos quais são profundamente religiosos, promovem a paz e combatem o mal. O filme *Missão Babilônia* (2008) também é uma obra de ficção científica com implicações religiosas. Seu enredo é conduzido pelo fato de que a grávida, que está sob a proteção de um mercenário, pode estar carregando gêmeos messias em seu ventre. Para os rastafáris, "Babilônia" representa o pensamento convencional e os sistemas de opressão contrários à melhor, mais harmoniosa e mística sensibilidade que eles defendem. Hoje, as ruínas da Babilônia estão situadas em Bagdá e arredores. Consequentemente, a invasão e posterior ocupação pelos Estados Unidos têm sido não apenas

---

[43] O fato de o Talmud babilônico ter tido uma influência muito maior sobre o judaísmo do que o Talmud de Jerusalém-Palestino atesta uma comunidade judaica babilônica intelectual e espiritualmente rica e vivendo bem nos primeiros séculos da Era Comum.

[44] No Apocalipse, a Babilônia serve como um codinome para Roma, a grande potência mundial no momento em que o Apocalipse foi escrito.

politicamente controversas, mas têm também causado considerável ansiedade entre arqueólogos e historiadores, preocupados com os danos aos antigos sítios e artefatos.

Assim como faz com a Babilônia, a Bíblia apresenta Roma, metonímia do Império Romano (como foi a Babilônia para o Império Babilônico), sob uma luz não muito favorável. Considere o seguinte: foram os romanos que crucificaram Jesus em torno de 33 EC, e que destruíram o templo judaico de Jerusalém em 70 EC (possivelmente, o catalisador do evangelho mais antigo). No entanto, a história pós-bíblica de Roma é muito diferente da história da Babilônia. Graças principalmente à histórica adoção do cristianismo por Constantino como religião nacional de seu Império Romano (313 EC), Roma tornou-se a capital indisputável do cristianismo ortodoxo ocidental[45]. É onde se localiza o Vaticano – afinal, o papa mora lá.

Apesar de sua enorme importância histórica, Roma, como local, recebe pouca atenção da Bíblia em comparação com o Egito, a Assíria e a Babilônia. Isso se deve provavelmente a quase todo o Antigo Testamento ter sido escrito antes de Roma tornar-se um centro de poder, e poucos acontecimentos ou histórias bíblicos são ambientados ali. Na Bíblia, Roma é mais conhecida pela epístola de Paulo à sua comunidade cristã. Esse livro é a mais elegante representação bíblica da influente teologia de Paulo. A última vez em que ouvimos falar de Paulo deve-se a sua pregação em Roma. A Bíblia não diz, mas parece que ele morreu lá.

Paulo provavelmente escreveu sua carta aos romanos a partir da cidade grega de Corinto, outro lugar que ele colocou no mapa bíblico com suas epístolas a seus cidadãos, canonizadas como livros bíblicos (1 e 2 Coríntios). Corinto não é mencionada em parte alguma do Antigo Testamento. Como a Austrália moderna, Corinto experimentou um *boom* na população, quando serviu de local de despejo de pessoas indesejadas pelo Império Romano. Assim como o destino que os britânicos davam a irlandeses criminosos e encrenqueiros tornou-se um farol de civilização, Corinto, que recebeu dos romanos ex-escravos e agricultores desfavorecidos, tornou-se um centro comercial cosmopolita e movimentado. A linguagem particular e os temas de 1 Coríntios refletem as características (e desafios) daquele local vibrante – êxtase e carisma espirituais, sexo não ortodoxo,

---

[45] Constantinopla (atual Istambul), e não Roma, foi a capital do Império Romano durante o tempo de Constantino. Enquanto Alexandria, Antioquia e Jerusalém tiveram uma diminuição de sua força após o nascimento do Islã, Constantinopla e Roma continuaram a ser os grandes centros do poder cristão. Entretanto, elas divergiram ao longo dos séculos, em suas ideias sobre como conduzir o culto e os negócios, até que se separaram formalmente em 1054 EC nas Igrejas católica e ortodoxa.

diversidade religiosa e vaidade dos novos ricos. Duas mulheres aparecem com destaque entre os líderes cristãos de Corinto, Prisca (também conhecida como Priscilla – "pequena Prisca") e Febe.

ÁGUA BENTA: O MAR MORTO, O RIO JORDÃO E O MAR DA GALILEIA

A situação dos judeus e cristãos sob o controle romano era delicada e tumultuada. Foi provavelmente sob tais condições que o Mar Morto tornou-se um local de considerável atividade religiosa. Corinto, um porto no centro do comércio internacional, como São Francisco ou Nova Orleans, era um lugar onde alguém podia acabar ficando, e gostando muito. O Mar Morto, ao contrário, encontra-se rodeado de uma paisagem nua e árida; um lugar para o qual os poucos convictamente religiosos iam para ficar longe de tudo e de todos e aguardar o iminente fim do mundo. Durante o período entre os Testamentos, de cerca de 150 AEC a 68 EC, uma comunidade ascética de judeus estabeleceu-se perto do Mar Morto. Eles foram para lá viver uma vida cuidadosamente circunscrita à religião, em contraste com o que consideravam corrupções cometidas pelo *establishment* do templo de Jerusalém e pelo judaísmo predominante. Essas pessoas, uma seita judaica chamada essênios, provavelmente são responsáveis pelos pergaminhos que tornaram a região do Mar Morto tão famosa em nossa época.

Embora o Mar Morto localize-se apenas treze quilômetros a leste de Jerusalém, sua paisagem quase lunar e o próprio "mar" (tão salgado que nenhum peixe de água salgada ou doce consegue sobreviver ali) fazem com que ele pareça estar a mundos de distância. As pessoas que buscam identificar o local onde teriam sido as malfadadas cidades de Sodoma e Gomorra procuram-no na região ao redor do Mar Morto, e foi ali perto que Davi escondeu-se de Saul. Alguns pensam que João Batista passou algum tempo entre os essênios no deserto do Mar Morto, mas não temos prova disso. Atualmente, há uma preocupação crescente de que o Mar Morto brevemente venha a ser mar apenas no nome. Ele está recuando rapidamente, porque Israel e a Jordânia estão consumindo seu único afluente, o Rio Jordão. (Os sumidouros resultantes representam ameaças dignas de ficção científica a animais, carros e pessoas.)

O Rio Jordão já não é tão "largo e profundo" como dizem os hinos espirituais norte-americanos "Michael row your boat ashore" e "We are crossing Jordan River"; no entanto, sua associação simbólica com a liberdade permanece. O Rio Jordão marcava a fronteira entre a errância no deserto e o estabelecimento na Terra Prometida; assim, ele também se tornou um símbolo ideológico da manutenção por Deus de sua promessa e da volta ao lar. Após a morte de Moisés, Josué conduziu as tribos israelitas na travessia do Rio Jordão, de uma forma evocativa da abertura do Mar Vermelho por Moisés – sacerdotes segurando a Arca da Aliança entraram no rio impetuoso, as águas pararam e se separaram e o povo atravessou pisando em solo seco[46]. Foi no Rio Jordão que João Batista batizou Jesus. De fato, se você subir o Rio Jordão, a partir do Mar Morto, em direção ao norte ("Jordão" vem da palavra hebraica "descer"), você encontrará o Mar da Galileia, perto do local onde Jesus foi criado, e onde conduziu grande parte de seu ministério adulto.

O Mar da Galileia é, na verdade, um lago de água doce. Por ser muito raso (sua profundidade média é de apenas cerca de 30 metros) e por ficar em um vale, as tempestades chegam rápido e as ondas são impressionantes. É um bom lugar para pescar, e Jesus recrutou vários de seus discípulos em suas margens para se tornarem "pescadores de homens". Os milagres de Jesus incluem acalmar uma ameaçadora tempestade no Mar da Galileia. Em suas margens, Jesus alimentou 5 mil pessoas com apenas cinco pães e dois peixes, e é sobre a superfície desse mar que se diz que Jesus andou. (E Pedro, seu discípulo estrela, também – até que ele se apavorou.) Hoje, quando se quer dizer, em algumas línguas, que uma pessoa não comete erros, diz-se que ela "anda sobre as águas".

No Antigo Testamento, o Mar da Galileia é chamado de Quinerete, que significa "em forma de lira". O Evangelho de Lucas e o deuterocanônico 1 Macabeus retomam esse nome, chamando o lugar de *Genesaré*[47]. Galileia é também o nome da região ao redor do mar. No Antigo Testamento, as referências ao Mar de Quinerete e à região da Galileia são poucas (três e seis, respectivamente). Apenas uma, e de forma questionável, aparece no contexto de uma profecia que pode ser associada a Jesus. Seu sentido questionado fica evidente nas diferentes formas em que é enumerada nas Bíblias judaicas e cristãs. A Bíblia hebraica judaica considera que seja o versículo final de um capítulo que descreve uma região que Deus restituirá a Israel; o Antigo Testamento cristão fica com o primeiro versículo de um capítulo que descreve um novo governante, que dará início a uma vitória, justiça e paz[48].

---

[46] Js 3:7-4:24.

[47] Lc 5:1; 1 Mc 11:67. João chama-o ocasionalmente (três vezes) de mar de Tiberíades. Mateus e Marcos referem-se a uma região da Galileia como Genesaré (Mt 14:34, Mc 6:53).

[48] Is 8:23; Is 9:1, respectivamente.

JESUS DORMIU AQUI

No Antigo Testamento, Belém tornou-se associada a esperanças messiânicas. Lá, Rute casou-se com Boaz, cuja união levou, gerações depois, ao nascimento de Davi. Quando as coisas não iam bem, as pessoas lembravam-se da predileção de Deus pelo rei Davi e aguardavam ansiosamente que o governante salvador escolhido por Deus viesse da linhagem de Davi, conforme prometido. Não apenas Judá, tribo de Davi, era originária da região que inclui Belém, mas Miqueias, profeta rural de uma cidadezinha, declarou no século VIII AEC, diante do terror da Assíria, que "tu, ó Belém Efrata, que é um dos pequenos clãs de Judá, de ti há de sair para mim aquele que reinará em Israel, cujas origens remontam à Antiguidade, aos dias de antanho"[49].

Assim, apesar de Jesus ser da parte norte de Israel, da região da Galileia, as expectativas messiânicas exigiam que ele estivesse associado à Judá de Davi e à cidade de Belém. Uma multidão, no Evangelho de João, vê isso como um problema real. Eles dizem: "Como pode Jesus ser o Messias? Ele é da Galileia, mas a Bíblia diz que o messias virá de Belém"[50]. A questão não é resolvida no Evangelho de João. Mateus e Lucas, por outro lado, situam ali o nascimento de Jesus. O relato simples de Mateus de que Jesus nasceu em Belém satisfaz a profecia de Miqueias, ao passo que, em Lucas, Maria e José viajaram a Belém para cumprir obrigações de recenseamento. Além dessas duas histórias do nascimento, Belém não desempenha nenhum papel no Novo Testamento.

Em contrapartida, Nazaré é regularmente identificada como cidade natal de Jesus, a aldeia de Maria e José. Todos os quatro evangelhos, além dos Atos, identificam Jesus como sendo "de Nazaré" (cerca de vinte vezes). O local situa-se cerca de 20 quilômetros a oeste do Mar da Galileia e parece ter tido a reputação de ser uma cidadezinha um pouco simplória na época de Jesus. Um dos então futuros discípulos de Jesus exclama retoricamente: "Pode algo bom vir de Nazaré?"[51].

Nazaré não é mencionada na Bíblia hebraica, mas alguns pensam que sua associação com Jesus não deve ser entendida apenas geograficamente – antes, Jesus deve ser entendido como um *nazarita*, uma pessoa separada por Deus para um serviço especial. Mas o termo hebraico para *nazarita* não é representado como tal em grego, sugerindo que, embora semelhante

[49] Mq 5:2 (5:1 na Bíblia hebraica).
[50] Jo 7:42.
[51] Jo 1:46.

a nossos olhos, *nazarita* (que aparece apenas na Bíblia hebraica) não tem qualquer relação com a Nazaré (que aparece apenas no Novo Testamento). A única exceção possível é uma passagem na qual Mateus afirma que Jesus veio de Nazaré para cumprir uma profecia de que ele seria "chamado de Nazareno"[52]. Não há tal profecia na Bíblia como ela chegou até nós. No entanto, Mateus pode ter levado em consideração a tradição nazarena hebraica. Ou talvez estivesse usando de um jogo de palavras para associar o "ramo" (*nezer*, em hebraico) da árvore genealógica de Jessé em uma profecia messiânica com Jesus[53].

Há cidades em todo o mundo – por exemplo, no México, Peru, Índia, África do Sul, Bélgica e Indonésia – batizadas em homenagem ao nome bíblico de Jesus. Nazareth é uma banda da Escócia, que escolheu seu nome a partir de um verso da música "The weight", do grupo The Band: "I pulled into Nazareth, was feelin' about half past dead". Embora a música da banda Nazareth remeta a uma cidade da Pensilvânia, suas letras são fortemente influenciadas por linguagem e pensamento bíblicos.

Os evangelhos todos concordam que Jesus ensinou, curou e pregou na região da Galileia, mas que morreu em Jerusalém, onde o centro político e religioso do judaísmo estava firmemente arraigado. Consequentemente, o Monte das Oliveiras, o Cenáculo e o Gólgota, locais que aparecem com destaque nos últimos dias de Jesus, estão todos dentro ou em torno de Jerusalém.

O Monte das Oliveiras, tecnicamente, não é bem uma montanha. É uma colina que não chega a 900 metros de altitude, separada da Cidade Velha de Jerusalém (com o seu próprio Templo "Monte") por um vale (o Vale do Cedrom). Dele tem-se uma vista fantástica de Jerusalém a oeste; olhando para o leste, pode-se ver o Vale do Jordão e o Mar Morto; e ao sul abre-se o aparentemente interminável Deserto da Judeia. Existem ainda hoje algumas oliveiras, algumas possivelmente com quase 2.000 anos de idade, do tipo que deu nome à montanha.

Embora a paixão de Jesus[54] seja, em grande parte, responsável por sua fama, o Monte das Oliveiras é mencionado pela primeira vez na Bíblia quando Davi subiu nele, chorando sem parar, em triste retiro depois que seu filho Absalão se revoltou e reivindicou o trono[55]. O Monte das Oliveiras também é mencionado pelo profeta Zacarias do Antigo Testamento, que

---

[52] Mt 2:23.

[53] Is 11:1.

[54] A tradição cristã geralmente usa essa palavra, a partir do latim *passus*, que tem a ver com sofrimento, para referir-se especificamente a esse período da prisão, julgamento e crucificação de Jesus.

[55] 2 Sm 15:30.

fala de uma época de fim dos tempos, quando Deus assumirá sua posição em cósmica batalha sobre o Monte das Oliveiras, que se dividirá em dois[56]. Essas são, no Antigo Testamento, as duas únicas vezes em que o Monte das Oliveiras é mencionado pelo nome. No entanto, essas tradições de sofrimento e de um "dia do SENHOR" que chegará refletem-se na duradoura popularidade do Monte das Oliveiras como cemitério judeu. Apesar de historicamente duvidosos, os supostos túmulos de Absalão e Zacarias estão no Monte das Oliveiras.

Os santuários que hoje se espalham por seu cume e encostas atestam principalmente a associação com Jesus, especialmente com seus últimos dias. O Novo Testamento faz várias referências ao local. Foi no Monte das Oliveiras que os discípulos de Jesus obtiveram o animal ou animais com que Jesus entrou em Jerusalém, em meio a uma grande aclamação de "Hosana!" no início da semana que terminaria com sua morte[57]. Esse momento é comemorado anualmente no Domingo de Ramos, que inicia a Semana Santa do calendário cristão.

Jesus provavelmente ficou com Maria e Marta em Betânia, no Monte das Oliveiras, durante essa semana, para lá se retirando para orações e meditação angustiadas no jardim de Getsêmani, antes de ser entregue às autoridades, pondo em marcha os acontecimentos que levariam à cruz. Hoje, a bela Igreja de Todas as Nações mantém o jardim de Getsêmani; a Capela de Dominus Flevit recorda o choro de Jesus em Jerusalém; e o Domo da Ascensão afirma ser o último local terreno onde Jesus pisou antes de ascender ao céu.

Gólgota é uma transliteração do nome hebraico, que, conforme os evangelhos (exceto Lucas) explicam, significa "lugar da caveira". Como local da crucificação de Jesus, e não mencionado em nenhum outro lugar, é apropriadamente macabro. Quando Jesus morreu, o Gólgota ficava próximo do lado de fora dos muros da cidade; logo depois, tornou-se parte do território anexado à cidade. O corpo de Jesus foi ali colocado em uma nova gruta sepulcro. Arqueólogos vêm trabalhando muito para determinar se o local tradicional, na atual Igreja do Santo Sepulcro, na Cidade Velha, é o Gólgota histórico. Ainda não há uma conclusão, embora isso seja acessório para os devotos, que lotam a igreja, identificando-a com a paixão, morte e ressurreição de Jesus.

---

[56] Zc 14:4,

[57] Mateus aparentemente lê o paralelismo poético de Zc 9:9 literalmente – Jesus solicitou um burro e seu jumentinho e montou nele (Mt 21:1-7). Os outros evangelhos sinópticos levam em conta a forma literária da profecia e leem um único animal (Mc11:1-10, Lc 19:28-38).

A igreja é um colorido palco da dinâmica interdenominacional. Gregos ortodoxos, católicos, apostólicos armênios, bem como ortodoxos etíopes, coptas e sírios compartilham sua manutenção e administração, embora nem sempre de forma pacífica. Por exemplo, em abril de 2008, fiéis gregos e armênios começaram uma briga de socos no Domingo de Ramos, após um sacerdote grego ter sido expulso. A polícia que chegou para separar o tumulto foi, ela própria, atacada pelos fiéis com folhas de palmeira[58]. Alguns meses depois, durante uma comemoração da descoberta do que alguns acreditam ser a cruz de Jesus, lá estavam eles novamente: monges gregos ortodoxos ofenderam-se com o que temiam ser um esforço armênio para tomar o controle de uma parte chave do local com uma procissão sem a presença de um representante grego. A polícia israelense separou a briga e efetuou duas prisões[59].

INFERNO, CÉU E O FIM DOS DIAS

Armagedom recebe apenas uma breve menção na Bíblia[60], embora tenha capturado a imaginação de milhões. Seu nome aparece em tudo, desde *video games* (por exemplo, *Mortal kombat*), a filmes (entre vários, *Armagedom*, de 1998, estrelado por Bruce Willis); de *graphic novels* (a *DC Comics* publicou *Armageddon 2001*) ao rap (o nome de um rapper é Armageddon). A série *X-Men*, da *Marvel Comics*, inclui um personagem chamado Armagedom. Em uma manifestação incomum de cultura bíblica (ou talvez um golpe de sorte), ele é descrito ali como filho do Apocalipse. (Como o livro bíblico do Apocalipse é o exemplo mais claro de literatura apocalíptica que temos, poderíamos argumentar que o Armagedom é produto, ou filho, do pensamento apocalíptico.) Em contraste com o personagem dos quadrinhos, porém, o Armagedom bíblico é um lugar, e não uma pessoa. Segundo o Apocalipse, trata-se de um nome hebraico do lugar onde a batalha final do mundo terá lugar; mas onde ele fica? Tratando, como o faz, de cenários desmesurados de fim dos tempos, o Apocalipse é famoso por ser rico em detalhes simbólicos, e pobre em fatos concretos. Nesse caso, o Apocalipse provavelmente pretendia evocar um local do Antigo Testamento e elevá-lo a uma montanha cósmica.

---

[58] Associated Press, *Armenian, Greek Worshippers Come to Blows at Jesus' Tomb.* Disponível em: <http://www.haaretz.com/hasen/spages/976409.html>. Acessado em: 4 de setembro de 2008.

[59] ASSOCIATED PRESS. Monks Clash at Jerusalem Site. *Richmond Times-Dispatch.* November 10, 2008. A7.

[60] Ap 16:16.

Ou seja, o autor do Apocalipse provavelmente tinha em mente Megido, um lugar no norte de Israel onde se deram grandes batalhas históricas, incluindo a épica batalha de Débora e Baraque contra Sísera, conforme narrado em Juízes[61]. Megido é também o lugar no qual o bom rei Josias, de Judá, tentou interceptar os egípcios que seguiam para a Assíria e foi morto[62]. "Armagedom" combina o termo hebraico para "montanha", *har*, com uma palavra que se parece muito com "Megiddo". Não existe uma montanha Megido, mas há montanhas na região, e não seria surpreendente o autor pensar que qualquer batalha cósmica deva envolver uma montanha, mítica ou não.

O que nos leva ao inferno. Bem, não exatamente, mas uma visão geral dos lugares bíblicos dificilmente seria completa sem mencionar o céu e o inferno, e o céu parece melhor para terminarmos a seção. A Bíblia dá pouca atenção ao inferno, seja no Antigo ou no Novo Testamento. Para começar, a palavra "inferno" só aparece na Bíblia por meio de tradução. Em inglês, o termo é *hell*, que provavelmente vem do nórdico pré-cristão *hel* – deusa de um submundo de mesmo nome – ou pode ter raízes em um termo do antigo alto alemão que significa "esconder".

A Bíblia hebraica não diz muita coisa sobre o que acontece após a morte. Quando isso acontece, geralmente é no contexto do *xeol*, às vezes traduzido como "sepultura", embora tenha o sentido de "terra dos mortos". Ninguém sabe ao certo o que exatamente *xeol* significa etimologicamente e a palavra nunca aparece, como tal, no Novo Testamento, mas todos concordam que é lá embaixo. Provavelmente devido à sua natureza subterrânea, um sinônimo de *xeol* é *bar*, muitas vezes traduzido como "o poço". Embora possamos chegar a uma definição e descrição gerais do *xeol* (é assim que o termo aparece em português) a partir de referências coletivas, diferentes escritores bíblicos discordam entre si quanto aos detalhes. Por exemplo, alguns supõem que, após a morte, todos vão para inferno, onde são separados de Deus, e do qual não há retorno. Jó diz: "Como uma nuvem se dissipa e desaparece, assim aqueles que descem à sepultura não vêm de novo"[63]; e, em Isaías, encontramos: "Aqueles que vão para o Poço não podem esperar ter segurança [de Deus]"[64]. Em contrapartida, a canção de Ana sugere que as pessoas poderiam voltar do inferno – "O SENHOR mata e traz à vida; ele leva ao *xeol* e faz subir"[65] –

---

[61] Jz 5:19.
[62] 2 Rs 23:29.
[63] Jó 7:9.
[64] Is 38: 18.
[65] 1 Sm 2:6.

e um salmista canta: "Abençoado seja o SENHOR... quem redime tua vida do Poço"[66]. Jonas louva a Deus por ter sido trazido de volta do poço[67]. Embora o *xeol* não seja um lugar feliz, tampouco é o local do tormento eterno, como nas ideias modernas de inferno.

Um sinônimo para *xeol* é "Abadom", relacionado a uma palavra hebraica que significa perecimento ou destruição; ele aparece em meia dúzia de referências no Antigo Testamento. Abadom aparece apenas uma vez no Novo Testamento, em que é personificado como um anjo rei do abismo da morte[68]. Ali, o autor explica que Abadom é o mesmo que "Apoliom" em grego (a palavra que significa "o destruidor"). Alguns cristãos, naturalmente, identificam Abadom com Satanás, que preside o inferno[69].

A Septuaginta traduz *xeol* como "Hades", uma palavra que aparece dez vezes no Novo Testamento[70]. No Apocalipse, Hades não é apenas um local dos mortos, mas também um agente que pode causar morte e destruição, mas que seria finalmente lançado, no fim dos tempos, a um lago de fogo (juntamente com a Morte)[71]. Isso pode refletir a familiaridade do autor do Apocalipse com a mitologia grega antiga, em que Hades, irmão de Zeus e Poseidon, é o regente do submundo.

Mas o judaísmo acabou desenvolvendo uma ideia mais detalhada de inferno, por volta do mesmo tempo e de natureza semelhante à dos primeiros cristãos. Para os judeus, o local é geralmente chamado de Geena. Essa palavra grega, traduzida como "inferno" em alguns Novos Testamentos modernos (e nunca aparecendo como tal no Antigo Testamento), é uma transliteração do aramaico *ge-hinnom*, que está associado a um lugar real: o Vale de Hinom, logo ao sul de Jerusalém. Às vezes chamado de vale do "filho de Hinom", ele é lembrado como o infame local onde os adoradores de Moloque sacrificavam crianças no fogo[72]. Para os judeus, o inferno adquiriu um tom mais místico, tornando-se o local para onde os pecadores vão após a morte; os pios vão para o Paraíso.

No Novo Testamento, Jesus usou o termo dessa forma várias vezes, sugerindo que seus adversários são assassinos, e cobrando: "Como você

---

[66] Sl 103:4.
[67] Jn 2:6.
[68] Ap 9:11.
[69] Em um toque criativo, as Testemunhas de Jeová recorrem a outros textos do Apocalipse (9:1, 20:1) para concluir que esse Abadom é, na verdade, Jesus, do céu, que destrói Satanás no inferno.
[70] Ele também aparece em vários dos livros deuterocanônicos, incluindo Tobias, a versão grega de Ester, Sabedoria de Salomão, Eclesiástico, Baruque, Oração de Azarias, 2 Macabeus e 4 Esdras.
[71] Ap 20:13; 6:8; 20:14, respectivamente.
[72] 2 Rs 23:10; 2 Cr 28:3; 33:6.

vai escapar de ser condenado ao inferno?"[73]. Há, finalmente, apenas uma dúzia de ocorrências da palavra na Bíblia, a maioria delas em Mateus[74]. Nenhuma dá muita descrição, exceto ao sugerir que é um lugar para onde os pecadores vão e que deve ser evitado, mesmo à custa da vida ou da integridade física[75]. Algumas referências associam o Geena, como os infames sacrifícios do Vale de Hinom, ao fogo[76]. O termo grego "Tartaros", também traduzido como "inferno", aparece uma vez: em 2 Pedro, uma epístola apocalíptica em estilo retórico grego[77]. Muitas pessoas interpretam outras referências ao tormento pós-morte como tendo lugar no inferno, mas tais textos não especificam o local. No entanto, "fornalha ardente", "escuridão exterior" e "ranger de dentes", todos no Evangelho de Mateus, são alguns termos que vieram a ser associados ao inferno[78].

Ideias populares de inferno como lugar de punição eterna pelo fogo, em que demônios chifrudos atormentam e o diabo reina, refletem, sobretudo, as imagens que se desenvolveram durante o período intertestamentário. Detalhadas em textos deuterocanônicos e mitologias pré-cristãs (como os livros apocalípticos não canônicos de 1-2 Enoque, cujas ideias refletem-se em alguns textos bíblicos), essas referências despertaram interesse e atenção renovados no imaginário cristão medieval. As poucas referências ao Geena no Novo Testamento, o Abadom do Apocalipse e menção de Judas aos anjos arrogantes acorrentados "na mais profunda escuridão", além da "punição no fogo eterno"[79], contribuem, mas muito devemos a teologia cristã posterior.

Da mesma forma, as ideias populares de céu são informadas principalmente por referências bíblicas (e não bíblicas) tardias. A palavra mais comum para "céu" no Antigo Testamento é a palavra hebraica *shamaim*. Ela aparece bem mais do que 200 vezes, mas não como o local de uma paradisíaca vida após a morte. Às vezes traduzido como "céu", pode referir-se a qualquer matéria que esteja acima (ou seja, o céu físico, onde estão o Sol e as estrelas, e de onde vêm a chuva e a neve) e descreve também a morada de Deus e dos seres divinos[80]. A Septuaginta traduz

---

[73] Mt 23:33.
[74] Mt 5:22, 29, 30; 10:28; 18:9; 23:15, 33; Mc 9:43, 45, 47; Lc 12:5; Tg 3:6; 2 Pd 2:4.
[75] Mt 5:29, 30; Mc 9:47; Tg 3:6.
[76] Mt 5:22; 18:9; Mc 9:43; Tg 3:6.
[77] 2 Pedro 2:4. Na mitologia grega, Tártaro é o nome do local escuro e sombrio (e do deus desse lugar), nas profundezas subterrâneas (em algumas fontes, é abaixo do Hades), onde os Titãs foram presos após uma batalha cósmica com o deus supremo, Zeus (veja a Teogonia de Hesíodo, linhas 720-735).
[78] Mt 8:12; 13:42, 50; Mt 22:13; 24:51; 25:30; 27:45.
[79] Jd 1:6-7.
[80] Deus habita nos céus, mas não está limitado a eles, de acordo com o Antigo Testamento. Afinal, "O Senhor fez o céu e a terra" e podia "descer" à vontade; "os céus, mesmo os mais altos céus não podem contê-lo" (por exemplo, Ex 31:17, Sl 18:09; 2 Cr 2:6, respectivamente).

shamaim como *ouranos*, que também aparece em diversas referências do Novo Testamento, traduzida para nossa língua como "céu".

O céu não assume o significado de um lugar de recompensa ou vida após a morte até bem tarde no desenvolvimento da Bíblia. O livro de Daniel (de cerca de 170 AEC) foi a primeira referência explícita ao ressurgimento, julgamento e vida após a morte, embora ele não mencione o céu: "Nesse tempo... muitos dos que dormem no pó da terra despertarão, uns para a vida eterna, e outros para vergonha e repugnância eternas"[81]. Embora o Antigo Testamento não diga praticamente nada sobre o céu como local de tais julgamento e recompensa, a literatura intertestamental, como 1-2 Enoque, o Testamento de Abraão e 3 Baruque (de cerca de 300 AEC a 100 EC), mostra considerável interesse em determinar a aparência do céu (muitas passagens descrevem níveis, normalmente sete), quem o ocupa (seres divinos, bem como os mortos) e o que acontece lá (os fatos, incluindo o julgamento e a revelação de segredos).

Na época em que o Novo Testamento estava sendo escrito, as ideias de céu como um lugar para onde se ia após a morte, para o julgamento e recompensa eternos, parecem já ter sido bem estabelecidas. Embora somente Lucas fale especificamente da ascensão de Jesus ao céu[82], esse acontecimento foi entendido pela comunidade cristã primitiva com o modelo de ressurreição (através do céu e para o céu) que seus membros seguiriam. Paulo diz aos Tessalonicenses que, quando Jesus retornar, "os mortos em Cristo ressuscitarão primeiro, depois nós que estamos vivos juntar-nos-emos a eles nas nuvens... e estaremos com o Senhor para sempre"[83]. No céu, eles seriam recompensados e desfrutariam da comunhão com Deus, Jesus, e todos os fiéis. Jesus exorta os que são perseguidos por serem justos: "Regozijai-vos e alegrai-vos, porque vossa recompensa nos céus é grande"; e, sem nomear explicitamente o céu, diz ele: "Na casa de meu Pai há muitas moradas... Pois vou preparar-vos o lugar, e voltarei e vos tomarei comigo"[84]. O autor do Apocalipse relata uma visão em que os mortos justos ficam diante do trono divino (celestial) e têm a garantia de uma vida eterna de conforto e alegria com Jesus[85].

"O reino dos céus" é uma expressão exclusiva de Mateus. Como os textos paralelos nos outros evangelhos canônicos usam, em seu lugar,

---

[81] Dn 12:1-2.
[82] Lc 24:50-51.
[83] 1 Ts 4:16-17.
[84] Mt 5:10-12; Jo 14:2-3.
[85] Ap 7:9-17.

"reino de Deus"[86], é possível que Mateus o tenha simplesmente substituído por "céu" para evitar o uso do nome "Deus". Alguns textos pressupõem que seja o local da recompensa. ("Nem todo aquele que me diz 'Senhor, Senhor' entrará no reino dos céus, mas apenas aqueles que fazem a vontade de meu Pai que está nos céus.")[87] Outros sugerem que é uma qualidade ou um modo de ser. ("O reino dos céus é como o fermento, um pouco afeta todo o pão"[88] – ou como uma pequena semente de mostarda, que cresce, tornando-se uma planta viçosa[89].) Tão importantes são os ensinamentos de Jesus sobre o reino dos céus/de Deus (a expressão aparece aproximadamente 100 vezes), que defini-la é central em todo o seu ministério.

O filme *O reino do céu*, de 2005, ocupa-se ostensivamente das Cruzadas dos cristãos no século XII para recuperar a Terra Santa, especialmente a cidade de Jerusalém, dos muçulmanos liderados por Saladino. A busca do personagem principal por um lugar exemplar onde cristãos e muçulmanos vivam juntos em paz, ajudando os mais fracos e geralmente fazendo a coisa certa, partilha dos ideais bíblicos de reino dos céus/de Deus. O filme gerou considerável controvérsia, sobretudo devido ao seu questionável relato da história, mas a ligação que ele faz entre "reino dos céus" e Jerusalém tem precedentes bíblicos.

Dada a importância ímpar de Jerusalém na Bíblia, é fácil entender a esperança escatológica de uma "nova Jerusalém" que transcenda a história humana comum de modo a tornar-se uma espécie de paraíso em si e por si mesma.

Após a crise do exílio, Isaías profetiza "novo céu e nova terra", em que Jerusalém se tornará um local central de culto para o mundo inteiro[90]. No Novo Testamento, o Apocalipse retoma isso e acrescenta que uma "nova Jerusalém" descerá do céu[91]. Imagens de portões de pérolas e ruas pavimentadas de ouro provêm da detalhada descrição que o Apocalipse faz dessa nova Jerusalém, descida do céu nos últimos dias, faiscante de joias e ouro, onde "as doze portas eram doze pérolas... e a rua... é ouro puro"[92]. O papel de Pedro como porteiro celestial deriva de uma interpretação de uma passagem que só aparece no Evangelho de Mateus, na qual Jesus deu a Pedro as chaves do reino dos céus e o encarregou, dizendo: "Tudo o que

---

[86] Por exemplo, compare Mt 4:17 com Mc 1:15.
[87] Mt 7:21.
[88] Mt 13:33.
[89] Mt 13:31-32.
[90] Is 66:18-23.
[91] Ap 3:12; 21:1-5. Hebreus descrevem a Jerusalém celestial à qual as pessoas sobem (Hb 12:22).
[92] Ap 21:21.

ligares na terra será ligado nos céus, e tudo o que desligares na terra será desligado nos céus"[93]. Em Gálatas, Paulo contrasta a Jerusalém presente, como uma condição de escravidão imposta pela aliança do Sinai, com a futura Jerusalém "acima", que ele define como representação definitiva da libertação em Cristo[94].

Em contraste com as raras referências explícitas ao inferno, *ouranos*, palavra grega traduzida como "céu", aparece muitas vezes no Novo Testamento – quase 150 vezes apenas nos evangelhos e quase 100 vezes em outros lugares. A maioria das referências compartilha ideias com o Antigo Testamento sobre o céu como um lugar acima da terra, onde habitam Deus e os seres divinos e como fonte de coisas boas ("uma pessoa pode receber apenas o que lhe é dado dos céus")[95]. No Novo Testamento, no entanto, o céu também é um objeto de expectativa esperançosa, onde os fiéis serão recompensados com a vida eterna e comunhão com os outros fiéis que os precederam na morte, e com Deus, o Pai, Jesus e o Espírito Santo.

[93] Mt 16:19.
[94] Gl 4:21-5:1.
[95] Jo 3:27.

TREZE

NOMES, SERES E AÇÕES DE DEUS

Permanece um sentimento de que Deus também está na jornada.

— SANTA TERESA DE ÁVILA

Elohim, *Yahweh*. *El Shaddai*, *Theos*, *Logos*, *El Elyon* e mais – todos servem para nomear Deus na Bíblia. Por que tantos? Por que não simplesmente *El* e *Theos*, os termos genéricos do hebraico e do grego para "Deus"? A resposta deve-se, ao menos em parte, ao fato de a Bíblia não ter surgido em uma só peça, com todo o conteúdo junto, ao mesmo tempo. Em vez disso, ela se desenvolveu durante um longo período, refletindo condições e ideias díspares, as quais, em última análise, contribuíram para uma teologia rica em camadas. Como a forma final da Bíblia (seja qual for a Bíblia que se tenha) é um livro único, essas diferentes imagens e nomes de Deus estão em conversação entre si. Para os fiéis que buscam um retrato definitivo e abrangente de Deus que leve igualmente em conta todas essas referências díspares, pode ser extremamente confuso. Mas eles estão em boa companhia – como testemunham os volumes de teologia escritos em cada século.

Este capítulo não pretende fazer teologia, nem dizer aos leitores em que acreditar (ou não) a respeito de Deus. Pelo contrário, ele explica, de forma simples e breve, nomes diferentes de Deus na Bíblia, da Bíblia hebraica à Septuaginta e ao Novo Testamento. Isso abre espaço para observarmos brevemente outros seres referidos como divindades, tais como Baal e Aserá, que aparecem sob formas que informam as ideias de Deus; e para tratar de assuntos gerais, inclusive a maneira como os contextos culturais e peculiaridades gramaticais da Bíblia informam as ideias sobre o gênero e o caráter de Deus.

ELOHIM E O ELOHIM

Quando os leitores abrem a Bíblia, o primeiro nome de Deus que encontram é Elohim. Esse é o Deus que "No começo... criou os céus e a terra"[1]. No entanto, o termo hebraico *elohim* é um plural de *el*. Assim, embora às vezes elohim refira-se a um único Deus, também significa "deuses". (Lembre-se também de que o hebraico não faz distinção entre letras maiúscula e minúsculas. Elas são todas do mesmo tamanho.) Outra peculiaridade da gramática hebraica ajuda os tradutores a decidir qual significado usar: os verbos indicam número, pessoa e gênero de seus sujeitos. O verbo em Gn 1:1 indica que Deus deve ser lido como um substantivo singular, então podemos estar seguros de que "Deus" é a melhor tradução ali.

A Bíblia hebraica usa *elohim* tanto para "Deus" quanto para "deuses". Na verdade, às vezes o Deus único, Elohim, parece admitir a existência, e mesmo a companhia de outros deuses (*elolzim*). No início dos Dez Mandamentos, por exemplo, lemos: "Não terás outros deuses diante de mim", indicando uma suposição de que há, efetivamente, outros deuses por aí[2]. Os "filhos de deus" habitam os céus, em Jó[3]; e o salmista declara que "o SENHOR é um grande Deus, ... acima de todos os deuses"[4]. A poesia do Salmo 82 pode representar uma teologia de transição, dizendo como os deuses foram reduzidos à mortalidade depois de não conseguirem executar a justiça, proteger os vulneráveis e manter a ordem[5].

Nesse primeiro capítulo do Gênesis, quando Deus determinou a criação dos seres humanos, Deus falou como que se dirigindo a outros deuses, dizendo: "Façamos o homem à nossa imagem"[6]; na história seguinte, Deus preocupava-se porque "o ser humano tornou-se como um de nós"[7]; e

---

[1] Gn 1:1.
[2] Ex 20:3; Dt 5:7.
[3] Jó 1:6; 2:1.
[4] Sl 95:3.
[5] No Evangelho de João, Jesus apela a esse salmo como jutificativa para chamar a si mesmo de filho de Deus e parece interpretar que os "deuses" do salmo referem-se aos seres humanos que receberam a palavra de Deus (João 10:33-36). Alguns intérpretes têm considerado que os "deuses" desse salmo referem-se totalmente aos humanos, e aos governantes injustos, em particular.
[6] Gn 1:26.
[7] Gn 3:22.

Isaías conta como Deus perguntou do trono divino: "Quem irá por nós?"[8]. Algumas pessoas interpretam que tais referências funcionam como o "nós" real, em que um monarca (singular) fala de si mesmo no plural. Outros sugerem que essa é uma referência à Trindade. Ambas são interpretações de um contexto mais tardio ou refletem teologias judaicas ou cristãs. O contexto histórico antigo desses versículos e outras referências similares da Bíblia hebraica levaram os estudiosos a concluir que, originalmente, elas refletiam a suposição de que Elohim ("Deus") presidia um conselho divino de *elohim* ("deuses").

Embora a Bíblia hebraica acabe, evidentemente, promovendo o *monoteísmo*, alguns dos primeiros textos bíblicos aparentemente refletem um *henoteísmo* – a adoração de um único Deus, sem negar que possam existir outros deuses também. Isso está de acordo com a cosmologia do antigo Oriente Próximo, a qual supunha que cada nação tinha seu próprio deus particular. Na Bíblia, o Deus dos israelitas é, no entanto, retratado em muitos textos como superior aos outros, às vezes destituindo-os, ou mesmo revelando que eles eram não deuses, sem valor[9]. De fato, apelando para outros textos bíblicos que criticam outros deuses como sendo nada mais do que ídolos, objetos ou ideias às quais as pessoas erroneamente atribuem poderes e características sobrenaturais, alguns intérpretes entendem todas essas referências a outros deuses dessa maneira[10].

EL-PLUS

Além do nome *elohim* de forma plural, a Bíblia hebraica usa também a forma singular de *el* (embora não tão frequentemente quanto ela usa *elohim*). *El* é o termo genérico que significa "deus", que o hebraico antigo partilhava com as outras de sua família de línguas semitas do noroeste[11]. Quando *el* aparece nessa forma singular, está geralmente ligado a outras palavras que especificam uma determinada qualidade ou característica de Deus. Às vezes ele se refere a uma experiência reveladora – Agar chamou Deus de *El Roi* (o Deus que vê), por exemplo. Em outros casos,

---

[8] Is 6:8.

[9] Por exemplo, Sl 96:4-5; 135:5-7, 15-18. Em um exemplo notável de como a Bíblia hebraica reflete tanto o monoteísmo quanto o henoteísmo entre os antigos israelitas, Davi declarou no mesmo discurso que "não há Deus, senão vós [Yahweh]", e que Deus expulsou os outros povos "e seus deuses" de Canaã (2 Sm 7:18-24).

[10] Por exemplo, Is 37:19; Jr 2:27; Ez 20:32; Hab 2:19.

[11] Por exemplo, Is 40:18 ("Deus"); Ez 28:2 ("um deus").

el é associado a um lugar particular, como *El-Bethel* (ou Deus Betel), e às vezes é usado para transmitir algo sobre a natureza intrínseca de Deus: por exemplo, *El Elyon* (literalmente "o Deus dos Deuses", ou seja, o Deus supremo) ou *El Olam* (Deus Eterno).

Provavelmente o mais conhecido, porém, é *El Shaddai*. Embora seja às vezes traduzido como "Deus Todo-Poderoso" (segundo a Septuaginta e a Vulgata), o que *El Shaddai* significa exatamente em hebraico ainda está aberto a disputa. Os concorrentes mais próximos são "Deus da montanha (ou das montanhas)", "Deus das planícies" e "Deus de, ou com, peitos"[12]. Nenhuma dessas, porém, é uma certeza. Em Gênesis, o nome de El Shaddai quase sempre aparece no contexto da fertilidade. Por exemplo, El Shaddai prometeu a Abraão, então com noventa e nove anos de idade, que ele teria muitos descendentes, e Isaac invocou El Shaddai para abençoar Jacó com fertilidade, o que Deus reiterou, dizendo a Jacó: "Eu sou El Shaddai. Sê fecundo e prolífico"[13]. Em vista disso, é irônico que esse seja o nome de Deus preferido por Jó, uma vez que Jó sofreu tantas perdas tremendas. No livro de Jó, "El Shaddai" aparece mais frequentemente do que em todos os outros exemplos bíblicos juntos.

Recentes descobertas na Síria moderna revelam que El era também o nome de um deus cananeu, a norte do antigo Israel. Com início em 1928, e durante os anos seguintes, uma rica descoberta de tabuletas cuneiformes e artefatos culturais foram desenterrados[14]. Escritas em ugarítico, uma língua parente do hebraico antigo, e datando dos anos de 1400 AEC, as tabuletas incluíam histórias sobre deuses e deusas, incluindo Baal e Aserá que, até essa descoberta, eram conhecidos principalmente por referências bíblicas criticando sua adoração.

Um nome de deus ugarítico que escapa da condenação bíblica, entretanto, é El. Nas tabuletas cananeias, El é o nome do deus supremo. Ele é descrito como "amável, compassivo" e "Pai da humanidade", um velho patriarca, poderoso e sábio, que ficava em seu trono entre as nuvens presidindo um conselho divino e que tudo criou. Apesar de suas

---

[12] Para um resumo, veja BIALE, David. The God with Breasts: El Shaddai in the Bible. *History of Religions*, 21(3), 1982. p. 240-256.

[13] Gn 17:1-2; 28:3; 35:11.

[14] As escavações em Ras Shamra, local da antiga cidade-Estado de Ugarit, começaram com a descoberta, em 1928, de uma tumba contendo artefatos de interesse. As escavações continuaram até a década de 1970 (com um intervalo na Segunda Guerra Mundial), revelando o que os arqueólogos julgaram ser casas, templos e palácios. Várias tabuletas religiosas foram descobertas perto do templo; outras mais, provenientes de áreas residenciais próximas ao complexo do palácio; e muitas estavam abrigadas no próprio palácio, em cômodos dedicados aos arquivos reais.

semelhanças, as imagens dos *Els* cananeu e bíblico realmente não são idênticas. Por exemplo, uma história do El ugarítico narra como ele caiu bêbado em um banquete – muito diferente das imagens do El bíblico[15]. Se os escritores bíblicos adotaram a língua e as imagens existentes para descrever Deus, eles o fizeram à luz de suas experiências e ideias diferentes sobre a natureza e a qualidade de Deus, enquanto criticavam duramente o culto a outras divindades. O El cananeu é muitas vezes referido como El touro, sugerindo que parte da condenação contra a adoração ao bezerro no antigo Israel pode inicialmente ter criticado o culto ao El "errado". O efeito resultante é de um Deus bíblico exclusivo do antigo Israel.

YHWH

O nome de deus YHWH não aparece em parte alguma nos textos ugaríticos; entretanto, é crucial para a Bíblia hebraica, na qual ele ocorre mais de 6 mil vezes[16]. De fato, é difícil superestimar a importância para a antiga religião israelita e para a teologia bíblica desse nome de quatro letras para Deus. Transliterado YHWH, porque essas letras são as equivalentes, em nosso alfabeto romano, às letras hebraicas יהוה (*yod he vav he* – o hebraico é lido da direita para a esquerda), o nome é às vezes chamado de tetragrama (e às vezes com T maiúsculo). Como descreverei a seguir com mais detalhes, essa é a palavra traduzida como Senhor, e é às vezes vocalizada hoje como Iavé.

Embora outros nomes divinos simplesmente apareçam na Bíblia sem explicação, o Êxodo inclui uma história de como Israel veio a conhecer o nome YHWH[17]. Quando Deus encarregou Moisés de libertar o povo hebreu da escravidão no Egito, Moisés protestou que o povo provavelmente pediria o nome de quem enviava Moisés. "O que devo dizer-lhes?", perguntou Moisés. A resposta de Deus: אהיה, "Eu sou". Se

---

[15] Veja a história do banquete de El em DIETRICH, M.; LORETZ, O.; Sanmartin J. (Eds.) *The Cuneiform Alphabetic Texts from Ugarit, Ras Ibn Hani, and Orher Places*, Die *Keilalphabetischen Texte aus Ugarit, 2d enlarged ed.* Münster: Ugarit-Verlag, 1995. p. 1.114.

[16] Há uma possível referência ugarítica no que pode ser uma forma abreviada do nome divino YHWH, em que a palavra *yw* aparentemente refere-se a um filho de El. Veja D*ie Keilalphabetischen Texte aus Ugarit* 1.1 col. IV linha 9: e PARKER, Simon B. (Ed.) *Ugaritic Narrative Poetry*, SBL *Writings from the Ancient World 9.* Atlanta, Ga.: *Society of Biblical Literature*, 1997. p. 89. O fato de o nome e o povo da nação bíblica serem chamados de Isra-el, não Isra-ya, tem levado alguns estudiosos a concluir que El, e não Yahweh, era o primeiro nome do Deus específico do Israel antigo. Veja SMITH, Mark S. *The Origins of Biblical Monotheism*. New York: Oxford University Press, 2001. p. 142-145.

[17] Ex 3:13-18; Ex 6:2-13.

você pensar um pouco em código, verá que a palavra traduzida como "eu sou" parece-se muito com יהוה, YHWH[18]. E isso não é coincidência. Ambas as palavras estão relacionadas ao verbo hebraico חיה, "ser"[19]. Especificamente, Deus diz a Moisés para contar aos hebreus: "Eu sou quem eu sou... YHWH, o Deus de teus antepassados, o Deus de Abraão, o Deus de Isaac e o Deus de Jacó... Esse é o meu nome para sempre, o meu endereço através das gerações"[20]. Depois, na mesma história, YHWH é igualado tanto a "Deus dos hebreus" quanto a "nosso Deus". Dessa forma, os escritores bíblicos ligam com habilidade o (novo) nome YHWH aos (antigos) nomes de Deus, incluindo aqueles que começam com El.

Esse episódio é às vezes chamado de "revelação do nome divino", o que pode ser confuso, já que os leitores mais atentos lembrarão que YHWH aparece cedo e muitas vezes em Gênesis[21]. Sem saber que o processo de desenvolvimento da Bíblia não é transparente em sua forma literária e organização finais, uma pessoa teria razão em se perguntar como e por que o nome divino poderia ser utilizado já na época de Adão e Eva e pelos antepassados, quando ele não foi revelado até a época de Moisés[22]. No entanto, em Êxodo 6:3, Deus declara: "Eu apareci a Abraão, Isaac e Jacó, como El-Shaddai, mas por meu nome YHWH eu não fui conhecido por eles". Algumas pessoas conciliam essa aparente contradição sugerindo que Deus revelou mais sobre seu caráter redentor e sobre o significado de seu nome a Moisés do que a ninguém antes de Moisés, mas o texto bíblico não deixa isso explícito. A maioria dos estudiosos sustenta que essa contradição é simplesmente um resultado de se ter diferentes fontes literárias no Pentateuco. Estando em harmonia com o teor da história de Moisés, o nome YHWH parece funcionar em toda a Bíblia hebraica de forma a enfatizar o relacionamento de Deus com um povo, Israel. Poder-se-ia dizer que YHWH denota uma natureza

---

[18] Além disso, pessoas familiarizadas com o hebraico bíblico podem atestar que a primeira e terceira letras (lendo-se da direita para a esquerda) em ambos os casos são de forma mutável: em algumas circunstâncias gramaticais, um 'yod' pode se tornar um 'vav' ou vice-versa.

[19] Assim, o adesivo de para-choques citando R. Buckminster Fuller, "Deus é Verbo", tem base bíblica real.

[20] Ex 3:15.

[21] Para evitar confusão, os leitores devem distinguir entre as fontes propostas pela hipótese documentária e os próprios nomes divinos. Ou seja, embora a maioria dos estudiosos acredite que o nome divino Elohim antecede o nome YHWH, pensa-se que a fonte J (que favorece o nome divino YHWH) é anterior à fonte E (que favorece o nome divino Elohim).

[22] O narrador de Gn 4:26 explica que já desde os netos de Adão e Eva "as pessoas começaram a invocar o nome de YHWH". Abraão também "invocou YHWH pelo nome" (Gn 12:8) e assim fez Isaac (Gn 26:25).

pessoal de Deus – o Deus em um relacionamento íntimo e exclusivo com Israel[23].

Outra descrição bíblica comum de Deus é YHWH *Sabaoth* – "Senhor das hostes". A palavra hebraica *sabaoth* tem associações tanto militares quanto celestiais. A expressão "Senhor das hostes" evoca imagens de Deus como um general poderoso, capaz de recrutar outros para seu exército[24]. Em suas associações luminosas, essa descrição é, provavelmente, também uma sutil evisceração do panteão babilônico dos céus. As mais poderosas divindades babilônicas eram identificadas com a lua e as estrelas, a "hoste celestial". Submetê-las a YHWH comprometia efetivamente as religiões concorrentes[25].

CUIDADOS E MANUTENÇÃO DO NOME DIVINO

Saber o nome de outro é uma coisa poderosa. Como um alça, ele confere algum controle a quem manipula. Isso parece ter sido especialmente verdadeiro no pensamento do antigo Oriente Próximo, onde saber o nome de um deus permitia a uma pessoa não apenas recorrer específica e diretamente àquele deus, mas talvez até mesmo afastar um pouco as cortinas e ter um vislumbre de como aquele deus funcionava. Dado esse contexto, a revelação por Deus de um nome pelo qual ele poderia ser (ao menos parcialmente) compreendido e chamado era tornar o próprio Deus graciosamente disponível (e possivelmente mais vulnerável) às pessoas.

Uma das formas pelas quais o Deus israelita prometeu ser particularmente presente ao povo foi decidindo fazer seu nome habitar entre eles. O lugar que Deus escolheu para colocar seu nome passou a ser associado ao templo de Jerusalém[27], por isso, era crucial que esses lugares reais – o edifício e a cidade – pudessem ser mantidos como apropriadamente sagrados. O nome de Deus era inseparável de sua reputação. Por exemplo, Jeremias relata que Deus disse: "Portanto... ensinarei a eles meu poder e minha força, e eles saberão que meu nome é YHWH"[28]. Repetidas vezes, o profeta Ezequiel explica que Deus faz o que faz (por exemplo, pune e restaura) para que as pessoas "saibam que eu sou YHWH". Ezequiel gostava muito dessa frase – ela aparece aproximadamente sessenta vezes no livro.

[23] A expressão "YHWH Deus de Israel" aparece 100 vezes na Bíblia hebraica, e "YHWH, teu Deus" aparece aproximadamente 400 vezes.
[24] Por exemplo, 1 Sm 17:45, Sl 24:10.
[25] Por exemplo, Jz 5; Is 40:26.
[26] Por exemplo, Dt 12:11.
[27] 1 Rs 5:5.
[28] Jr 16:21.

A revelação do nome divino era um presente, e não deveria ser tomada levianamente. Há uma abundância de advertências contra o mau uso. Uma dessas advertências é articulada nos Dez Mandamentos e traduzida como "Não invocarás o nome do Senhor teu Deus em vão"[29]. Embora as opiniões variem com relação ao que isso significa exatamente, a maioria delas concorda que este mandamento tem a ver com respeitar o nome de Deus como uma representação do próprio Deus.

Em alguns dos textos protobíblicos descobertos em Qumran, parece que, em 200 AEC, alguns dos devotos estavam relutantes até em escrever as quatro consoantes do nome de Deus, para não o ofender. Eles usavam apenas quatro pontos nos quais esperavam ver YHWH. Embora não haja proibição expressa na Bíblia contra dizer em momento algum o nome de Deus, na época em que Bíblia hebraica ganhou vogais (por volta de 700 EC), às consoantes YHWH foram atribuídas as vogais de *adonai*, refletindo um antiga tradição de dizer "o Senhor" em vez do nome divino, ao ler em voz alta[30]. Essa tradição oral de substituição de YHWH por Adonai prosseguiu, entrando no Texto Massorético, a Bíblia hebraica de autoridade, e reflete-se em traduções, em que YHWH é representado (muitas vezes, para a perplexidade dos leitores mais atentos) com letras maiúsculas pequenas (versalete) como em "o SENHOR".

A palavra ''Jeová'' veio da mesma tradição. É um híbrido das consoantes (em latim) do nome divino, transliterado como JHVH, mais as vogais de Adonai, lidas como E, O e A[31]. Apesar de sua artificialidade, "Jeová" adquiriu respeito para si. É o nome de Deus escolhido pela *Versão americana padronizada* (ASV), na qual cada ocorrência de YHWH é traduzida como *Jehovah*. Ele aparece frequentemente na música cristã, e denota os membros da Sociedade da Torre de Vigia – as Testemunhas de Jeová.

Às vezes, o nome divino aparece em traduções inglesas da Bíblia de uma forma abreviada, "Yah"[32]. Na maioria das vezes, especialmente nos Salmos, ela aparece na expressão *hollelu yah*, que significa "louvar a Yah",

---

[29] Ex 20:7; Dt 5:11.

[30] Quando uma passagem hebraica específica já incluía *adonai* (como *adonai* YHWH), as vogais de Elohim eram utilizadas. A tradição de substituir *adonai* pelo nome divino também se reflete na Septuaginta e pode ter começado já no início do período do Segundo Templo, por volta de 500 AEC. Muitos judeus hoje, preocupados com a degradação do nome divino, usam 'ha Shem' (ou traduzem, "o Nome"), quando se deparam com YHWH. Alguns aplicam cuidado com a palavra escrita "God", em Inglês, preferindo representá-la como "G-d".

[31] Ou o 'e' é uma transliteração da primeira vogal hebraica de *adonai*, ou reflete *elohim*. A maioria das pessoas atribui isso a utilização de um tradutor cristão que trabalhou no início do século XVI, mas isso já aparecia em 1270, no *Pugio Fidei*, de Raymond Martin; veja a JEWISH ENCYCLOPEDIA. Vol. 7. New York: Funk and Wagnalls, 1901-1906. p. 88.

[32] Por exemplo, Ex 15:2; Sl 115:18, 118:5; Is 12:2.

transliterado em versões inglesas como "hallelujah" (com o j latino em vez do y). Embora estudiosos contemporâneos e estudantes da Bíblia vocalizem o nome divino como *Iavé*, sua pronúncia, como tal, é um palpite, baseado nas características da gramática hebraica e na comparação com nomes pessoais do antigo Oriente Próximo que incluem formas do nome de Deus (como o nome Daniel inclui o elemento teofórico "El" e Cristóvão inclui "Cristo").

BAAL

Não há outra palavra hebraica além de *adonai* que possa ser traduzida como "senhor". *Baal*, bastante comum na Bíblia hebraica, pode ser traduzido como "senhor, mestre, o proprietário, ou marido" (ao que todas nós feministas reviramos os olhos). Yahweh às vezes é descrito na Bíblia como um *baal*, tanto literalmente, como senhor ou mestre dos israelitas, quanto metaforicamente, como marido de sua esposa, Israel[33].

No entanto, o que era uma alcunha útil para descrever o domínio de Deus sobre Israel, ou o amor de Deus e seu compromisso com seu povo, também aparece na Bíblia hebraica como o nome próprio de um deus rival. Baal, que aparece nos textos ugaríticos como um deus poderoso e energético e, algumas vezes, como o mestre das tempestades[34], é descrito na Bíblia como um deus cananeu cuja adoração os escritores bíblicos consideravam uma quebra da aliança, um ato criminoso contra o Deus de Israel. As referências ao deus Baal aparecem sessenta e sete vezes no Antigo Testamento e uma vez no Novo Testamento, e sempre no contexto de adoração indevida.

Em uma famosa história do Antigo Testamento, Elias, profeta de Yahweh, aceitou o desafio dos profetas de Baal em um grande concurso de deuses, para provar a superioridade do Deus de Israel[35]. Na dramática narrativa bíblica, Baal perdeu, é claro, e a demonstração do poder de

---

[33] Os 2:16 joga com esse uso de *baal*, tanto como "marido" quanto "mestre", distinguindo a futura relação de Deus com Israel como um casamento não de dominação, mas de parceria íntima: "Nesse dia ... tu me chamarás de 'meu *ish*' (literalmente, "meu homem", uma expressão para marido) e não "meu Baal" (literalmente, "meu mestre", também idiomática de "meu marido").

[34] Em uma longa narrativa ugarítica, Baal derrotou a caótica personificação do mar, chamada Yamm, e uma personificação da morte chamada Mot (*yam* e *mot* também são as palavras hebraicas para "mar" e "morte", respectivamente), para ganhar um tênue controle como rei do Universo. Esse ciclo de "Baal" ou "épico de Baal" é narrado em um número de tabuletas e inclui as lutas de Baal com um terceiro adversário, Ashtar, associado às estrelas e corpos celestes, possivelmente o planeta Vênus, em particular. Veja PRITCHARD, James B. (Ed.) *Ancient Near Eastern Texts Relating to the Old Testament*. 3rd ed. with suppl. Princeton, NJ.: Princeton University Press, 1969. p. 129-H2; e HALLO, William W.; YOUNGER, K. Lawson. (Eds.) *Context of Scripture*. Leiden: Brill, 1997-2002. 1.86.

[35] 1 Rs 18:1-46.

Yahweh foi seguida de chuva, interrompendo efetivamente uma seca que vinha assolando a região. Textos bíblicos, tais como a história do concurso (ou o encontro entre Deus e Moisés no Monte Sinai, em meio a uma grande tempestade), à luz das tabuletas ugaríticas e outros artefatos arqueológicos, sugerem que os escritores bíblicos procuraram mostrar que Yahweh, e não Baal, tinha o poder e o domínio absolutos.

Em contraste com as tradições ugaríticas que sabemos, pela iconografia descoberta em Canaã, que ligavam Baal a um touro ou bezerro (e o El ugarítico é chamado "o Touro"), os textos bíblicos condenam todas as associações de Yahweh a um totem animal. A mais conhecida de tais ofensas pertence à história bíblica de Aarão orientando os hebreus a modelar a imagem de um bezerro com o ouro que eles usavam e que haviam trazido do Egito. Esses incidentes bíblicos nos quais as pessoas atribuem a ação libertadora de Deus a imagens de bezerros (e depois as veneram) são contados como perversões da fé – foi Yahweh quem os havia libertado, segundo a narrativa bíblica (não Baal nem o El cananeu). De fato, uma das características mais importantes e frequentemente repetidas de Yahweh é a de ser "o Deus que vos tirou das terras do Egito".

ASERÁ

Na Bíblia, Baal é frequentemente associado a Aserá, outra divindade proibida – a deusa a quem a malvada rainha Jezebel adorava. Tal como Baal, Aserá fica sob ataque na Bíblia, especialmente nos livros de Reis. Mas em seu caso, quando digo "sob ataque", quero dizer literalmente. Vários textos aplaudem os esforços para esmagar, queimar e destruir de qualquer outra forma os "mastros sagrados", uma tradução do hebraico *asherah*. Citações como essas demonstram que o termo aplicava-se tanto à própria divindade (como o nome próprio) quanto a objetos que supostamente a representavam – árvores, por exemplo. Os objetos aserá mencionados na Bíblia eram, provavelmente, árvores estilizadas que poderiam ser destruídas por incineração e esmagamento.

A deusa Aserá, como Baal e o El cananeu, é uma divindade proeminente no panteão ugarítico, e às vezes é descrita como a esposa de El e mãe dos deuses, os "setenta filhos de Aserá"[36]. Às vezes é chamada, nas

---

36. Veja LORERZ; DIETRICH; SANMARTIN. *The Cuneiform Alphabetic Texts from Ugarit, Ras Ibn Hani, and Other Places*, 1.4VI.46; e DAY, John. Asherah. In FREEDMAN, David Noel. (Ed.) *Anchor Bible Dictionary on CD-ROM*. Logos 2.1. New York: Doubleday, 1992, 1997.

histórias ugaríticas, simplesmente de "Deusa" ou de uma palavra que significa "sagrado". Em um caso, Aserá é descrita interferindo em favor de Baal, depois que ele derrotou Yam, para convencer El a deixar que Baal construísse uma casa. Ela não é exclusiva de Ugarit, mas aparece em vários panteões do antigo Oriente Próximo, incluindo o do Egito, bem como entre outros grupos cananeus.

A arqueologia sugere que Yahweh pode ter sido venerado ao lado de uma parceira deusa, Aserá, no antigo Israel. Inscrições em hebraico datando de cerca de 800-750 AEC, pouco depois do tempo de Elias, Acabe e Jezebel, falam de bênçãos de "Yahweh... e sua Aserá"[37]. Esses artefatos, bem como as severas e mordazes críticas bíblicas contra o culto a Baal e Aserá, sugerem que as divindades desses nomes foram adoradas no antigo Israel por algum tempo e, possivelmente, sem qualquer sentido de que tal adoração fosse herética[38].

THEOS E KURIOS, DO SENHOR AO SENHOR

Com sua tradução, a Septuaginta mascara parte da diversidade dos nomes de deus em hebraico. *Theos* representa tanto *elohim* quanto *YHWH-elohim*. Um leitor da Septuaginta, então, leria simplesmente "Deus" em cada caso, sem acrescentar nada a mais por isso. Da mesma forma, o grego usa *kurios*, que significa "senhor" ou "Senhor", para o nome YHWH (e às vezes para YHWH-elohim) e para o título hebraico *adonai*[39]. El Shadai é traduzido como *theos* e também como *kurios*[40]. Compare, por exemplo,

---

[37] Uma dessas inscrições, que identifica Yahweh com Samaria, a capital do reino nortista de Israel, foi descoberta em uma encruzilhada de rotas de caravana no Sinai, ao sul de Judá, chamada Kuntillet 'Ajrûd. Veja MESHEL, Z. Kuntillet 'Ajrûd: A Religious Centre in Northern Sinai. *Expedition 20*, 1978. p. 50-54; BECK, P. The Drawings from Horvat Teiman (Kuntillet Ajrûd) Tel Aviv 9, 1982. p. 3-86; DEVER, W. G. Asherah, Consort of Yahweh? *Bulletin of the American Schools of Oriental Research,* 255, 1984. p. 21-37; e <http://www.fas.harvard.edu/-semitic/wl/digsites/SLevant/KuntilletAjrud2006/>, acessado em: 25 de julho de 2008. Outra é de Khirbet el-Qom, uma região perto de Hebron, nas colinas do interior de Judá. Veja DEVER, W. G. Iron Age Epigraphic Material from the Area of Khirbet el-Kom. *Hebrew Union College Annual (40-41)*, 1970. p. 139-204; GERATY, L. T. The Historical, Linguistic, and Biblical Significance of the Khirbet el-Kom Ostraca. In MEYERS, C. L. (Ed.); O'CONNOR, M. *The Word of the Lord Shall Go Forth.* Winona Lake, Ind.: Eisenbrauns, 1983; ZEVIR, Ziony. *The Khirbet el-Qom Inscription Mentioning a Goddess.* BASOR 255, 1984. p. 39-47.

[38] Veja também HADLEY, Judith M. The Cult of Asherah in Ancient Israel and Judah: Evidence for a Hebrew Goddess. *Oriental Publications*, 57. Cambridge: Cambridge Universirv Press, 2000; SMITH, Mark S. T*he Origins of Biblical Monotheism.* New York: Oxford University Press, 2001.

[39] A palavra *kurios* também se aplica geralmente aos senhores humanos (por exemplo, Mt 18:32).

[40] A Septuaginta também traduz El Shaddai em Ezequiel 10:5 como *theo[s] shaddai.* No caso de Shaddai sozinho (sem El), o grego às vezes o traduz como *pantokrator*, um termo que significa "Todo-Poderoso".

a diversidade de nomes divinos em hebraico em Ex 6:2-3: "Deus disse a Moisés: 'Eu sou Yahweh. Apareci a Abraão, Isaac e Jacó como El Shaddai, mas eu não me fiz conhecer a eles pelo meu nome Yahweh'", com a tradução grega dos mesmos versículos: "Theos disse a Moisés: 'Eu sou kurios. Eu apareci a Abraão, Isaac e Jacó como theos, mas eu não me fiz conhecer a eles pelo meu nome kurios'".

Essa indefinição das distinções entre os nomes divinos hebraicos ao traduzi-los com os termos gerais *theos* e *kurios* provavelmente reflete um monoteísmo intensificado e uma teologia mais abstrata. Ela também pode ter influenciado a linguagem que os escritores do Novo Testamento usaram para articular ideias teológicas sobre Jesus e sua identidade em relação a (ou mesmo como) Deus. Na verdade, se você não soubesse que as palavras hebraicas por trás das traduções "SENHOR" e "Senhor" são diferentes, você perderia uma intrigante mudança teológica entre o Antigo e o Novo Testamentos.

No Antigo Testamento, o nome YHWH, representado por "SENHOR", refere-se a Deus. Ele nunca aparece como tal no Novo Testamento, nem mesmo em citações do Antigo Testamento. Em vez disso, o título "Senhor" aplica-se a Deus e a Jesus, às vezes de maneiras a sugerir uma equivalência do Deus pessoal do Antigo Testamento com a pessoa de Jesus do Novo Testamento[41]. O Evangelho de João inclusive descreve Jesus remontando à história em que Moisés recebe o nome divino de Deus, "Eu sou quem eu sou", para declarar: "Antes que Abraão existisse, sou eu", afirmando sua identidade e igualdade com o Deus YHWH do antigo Israel[42].

A "teologia do nome" do Antigo Testamento veio a ser associada, no Novo Testamento, a Jesus. No Antigo Testamento, a expressão "o nome do Yahweh" aparece em oitenta e três versículos. Sua equivalente grega, "o nome de kurios", aparece no Novo Testamento em vinte versículos, cada um dos quais dilui a fronteira entre o Jesus humano e o Deus pessoal de Israel[43]. Por exemplo, cada um dos evangelhos descreve a entrada de Jesus em Jerusalém, no Domingo de Ramos, acompanhada de gritos

---

[41] A questão é retratada como motivo de consternação e perplexidade entre os estudiosos hebraicos da comunidade de Jesus que não conseguiam entender como o esperado Cristo poderia ser tanto o filho de Davi, como eles afirmavam, quanto alguém que Davi poderia chamar de "meu senhor" (ou seja, alguém com prioridade em termos de cronologia e poder, embora filho de Davi). Jesus confunde-os, citando o Salmo 110:1, em sua tradução grega. Em vez de: "O SENHOR (o hebraico YHWH) disse ao meu Senhor (o hebraico *adonai*)", Jesus usa: "O Senhor (o grego *kurios*) disse ao meu Senhor (grego *kurios*)" (Mt 22:41-46).

[42] Jo 8:58; Ex 3:14.

[43] A expressão "o nome de Elohim" só aparece duas vezes na Bíblia hebraica: Sl 69:31; Dn 2:20 (em aramaico). Da mesma forma, seu correspondente em grego, "o nome de *theo[s]*", aparece poucas vezes no Novo Testamento (Rm 2:24; 1 Tm 6:1; Ap 16:9).

da multidão: "Bendito o que vem em nome do Senhor". Paulo e outros escritores do Novo Testamento também atribuem poder especial ao "nome do Senhor". Por exemplo, Atos narra como os novos fiéis eram batizados "em nome do Senhor Jesus"[44]; e Paulo exorta as pessoas a "fazer tudo em nome do Senhor Jesus, dando graças a Deus Pai por meio dele"[45].

MESSIAS

O nome de Jesus é uma transliteração grega do aramaico *Yeshu(ah)*, a partir do hebraico *Yehoshua*, que normalmente escreve-se Josué e que significa algo como "Yah salva". Mas salva de quê? O Novo Testamento foi escrito por pessoas que acreditavam que Jesus era e é o único capaz de conciliar os seres humanos com Deus. Os seguidores de Jesus, em última instância, interpretaram profecias anteriores, especialmente aquelas em Isaías sobre o servo vicariamente sofredor de Deus "por [cujas] feridas somos curados"[46] e rituais de expiação sacrifical, concluindo que Jesus estabeleceu uma ponte entre Deus e o povo, servindo como o sacrifício definitivo, o inocente que expia o pecado do mundo. E eles acreditavam com esperança apocalíptica que Jesus finalmente retornaria ou retornará à terra, como justo juiz de Deus, estabelecendo um novo reino ("do céu", também "de Deus") em que os fiéis desfrutariam ou desfrutarão da recompensa e da vida eterna.

Isso adicionou à ideia de "Messias" um sentido diferente do que as pessoas da comunidade imediata de Jesus teriam dado. A palavra "messias" baseia-se na transliteração grega *messias* do hebraico *meshiach*, que significa simplesmente "ungido". Originalmente definida no antigo Israel como o processo físico de derramar óleo na cabeça de um sacerdote ou rei, a unção era simplesmente a demonstração concreta de Deus haver escolhido uma pessoa para servir como líder político ou religioso.

O livro de Levítico conta como Deus estabeleceu um sistema para consagrar sacerdotes. O momento culminante desse ritual, inaugurado por Moisés, envolvia a unção do novo sacerdote[47]. Os reis também eram ungidos. Quando Deus e Samuel capitularam ao pedido do povo por um rei, foi com o entendimento de que o rei humano responderia a Deus, o rei absoluto e duradouro. Como "ungido de Deus" (um "messias"), o rei deveria executar

---

[44] At 8:16; 19:5.
[45] Cl 3:17.
[46] Is 53: 5.
[47] Veja especialmente Lv 8:1-13.

a liderança de Deus na Terra, orientando as pessoas na justiça e governando uma nação fundada na justiça e caracterizada pela paz. Ele deveria, então, ser um líder política e religiosamente ideal.

A monarquia durou até o início do século VI AEC, quando os babilônios decisivamente derrotaram Judá, destruíram o templo de Jerusalém e levaram a nata da sociedade judaica para o exílio na Babilônia. A partir de então, as pessoas passaram a esperar um retorno do rei de Israel, um recém-ungido, que restabeleceria a nação com uma reputação global, governada pela sabedoria, com justiça e paz, em conformidade com os ditames e as características de Deus. Ou seja, eles esperavam por um Messias. A tradição de que Deus fizera uma aliança duradoura com o rei Davi ditava que o novo rei viria da linhagem de Davi (Jessé) e da tribo de Judá[48].

Os primeiros seguidores de Jesus provavelmente esperavam um messias de acordo com essas tradições e pensavam em Jesus nesses termos, mas o Novo Testamento retrata Jesus remodelando a definição dessas expectativas de poder e glória. Quando Jesus explica a necessidade da sua morte, Pedro manifesta indignação e incredulidade de que tal coisa deva ser. A resposta de Jesus – "Afasta-te de mim, Satanás!" – revela como a compreensão de Jesus de seu papel como Messias diferia do ponto de vista tradicional de seus discípulos[49].

Esse messias em particular sofreria a morte de um criminoso e voltaria à vida novamente, para servir como messias eterno. Esse messias não apenas levaria o povo a viver de acordo com os mandamentos de Deus, mas também explicaria e interpretaria de novas formas os mandamentos, para ensinar uma forma particular de compreender o que tal obediência poderia significar. Ele estabeleceria justiça e paz, sim, mas manteria também a esperança de recompensa e vida eternas com Deus como possível para todas as pessoas. Especialmente de acordo com o Evangelho de João, e também de Paulo, Jesus levaria a questão de facilitar a relação entre Deus e o povo de Deus ainda mais longe, *sendo*, de fato, Deus, e assim, finalmente conciliaria as pessoas alienadas por suas falhas humanas com um Deus que as perdoava e amava. O significado de messias (especificamente de Jesus como o messias) tornou-se maior, portanto, do que o de um líder humano justo e capaz. O messias assumia a natureza de divindade, sendo nada menos do que o próprio filho de Deus.

---

[48] Por exemplo, 2 Sm 7:16.

[49] Mt 16:23; Mc 8:33.

Para as pessoas formadas na tradição hebraica, igualar um andarilho pobre da Galileia, que morreu como criminoso romano comum, ao messias bíblico e ainda mais a Deus, e então presumir adorá-lo, teria sido julgado como uma grave violação da aliança com Deus, exatamente da forma contra a qual os profetas alertavam. A afirmação de Jesus de que ele era "sou eu", equiparando-se efetivamente ao SENHOR Deus, teria sido considerada uma ofensa herética por qualquer judeu tradicional. Entretanto, os seguidores de Jesus (que eram primeiramente judeus, no início) acreditavam que Jesus era, de fato, o cumprimento das expectativas do Antigo Testamento sobre um messias que traria uma nova ordem mundial, não só politicamente, mas também espiritualmente, em que as pessoas seriam reconciliadas com Deus e viveriam em consonância com os ideais de justiça e paz[50].

CRIPTO-JESUS: OUTROS NOMES E SÍMBOLOS

João retrata Jesus abraçando sua identidade messiânica, e não só na forma definida pelas expectativas tradicionais. Mas nos evangelhos sinópticos, especialmente em Marcos, Jesus é retratado querendo manter sua identidade sob sigilo, naquilo que os estudiosos chamam de "segredo messiânico". Quando Pedro o define como o messias, Jesus não o corrige, mas manda que seus discípulos guardem isso para si mesmos[51]. No Evangelho de Marcos, Jesus pede repetidas vezes para que as pessoas segurem a língua, aparentemente para evitar que revelem seu segredo. Alguns comentadores explicam que isso se dava porque as massas precisavam de tempo para chegar à conclusão de que Jesus era um messias de uma espécie diferente, porque a completa identidade messiânica de Jesus somente poderia ser apreciada após sua morte e ressurreição, ou porque Jesus precisava fazer mais antes de se definir publicamente como o messias (pois isso poderia causar problemas suficientes para que o matassem).

Um filme com o grupo de comédia Monty Python parodia esse segredo messiânico. *A vida de Brian* conta a história de um homem nascido na mesma hora, no estábulo vizinho, e confundido com Jesus. O Brian adulto protesta: "Eu não sou o Messias! Vocês querem me ouvir? Eu não sou o Messias, estão entendendo? Verdade!". Ao que uma menina responde:

---

[50] Exatamente tal qual Jesus deve ser entendido como Messias não é consistentemente representado no Novo Testamento, a divindade de Jesus continuou a ser debatida durante séculos, mesmo depois de 325 EC, quando se tornou um princípio fundamental da doutrina cristã tal como foi articulada pelo Concílio de Niceia.

[51] Mt 16:20; Mc 8:29-30; Lc 9:20-21.

"Só o verdadeiro Messias nega sua divindade". Então, Brian diz: "O quê? Bem, então qual é a chance que me resta? Tudo bem, eu sou o Messias!". E a multidão vibra: "Ele é! Ele é o Messias!".

Christos ou Cristo, a tradução grega do termo hebraico *meshiach* ou *messiah*, não é o nome de Jesus, nem seu sobrenome. Ela aparece na Septuaginta onde quer que o termo hebraico *messiah* apareça e, portanto, aplica-se a qualquer um que tenha sido ungido. No Novo Testamento, ela serve como título, não como nome, para descrever como as pessoas entendiam Jesus.

De acordo com Mark Twain, seu companheiro aprendiz em uma gráfica abreviava o nome Jesus Cristo como JC, a fim de economizar espaço e tipo. Ele foi profundamente criticado pelo evangelista cujo panfleto eles imprimiam, o qual lhes disse para nunca mais tratarem o nome do salvador de forma tão ímpia. Em vez disso, "Coloquem o nome *todo*!". Assim fez o aprendiz, e acrescentou uma inicial no meio, só por garantia: "Jesus H. Cristo"[52]. É possível que essa expressão tenha origem em uma abreviatura somente em maiúsculas de uma ortografia grega do nome de Jesus: IHC (variante IHS). Até onde sabemos, essa sigla apareceu pela primeira vez no começo do século VII, nos trajes especiais de sacerdotes ingleses; ela ainda aparece em vestes religiosas de hoje. A letra maiúscula grega *eta* parece-se com nosso H maiúsculo, então muitos a leram dessa forma equivocada[53]. Quaisquer que tenham sido suas origens, essa expressão segue viva, em maldições e juramentos.

Nem IHC nem IHS são etimologicamente relacionadas a ICHTHYS, embora todas elas refiram-se a Jesus. *ICHTHYS* é a ortografia, em letras maiúsculas, da palavra grega para "peixe". Ela é também uma sigla que significa *Iesous* (Jesus) *CHristo* (Cristo) *THeou* (de Deus) *Huios* (Filho) *Soter* (Salvador). Como o Jesus galileu e seus seguidores passavam um bom tempo pescando e comiam muito peixe, era natural para os primeiros cristãos ligá-lo a imagens de peixes. Alguns dos discípulos de Jesus eram pescadores profissionais a quem Jesus chamou com a promessa de fazer deles "pescadores de homens"[54].

Pensa-se que, nos primeiros dias após a morte de Jesus, quando um seguidor ou seguidora de Jesus não tinha certeza se seu novo companheiro era simpático às crenças cristãs, ele ou ela desenhava um arco. Se o novo

---

[52] SMITH, Roger. *The H of Jesus H. Christ*. American Speech 69(3), outono de 1994, p. 332.
[53] Ibid., p. 331-335.
[54] Mt 4:19; Mc 1:17.

conhecido desenhasse um arco complementar, formando a imagem estilizada de um peixe, então estava tudo bem; ambos eram cristãos. (Se não, bem, o primeiro desenhista deve ter esperado que o outro achasse aquilo um gesto à toa, ou que o achasse um pouco estranho, mas não o denunciasse como um cristão encrenqueiro às autoridades religiosas romanas.)

Hoje em dia, o que começou como um ressurgimento desse símbolo cristão antigo, o peixe estilizado que você vê em carros e camisetas, motivou variações, proliferando tão rapidamente quanto aquele peixinho lebiste. Entre as numerosas variações que apareceram como resultado das "guerras de peixe" há alguns com perninhas gordas e "DARWIN" escrito em seu corpo, ou segurando uma chave inglesa e tendo a "EVOLVE" (Evoluir) escrita, a fim de enviar uma mensagem contrária aos criacionistas. Alguns peixes símbolos são esqueletos, e alguns são tubarões (tubarões que comem o peixe Jesus). O peixe "gefilte" sugere que o usuário do emblema é judeu; o "lutefisk" sugere um motorista escandinavo, e "'n' chips" é simplesmente um bobo.

LOGOS

Enquanto os evangelhos sinópticos estão preocupados com o "segredo messiânico", o quarto evangelho não tem reservas em proclamar a igualdade entre Jesus e Deus. João começa por identificar "o Verbo" tanto com o criador eterno quanto com uma particular encarnação humana de Deus, vinculando, assim, Deus e Jesus. Essa palavra traduzida como "Verbo" é *logos*, no original grego. Em uma clara retomada de Gênesis capítulo 1, João define o *logos* como Deus e "com Deus" desde o início da criação, agente e participante do ato criativo em si: "No princípio era o *logos*, e o *logos* estava com Deus, e o *logos* era Deus. Ele estava no princípio com Deus. Todas as coisas foram feitas por meio dele"[55]. João declara que esse Verbo Divino é a própria vida, uma vida que ilumina o mundo com "luz verdadeira, que ilumina a todos"[56], e o iguala – Verbo divino/vida/luz – a Jesus. "O Verbo se fez carne e habitou entre nós... cheio de graça e de verdade"[57].

---

[55] Jo 1:1-3a. Isso soa muito parecido com conceito hebraico de *hokmah*, "sabedoria", que impregna o mundo e a ordem criada. Examinar o mundo e aprender com ele é ganhar em sabedoria e estar mais perto de Deus, segundo, especialmente, a "literatura de sabedoria" do Antigo Testamento.

[56] Jo 1:9.

[57] Jo 1:14.

DEUS PAI

Assim como João identifica Jesus com Deus, ele também distingue Jesus de "Deus Pai" – designação que aparece em todo o Novo Testamento, no qual Deus é descrito como "o Pai" de todos os fiéis em geral, e pai de Jesus[58]. "Deus Pai" cria, corrige e redime. Ele também é retratado como capaz de enviar seu filho Jesus para ensinar sobre o Pai, de salvar as pessoas através da morte expiatória de Jesus e de trazer Jesus de volta à vida. Deus Pai é caracterizado principalmente pelas qualidades próprias dos pais em termos de julgamento, perdão e amor.

A própria compreensão que Jesus tem de Deus, como os evangelhos a retratam, está bastante em conformidade com suas tradições judaicas. Ou seja, Jesus identificou Deus em termos de rei, criador e juiz, aquele que deu ao povo a Torá (no sentido mais *lato* dessa palavra) como um meio de discernir e fazer a vontade de Deus, que ama o mundo e que escolheu estar especialmente ligado a ele, em parte, através de aliança de Deus com Israel[59]. Jesus apresenta uma outra forma de imaginar Deus, também, rezando para ele como *abba*, conotando o relacionamento familiar e íntimo de um filho com seu pai. Isso, no entanto, não é uma ruptura tão radical com a tradição judaica como pensam muitos cristãos. Além de seu sistema altamente sofisticado de rituais, orações sacerdotais e sacrifícios que conectavam o adorador a Deus, o judaísmo incluía ricas tradições de oração direta e sincera a um Deus imediato, compassivo e profundamente interessado. Jesus, ao usar *abba* para dirigir-se a Deus – por exemplo, ensinando seus seguidores a orar, dizendo "Pai Nosso" –, torna o relacionamento ainda mais íntimo.

O ESPÍRITO SANTO

A expressão traduzida literalmente como "Espírito Santo" aparece apenas três vezes na Bíblia hebraica[60], mas aparece quase cem vezes no Novo Testamento. Mesmo assim, as ideias do Novo Testamento sobre o Espírito Santo claramente bebem das tradições da Bíblia hebraica do *ruach elohim* ("o Espírito de Deus") ou *ruach Yahweh* ("o Espírito do

---

[58] João também identifica Jesus com Deus Pai, alegando, por exemplo, "Eu e o Pai somos um" (Jo 10:30).

[59] BASSLER, Jouette M. God (in the NT). In FREEDMAN, David Noel. (Ed.) *Anchor Bible Dictionary on CD-ROM*. Logos 2.1. New York: Doubleday, 1992. 1997.

[60] Sl 51:11; Is 63:10,11 (*ruach qodesh*).

Senhor"), que estava presente na criação, inspirou os antigos juízes a liderar as tribos hebraicas, dominou os profetas carismáticos e revitalizou um Israel irremediavelmente exilado. Visível apenas por seus efeitos, o Espírito dá poder e visão especiais e torna os fiéis capazes em todos os sentidos. Ele é ocasionalmente representado como autônomo, até mesmo pessoal (que ensina e fala, por exemplo)[61]. Consequentemente, embora a expressão *pneuma hagion* não seja distinguida como nome próprio, sigo aqui a convenção da maioria das traduções, escrevendo as palavras com iniciais maiúsculas.

Mateus e Lucas creditam ao Espírito Santo a imaculada conceição de Maria, e o Espírito desceu "como uma pomba" em Jesus quando ele foi batizado[62]. Os evangelhos falam de pessoas comuns, como Isabel, Zacarias, Simeão, a quem o Espírito Santo deu *insights* especiais, e Jesus garantiu a alguns dos seus discípulos que, em tempos de tribulação, o Espírito Santo os orientaria quanto ao que dizer[63]. Declara-se que blasfemar contra o Espírito Santo é uma ofensa imperdoável[64].

Os evangelhos dizem pouco sobre o Espírito Santo após o batismo de Jesus e antes de sua morte, mas, após a morte de Jesus, ele desempenha um papel significativo. O Jesus de João promete que o Pai enviará um "defensor", ou "ajudante" (o termo grego é *parakletos*, às vezes representado em traduções como "*Paraclete*"), que ele definiu como o Espírito Santo, e Jesus ressuscitado soprou o Espírito Santo em seus discípulos depois de dizer: "Como o Pai me enviou, também eu vos envio"[65].

O Espírito Santo é uma presença constante no livro de Atos, no qual ele instrui e orienta o desenvolvimento da Igreja desde o início. O momento mais dramático do Espírito Santo ocorre no início de Atos. Em uma interpretação do *ruach elohim* que o profeta Joel, do Antigo Testamento, previu[66], o autor de Atos narra um fenômeno no qual havia um grande vento vindo do céu e línguas como fogo tocaram cada um dos discípulos de Jesus e os preencheram com o Espírito Santo, que lhes permitia falar

---

[61] 2 Sm 23:2; Lc 12:12; Jo 14:26; At 13:2. Tanto a palavra hebraica 'ruach' quanto o grego 'pneuma' são usados para "vento" e "respiração", bem como "espírito". O substantivo hebraico aparece nas formas masculina e feminina; o grego é neutro em gênero.

[62] Mc 1:10; Lc 3:22; Jo 1:32. Em Mateus 3:16, é o *pneuma theo[s]*, traduzido como "Espírito de Deus".

[63] Lc 1:41, 67; 2:25; Mc 13:11.

[64] Mt 12:32; Mc 3:28-29; Lc 12:10. Exatamente como isso deve ser compreendido é objeto de alguma disputa, mas os Evangelhos o apresentam como sendo tão grave que é o único pecado verdadeiramente imperdoável.

[65] Jo 14:16-17; Jo 20:22. Isso foi feito provavelmente para recordar a história em que Deus sopra vida no primeiro ser humano (Gn 2:7).

[66] At 2:16-21; Jl 2:28-32.

em outras línguas[67]. Os batismos que se seguiram naquele dia transmitiram o dom do Espírito Santo também a novos fiéis (um entendimento que ainda é crucial para a prática cristã do batismo hoje). Esse evento dramático é lembrado como o primeiro Pentecostes cristão[68].

Paulo desenvolve especialmente esse perfil do Espírito Santo (ou, simplesmente, "Espírito") e seu papel na vida cristã como o dom da presença e vitalidade de Deus dentro de um fiel, para santificar a pessoa, orientar suas ações e decisões e unificar os membros da comunidade cristã. A ideia de que Deus dá um espírito divino duradouro e vitalizante, pelo qual ele pode ser intimamente conhecido e que interceda junto a Deus em nome dos fiéis não se limita aos Atos e às epístolas de Paulo; ela aparece com frequência em todo o resto do Novo Testamento.

A doutrina cristã da Trindade – um só Deus paradoxalmente compreendendo Deus, o Pai; Jesus, o Filho; e o Espírito Santo – não é dita explicitamente como tal em parte alguma do Novo Testamento. Na verdade, ela se desenvolveu a partir dos modos com que textos díspares do Novo Testamento sugeriram relações entre o que veio a ser visto pela comunidade cristã como os diferentes aspectos e nomes de Deus. Afirmações como a ordem de Jesus para batizar "em nome do Pai, do Filho e do Espírito Santo"[69] e a bênção de Paulo, "Que a graça do Senhor Jesus Cristo e o amor de Deus, e a comunhão do Espírito Santo estejam com todos vós"[70], claramente informam essa teologia distintiva cristã.

"DEUS" É NOME DE MENINO?

O patriarcado definia o contexto cultural do antigo Oriente Próximo e prosseguiu durante o desenvolvimento do cristianismo nos primeiros séculos da Era Comum. A liderança e o poder eram uma prerrogativa dos homens, por isso, quando Deus é descrito na Bíblia por meios antropomórficos (com forma humana), Deus é quase sempre um homem – guerreiro, rei, pai. Na Bíblia hebraica, essa associação de Deus com a masculinidade é reforçada pelos limites da própria língua. O hebraico antigo não tem pronomes sem gênero (como "isto") e tomava o masculino como padrão quando era

---

[67] At 2:1-4.

[68] Aconteceu em um feriado judaico existente. Pentecostes é o nome grego de uma festa judaica ("Festa das Semanas"), observado cinquenta dias (sete semanas) após (e incluindo) a Páscoa. Com origem em um festival agrícola, ele veio a ser associado à doação da Torá por Deus a Israel. O Pentecostes cristão, que celebra o dom do Espírito Santo, ocorre no quinquagésimo dia após a Páscoa (incluindo-a na contagem).

[69] Mt 28:19.

[70] 2 Cor 13:13.

preciso escolher. Como resultado, na maioria dos casos, Deus se parece com um homem no Antigo Testamento.

O grego tem nomes e pronomes neutros, mas a linguagem e as imagens relativas a Deus no Novo Testamento continuaram a priorizar o masculino, assim como seu contexto cultural continuava a ser patriarcal. O Novo Testamento segue o precedente hebraico, identificando *theos*-Deus com a linguagem masculina. O Espírito, pelo contrário, é mais difícil de fixar, sobretudo porque as línguas bíblicas não lhe atribuem um gênero em particular. O grego *pneuma* ("espírito") é neutro, refletindo a ambiguidade de gênero do hebraico *ruach* ("espírito") do Velho Testamento. Normalmente *ruach* é feminino, mas às vezes é masculino. Em Gn 1:2, *ruach* é um substantivo feminino[71]: "O Espírito de Deus [ela] pairava sobre a superfície das águas". O verbo aqui utilizado também compara Deus, em outros lugares, a uma águia que paira sobre seu ninho, dando uma imagem interessante da atividade criadora de Deus, em Gênesis, como talvez uma mãe cuidando de sua criação[72].

Com efeito, apesar da preferência esmagadora por imagens masculinas para descrever Deus, a Bíblia inclui também algumas imagens femininas. Por exemplo, a angústia de Deus com a apostasia de Israel é comparada com a de uma mulher aflita em trabalho de parto, e o amor persistente de Deus por Israel é descrito como semelhante ao de uma mãe que não consegue esquecer ou abandonar os filhos e que procura confortá-los[73]. A criação de seres humanos, descritos como "macho e fêmea à imagem de Deus", fala de uma compreensão de Deus que inclui os sexos em igual medida[74]. Ao fim, porém, linguagem e imagens masculinas predominam em representações de Deus na Bíblia hebraica.

Isso também é verdade no Novo Testamento, em textos informados não apenas por seus contextos culturais, mas também pelas escrituras hebraicas. O Jesus bíblico é do sexo masculino, é claro, e refere-se a Deus usando o "masculino" pai, e não "mãe", ou mesmo "progenitor". Mas se a masculinidade de Jesus deve-se à época e ao local de seu nascimento, ou à determinação de Deus de que um homem deveria encarnar a divindade, é uma questão de fé. Da mesma forma, se a escolha de Jesus por se referir a Deus como "Pai" deve ser tomada como a confirmação da masculinidade de Deus ou, simplesmente, como um efeito das tradições de Jesus (judaicas) e as circunstâncias (patriarcais), é também uma questão

[71] A tradução grega usa *pneuma*, um substantivo neutro.

[72] Dt 32:11. Entretanto, a águia nesse texto é um substantivo masculino.

[73] Is 42:14, 49:15, 66:13.

[74] Gn 1:27.

de interpretação e fé para os fiéis de hoje. Por fim, embora Jesus tenha desafiado alguns pressupostos patriarcais de sua época e, embora a Igreja cristã primitiva tenha continuado essas inovações através da inclusão de mulheres em posições de liderança, o contexto cultural do mundo cristão, no entanto, ditou certas restrições tanto em teologia metafísica quanto sobre a experiência de vida real das mulheres daquela época.

As definições de Deus para as pessoas de fé hoje são informadas pelas imagens e descrições bíblicas, mas, em última análise, são determinadas pela interpretação. Quando se trata do gênero de Deus, muitas pessoas preferem pensar, com as imagens predominantes na Bíblia, em Deus em termos masculinos. Outras, considerando essas associações problemáticas por uma série de razões, dão preferência a uma linguagem e imagens de Deus que priorizam o feminino. Outros ainda apelam para a diversidade das formas com que a Bíblia descreve Deus, bem como as advertências da Bíblia contra formar imagens de Deus, para concluir que as melhores descrições finalmente desafiam qualquer retrato exclusivo ou representação tangível.

O DEUS DO TESTAMENTO X É UM DEUS DE Y

Em generalizações muito amplas e grandiosas, muitas pessoas concluem que o Deus do Antigo Testamento é um Deus irado e vingativo; em contraste, o Deus do Novo Testamento é clemente e pronto a perdoar. Assim como em tantos aspectos da Bíblia, as coisas raramente são tão simples como tais argumentos tão incisivos alegam. Sim, muitos textos do Antigo Testamento falam sobre Deus golpeando o povo – os israelitas pecadores assim como seus vizinhos pagãos, mas isso está longe de ser a história toda; há também muitas histórias, canções e leis que falam do perdão, do amor e da aceitação de Deus aos outros – que tais generalizações simplistas esquecem[75]. Sim, Deus é reapresentado no Novo Testamento direcionando intenção e energia divinas para resgatar as pessoas para si através da vida, morte e ressurreição da encarnação de Deus em Jesus, e é descrito como nada menos do que o próprio amor; mas essa tampouco é a história toda. O Deus do Novo Testamento também é exigente e crítico[76]. Em ambos os casos, afirmações

[75] Por exemplo, Jr 31:31-34; Nm 14:18; Is 66:18, respectivamente.

[76] Por exemplo, Jesus ensinava que aqueles que não olham pelos desafortunados, pobres e rejeitados seriam julgados como não tendo cuidado de Deus, amaldiçoados e designados ao fogo eterno (Mt 25:31-46); e Apocalipse descreve um cavaleiro divino, que "na justiça julga e faz a guerra", cuja boca lança uma espada afiada, e que governa com uma barra de ferro, e "pisa o lagar do vinho da ira de Deus Todo-Poderoso" (Ap 19:11-15).

generalizantes desviam-se das nuances que vêm, em parte, do conhecimento sobre o contexto e o desenvolvimento históricos da Bíblia.

Na Bíblia hebraica, Deus é apresentado de muitas maneiras diferentes. No capítulo de abertura, Deus é completamente "distante" e "outro", magnificamente diferente de um universo que ele trouxe à existência sem esforço, sem atributos humanos além da fala. No capítulo seguinte, Deus passeia no jardim, faz bonecos de pessoas com o barro, respira, fala, se preocupa e se arrepende. Na Bíblia hebraica, temos um Deus que faz piquenique com os amigos e que não pode ser imaginado como nenhuma outra coisa; um Deus que responsabiliza sucessivas gerações pelos pecados de seus pais e que declara que "cada pessoa deve ser responsabilizada por seus próprios atos"[77]. Temos um Deus que proíbe o casamento fora da comunidade e que facilita o casamento de mulheres estrangeiras com homens israelitas honestos (a mais famosa é Rute)[78]. Temos um Deus que decide punir com violência sangrenta e humilhante e que se declara incapaz de realizar até a merecida punição, por causa de seu grande amor[79].

No Antigo Testamento, Deus derruba e constrói, exige e dá generosamente, pune e perdoa, rejeita e abraça. De forma semelhante, o Novo Testamento inclui imagens de Deus que o mostram tanto de forma grandiosa quanto aconchegantemente íntima; ele insinua e corajosamente afirma a divindade paradoxal de um Jesus humano, e descreve um Espírito Santo como um defensor antropomórfico, misteriosamente imanente em línguas de fogo, distinto da humanidade, mas capaz de "preencher" completamente uma pessoa. Há uma tensão constante, tanto no Velho Testamento quanto no Novo, entre a alteridade de Deus e a semelhança de Deus, entre transcendência e imanência, entre os esforços de Deus para ser conhecido e os desafios de Deus à compreensão humana. O Antigo Testamento não se presta a uma teologia sistemática bem arrumada; da mesma forma, tais posições teológicas cristãs definitivas, como a doutrina da natureza totalmente humana e totalmente divina de Jesus e o Deus trino, não se seguiram imediatamente ao Novo Testamento, mas levaram séculos para se desenvolver. As diversas descrições, na Bíblia hebraica e no Novo Testamento, produzem um perfil de Deus com muitas camadas, e as variações continuam a "estimular o diálogo e o debate tanto para os judeus quanto para os cristãos sobre a natureza e as expectativas de Deus.

---

[77] Por exemplo, Gn 18:1-16; Is 46:5; Ex 20:5; Ez 18:1-4.

[78] Dt 7:3; Esd 10:2.

[79] Essa ambivalência domina os livros dos Últimos Profetas. Para ver um exemplo dentro do mesmo livro, compare Os 5:8-14 com 11:8-9.

CONCLUSÃO

Eu li a última página da Bíblia. Tudo vai acabar bem.

— BILLY GRAHAM

A Bíblia encontra-se pelo mundo afora, sujeita a interpretações humanas e refletida em referências inúmeras e díspares que servem a todos os tipos de propósitos. As pessoas falam, pensam e aplicam a Bíblia de todas as formas, algumas das quais estão em completo desacordo com as outras. Enfim, não há uma forma única de discutir e compreender esse texto sagrado. Pelo contrário, a história do desenvolvimento da Bíblia, sua diversidade literária e teológica e a variedade de métodos que as pessoas usam para interpretá-la têm gerado inúmeras interpretações e aplicações. Essa é, ao menos parcialmente, a razão pela qual a Bíblia tem mantido sua vitalidade, permanecendo, assim, tão significativa ao longo dos anos. Ela atravessou os séculos não apenas como uma relíquia devidamente desempoeirada por uma classe de curadores, mas porque tem provado ser constantemente instigante ao pensamento, uma fonte vital e aparentemente infinita de inspiração e debate, e da criatividade humana para todos os tipos de pessoas, em toda a parte.

A Bíblia foi forjada no crisol de uma história difícil e representa a inteligência e a criatividade aguçadas não de um único e solitário indivíduo, mas de todos os autores e editores que tiveram uma participação na feitura, transmissão e codificação dos textos bíblicos. A Bíblia, cuja origem encontra-se em uma variedade de épocas antigas e sem tradução definitiva, presta-se a conversas tanto sobre ela quanto com ela. Poderíamos mesmo dizer que ela exige tal envolvimento. Saber sobre o contexto histórico, social e cultural da Bíblia pode nos ajudar a compreender esses textos e usos, mesmo que seja apenas para brigar com eles. Finalmente, é claro, este livro conta apenas uma fração (de uma fração de uma fração) da anatomia e da biografia da Bíblia. A seguinte descrição de fontes disponíveis direciona os leitores interessados a mais informações de estudo e contemplação.

Sabendo o que sabemos sobre o desenvolvimento da Bíblia, e testemunhando a variedade de traduções e interpretações existentes por aí, é fácil entender como a história da fé bíblica inclui os milênios de conversas ruidosas que compõem volumes e volumes de comentários, e também o silêncio de um monge solitário, escondido em uma caverna, com pelos e cabelo que lembram um *sheepdog* inglês. Sabendo o que sabemos, é fácil, ainda, compreender como a Bíblia também habita espaços não religiosos. Ela implora por envolvimento e é maravilhosamente complexa e aberta à imaginação dos seres humanos, desde o início da sua transmissão até hoje.

Tenho procurado, com este livro, encontrar um tom que convide os leitores que acreditam na Bíblia como Palavra Sagrada de Deus, e também os leitores que não acreditam, pois as informações contidas aqui não exigem a aceitação ou suspensão de tal crença. Aos que vêm à Bíblia com crenças religiosas específicas, os leitores incomodados por qualquer coisa neste livro, incentivo a não se afastar do aprendizado, mas a se reconfortar em saber que a Bíblia tem resistido a milênios de estudos por pessoas que acreditam; continuar a aprender sobre ela pode fortalecer e enriquecer a fé de cada um. Aos outros, também, espero que a compreensão de como as características literárias e o contexto histórico afetam a interpretação venha a facilitar a apreciação da riqueza dos textos bíblicos e a paixão que os que creem trazem à Bíblia. A Bíblia "diz" um bocado de coisas. Compreender como e por que as pessoas ouvem coisas diferentes torna frutífera a discussão sobre as possíveis perspectivas bíblicas.

Finalmente, é claro, informações sobre a Bíblia, como este livro pretende fornecer, não vão além de certos limites. Quando se trata de interpretar e utilizar textos bíblicos, as experiências individuais das pessoas, histórias familiares, contextos culturais e tradições de fé modelam sua maneira de tratar tais formações. Como atesta sua longa resistência, a Bíblia suporta, e até mesmo convida, novas iterações e reconcepções à luz de nossas circunstâncias em constante mudança. Podemos ter certeza de que, muito tempo depois que você e eu tivermos passado, as pessoas continuarão a fazer novas descobertas e a propor novas interpretações que informam as ideias sobre a Bíblia. E pessoas de todos os tipos – místicos e homens de negócios, senhoras da igreja e músicos punk, soldados endurecidos e poetas românticos, toxicodependentes e pacifistas – pegarão algo da rica linguagem, das imagens evocativas e da profundidade espiritual desses textos. Com todos os seus anos (e em parte devido à sua utilização durante todos esses anos), a Bíblia ainda é capaz de inspirar a criatividade, inflamar paixões, confortar e perturbar como nenhuma outra coisa é capaz.

APÊNDICE 1

ORDEM DOS LIVROS NA BÍBLIA HEBRAICA E NO ANTIGO TESTAMENTO

Bíblia Hebraica (Texto Massorético)	**Bíblia Septuaginta Grega**	**Antigo Testamento Católico Romano e Ortodoxo Grego**	**Antigo Testamento Protestante**
Torá	*Pentateuco*	*Pentateuco*	*Pentateuco*
Gênesis	Gênesis	Gênesis	Gênesis
Êxodo	Êxodo	Êxodo	Êxodo
Levítico	Levítico	Levítico	Levítico
Números	Números	Números	Números
Deuteronômio	Deuteronômio	Deuteronômio	Deuteronômio
Nevi'im (Profetas) (Profetas Anteriores)	*Livros Históricos*	*Livros Históricos*	*Livros Históricos*
Josué	Josué	Josué	Josué
Juízes	Juízes	Juízes	Juízes
	Rute	Rute	Rute
1-2 Samuel	1-2 Regnorum (1-2 Samuel)	1-2 Reis (1-2 Samuel)	1-2 Samuel
1-2 Reis	3-4 Regnorum (1-2 Reis)	3-4 Reis (1-2 Reis)	1-2 Reis
	1-2 Paralipomenon (1-2 Crônicas)	1-2 Paralipomenon (1-2 Crônicas)	1-2 Crônicas
	1 Esdras	1-2 Esdras (Esdras – Neemias)	Esdras Neemias
	2 Esdras (Esdras – Neemias)		Ester
	Ester	Tobias (Tobit)*	
	Judite	Judite*	
	Tobias	Ester (com acréscimos)	
	1-4 Macabeus	1-2 Macabeus*	
	Poesia e Sabedoria	*Poesia e Sabedoria*	*Poesia e Sabedoria*
	Salmos	Jó	Jó
	Odes	Salmos	Salmos
	Provérbios	Provérbios	Provérbios
	Eclesiastes	Eclesiastes	Eclesiastes
	Cântico dos Cânticos	Cântico dos Cânticos	Cântico dos Cânticos
	Jó	(Cântico dos Cânticos)	
	Sabedoria de Salomão	Sabedoria de Salomão*	
	Sirácida (Eclesiástico)	Eclesiástico*	
	Salmos de Salomão	(Sabedoria de Jesus ben-Sirach)	

Bíblia Hebraica (Texto Massorético)	**Bíblia Septuaginta grega**	**Antigo Testamento Católico Romano e Grego Ortodoxo**	**Antigo Testamento Protestante**
(Profetas Posteriores)	*Livros Proféticos*	*Livros Proféticos*	*Livros Proféticos*
Isaías		Isaías	Isaías
Jeremias		Jeremias	Jeremias
		Lamentações	Lamentações
		Baruque (incluindo a Epístola de Jeremias)*	
Ezequiel		Ezequiel	Ezequiel
		Daniel (com acréscimos; Oração de Azarias e Cântico dos Três Jovens*; Susana*; Bel e o Dragão*)	Daniel
Doze Profetas Menores			
Oseias	Oseias	Oseias	Oseias
Amós	Amós	Joel	Joel
Miqueias	Miqueias	Amós	Amós
Joel	Joel	Abdias	Abdias
Abdias	Abdias	Jonas	Jonas
Jonas	Jonas	Miqueias	Miqueias
Naum	Naum	Naum	Naum
Habacuque	Habacuque	Habacuque	Habacuque
Sofonias	Sofonias	Sofonias	Sofonias
Ageu	Ageu	Ageu	Ageu
Zacarias	Zacarias	Zacarias	Zacarias
Malaquias	Malaquias	Malaquias	Malaquias
Kethuvim (Escritos)			
Salmos	Isaías		
Jó	Jeremias		
Provérbios	Baruque		
Rute	Lamentações		
Cântico dos Cânticos	Epístola de Jeremias		
Eclesiastes	Ezequiel		
Lamentações	Susana		
Ester	Daniel		
Daniel	Bel e o Dragão		
Esdras-Neemias			
1-2 Crônicas			

* Não na Bíblia judaica e na maioria das protestantes; considerado deuterocanônico pelos estudiosos católicos e relegado aos apócrifos pelos protestantes

APÊNDICE 2

ORDEM DOS LIVROS NO NOVO TESTAMENTO

Mateus
Marcos
Lucas
João
Atos
Romanos
1 Coríntios
2 Coríntios
Gálatas
Efésios
Filipenses
Colossenses
1 Tessalonicenses
2 Tessalonicenses
1 Timóteo
2 Timóteo
Tito
Filemom
Hebreus
Tiago
1 Pedro
2 Pedro
1 João
2 João
3 João
Judas
Apocalipse

APÊNDICE 3

CRONOLOGIA E UM POUCO DE HISTÓRIA POR DENTRO E POR TRÁS DA BÍBLIA

1850 AEC	Abraão e Sara.
1250 AEC	Moisés e o Êxodo do Egito.
1200 AEC	Josué e as tribos conquistam e se estabelecem em Canaã.
1000 AEC	Davi torna-se rei em um Israel unido.
922 AEC	Israel divide-se em um reino do norte (Israel) e de um reino do sul (Judá).
721 AEC	A Assíria conquista o Reino do Norte (Israel).
621 AEC	O rei judeu Josias institui reformas religiosas baseadas na descoberta do que viriam a tornar-se os capítulos centrais do livro de Deuteronômio.
587 AEC	Os babilônios conquistam o reino do sul (Judá) e destroem o templo de Jerusalém.
539 AEC	Ciro II conquista a Babilônia e permite que os exilados judeus retornem a Jerusalém.
515 AEC	O "segundo templo" é concluído em Jerusalém.
445 AEC	Esdras traz a Torá a Jerusalém e institui reformas com base nela.
336-323 AEC	Alexandre, o Grande, estabelece um império que inclui todo o antigo Oriente Próximo, trazendo consigo influências helenizantes.
167-164 AEC	O rei selêucida Antíoco IV persegue os judeus com o helenismo forçado e incita a revolta dos Macabeus.
142-63 AEC	Reis Hasmoneus (descendentes dos Macabeus) governam Judá.
63 AEC	A Judeia torna-se parte do Império Romano.
27-30 EC	Ensinamentos e ministério de Jesus e sua execução por Roma.
35-62 EC	Paulo, um judeu que se converte ao cristianismo, funda igrejas especialmente entre comunidades de gentios.
66-73 EC	Os judeus revoltam-se contra Roma.
70 EC	Exércitos romanos arrasam o templo de Jerusalém.
90 EC	Reunião de intelectuais e líderes religiosos judeus em Jâmnia para dirigir a reconstrução do judaísmo.

APÊNDICE 4

UMA TENTATIVA DE CRONOLOGIA DOS ESCRITOS DA BÍBLIA HEBRAICA

Aproximado **Data**	**Composição**
1200-900 AEC	As mais antigas poesias bíblicas, como o Cântico de Débora (Juízes 5), O Cântico de Miriam (Êxodo 15:21), versículos do livro de Jasar (Josué 10:13) e outros poemas louvando Yahweh como guerreiro (por exemplo, Números 21) são compostas oralmente.
950-850 AEC	A primeira narrativa em prosa das origens de Israel, o relato Yahwista (J), é composto em Judá. A narrativa J está preservada em algumas partes das edições atuais de Gênesis, Êxodo e Números. Algumas passagens de J podem também sobreviver em partes da História Deuteronomista (HD). A História da Corte (2 Samuel 9-24 e 1 Reis 1-2) também pode ser de J.
950-587 AEC	Os arquivos reais são compilados nas cortes de Israel e Judá, fontes para o relato Deuteronomista da monarquia (de Samuel a Reis).
800-750 AEC	O relato eloísta (E) das origens de Israel é composto no reino nortista de Israel. E passagens aparecem em partes da Torá e (talvez) na HD.
750 AEC	O profeta Amós transmite sua mensagem oralmente; seus discípulos compilam os oráculos na forma escrita em data posterior desconhecida.
746-735? AEC	Oseias transmite sua mensagem oralmente em Israel; discípulos depois compilam suas palavras na forma escrita.
740-701 AEC	Isaías de Jerusalém transmite seus oráculos proféticos de alerta sobre a ameaça Assíria a Judá; discípulos mais tarde preservam as palavras de Isaías em partes de Isaías 1-39.
740-700 AEC	Miqueias transmite oráculos proféticos que são depois registrados e preservados no templo de Jerusalém (Jeremias 26: 16-18).
700-621 AEC	A parte central do Deuteronômio (capítulos 12-29) é composta.
630-609 AEC	Os oráculos proféticos de Sofonias são compilados.
621 AEC	A profetisa Hulda começa o processo de canonização bíblica, afirmando a autenticidade de uma antiga edição do Deuteronômio

621-609 AEC	A primeira edição da História Deuteronomista (Josué até 2 Reis), incorporando documentos poéticos e em prosa mais antigos, é escrita (talvez pelo escriba Baruque, em Jerusalém).
612 AEC	Naum transmite seus oráculos sobre a queda de Nínive.
609-598 AEC	Habacuque transmite seus oráculos sobre a ameaça babilônica.
600-587 AEC	Alguns dos oráculos proféticos de Jeremias são registrados por seu secretário Baruque.
587 AEC	Abdias denuncia o papel de Edom na devastação de Judá e Jerusalém pela Babilônia.
580 AEC	As visões de Ezequiel no cativeiro da Babilônia são registradas; Baruque reúne mais oráculos de Jeremias, acrescentando material biográfico.
550-500 AEC	Coletâneas de material jurídico e ritual feitas por escritores sacerdotais são inseridas em narrativas JE e preservadas em algumas partes de Êxodo, Levítico e Números
540 (década) AEC	Segundo Isaías transmite oráculos de esperança na Babilônia, que são registrados depois, em Isaías 40-55.
520 AEC	Os profetas pós-exílicos Ageu e Zacarias incentivam a reconstrução do templo de Jerusalém.
500 AEC	A reedição deuteronomista e sacerdotal de documentos mais antigos continua na Jerusalém pós-exílica.
500-450 AEC	Terceiro Isaías transmite oráculos que são posteriormente incorporados em Isaías 56-66.
500-400 AEC	Os diálogos poéticos de Jó são compostos e inseridos na estrutura de uma antiga história em prosa.
500-300 AEC	Salmos adicionais são compostos e utilizados em cultos no segundo templo.
490-400 AEC	Os livros proféticos de Malaquias, Joel e Jonas são compilados; uma antiga história folclórica é reescrita, criando o livro de Rute.
450-400 AEC	A revisão do material jurídico em Êxodo, Levítico, Números e Deuteronômio é concluída por editor(es) sacerdotal(ais); Esdras retorna da Babilônia para Jerusalém com uma edição revisada da Torá.
400 AEC	O livro de Provérbios é compilado.
400-300 AEC	O processo de canonização da Torá é concluído; o livro de Ester é composto; discípulos de um sábio de Jerusalém compilam o livro de Eclesiastes; os livros de Crônicas e Esdras-Neemias são escritos.
250 AEC	A Torá é traduzida para o grego, formando a primeira parte da Bíblia Septuaginta.
200-100 AEC	Coletâneas dos profetas são canonizadas.
165 AEC	O livro de Daniel é composto.
70-130 EC	Após a destruição de Jerusalém, estudiosos judeus desenvolvem gradualmente um texto hebraico padronizado.

APÊNDICE 5

GRANDES FATOS DA HISTÓRIA DO NOVO TESTAMENTO

Aproximado Data	Composição
332 AEC	Alexandre, o Grande, da Macedônia, inclui a Palestina em seu império.
323-197 AEC	Os ptolomeus do Egito governam a Palestina (período helenístico).
197-142 AEC	A dinastia selêucida da Síria governa a Palestina.
167-164 AEC	Antíoco IV tenta impor a religião helenística aos judeus e polui o templo.
164 AEC	A revolta dos Macabeus é bem-sucedida; o templo é purificado e rededicado.
142-63 AEC	Os judeus expulsam os selêucidas; a Judeia torna-se um reino independente sob a dinastia dos Hasmoneus.
63 AEC	O general Pompeu anexa a Palestina ao Império Romano e divide a Judeia.
40-4 AEC	Herodes, o Grande, governa como rei da Judeia, nomeado pelos romanos; ele reconstrói o templo.
30 AEC-14 EC	César Augusto governa como imperador de Roma.
6-4 AEC	Nascimento de Jesus.
4 AEC-39 EC	Herodes Antipas governa como tetrarca da Galileia.
5-10 EC	Nascimento de Saulo (o apóstolo Paulo) em Tarso.
14-37 EC	Tibério César governa como imperador de Roma.
26-36 EC	Pôncio Pilatos serve como procurador da Judeia.
27-29 EC (?)	Ministério de João Batista.
27-30 ou 29-33 EC (?)	Ministério de Jesus.
30-33 EC	Crucificação e ressurreição de Jesus.
33-35 EC	Conversão do apóstolo Paulo.
41-44 EC	Herodes Agripa I da Judeia é rei; ele prende Pedro, decapita Tiago e, possivelmente, também João (~ 4 EC)

41-54 EC	Cláudio reina como imperador de Roma; ele expulsa os judeus de Roma (49 EC).
47-56 EC	Paulo realiza viagens missionárias entre os gentios.
49 EC	Paulo comparece ao primeiro Concílio da Igreja, realizado em Jerusalém.
50 EC	Paulo escreve 1 e 2 Tessalonicenses; os "Ditos" de Jesus são compilados (?).
54-62 EC	Paulo escreve uma série de epístolas a várias igrejas que ele fundou ou visitou.
54-68 EC	Nero reina como imperador de Roma.
60-62 ou 63 EC	Paulo sob prisão domiciliar em Roma.
62 EC	Tiago, irmão de Jesus, é martirizado.
64 EC	Roma é queimada, e os cristãos são perseguidos.
66-70 EC	O Evangelho de Marcos é escrito.
66-73 EC	Revolta judaica contra Roma; destruição de Jerusalém e do templo*
69-79 EC	Vespasiano reina como imperador de Roma.
79-81 EC	Tito, conquistador de Jerusalém, é imperador.
80-85 EC	O Evangelho de Mateus é escrito.
80-90 EC	O Evangelho de Lucas e Atos são escritos.
80-100 EC	A epístola de Tiago é escrita.
81-96 EC	Domiciano é imperador; os cristãos da Ásia Menor experimentam hostilidade geral.
85-90 EC	O livro de Hebreus é escrito.
90 EC (?)	A epístola aos Efésios é escrita; as epístolas de Paulo são reunidas (?).
90-91 EC	Rabinos realizam concílio em Jâmnia; o judaísmo rabínico emerge da reorganização do pós-guerra.
90-100 EC	1 Clemente é escrita; o Evangelho de João é composto.
95-100 EC	Vários apocalipses judaicos e cristãos são compostos: 2 Esdras, Apocalipse e 3 Baruque.
98-117 EC	Trajano reina como imperador e persegue alguns cristãos.
100-110 EC	As epístolas 1, 2 e 3 João são escritas.
100-140 EC	A Didaquê, o Pastor de Hermas e a epístola de Inácio são escritos; os livros canônicos do Novo Testamento 1 e 2 Timóteo, Tito, 1 Pedro e Judas e também aparecem.
117-138 EC	Adriano é imperador.
132-135 EC	Os judeus revoltam-se contra Roma pela última vez.
150 EC (?)	2 Pedro é escrito.

* A revolta contra Roma marca o fim tanto do Estado judeu quanto da Igreja apostólica original.

APÊNDICE 6

ÁRVORE GENEALÓGICA DA FAMÍLIA DE ABRAÃO (GÊNESIS)

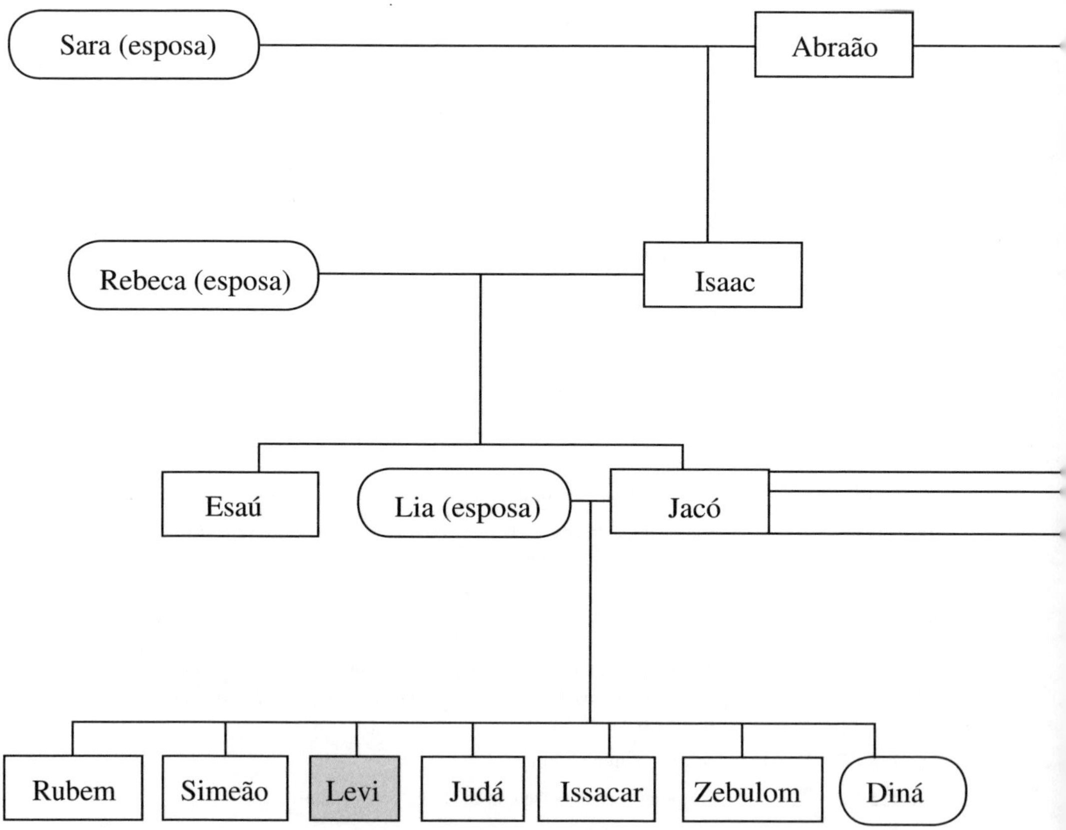

Há duas formas diferentes de se contar as doze tribos de Israel:

(1) Estritamente os filhos de Jacó (Gn 49:28).
(2) Substituindo os filhos de José por Levi (sacerdotes sem território) e por José (Nm 1:4-15).

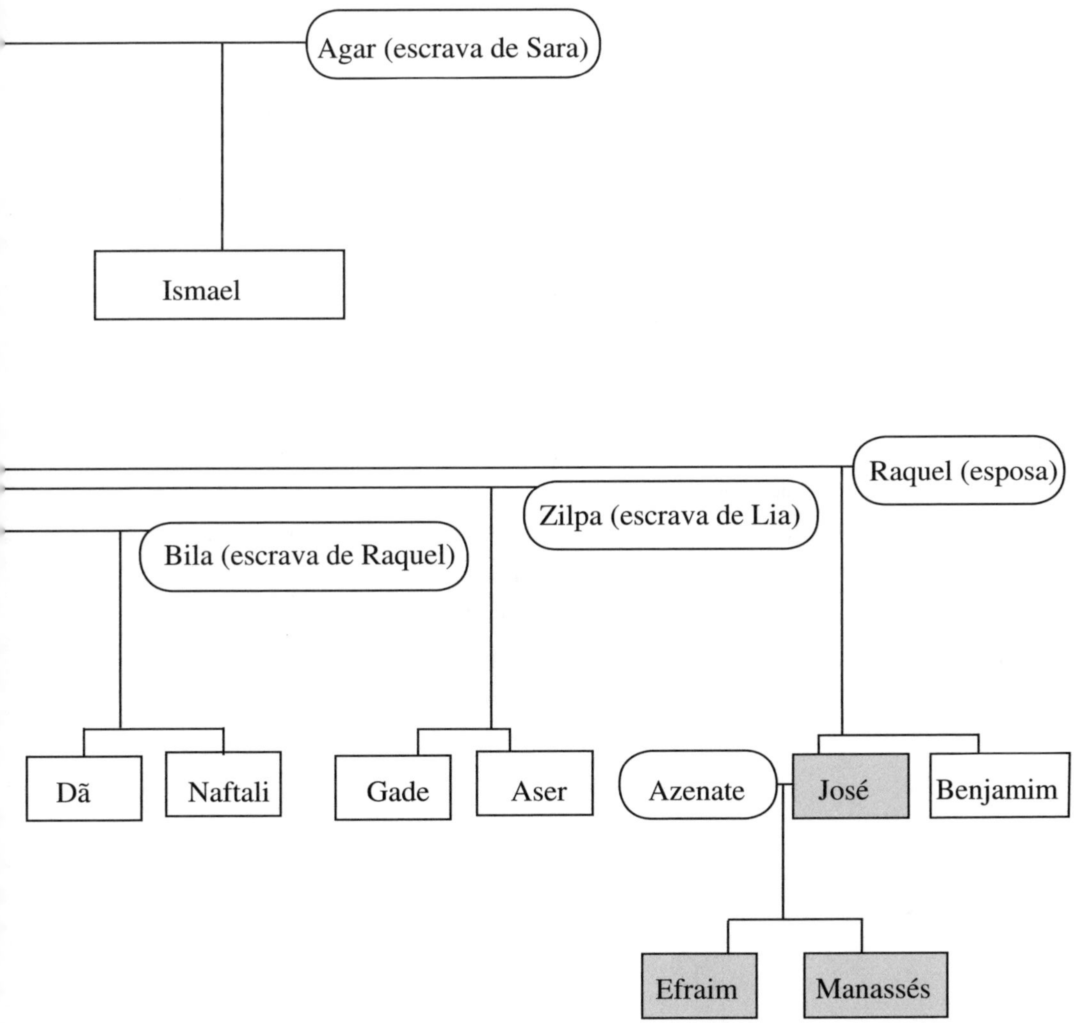
Agar (escrava de Sara)
Ismael
Raquel (esposa)
Zilpa (escrava de Lia)
Bila (escrava de Raquel)
Dã
Naftali
Gade
Aser
Azenate
José
Benjamim
Efraim
Manassés

APÊNDICE 7

ABREVIATURAS DE LIVROS BÍBLICOS

BÍBLIA HEBRAICA/VELHO TESTAMENTO					
Gn	Gênesis	**Est**	Ester	**Dn**	Daniel
Ex	Êxodo	**Jo**	Jó	**Os**	Oseias
Lv	Levítico	**Sl**	Salmos	**Am**	Amós
Nm	Números	**Pr**	Provérbios	**Ab**	Abdias
Dt	Deuteronômio	**Ecl**	Eclesiastes	**Jn**	Jonas
Js	Josué	**Ct**	Cânticos dos Cânticos (Cânticos de Salomão, ou Cantares)	**Mq**	Miqueias
Jz	Juízes			**Na**	Naum
Rt	Rute			**Hab**	Habacuque
1-2 Sm	1º e 2º Livros de Samuel			**Sf**	Sofonias
1-2 Rs	1º e 2º Livros de Reis	**Is**	Isaías	**Ag**	Ageu
1-2 Cr	1º e 2º Livros de Crônicas	**Jr**	Jeremias	**Zc**	Zacarias
Esd	Esdras	**Lm**	Lamentações	**Ml**	Malaquias
Ne	Neemias	**Ez**	Ezequiel		

NOVO TESTAMENTO					
Mt	Evangelho de Mateus	**Gl**	Epístola aos Gálatas	**Fm**	Epístola a Filemon
Mc	Evangelho de Marcos	**Ef**	Epístola aos Efésios	**Hb**	Epístola a Hebreus
Lc	Evangelho de Lucas	**Fl**	Epístola aos Filipenses	**Tg** **1-2 Pd**	Epístola de Tiago 1-2 Pedro
Jo	Evangelho de João	**Cl**	Epístola aos Colossenses	**1-2-3 Jo**	1ª, 2ª e 3ª Epístolas de João
At	Atos dos Apóstolos	**1-2 Ts**	1ª e 2ª Epístolas aos Tessalonicenses	**Jd**	Epístola de Judas
Rm	Epístola aos Romanos	**1-2 Tm**	1ª e 2ª Epístolas a Timóteo	**Ap**	Apocalipse
1-2 Cor	1ª e 2ª Epístolas aos Coríntios	**Tt**	Epístola a Tito		

APÓCRIFOS E SEPTUAGINTA					
Br	Baruque	**1-2 Esd**	1º e 2º Livros de Esdras	**Sr**	Sabedoria de Jesus ben-Sirach (também chamado apenas de Sirácida ou Eclesiástico)
Dn gr.	Adições a Daniel	**Est gr**	Adições a Ester		
O Az	Oração de Azarias	**Ep Jr**	Epístola de Jeremias		
Bel	Bel e o Dragão	**Jt**	Judite	**Tb**	Tobias
Ct Jov	Cântico dos Três Jovens	**1-2 Mc**	1º e 2º Livros de Macabeus		
		3-4 Mc	3º e 4º Livros de Macabeus		
Sus	Susana	**O Mn**	Oração de Manassés	**Sb**	Sabedoria (Sabedoria de Salomão)
		Sl 151	Salmo 151		

REFERÊNCIAS PARA MAIS INFORMAÇÕES

Hoje em dia, o primeiro lugar ao qual a maioria das pessoas recorre para aprender sobre qualquer coisa é a internet. E há um bocado de excelentes fontes imediatas, disponíveis eletronicamente. Porém, nem todas são úteis e algumas são enganosas, quando não estão simplesmente erradas. Verbetes da Wikipédia são em geral as primeiras opções que aparecem em resposta a uma solicitação de busca na internet. Esses artigos podem ser um bom lugar para se começar, mas nunca devem ser a única nem a última fonte utilizada. Como a Wikipédia é construída sobre contribuições eletivas de qualquer pessoa que deseje escrever algo, suas informações devem ser duplamente verificadas em relação a outras fontes reputadas.

No que diz respeito a *websites* específicos, as opções são inesgotáveis. Os leitores fazem bem em aplicar, na análise de sua qualidade, os mesmos critérios utilizados com qualquer outra fonte: quem a produziu, por que, como e quando. Nos Estados Unidos, as duas principais organizações de pessoas que estudam Bíblia e a religião em geral, são, respectivamente, a *Society of Biblical Literature* e a *American Academy of Religion.* Os membros dessas entidades totalizam milhares e elas são compostas, principalmente, de pessoas que estudam e lecionam religião ou matérias sobre a Bíblia (ou ambos) profissionalmente. Alguns membros são religiosos, outros não. Ambas as organizações têm *websites* com uma série de fontes e links para ajudar os leitores interessados.

Os leitores podem confiar nas sólidas informações de periódicos e livros de editoras universitárias, os quais passam por revisão paritária. O material não é apenas escrito por pessoas altamente qualificadas (geralmente com doutorado) na área específica abordada, mas também é submetido a um processo de revisão por outras pessoas no mínimo tão qualificadas e experientes quanto os autores. Tais publicações identificam-se como "revisadas por pares", caso contem com essa revisão paritária (quando não se identificam como tal, não contam com essa revisão). As editoras universitárias sempre utilizam o sistema de revisão por pares.

Para a maioria das pessoas, o problema das informações desses periódicos e editoras é que, muitas vezes, eles pressupõem um nível de familiaridade com o tema que os leitores em geral não têm; em outras palavras, esses artigos e livros costumam ser escritos principalmente para os pares acadêmicos dos autores. Os pressupostos e jargões dos autores podem tornar tais trabalhos muito densos para pessoas sem qualificações acadêmicas. Entretanto, não é sempre o caso, e muitos excelentes livros e periódicos de editoras universitárias são interessantes e úteis aos leitores em geral. Incluí alguns deles a seguir.

Além de livros e artigos, existem algumas categorias de fontes que podem ser desconhecidas ao leitor em geral.

As *concordâncias* rastreiam a ocorrência de palavras específicas e observam onde elas aparecem na Bíblia. As versões eletrônicas das bíblias tornaram essa busca por palavra muito mais fácil e tornaram os exemplares impressos de concordâncias praticamente obsoletos. Ao realizar uma busca por palavra, lembre-se de que, às vezes, várias palavras diferentes podem ter apenas um original hebraico ou grego por trás, e vice-versa. As bíblias eletrônicas "interlineares" permitem ver textos bíblicos em suas línguas originais, com traduções lado a lado.

Caso você não conheça as línguas bíblicas o suficiente para ler em hebraico e grego, recomendo comparar uma variedade de traduções. Locais onde as traduções diferem geralmente revelam como o "original" permite mais de uma leitura. Você pode encontrar muitas traduções do texto completo na Internet.

Os léxicos, como os dicionários, ajudam os leitores a definir palavras específicas. Eles normalmente organizam-se de modo a refletir as restrições gramaticais das línguas. Por exemplo, o hebraico bíblico usa um sistema de radicais (de palavras) de três letras. Muitos léxicos organizam os verbetes por raízes, e não pela forma de uma determinada palavra. Em outras palavras, para uma procura pelo termo hebraico "eu sou", pelo qual Deus se identificou a Moisés, a pesquisa seria realizada através da raiz do verbo "ser". Entre léxicos gregos e hebraicos estão:

BAUER, Walter; DANKER, F. Wilbur; ARNDT, William F.; e GINGRICH, Frederick W. *Greek-English Lexicon of the New Testamellt and Other Early Christian Literature*. 3rd ed. Chicago, 111.: University of Chicago Press, 1999.

BROWN, Francis; DRIVER, S. R.; BRIGGS, Charles A. *A Hebrew and English Lexicon of the Old Testament*. Oxford: Clarendon, 1907.

HOLLADAY, William Lee. *A Concise Hebrew and Aramaic Lexicon of the Old Testament*. Leiden: E. J. Brill, 1988.

LUDWIG, Koehler; BAUMGARTNER, Walter; STAMM, Johann Jakob. *The Hebrew and Aramaic Lexicon of the Old Testament*. Trans. and ed. under the supervision of M. E. J. Richardson. 5 vols. Leiden: E. J. Brill, 1994-2000.

LIDDEL, Henry George; SCOTT, Robert. *A Greek-English Lexicon*. 9th ed. Oxford: Clarendon, 1996.

LOUW, Johannes P.; NIDA, Eugene A. (Eds.) *Greek-English Lexicon of the New Testament Based on Semantic Domains*. 2nd ed. New York: United Bible Societies, 1989.

MURAOKA, T. *A Greek-English Lexicon of the Septuagint*. Louvain: Peerers, 2002.

Dicionários relacionados à Bíblia são um pouco mais parecidos com o que poderíamos considerar enciclopédias (assim como léxicos são mais parecidos com o que consideramos como dicionários). Os verbetes sobre uma única palavra são mais detalhados e tópicos do que as definições breves que se encontrariam, digamos, no Webster's, para a palavra "apple". Por exemplo, no *Anchor Bible Dictionary*, no verbete "Angels (Old Testament)", pode-se ler sobre cada um dos diferentes termos hebraicos que podem descrever o que concebemos como anjos; e, em seu verbete "English versions", ele traz páginas e páginas de informações sobre as diferentes versões da Bíblia em inglês. As bibliografias que se seguem a cada verbete, ou no final do livro, podem ser úteis para localizar mais informações sobre um determinado tópico. Alguns dicionários bíblicos em inglês são:

ACHTEMEIER, Paul J. (Ed.) *Harper Collins Bible Dictionary*. Rev. ed. San Francisco, Calif.: Harper-Sanfrancisco, 1996.

BROWNING, W. R. F. *A Dictionary of the Bible*. New York: Oxford University Press, 2004.

DOUGLAS, J. D.; TENNEY, Merrill C.. *Zondervan's Pictorial Bible Dictionary*. Grand Rapids, Mich.: Zondervan, 1999.

FREEDMAN, David Noel. (Ed.) *Anchor Bible Dictionary*. 6 vols. New York: Doubleday, 1992-.

FREEDMAN, David Noel; MEYERS, Allen C.; BECK, Astrid B.. (Eds.) *Eerdmans Dictionary of the Bible*. Grand Rapids. Mich.: Eerdmans, 2000.

NEW INTERPRETER'S DICTIONARY OF THE BIBLE. 5 vols. Nashville, Tenn.: Abingdon, 2006-2009.

Comentários, como os léxicos e dicionários referidos anteriormente, estão disponíveis em versões de um ou vários volumes. Há uma grande variedade, inclusive porque eles são coletâneas de comentários sobre textos bíblicos. Alguns fornecem um pouco de informação sobre o contexto histórico, análise literária e ideias para aplicação em livros bíblicos, até mesmo versículo a versículo. Outros representam reflexões criativas sobre certos textos bíblicos ou blocos de texto. Um comentário pode ser produto de uma equipe de especialistas altamente qualificados, ou representar as ideias de um único indivíduo sem formação bíblica que se sentiu motivado a registrar seus pensamentos. A seguir, uma lista de apenas alguns dos comentários escritos por pessoas que estudam a Bíblia profissionalmente:

BROWN, Raymond E.; FITZMEYER, Joseph A.; MURPHY, Roland, (Eds.) *The New Jerome Biblical Commentary*. Englewood Cliffs, N.J.: Prentice-Hall, 1990.

BUTTRICK, George Arthur. (Ed.) *The Interpreter's Bible*. 12 vols. New York: Abingdon-Cokesbury, 1951-1957.

COLLINS, John. (Ed.) *Anchor Yale Bible Commentary*. 87 vols. New Haven, Conn.: Yale University Press, 1963-.

CROSS, Frank Moore; KOESTER, Helmut; et al. (Eds.) *Hermeneia*. 40 vols. Minneapolis, Minn: Augsburg Fortress, 1985 -.

KECK, Leander E.; et al. (Eds.) *New Interpreter's Bible*. 12 vols. Nashville, Tenn.: Abingdon, 1994-2002.

MAYS, James L. (Ed.) *Harper Collins Bible Commentary*. San Francisco, Calif.: Harper SanFrancisco, 2000.

NEWSOM, Carol A.; RINGE, Sharon H., (Eds.) *The Women's Bible Commentary*. Louisville, Ky.: Westminster John Knox, 1992.